本書由國家古籍整理出版基金資助出版

清代江南機器製造局檔案彙編

一

上海市檔案館 編

上海交通大學出版社
SHANGHAI JIAO TONG UNIVERSITY PRESS

内容提要

本書編録上海市檔案館保存的清代江南機器制造局檔案，共30卷，計有2000餘頁，始於1855年，迄於清末。檔案涉及江南制造局買地建局時的購地契單、田單，江南制造局内外基地、房屋清册及購地總簿，購買寶山縣衣周塘地基作爲船勇操場和煤棧之用的契據等有關文書，還有早期制造局車間、廠房的老照片，工廠平面圖紙等。2001年，國家檔案局爲保護國家歷史檔案文獻，建立了“中國檔案文獻遺産”工程，江南制造局檔案一經發現，即入選首批《中國檔案文獻遺産名録》，且是當年上海唯一的入選項目，可見其歷史與文物價值的珍貴。這批檔案包括文書與圖紙、照片等，其中1911年之前約有4000多頁，雖然不是當年江南制造局檔案全貌，但却是迄今發現的江南制造局最早、最集中的檔案。編者精選出有歷史研究價值和保存完善可辨、内容相對完整的案卷，整理影印出版，并對檔案加以編目、說明，爲讀者提供研究方便。本書爲首次公開的歷史文獻資料，它對於中國近代工業史、經濟史、軍事史研究具有推動意義，尤其是對江南制造局這座近代最著名工業企業早期歷史的研究具有重要參考價值。

圖書在版編目（CIP）數據

清代江南機器制造局檔案彙編 / 上海市檔案館編
. — 上海：上海交通大學出版社，2021.4
ISBN 978-7-313-23645-6

Ⅰ. ①清… Ⅱ. ①上… Ⅲ. ①江南造船集團有限責任公司 – 檔案資料 – 彙編 Ⅳ. ①F426.474

中國版本圖書館CIP數據核字（2020）第149285號

清代江南機器制造局檔案彙編
QINGDAI JIANGNAN JIQIZHIZAOJU DANGAN HUIBIAN

編　　者：上海市檔案館
出版發行：上海交通大學出版社　　地　　址：上海市番禺路951號
郵政編碼：20030　　電　　話：021-64071208
印　　制：蘇州市越洋印刷有限公司　　經　　銷：全國新華書店
開　　本：787mm × 1092mm 1/16　　印　　張：168.75
字　　數：543千字
版　　次：2021年4月第1版　　印　　次：2021年4月第1次印刷
書　　號：ISBN 978-7-313-23645-6
定　　價：2200.00圓（共四册）

前　言

一、江南製造局之歷史沿革

（一）創辦經過

清同治四年（一八六五年），江南製造局（又名上海製造局）成立於上海，初由曾國藩規劃，後由李鴻章實際負責。江南製造局是晚清時期清政府先後興辦的四十多個軍工企業中最有影響的一個，開創了中國近代軍事工業完全採用機器生産的先河，爲中國近代軍事工業的發展做出了重要貢獻。

洋務運動早期，曾國藩和李鴻章等人開始興辦一些軍械所，嘗試自己製造槍炮，但都是以手工生産槍炮的小型軍工廠，遠不能達到曾、李等人自强的期望。於是，曾國藩採納容閎的建議，開始籌設大型的製造局，隨即派容閎赴美，按照"製造機器之機器，以立一切製造廠之基礎"的規格和要求訂製購買機器。一八六五年春，容閎在美國紐約從樸得南公司（Putnam Machine Co.）購買的一百餘臺機器運抵上海。在曾國藩積極準備建立大型製造局的同時，李鴻章聘請英國工程師馬格里（Macartney Halliday）在上海建立了洋炮局，但主要還是以手工生産彈藥爲主。與曾不同，李鴻章主張在沿海地區尋訪出售鐵廠機器的洋人，出價買下，如此就可以很快建造起一個製造局，而且自主權能掌握在自己手裏。

一八六五年六月，李鴻章根據蘇松太道（即上海道臺）丁日昌的建議，以四萬兩白銀在上海虹口購買下美商佛而士開設的旗記鐵廠（Thos Hunt & Co.），該廠可修造大小鐵船、開花炮、洋槍等，爲上海地區最大的外國鐵廠。九月二十日，李鴻章向清廷上呈《置辦江南機器製造總局奏摺》，説明成立江南製造局的經過。九月二十九日，清廷批准江南製造局成立。儘管李鴻章奏摺和清廷准奏的該局名稱，以及此後該局所有公文的稱呼，均爲“江南機器製造總局”，但一直到清末，通常都用“江南製造局”或“上海製造局”的名稱。

隨後，李鴻章又將丁日昌、韓殿甲所轄原蘇州炮局的一部分，以及容閎從美國買來的機器設備，全部并入江南製造局，并委派丁日昌、韓殿甲、馮焌光、王鎔鈞、沈保靖共同管理局務。

江南製造局的創辦經費爲五十四萬三千兩白銀，是洋務運動時期創建的幾個兵工廠中規模最大、預算最多的一個。其早期經費主要來自於淮軍軍費。一八六七年曾國藩獲得許可，從上海海關取得百分之十的關税，作爲江南製造局的經費，一八六九年又提高到百分之二十，這相當於每年至少有四十萬兩以上白銀的經費。

一八六七年夏，由於原廠址位於美租界，外國人不願江南製造局在當地生產軍火，同時當地土地狹小，地租昂貴，因此江南製造局在上海縣城以南黄浦江畔的高昌廟地區購地七十餘畝，興建新廠，先後建成汽爐廠、機器廠、火箭廠、庫房、棧房、煤房、文案房、公務廳、中外工匠居住之室等。江南製造局遷往高昌廟後，爲擴大生産規模，又先後購買多處地基，分建鍋爐廠、機器廠、木工廠、洋槍樓、鑄鋼鐵廠、輪船廠、熟鐵廠，另在陳家巷建立火箭分廠。以後又不斷購地建房，一八六九年設製槍廠、汽錘廠，一八七八年改汽錘廠爲炮廠，一八七九年設炮彈廠，一八八一年設水雷廠，一八九〇年設煉鋼廠。此外，還在龍華鎮設有子藥分局，一八七四年設黑火藥廠，一八七五年設槍子廠，一八九二年設栗色火藥廠，一八九三年設無煙藥廠。至一八九四年，江南製造局占地面積達一千一百餘畝。

（二）生産製造

開辦之初，江南製造局主要以製造槍炮爲主，局屬十三個生産工廠，除輪船、鍋爐兩廠是專門造船外，其餘各廠都是直接、間接製造軍火。該局在一八六七至一八九四年間所生産的軍火數量，主要有各種槍支五萬一千二百八十五枝，炮五百八十五尊，炮彈一百二十萬一千八百九十四顆，水雷五百六十三具。中國第一門鋼炮、第一支後裝綫膛步槍等，都産自江南製造局。這些軍火供應範圍遍及全國，南、北洋及内陸各省的軍隊和軍械所大都由江南製造局供應軍火。一八六八年八月，江南製造局製造的第一艘輪船——也是近代中國由本國機器製造的第一艘輪船——“惠吉”號正式下水，這是中國近代造船史上的一個里程碑。接着，又陸續造成了“操江”“測海”“威靖”“海安”“馭遠”“金甌”“保民”等七艘兵輪，從明輪到暗輪，從木殼到鐵甲，從六百噸位到二千八百噸位，反映了該局製造輪船技術的不斷改進和提高，從而爲中國輪船製造業做出了巨大貢獻。

江南製造局除了製造軍火和輪船，同時還製造部分機器，并設有煉鋼廠、火藥廠自煉鋼鐵和自造火藥，以便自行補充一部分機器設備。江南製造局在一八六七年到一九〇四年間，自造了相當數量的機器，主要有車床、刨床、鑽床、鋸床等工作母機共二百四十九臺，起重機八十四臺，抽水機七十七臺，汽爐機器三十二臺，汽爐十五座，各種機器零件一百一十萬五千二百十九件。機器的品種很雜，範圍也頗廣，一九一一年前，江南製造局生産的機器已經有六十種左右，其中不少是達到國際高水準的機器設備，如中國第一臺發電機、開齒機、化鐵爐等精度要求高的大型機器設備。

爲解決軍火生産所需的鋼料，該局於一八九〇年籌設煉鋼廠，向英國購辦煉鋼及捲槍筒的機器、爐座各一副。開始每天只能出鋼三噸、槍管一百枝，後又添購十五噸煉鋼爐一副，每天能出鋼近二十噸。從一八九一年至一八九四年，製造局共産鋼八千零七十五噸，平均年産量僅五百七十六噸，産量最高的一八九七年，也只有兩千餘噸。所産鋼的品質基本符合標準，經金陵製造局及天津製造局試用，基本與外洋鋼質相同。由此，江南製造局開創了我國近代鋼鐵生産的先河。初期所産鋼材爲數不多，大部分留局自用，小部分供應其他軍事工廠。後來産量增加，自用有餘，便以一部分供應市場。

江南製造局在同治年間是全東亞最大的兵工廠，對於清朝的軍事力量以及重工業生産都有提升作用。但整體而言，江南製造局的生産與技術仍有很多局限，其機器設備及主要原材料基本上依賴外國，機械管理方面的工作則多由西方人負責，例如，早期的首席工程師霍斯（T. F. Falls）爲美國人。江南製造局在晚清時期生産的軍械品質并不好，比如步槍的水準不高，性能不佳，據説連李鴻章率領的淮軍都拒絶使用，且生産成本高於直接購買。造船的情形亦類似，一八六八年首次生産之後，陸續造了數艘汽船，但速度不快，整體生産成本及消耗燃料都高，反而不如直接向外國人購買便宜。

（三）行政管理

江南製造局下屬機構包括機器廠、鑄銅廠、鑄鐵廠、煉鋼廠、輪船廠、槍炮廠、火藥廠、汽爐廠、公務廳、工程處、炮隊營、廣方言館等。一八九〇年時，有職工三千餘人，房屋兩千餘間。

總辦是江南製造局的最高行政官員，名義上由蘇松太道（即上海道臺）兼任，但實際上在局内仍另設總辦。其下設會辦和幫辦。這些高層管理者與各場（廠）之間的聯絡人則是提調。總辦、會辦、幫辦及提調組成行政管理總部，即公務廳。中層管理人員是委員，他們是各場（廠）及管理機構的負責人。江南製造局有十四個場（廠），從事製槍、造船、機器製造、雷管火藥生産等四個範圍的工作。此外，還有工程處、支應處、文案處等九個管理機構，處理諸如財務、採購、檢驗、儲存和記録保存等具體事務。在委員之下，是教習、司事、匠目、洋匠、工匠、幼童、小工、夫役等。

上海道臺不僅要從江海關庫存款項中撥款給製造局的財務機構——支應處，他還以總辦的身份向製造局的創建者李鴻章以及製造局的上級監管者兩江總督等官員提交年度報告。從江南製造局的整個歷史看，道臺嚴密地控制着資金。最初，原材料和機器的購買是由總辦和三個管理機構的委員來掌管的，但是在一八七二年以後，總辦通過自己的幕僚和外國代理商進行採購。製造局的主要政策由李鴻章和兩江總督制定，總辦是主要的執行者，但是，他在這兩個權力核心之間時常還要起着中間人的作用。總辦可以雇傭外國顧問、洋匠以及委員之下的所有人員，但是會辦、幫辦、提調和委員都要由兩江總督和江蘇巡撫來任命。

（四）附設機構

除了單純的生産製造，爲培養技術力量和傳播科技知識，江南製造局附設有廣方言館、翻譯館和工藝學堂。

廣方言館原是李鴻章於一八六三年奏設的上海語言文字學館，一八六九年并入江南製造局。每期招生八十名，四年畢業，主要開設國文、英文、德文、算學等課程。

翻譯館聘請英國人偉烈亞力、美國人傅蘭雅等傳教士翻譯西書，徐壽、徐建寅父子和華蘅芳等參加翻譯與整理。在一八六八年至一九〇七年間，翻譯的書籍達一百六十種，除軍事科技之外，旁及地理、經濟、政治、歷史等方面，對於瞭解西方文化及推動軍事科技知識的傳播産生了很大影響。

工藝學堂設於一八九八年，由廣方言館裁撤改設，後改爲兵工學堂。每期招學生五十名，學制四年，學習國文、英文、算學、繪圖、化學、機器等課程。畢業的學生有的由總理衙門選調赴京，有的留滬、甯兩地學堂任教，有的擔任製造局中的員司。該學堂雖然規模不大，但它是中國最早的兵工學堂，在培養生産技術力量方面起了一定作用。

（五）局塢分離

一九〇五年（光緒三十一年），爲改善困頓的經營狀況，江南製造局實施了局塢分離。由此，江南製造局實際上劃分爲機器製造局和江南船塢兩個獨立的企業，兩者此後的命運也大爲迥異。

一九一一年，爲響應武昌首義，上海革命者發動起義，十一月三日占領江南製造局。滬軍都督府民政總長李鍾珏（平書）兼理局務，十一月四日將江南製造局改名爲上海製造局。一九一七年四月，上海製造局改稱上海兵工廠，隸屬北洋政府陸軍部。

一九二七年三月，上海總工會占領該廠，改稱國民革命軍上海兵工廠，成爲國民革命軍的“武庫”。南京國民政府成立後，一九二八年蔣介石任命張群接任廠長。張群將金陵兵工廠并入上海兵工廠，成爲其分廠。根據國民政府行政院頒佈的《兵工廠組織法》，上海兵工廠健全了組織機構，廠長、副廠長下設總務處、工務處、審檢處、教育委員會、技術委員會、審計科。總務處下設文書、會計、庶務、購料、醫務五課和警衛隊、軍械庫；工務處下設機器廠、製槍廠、製炮廠、炮彈廠、槍彈廠、製藥廠；審檢處下設物料庫、試驗室；技術委員會下設兵器研究室、理化研究室、材料研究室。一九二八年十一月，上海兵工廠歸屬國民政府軍政部兵工署管轄。

一九三二年一月二十八日，淞滬抗戰爆發，駐上海的十九路軍奮起抵抗。上海兵工廠處在戰區之中，竭盡全力爲前線供應軍火，同時軍隊亦打破陳規，直接向兵工廠提取軍火及訂造特别武器。一九三二年五月五日，中日簽訂《上海停戰協定》，規定上海爲非武裝區，中國不得駐軍，日本軍隊則獲得長期駐留上海的特權，上海兵工廠因此奉令停辦。爲避免日軍襲擊破壞，當月即將大部分容易遷移的機器設備轉移到杭州六和塔，設庫保管。其餘不便遷移的大型機器設備則留存原地，設上海兵工廠保管處看守，一直到一九三七年"七七事變"後才由杭州、上海運往四川，重新加以利用。從此，近代中國第一個大型兵工廠煙消雲散，走入歷史。

一九〇五年局塢分離後，江南製造局的船塢、輪機廠、鍋爐廠、炮彈廠、水雷廠劃歸江南船塢，江南船塢開始改爲商辦。商辦的經營方式給江南船塢帶來了活力，從一九〇六年至一九一一年，江南船塢造船一百三十六艘，總噸位比製造局時期數十年所造船舶總噸位多一倍以上，達到兩萬一千零四十噸，其中長江客運輪"江華"號上安裝了中國自造的第一臺水管式鍋爐，被當時航運界評爲"中國所造的最大和最好的一艘輪船"。

一九一一年辛亥革命後，江南船塢改稱江南造船所，仍採取商業化經營方針，造船業務逐漸趕上和超過當時造船工業處於壟斷地位的英商耶松船廠。一九二七年後，江南造船所劃歸國民政府海軍部管理，一度進行局部的軍事性擴建。抗戰時期，江南造船所被日軍占領。抗戰勝利後，江南造船所由國民政府海軍司令部接管。

新中國成立後，江南造船所於一九五三年更名爲江南造船廠，開始恢復生産建設，取得一系列建設成就。例如，二十世紀五十年代建成中國第一代常規潛艇和第一艘五千噸貨輪；六十年代建成中國第一艘自行設計、全部國内配套的萬噸輪"東風"號；七十年代建成以"遠望"號爲主的六艘大型遠洋科學考察船；八十年代開始邁入世界造船技術先進領域。該廠在造船能力發展的同時，修船和非船産品生産也卓有成效，曾先後製成萬噸水壓機，承接中國最大的葛洲壩閘門、上海和北京大型天文臺回轉球頂、寶山鋼鐵總廠二期工程關鍵設備等工程。一九九六年，作爲試點企業，江南造船廠改制爲江南造船有限責任公司，屬於中國船舶工業集團公司，進入新的發展階段。

中國近代新興工業是從軍用工業開始的，而江南製造局則是晚清中國最重要的軍工廠，是清政府洋務派開設的規模最大的近代軍事企業，也是號稱“中國第一廠”的近代新式工廠。可以説，江南製造局是中國引進和創辦第一個“製器之器”的工廠，不僅是當時最先進、最完備的洋務企業，而且是中國機械工業和造船工業的先驅。

二、上海市檔案館藏江南製造局檔案概述

（一）發現檔案

由於歷史的原因，江南製造局自一八六五年建局以後的重要檔案大部分流失。

一九二五年一月，北洋政府命令上海兵工廠停止軍用工作，改爲生産民用商品工廠。二月，上海兵工廠由上海總商會正式接管，隨即組成監理委員會，由陸軍部和總商會各派出人員共同辦理交接手續。一九二六年二月，陸軍部命令監理委員會結束接管事務，二月十九日總商會中止接管，并帶離保存了一部分江南製造局檔案。上海解放後，又隨同上海總商會檔案一起被上海市工商業聯合會接收，直至一九八四年才連同其他檔案移交給上海市檔案館。隨着時間的流逝，這批檔案被湮没在故紙堆中，逐漸被人遺忘。

二〇〇一年，國家檔案局爲了保護國家珍貴檔案文獻，發起“中國檔案文獻遺産工程”，上海市檔案館組織人員對館藏進行梳理，從上海總商會全宗中發現了這批塵封已久的珍貴資料，即自一八六五年江南製造局建局至一九二五年上海兵工廠被上海總商會接管的六十年間的重要文書檔案。這批檔案一經發現，便作爲上海唯一的參選項目，同全國其他單位選送的四十七種檔案文獻一起被評選爲首批“中國檔案文獻遺産”。

上海市檔案館藏江南製造局、上海兵工廠檔案（全宗號 S446），目前已全部開放，總數有九十卷，起止時間從一八五二年至一九三三年。主要是從江南製造局早

期實地查勘、購買地基、建造廠房至上海兵工廠結束期間形成的文書檔案，如地契、田單、諭文、呈文、交涉文函以及廠基平面圖紙等，大致反映了該局生産規模逐漸擴大的發展狀況，從而爲後人開展相關研究提供了真實可信的檔案史料。上海市檔案館已經有針對性地對這批文書檔案以及近百幅反映江南製造局廠房、機構等面貌的珍貴歷史照片進行了掃描複製和整理編目，還對有些破損檔案採取了相應的修復保護措施。從二〇一二年七月開始，又由本館專業人員進行文件級條目著録，對這批檔案内容做了較爲系統的整理歸納，進一步完善了館藏目録，這就爲館藏江南製造局檔案的影印出版奠定了較爲扎實的基礎。

（二）内容簡介

上海市檔案館藏江南製造局檔案主要内容是土地買賣與産權變更，如"添建廠屋并局後挖河購買地基卷""老君廟房屋基地由局購作醫院學堂等用卷""建立火箭廠購買地基卷""購買新高昌廟屋後基地卷""鍋爐廠西首添購地基卷""建造汽錘廠火藥廠購買地基卷""浦東棧房添購基地卷""建造煉鋼廠新買地基卷""添購龍華火藥廠地基卷""築造衣周塘輪船操場購買地基卷"等。具體内容分爲以下幾個部分：

1. 地圖類

《上海製造總局局外地基圖册》内共有二十二張地圖，涉及總局正門外、總局西卡、望道橋卡房、西栅門卡房、新高昌廟、小木橋、龍華等地基。龍華分局、浦東地基以及各工廠也有地圖，如新高昌廟地圖、老君廟地基手繪地圖、高昌廟同樂里地圖、二十四保小九圖内馮姓地圖坵形貼説、浦東棧房基地地圖、煉鋼廠地基地圖、龍華火藥廠地基地圖以及吴淞衣周塘地基圖等。除此之外，還有江南機器製造局新購浦東地基二十四保二區六圖内業户蘆課灘地圖、新購地基二十五保十四圖地圖、廠前西偏蘆地及桃園繪圖、廠後稻田及民房繪圖等。

2. 江南製造局下屬工廠機構爲購買地基事呈送的文函

如工程處關於呈送業户陳維榮等田單事的呈文，該局購買馮震揚蘆灘地已交割清楚賞給地保洋元事的呈文；巡防局呈送的丈量廣東街基地占地清册，稟呈丈量陳維榮等地基核准方數清册事的呈文；支應處關於張德芳等册户地價已發巡防局轉洽并送聲明遺失田單切結事的公函；文案處關於川沙廳請領地租錢紙應請發交支應處核發的呈文，關於續購二十五保張晉發等地基擬請上海縣立案調查的切結；提調處關於請鑒核批示各業主以後如須將地畝出售必須報明製造局核准事的呈文；子藥廠關於函致上海縣飭派亭耆攜帶圖册丈量立契給價乞示遵事的呈文；炮彈廠工程股關於改築徽甯會館前後馬路由工匠金桂生承包等事的呈文。

3. 上海知縣與江南製造局之間的來往文函

王宗濂、陳福勳、葉廷春、朱鳳梯、陳其元、松亭、莫祥芝、黎光旦、裴大中、袁樹勳、黄承暄、王豫熙、戴運寅、汪懋琨、王念祖、李超瓊、李修梅、田寶榮等晚清歷任上海縣知縣，均與江南製造局有過頻繁的公文來往，涉及收繳地租、購買廠基、添購地畝、酌議地價、給發地價、勘丈繪圖、申送田單切結、申送條漕印串、完納漕田銀米錢文、完納條銀漕糧錢文等諸多事宜。

4. 上海道臺與江南製造局之間的來往文函

清政府在上海還設有分巡蘇松太兵備道，對該道的稱呼有多種，如滬道、訓道、兵備道、蘇松道、蘇松常道、蘇松太道、江海關道、關道、上海道等。館藏江南製造局檔案中，有上海道應寶時關於廠用田地錢糧應豁應完并請核覆致江南機器製造局的移文、關於地價照數兑收歸款并將上海縣印領一紙移送事致江南機器製造局的移文，關於飭地保迅將勘定地畝分别查丈造册由縣稟辦事致江南機器製造局的移文及江南機器製造局關於應完田糧數目請飭縣列册呈明移局查照辦理事致上海道應寶時的移文，關於希飭迅將勘定地畝分别查丈稟請給價事致上海道應寶時的移文等；上海道沈秉成關於查明堤外草灘有無售賣洋人事致江南機器製造局的公函及江南機器製造局關於乞飭寶山縣切實查明堤外草灘是否洋人買去事致上海道沈秉成的公函等；上海道蔡乃煌關於老君廟飭縣啓封知照派員接收事致江南機器製造局總辦的函件及江南機器製造局總辦關於老君廟地價已繳解縣署并惠助醫院經費事致江海關道蔡乃煌的公函等。

5. 上海知縣頒發給業户的田單、執照等憑證

上海地區有過幾次土地清丈活動，頒發有相應的土地契據——執業田單以證明

產權，田單仍按照傳統的地籍管理方法，依保、區、圖、圩、號的次序發放，所有國家承認的土地上的權利，均憑此田單獲得。館藏江南製造局檔案中所涉及的業户田單均爲咸豐五年由上海縣知縣頒發，如江蘇松江府上海縣頒發給業户顧桂金、錢克家等人的田畝執業田單。除此之外，還有上海縣知縣頒發的朱蘭谷、薛芝堂、陳九學蘆灘執照及馮敬三漕糧執照、陸承啟糧串等。

6. 業户的賣地契約

清代全國的土地分類有民田、更名地、屯田、竈地、莊田、公田、蘆田等，館藏江南製造局檔案中主要涉及的是蘆田和民田。這些田地的買賣契約有：夏銀龍等具領遷移費狀，秦增祥、魯予平、高坤華、楊順發等業户關於江南製造總局租地的地價具領狀，奚錫根、薛裕周、薛瑞華、孫祥汀等具賣蘆蕩地切結書、具領狀，楊福生、楊秀堂、楊阿德、錢和尚等具賣地切結書、賣地具領狀等；奚錫根、薛裕周關於蘆蕩執照遺失所具代單切結，楊阿榮、楊金發所立關於先祖遺失田單的代單據，奚阿炳、俞士昌具代單切結，張德芳具遺失田單切結，陳阿二具代田單切結等；咸豐年間魯邦瞻立賣田文契，立加添田價文契，立杜絶田文契，上海縣給發魯邦瞻契税單；同治年間周在宗等立賣蘆蕩田文契，立加添蘆蕩田文契，立杜絶蘆蕩田文契，立收門房上下歎契，立再歎蘆蕩田文契等；光緒年間唐金銓立賣加絶歎田文契，楊桂春立絶賣田文契，李波臣立永遠絶賣住房契，夏奎林等立賣加絶歎蘆灘文契，張太占立永賣田文契，陳祥林等立絶賣蘆灘文契等。

7. 關於江南製造局與業户之間糾紛的交涉文件

江南製造局在徵購土地、房産的過程中，不斷出現各種地權糾紛，不斷應付着各類錢財糾葛，與此相關的往來交涉檔案向世人揭開其中一面。如有鎮董劉世昌等爲海園公司管事仇金水謀占地基朦稟逼拆叩求鑒核事致江南機器製造總局總辦的呈文，江南機器製造總局工程處關於商人仇金水遷還原址未便准行事的簽復以及提調處、巡防局關於仇金水謀購地基擬請由局收買仍恭候示遵事致該局總辦的呈文等。關於敬業書院控告江南製造局占用田産一案，有江南機器製造局吴錫璋關於説明該局並未占用敬業書院田産事致上海縣的移復，江南機器製造總局提調處關於該局並未占用二十五保十四圖敬業書院公産則田三畝事致上海縣知縣汪懋琨的移復等。浙江旅滬學會周晉鑣關於請將新高昌廟廟基及餘地約三畝撥歸該會創辦公學希望成全事致江南製造局總辦的函件及江南製造局總辦張士珩關於答覆新高昌廟已改設初級學堂請原諒事致上海商務總會周晉鑣的函復等。另外還有職董蔣濟川等關於地産糾葛請求給價收購而便公益以杜後患事致江南機器製造局的呈文以及該局所作“飭提調處會同巡防局查明秉覆核奪”的批復；上海縣知縣陳福勳關於農民林永昌等懇請另勘基地免予給價歸公事致江南機器製造局總辦的稟文以及江南機器製造局所作“未便另行擇地請遵照辦理”的批文；醫士謝源發關於遷屋旅居生計艱難請恩准周恤事致江南機器製造局的稟文以及江南機器製造局“即移向他處開張”的批文；商人徐灼記關於稟報擇地不易遷移甚難懇請恩恤事致江南機器製造局的稟文以及江南機器製造局“即移向他處開張”的批文等。

8. 私人與江南製造局之間的來往信函

如有葛繩孝關於因家慈抱病請假十日侍奉湯藥推遲丈量田畝分界事致江南機器製造局總辦的信函，關於地畝定期由上海縣示期發價事致江南機器製造局總辦的信函；高昌廟巡防委員李錫年關於陳明購買煉鋼廠地基内業户遷移費批給具結情形致江南製造總局的呈文；工程委員陳從九（河清）爲稟議給催租勇目、地保等獎賞數目一事的呈文以及江南機器製造局關於派員酌議地租、抄發章程事宜的批文，關於將該局各處地租房租一切事宜歸工程處委員楊培一手經理的文稿等。還有薩鎮冰關於請清查海軍醫院樓外地基設立界石以免糾葛事致江南機器製造局的公函，江南機器製造局關於請將寶山衣周塘局地内設立海軍醫院原委查示事致薩鎮冰軍門的公函，江南機器製造局關於已飭李錫年前往查勘寶山衣周塘地址事致李平書的公函等。

9. 江南製造局關於完納寶山縣衣周塘基地光緒年間米折條銀事與寶山縣知縣的來往公函以及江南製造局光緒、宣統年間漕糧版串、條銀版串

如寶山縣知縣吴康壽、梁蒲貴、葛慶同、王樹棻、馬海曙等關於申送完納該年條銀錢糧，關於製造局應完錢糧呈串申請飭發匯解事致江南機器製造局的申文以及江南機器製造局關於完納衣周塘輪船操場地基米折條銀事致寶山縣知縣的照會等。江南機器製造局光緒年米折版串執照、漕糧版串、上忙下忙條銀版串以及江南機器製造局光緒年蘆課執照也有不少。

10. 部分涉外函件

如製造局關於墨西哥領事來函交涉業户魏俊茂拖延遷讓房屋等事的公函抄件，打樣師麥禮士關於詢問製造局是否購買地基事致江南機器製造局總辦的公函（中英文），濬浦局總工程司關於請送龍華對江地産圖紙事致上海機器製造局的公函（英文）等。

本書編録的上海市檔案館藏清代江南機器製造局檔案，共有三十卷，起止時間大致從一八五二年至一九二五年，少量案卷雖形成於民國時期，但其内容反映清代，故亦一并選入。主要内容有：①江南製造局爲添建廠房與上海縣、上海道等之間的來往公文函件，涉及租買民地、丈量地畝、開送清單、議定地價、處理意見等事宜，文種有照會、申文、移文、移覆、呈文、批覆、清摺等；②業户的具領狀、賣地切結書、土地執照、執業田單、漕糧執照、絶賣田文契、租地契等關於田地産權与交易的各種契據文書；③江南製造局購買高昌廟、老君廟、槍炮試驗場、子藥廠地基，修築川沙白龍港炮臺等的大致情形，以及其中所産生的土地糾紛案件；④江南製造局所購各種地基的地形圖；⑤地畝、錢文統計單等清册。館藏江南製造局檔案全宗中，有一些卷内的檔案文件，在早期接收整理時，其原先的排列順序和内在的邏輯聯繫被打亂。爲了不再造成新的混亂，本書編録的各份清代江南機器製造局檔案文件，基本上仍然根據其所在各卷内的現有順序排列，編者并爲其擬寫標題，考證時間，標注陰、陽曆，以便於讀者瞭解。

迄今爲止，學術界對於江南製造局的研究主要著重於政治、經濟、軍事等方面，儘管已取得顯著成果，但是依然可以做一些深度挖掘。比如，在經濟方面，江南製造局在建立以後，曾經兩次遷址，并在工廠不斷擴大、發展的同時，通過購買土地的方式來增建廠房，然而學術界對於這方面的研究較少，主要是受到研究資料不足的限制。清代江南製造局購買土地的過程，涉及該局主要負責人和下屬多個機搆以及上海道臺、上海知縣、普通業户等多方面人物，不可避免地會産生信函、公文、地契、土地執照、糧串等相關文書，這些都是值得關注的檔案資料，具有極高的研究價值。上海市檔案館藏江南製造局檔案的開發利用，可以爲相關課題研究的深入開展提供翔實的材料。

目　　録

第一册

一、江南製造局經收房地各租章程、金額及有關文書
（1899 年 3 月—1899 年 6 月，光緒二十五年二月—五月）

二、江南製造局租用民地償付地租的文書

（1884年11月—1894年11月，光緒十年十月—光緒二十年十一月）

五、江南製造局平地全圖（時間不詳）

六、上海製造總局局外地基圖册（1917 年 2 月）

七、江南製造局添築廠房路面地基的契據、田單及有關文書（1855 年—1901 年 2 月，咸豐五年—光緒二十六年十二月）

八、江南製造局添築廠房、路面，續購地基的契據及有關文書（1875 年 10 月—1876 年 6 月，光緒元年十月—光緒二年閏五月）

第二册

九、江南製造局添築廠房路面地基的契據、執照、糧串、地形圖等有關文書

（1882 年—1908 年 4 月，光緒八年—光緒三十四年三月）

十、江南製造局添建廠房購買地基及田單等有關文書（1855 年—1873 年 7 月，咸豐五年—同治十年五月）

楊步雲具押領（1871 年 1 月或 2 月，同治九年十二月）/ 七八三
王錫澄具領狀（1870 年 4 月，同治九年三月）/ 七八四
王錫澄具領狀（1870 年 4 月，同治九年三月）/ 七八五
陳慶華具領狀（1870 年 7 月或 8 月，同治九年七月）/ 七八六
陳慶華具切結（1870 年 7 月或 8 月，同治九年七月）/ 七八七
王松林具領狀（1870 年 4 月，同治九年三月）/ 七八八
王松林具領狀（1870 年 4 月，同治九年三月）/ 七八九
楊敬山具賣地切結（1870 年 5 月，同治九年四月）/ 七九〇
楊敬山具押領（1870 年 5 月，同治九年四月）/ 七九一
楊聖銓具賣地切結（1870 年 5 月，同治九年四月）/ 七九二
楊聖銓具押領（1870 年 5 月，同治九年四月）/ 七九三
林上聲具賣地切結（1870 年 5 月，同治九年四月）/ 七九四
林上聲具押領（1870 年 5 月，同治九年四月）/ 七九五
楊步雲具賣地切結（1870 年 5 月，同治九年四月）/ 七九六
楊步雲具押領（1870 年 5 月，同治九年四月）/ 七九七
楊步雲具賣地切結（1870 年 5 月，同治九年四月）/ 七九八
楊步雲具押領（1870 年 5 月，同治九年四月）/ 七九九
楊步雲具押領（1870 年 5 月，同治九年四月）/ 八〇〇
楊步雲具賣地切結（1870 年 5 月，同治九年四月）/ 八〇一
楊敬山具賣地切結（1870 年 5 月，同治九年四月）/ 八〇二
楊敬山具押領（1870 年 5 月，同治九年四月）/ 八〇三
林永昌具領狀（1870 年 5 月，同治九年四月）/ 八〇四
林永昌具領狀（1870 年 5 月，同治九年四月）/ 八〇五
林永昌具賣地切結（1870 年 5 月，同治九年四月）/ 八〇六
林永昌具押領（1870 年 5 月，同治九年四月）/ 八〇七
林永昌具切結（1870 年 5 月，同治九年四月）/ 八〇八
林永昌具押領（1870 年 5 月，同治九年四月）/ 八〇九
林永昌具切結（1870 年 5 月，同治九年四月）/ 八一〇

林永昌具押領（1870 年 5 月，同治九年四月）/ 八一一
林永昌具賣地切結（1870 年 5 月，同治九年四月）/ 八一二
林永昌具押領（1870 年 5 月，同治九年四月）/ 八一三
林上聲具切結（1870 年 5 月，同治九年四月）/ 八一四
林上聲具押領（1870 年 5 月，同治九年四月）/ 八一五
林上聲具切結（1870 年 5 月，同治九年四月）/ 八一六
林上聲具押領（1870 年 5 月，同治九年四月）/ 八一七
林上聲具賣地切結（1870 年 5 月，同治九年四月）/ 八一八
林上聲具押領（1870 年 5 月，同治九年四月）/ 八一九
楊桂春具切結（1870 年 5 月，同治九年四月）/ 八二〇
楊桂春具押領（1870 年 5 月，同治九年四月）/ 八二一
楊桂春具賣地切結（1870 年 5 月，同治九年四月）/ 八二二
楊桂春具押領（1870 年 5 月，同治九年四月）/ 八二三
張堅明具賣地切結（1870 年 5 月，同治九年四月）/ 八二四
張堅明具押領（1870 年 5 月，同治九年四月）/ 八二五
張堅明具切結（1870 年 5 月，同治九年四月）/ 八二六
張堅明具押領（1870 年 5 月，同治九年四月）/ 八二七
張堅明具賣地切結（1870 年 5 月，同治九年四月）/ 八二八
張堅明具押領（1870 年 5 月，同治九年四月）/ 八二九
楊桂春具切結（1870 年 5 月，同治九年四月）/ 八三〇
楊桂春具押領（1870 年 5 月，同治九年四月）/ 八三一
楊桂春具賣地切結（1870 年 5 月，同治九年四月）/ 八三二
楊桂春具押領（1870 年 5 月，同治九年四月）/ 八三三
陳紹先具賣地切結（1870 年 5 月，同治九年四月）/ 八三四
陳紹先具押領（1870 年 5 月，同治九年四月）/ 八三五
陳紹先具賣地切結（1870 年 5 月，同治九年四月）/ 八三六
陳紹先具押領（1870 年 5 月，同治九年四月）/ 八三七
陳紹先具切結（1870 年 5 月，同治九年四月）/ 八三八

陳紹先具賣地切結（1870 年 5 月，同治九年四月）/ 八三九
陳紹先具押領（1870 年 5 月，同治九年四月）/ 八四〇
陳紹先具押領（1870 年 5 月，同治九年四月）/ 八四一
陳紹先具賣地切結（1870 年 5 月，同治九年四月）/ 八四二
陳紹先具押領（1870 年 5 月，同治九年四月）/ 八四三
陳紹先具賣地切結（1870 年 5 月，同治九年四月）/ 八四四
陳紹先具押領（1870 年 5 月，同治九年四月）/ 八四五
楊聖銓具切結（1870 年 5 月，同治九年四月）/ 八四六
楊聖銓具押領（1870 年 5 月，同治九年四月）/ 八四七
楊聖銓具賣地切結（1870 年 5 月，同治九年四月）/ 八四八
楊聖銓具押領（1870 年 5 月，同治九年四月）/ 八四九
林鳳鳴具切結（1870 年 5 月，同治九年四月）/ 八五〇
林鳳鳴具押領（1870 年 5 月，同治九年四月）/ 八五一
林鳳鳴具賣地切結（1870 年 5 月，同治九年四月）/ 八五二
林鳳鳴具押領（1870 年 5 月，同治九年四月）/ 八五三
黄茂全具切結（1870 年 5 月，同治九年四月）/ 八五四
黄茂全具押領（1870 年 5 月，同治九年四月）/ 八五五
黄茂全具押領（1870 年 5 月，同治九年四月）/ 八五六
黄茂全具賣地切結（1870 年 5 月，同治九年四月）/ 八五七
林茂生具押領（1870 年 5 月，同治九年四月）/ 八五八
林茂生具切結（1870 年 5 月，同治九年四月）/ 八五九
林茂生具領狀（1870 年 5 月，同治九年四月）/ 八六〇
林茂生具領狀（1870 年 5 月，同治九年四月）/ 八六一
林茂生具賣地切結（1870 年 5 月，同治九年四月）/ 八六二
林茂生具押領（1870 年 5 月，同治九年四月）/ 八六三
林虎金具切結（1870 年 5 月，同治九年四月）/ 八六四
林虎金具押領（1870 年 5 月，同治九年四月）/ 八六五
林虎金具賣地切結（1870 年 5 月，同治九年四月）/ 八六六

林虎金具押領（1870 年 5 月，同治九年四月）/ 八六七
林渭生具押領（1870 年 5 月，同治九年四月）/ 八六八
林渭生具切結（1870 年 5 月，同治九年四月）/ 八六九
林渭生具押領（1870 年 5 月，同治九年四月）/ 八七〇
林渭生具賣地切結（1870 年 5 月，同治九年四月）/ 八七一
楊敬山具切結（1870 年 5 月，同治九年四月）/ 八七二
楊敬山具押領（1870 年 5 月，同治九年四月）/ 八七三
楊殿仁具賣地切結（1870 年 5 月，同治九年四月）/ 八七四
楊殿仁具押領（1870 年 5 月，同治九年四月）/ 八七五
楊萬年具賣地切結（1870 年 5 月，同治九年四月）/ 八七六
楊萬年具押領（1870 年 5 月，同治九年四月）/ 八七七
陳金南具賣地切結（1870 年 5 月，同治九年四月）/ 八七八
陳金南具押領（1870 年 5 月，同治九年四月）/ 八七九
楊錫春具賣地切結（1870 年 5 月，同治九年四月）/ 八八〇
楊錫春具押領（1870 年 5 月，同治九年四月）/ 八八一
姚克昌具賣地切結（1870 年 5 月，同治九年四月）/ 八八二
姚克昌具押領（1870 年 5 月，同治九年四月）/ 八八三
范秀山具賣地切結（1870 年 5 月，同治九年四月）/ 八八四
范秀山具押領（1870 年 5 月，同治九年四月）/ 八八五
陳裕勳具賣地切結（1870 年 5 月，同治九年四月）/ 八八六
陳裕勳具押領（1870 年 5 月，同治九年四月）/ 八八七
張文保具賣地切結（1870 年 5 月，同治九年四月）/ 八八八
張文保具押領（1870 年 5 月，同治九年四月）/ 八八九
張士英具賣地切結（1870 年 5 月，同治九年四月）/ 八九〇
張士英具押領（1870 年 5 月，同治九年四月）/ 八九一
張士英具切結（1870 年 5 月，同治九年四月）/ 八九二
張士英具押領（1870 年 5 月，同治九年四月）/ 八九三
張潤書具賣地切結（1870 年 5 月，同治九年四月）/ 八九四

十一、江南製造局添建廠房購買地基及糧串等有關文書（1867 年—1869 年 9 月，同治六年—同治八年八月）

十二、江南製造局購買高昌廟地基的有關文書

（1885 年 11 月—1912 年 5 月，光緒十一年九月—民國元年五月）

致江南機器製造局總辦申文（1908 年 1 月 31 日，光緒三十三年十二月二十八日）/一二三四－一二三七

江南機器製造局提調處、巡防局爲奉飭會同查明鎮董劉世昌、民人顧道林等稟裘金水謀購地基擬請由局收買仍恭候示遵事致該局總辦稟文及總辦批文（1908 年 1 月 18 日，光緒三十三年十二月十五日）/一二三八－一二四〇

十三、江南製造局移建及收回新高昌廟房産的有關文書（1908 年 7 月或 8 月，光緒三十四年七月）

上海總商會第五十四號移建新高昌廟房屋由局收用案卷封面（時間不詳）/一二四三

江南製造總局基字第六十五號移建新高昌廟房産由局收回公用卷封面（1908 年 7 月或 8 月，光緒三十四年七月）/一二四四

江南製造總局基字第六十五號移建新高昌廟房産由局收回公用卷目録（1908 年 7 月或 8 月，光緒三十四年七月）/一二四五

製造局購給新高昌廟地圖（1908 年，光緒三十四年）/一二四六－一二四七

圖董錢崇德等爲求恩設法啟封廟宇仍給管理事致江南機器製造局稟文（1908 年 7 月或 8 月，光緒三十四年七月）/一二四八－一二四九

江南機器製造局提調處爲稟新高昌廟據圖董錢崇德等稟請函致上海縣啟封事致該局總辦稟文及總辦批文（1908 年 8 月 4 日，光緒三十四年七月初八日）/一二五〇－一二五三

蘇松太道蔡乃煌爲函復高昌廟俟將來製造局需用此地即行給還事復江南機器製造局總辦張士珩（弢樓）函（1908 年 8 月 18 日，光緒三十四年七月二十二日）/一二五四－一二五五

江南機器製造局爲函請將高昌廟啟封交由該局收用抄送關道復函請查照事致代理上海縣知縣李超瓊公函稿（1909 年 5 月 13 日，宣統元年三月二十四日）/一二五六－一二五八

江南機器製造局總辦張士珩爲函陳高昌廟系屬局産現由上海縣發封擬由局收回改作

正用事致蘇松太道蔡乃煌（伯浩）公函稿（1908 年 8 月 13 日，光緒三十四年七月十七日）/ 一二五九 – 一二六四

江南機器製造局總辦張士珩爲高昌廟擬由該局收回改作正用祥壽應請嚴辦事復上海縣知縣李超瓊（子璈）公函稿（1908 年 8 月 9 日，光緒三十四年七月十三日）/ 一二六五 – 一二七〇

上海縣知縣李超瓊爲高昌廟房屋已照會輔元堂紳董收管另作正用事復江南機器製造局總辦張士珩函（1908 年 8 月，光緒三十四年七月）/ 一二七一 – 一二七五

江南機器製造局爲請將高昌廟啟封給還圖董另選香工重行整理事致上海縣知縣李超瓊公函稿（1908 年 8 月 5 日，光緒三十四年七月初九日）/ 一二七六 – 一二七九

十四、江南製造局關於並未占用敬業書院田産致上海縣的復文（1904 年 12 月—1905 年 1 月，光緒三十年十一月）

江南製造總局基字第五十號查復本局並未占用敬業書院田産卷封面（1904–1905 年，光緒三十年）/ 一二八三

上海總商會第七十號查復並未占用敬業書院田産案卷封面（時間不詳）/ 一二八四

江南機器製造局提調爲移復該局並未占用二十五保十四圖敬業書院公産則田三畝事致上海縣知縣汪懋琨移文稿（1905 年 1 月 5 日，光緒三十年一月卅日）/ 一二八五 – 一二八九

江南製造總局基字第五十號查復本局並未占用敬業書院田産卷目録（1904–1905 年，光緒三十年）/ 一二九〇

上海縣知縣汪懋琨爲移查据敬業書院董事姚文枬等函告該局占用書院公産請查明復縣核辦事致江南機器製造局提調移文（1904 年 12 月 27 日，光緒三十年十一月二十一日）/ 一二九一 – 一二九二

敬業書院公産清單（1904 年 12 月 31 日，光緒三十年十一月二十五日）/ 一二九三 – 一二九四

十五、江南製造局購買老君廟地基的契據及有關文書

（1855 年—1908 年 7 月，咸豐五年—光緒三十四年六月）

第三册

十六、江南製造局購買仁記公司高昌廟地産契據及田單等有關文書（1855年—1908年5月，咸豐五年—光緒三十四年四月）

十八、江南製造局購買高昌廟地基的契據及田單等有關文書

（1855年—1868年1月，咸豐五年—同治六年十二月）

十九、江南製造局購買高昌廟地基的契據及田單等有關文書
（1855年—1898年4月，咸豐五年—光緒三十四年三月）

二十、江南製造局購買高昌廟地基的契據、地形圖等有關文書（1897 年—1899 年 1 月，光緒二十三年—二十四年十二月）

二十一、江南製造局購買高昌廟地基的契據及田單等有關文書（1855 年—1900 年 1 月，咸豐五年—光緒二十五年十二月）

二十二、江南製造局購買高昌廟地基的契據及田單等有關文書（1855—1908 年，咸豐五年—光緒三十四年）

二十三、江南製造局購買高昌廟地基的契據及糧串等文書（1858 年 9 月—1911 年 5 月，咸豐八年八月—宣統三年四月）

二十四、浙江旅滬學會商請江南製造局將新高昌廟廟基及餘地撥充該會應用的往來文書

（1910 年 7 月—8 月，宣統二年六月—七月）

二十五、江南製造局購買鍋爐廠西首土地的契據等有關文書（1890 年 7 月—1893 年 5 月，光緒十六年六月—光緒十九年四月）

二十六、江南製造局修築川沙白龍港炮臺的地租及材料等有關文書（1894年10月—1897年7月，光緒二十年九月—光緒二十三年六月）

年，光緒二十一年—光緒二十三年）/ 一九九八 – 二〇〇〇

署兩江總督張之洞關於江南機器製造局爲稟明遵筑川沙白龍港炮臺四座及搭蓋勇棚藥庫等項所用工料銀兩擬請飭由籌防局列支撥款歸墊並呈清摺事稟文的批復（1895年8月27日，光緒二十一年七月初八日）/ 二〇〇一

川沙同知陳家熊爲稟營盤炮營操場租用民田并墊用卡棚工料各價懇請撥款給領並呈清摺事致江南機器製造局稟文（1895年6月4日，光緒二十一年五月十二日）/ 二〇〇二 – 二〇〇三

川沙同知陳家熊呈送奇兵、炮隊兩營營盤操場租用民田並墊用卡棚各價開具業户花名畝分租價清摺（1895年6月4日，光緒二十一年五月十二日）/ 二〇〇四 – 二〇〇六

川沙同知陳家熊具領得奇兵、炮隊兩營營盤操場春租地價錢又奇兵營續造卡棚工料錢印领（1895年6月，光緒二十一年五月）/ 二〇〇七

江南機器製造局關於川沙同知陳家熊爲稟營盤炮營操場租用民田并墊用卡棚工料各價懇請撥款給領並呈清摺事稟文的批文（1895年6月11日，光緒二十一年五月十九日）/ 二〇〇八

滬軍營管帶蕭鎮江爲申復騎兵營移交周家渡營壘等件業由徐管帶接領存儲事致江南機器製造局總辦申文（1895年3月14日，光緒二十一年二月十八日）/ 二〇〇九 – 二〇一〇

江南機器製造局爲營房所用竹木變價事批文（1895年8月5日，光緒二十一年六月十五日）/ 二〇一一 – 二〇一二

江南機器製造局爲照來文移知滬軍營統領查照事批文（時間不詳）/ 二〇一三

奇兵右營管帶鄒理堂爲申報移交周家渡白蓮涇炮臺炮位事致江南機器製造局總辦劉琪祥申文（1895年2月11日，光緒二十一年正月十七日）/ 二〇一四 – 二〇一五

江南機器製造局關於川沙同知陳家熊爲稟請催令鄒管帶趕將營壘蕩平竹木變價歸墊地租事稟文的批文稿（1895年8月7日，光緒二十一年六月十七日）/ 二〇一六

江南機器製造局關於川沙同知陳家熊爲申報該廳沿海所筑炮臺營房因日晒雨零逐漸

第四册

二十七、江南製造局購買槍炮試驗場地基的契據及地形圖（1875 年 4 月或 5 月，光緒元年三月）

二十八、江南製造局添建炮廠、子藥廠、炮隊營等地基的契據、田單及有關文書

（1852年1月或2月—1883年3月，咸豐元年十二月——光緒九年正月）

二十九、江南製造局添建炮廠及火藥廠購買地基的契據、田單及有關文書

（1855 年—1881 年 1 月，咸豐五年—光緒六年十二月）

三十、江南製造局添建炮廠及子藥廠購買地基的契據、田單及有關文書（1855 年—1888 年 6 月，咸豐五年—光緒十四年五月）

陳阿二具賣田地切結（1887 年 2 月或 3 月，光緒十三年二月）/ 二四六七
陳阿二具領狀（1887 年 2 月或 3 月，光緒十三年二月）/ 二四六八
郁宜稼具領狀（1886 年 12 月或 1887 年 1 月，光緒十二年十二月）/ 二四六九
郁宜稼具賣地切結（1886 年 12 月或 1887 年 1 月，光緒十二年十二月）/ 二四七〇
郁宜稼具領狀（1886 年 12 月或 1887 年 1 月，光緒十二年十二月）/ 二四七一
郁宜稼具賣地切結（1886 年 12 月或 1887 年 1 月，光緒十二年十二月）/ 二四七二
郁宜稼立遺失單據（1886 年 12 月或 1887 年 1 月，光緒十二年十二月）/ 二四七三
江南製造局與徽甯思恭堂立合同調換地契（1887 年 2 月或 3 月，光緒十三年二月）/ 二四七四
陳阿二具代田單切結（1887 年 2 月或 3 月，光緒十三年二月）/ 二四七五
楊敬山等具代田單切結（1886 年 12 月或 1887 年 1 月，光緒十二年十二月）/ 二四七六
蔣禧生立代田單據（1887 年 12 月或 1888 年 1 月，光緒十三年十一月）/ 二四七七
王鶴樓立代田單據（1887 年 12 月或 1888 年 1 月，光緒十三年十一月）/ 二四七八
韓玉成具代田單切結（1887 年 12 月或 1888 年 1 月，光緒十三年十一月）/ 二四七九
楊了頭立代田單據（1887 年 11 月或 12 月，光緒十三年十月）/ 二四八〇
王鶴樓立代田單據（1887 年 12 月或 1888 年 1 月，光緒十三年十一月）/ 二四八一
馮堃立代田單據（1887 年 12 月或 1888 年 1 月，光緒十三年十一月）/ 二四八二
楊桂生具代田單切結（1887 年 12 月或 1888 年 1 月，光緒十三年十一月）/ 二四八三
楊大榮具領狀（1887 年 11 月或 12 月，光緒十三年十月）/ 二四八四
楊大榮具賣宅基地切結（1887 年 11 月或 12 月，光緒十三年十月）/ 二四八五
楊才才具領狀（1887 年 11 月或 12 月，光緒十三年十月）/ 二四八六
楊才才具賣菜地切結（1887 年 11 月或 12 月，光緒十三年十月）/ 二四八七
楊了頭具領狀（1887 年 11 月或 12 月，光緒十三年十月）/ 二四八八
楊了頭具賣田菜地切結（1887 年 11 月或 12 月，光緒十三年十月）/ 二四八九
楊敬山具領狀（1887 年 11 月或 12 月，光緒十三年十月）/ 二四九〇

楊敬山具賣宅基地切結（1887 年 11 月或 12 月，光緒十三年十月）/ 二四九一
夏三三具領狀（1887 年 12 月或 1888 年 1 月，光緒十三年十一月）/ 二四九二
夏三三具賣田園菜地切結（1887 年 12 月或 1888 年 1 月，光緒十三年十一月）/ 二四九三
韓玉成具領狀（1887 年 12 月或 1888 年 1 月，光緒十三年十一月）/ 二四九四
韓玉成具賣田園菜地切結（1887 年 12 月或 1888 年 1 月，光緒十三年十一月）/ 二四九五
蔣禧生具領狀（1887 年 12 月或 1888 年 1 月，光緒十三年十一月）/ 二四九六
蔣禧生具賣田園菜地切結（1887 年 12 月或 1888 年 1 月，光緒十三年十一月）/ 二四九七
周承啟具賣田地切結（1887 年 10 月或 11 月，光緒十三年九月）/ 二四九八
周承啟具領狀（1887 年 10 月或 11 月，光緒十三年九月）/ 二四九九
尼行山具領狀（1887 年 10 月或 11 月，光緒十三年九月）/ 二五〇〇
尼行山具賣觀音庵基地切結（1887 年 10 月或 11 月，光緒十三年九月）/ 二五〇一
楊大榮具領狀（1888 年 1 月或 2 月，光緒十三年十二月）/ 二五〇二
楊大榮具賣田園菜地切結（1888 年 1 月或 2 月，光緒十三年十二月）/ 二五〇三
姜秉卿具領狀（1887 年 12 月或 1888 年 1 月，光緒十三年十一月）/ 二五〇四
姜秉卿具賣田地切結（1887 年 12 月或 1888 年 1 月，光緒十三年十一月）/ 二五〇五
楊桂生具領狀（1887 年 12 月或 1888 年 1 月，光緒十三年十一月）/ 二五〇六
楊桂生具賣田園菜地切結（1887 年 12 月或 1888 年 1 月，光緒十三年十一月）/ 二五〇七
馮堃具領狀（1887 年 12 月或 1888 年 1 月，光緒十三年十一月）/ 二五〇八
馮堃具賣田園菜地切結（1887 年 12 月或 1888 年 1 月，光緒十三年十一月）/ 二五〇九
王鶴樓具賣田園菜地切結（1887 年 12 月或 1888 年 1 月，光緒十三年十一月）/ 二五一〇
王鶴樓具領狀（1887 年 12 月或 1888 年 1 月，光緒十三年十一月）/ 二五一一

王鶴樓具領狀（1887 年 12 月或 1888 年 1 月，光緒十三年十一月）/ 二五一二
王鶴樓具賣田園菜地切結（1887 年 12 月或 1888 年 1 月，光緒十三年十一月）/
二五一三
楊聚春具領狀（1887 年 10 月或 11 月，光緒十三年九月）/ 二五一四
楊聚春具領狀（1888 年 1 月或 2 月，光緒十三年十二月）/ 二五一五
楊聚春具賣田園菜地切結（1888 年 1 月或 2 月，光緒十三年十二月）/ 二五一六
楊聚春具賣田園菜地切結（1887 年 11 月或 12 月，光緒十三年十月）/ 二五一七
楊聚春具領狀（1887 年 11 月或 12 月，光緒十三年十月）/ 二五一八
楊才才具領狀（1887 年 11 月或 12 月，光緒十三年十月）/ 二五一九
楊才才具賣田園菜地切結（1887 年 11 月或 12 月，光緒十三年十月）/ 二五二〇
楊桂生具領狀（1887 年 11 月或 12 月，光緒十三年十月）/ 二五二一
楊桂生具賣田宅基地切結（1887 年 11 月或 12 月，光緒十三年十月）/ 二五二二
楊敬三等具領狀（1888 年 1 月或 2 月，光緒十三年十二月）/ 二五二三
楊敬三等具賣田切結（1886 年 12 月或 1887 年 1 月，光緒十二年十二月）/
二五二四
楊敬三等具領狀（1886 年 12 月或 1887 年 1 月，光緒十二年十二月）/ 二五二五
朱桂堂具領狀（1886 年 12 月或 1887 年 1 月，光緒十二年十二月）/ 二五二六
朱桂堂具賣田切結（1886 年 12 月或 1887 年 1 月，光緒十二年十二月）/ 二五二七
尼行山具領狀（1887 年 12 月或 1888 年 1 月，光緒十三年十一月）/ 二五二八
朱錦堂具領狀（1886 年 12 月或 1887 年 1 月，光緒十二年十二月）/ 二五二九
朱錦堂具賣田切結（1886 年 12 月或 1887 年 1 月，光緒十二年十二月）/ 二五三〇
朱桂堂具領狀（1886 年 12 月或 1887 年 1 月，光緒十二年十二月）/ 二五三一
朱桂堂具賣田切結（1886 年 12 月或 1887 年 1 月，光緒十二年十二月）/ 二五三二
高青選等具代田單切結（1886 年 12 月或 1887 年 1 月，光緒十二年十二月）/
二五三三
楊才金等具代田單切結（1886 年 12 月或 1887 年 1 月，光緒十二年十二月）/
二五三四
楊才金、喬映宗等具領狀（1886 年 12 月或 1887 年 1 月，光緒十二年十二月）/

二五三五
楊才金、喬映宗等具領狀（1886 年 12 月或 1887 年 1 月，光緒十二年十二月）/ 二五三六
楊才金、喬映宗等具賣田切結（1886 年 12 月或 1887 年 1 月，光緒十二年十二月）/ 二五三七
高青選等具領狀（1886 年 12 月或 1887 年 1 月，光緒十二年十二月）/ 二五三八
高青選等具領狀（1886 年 12 月或 1887 年 1 月，光緒十二年十二月）/ 二五三九
高青選等具賣田切結（1886 年 12 月或 1887 年 1 月，光緒十二年十二月）/ 二五四〇
王萬方具領狀（1887 年 10 月或 11 月，光緒十三年九月）/ 二五四一
戴裕隆具領狀（1887 年 10 月或 11 月，光緒十三年九月）/ 二五四二
郭奎具領狀（1887 年 10 月或 11 月，光緒十三年九月）/ 二五四三
陸榮具領狀（1887 年 10 月或 11 月，光緒十三年九月）/ 二五四四
楊錫周具領狀（1887 年 10 月或 11 月，光緒十三年九月）/ 二五四五
郭阿四具領狀（1887 年 10 月或 11 月，光緒十三年九月）/ 二五四六
郭阿四具領狀（1887 年 10 月或 11 月，光緒十三年九月）/ 二五四七
尼行山具領狀（1887 年 10 月或 11 月，光緒十三年九月）/ 二五四八
潘金和具領狀（1887 年 10 月或 11 月，光緒十三年九月）/ 二五四九
周承啟具領狀（1887 年 10 月或 11 月，光緒十三年九月）/ 二五五〇
周承啟具領狀（1887 年 11 月或 12 月，光緒十三年十月）/ 二五五一
蔣禧生具領狀（1887 年 12 月或 1888 年 1 月，光緒十三年十一月）/ 二五五二
楊才金具領狀（1887 年 11 月或 12 月，光緒十三年十月）/ 二五五三
王鶴樓具領狀（1887 年 12 月或 1888 年 1 月，光緒十三年十一月）/ 二五五四
王鶴樓具領狀（1887 年 12 月或 1888 年 1 月，光緒十三年十一月）/ 二五五五
王鶴樓具領狀（1887 年 12 月或 1888 年 1 月，光緒十三年十一月）/ 二五五六
馮堃具領狀（1887 年 12 月或 1888 年 1 月，光緒十三年十一月）/ 二五五七
姜秉卿具領狀（1887 年 11 月或 12 月，光緒十三年十月）/ 二五五八
陳阿妹具領狀（1887 年 12 月或 1888 年 1 月，光緒十三年十一月）/ 二五五九

楊渭香具領狀（1887 年 12 月或 1888 年 1 月，光緒十三年十一月）/ 二五六〇
楊大榮具領狀（1888 年 1 月或 2 月，光緒十三年十二月）/ 二五六一
萬榮和具領狀（1887 年 10 月或 11 月，光緒十三年九月）/ 二五六二
許心齋具領狀（1887 年 10 月或 11 月，光緒十三年九月）/ 二五六三
許福等具領狀（1887 年 10 月或 11 月，光緒十三年九月）/ 二五六四
劉雲石具領狀（1887 年 10 月或 11 月，光緒十三年九月）/ 二五六五
楊才金具領狀（1887 年 10 月或 11 月，光緒十三年九月）/ 二五六六
楊桂山具領狀（1887 年 10 月或 11 月，光緒十三年九月）/ 二五六七
楊順發具領狀（1887 年 10 月或 11 月，光緒十三年九月）/ 二五六八
楊聚發具領狀（1887 年 10 月或 11 月，光緒十三年九月）/ 二五六九
楊阿桂具領狀（1887 年 10 月或 11 月，光緒十三年九月）/ 二五七〇
楊聚春具領狀（1887 年 10 月或 11 月，光緒十三年九月）/ 二五七一
俞阿虎具領狀（1887 年 10 月或 11 月，光緒十三年九月）/ 二五七二
姜聖朝具領狀（1887 年 10 月或 11 月，光緒十三年九月）/ 二五七三
龔有成具領狀（1887 年 10 月或 11 月，光緒十三年九月）/ 二五七四
鄧廷章具領狀（1887 年 10 月或 11 月，光緒十三年九月）/ 二五七五
江南機器製造局爲照會光緒十二三年份添購地基開送清單並切結田單事致上海縣知縣裴大中照會稿（1888 年 5 月 16 日，光緒十四年四月初六日）/ 二五七六 – 二五八九
江南製造總局基字第十八號炮廠子藥廠並局後官路添購地基卷封面（1886–1887 年，光緒十二年—光緒十三年）/ 二五九〇

江南製造總局

一、江南製造局經收房地各租章程、金額及有關文書

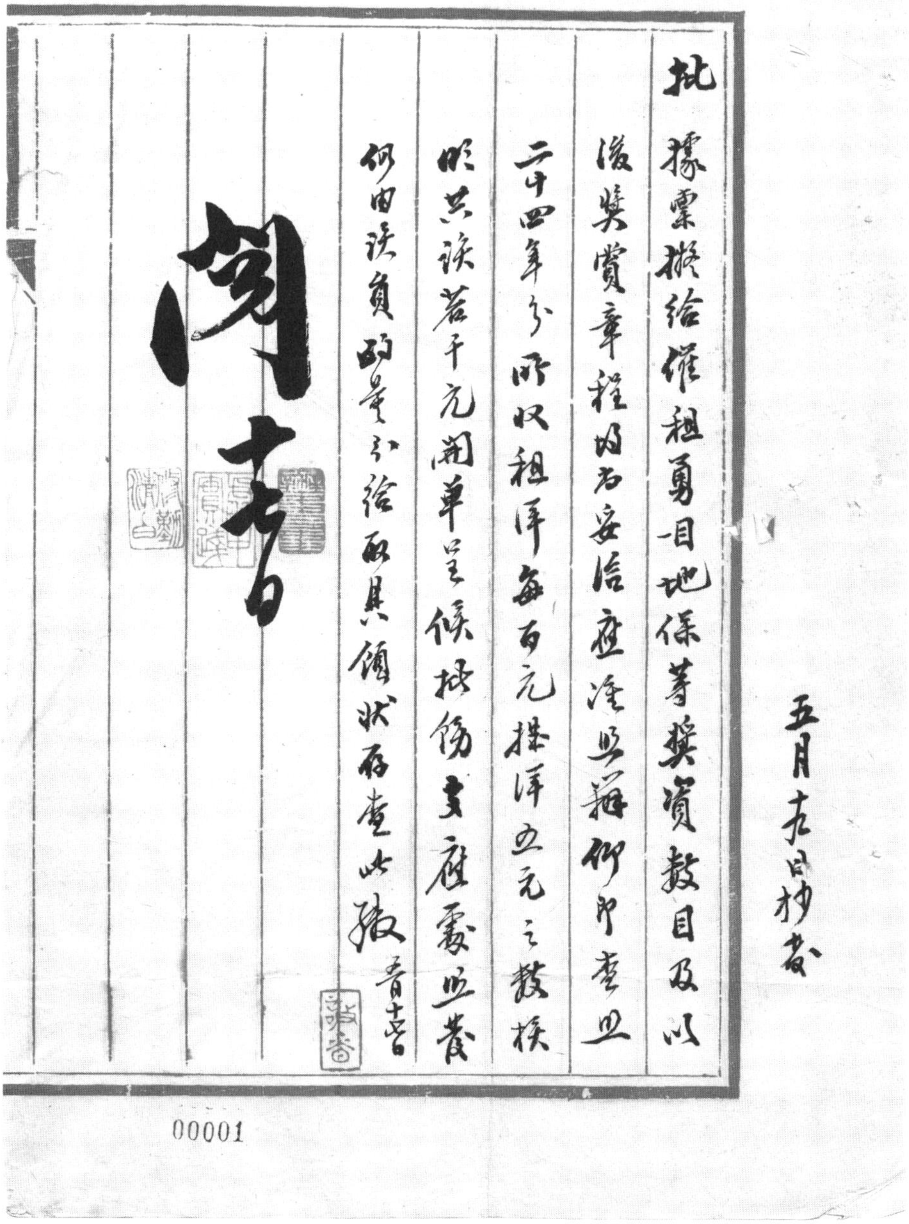
批
據稟擬給催租勇目地保等獎資數目及以
後獎賞章程均尚妥洽應准照辦仰即查照
二十四年分所收租洋每百元提洋五元之數核
明共該若干元開單呈候核飭支應處照發
仍由該員酌量分給取具領狀存查此繳
十七日

閱十七日

五月十七日抄發

00001

江南機器製造局爲批稟前事事致工程處委員陳河清批文稿（1899 年 6 月 24 日，光緒二十五年五月十七日）

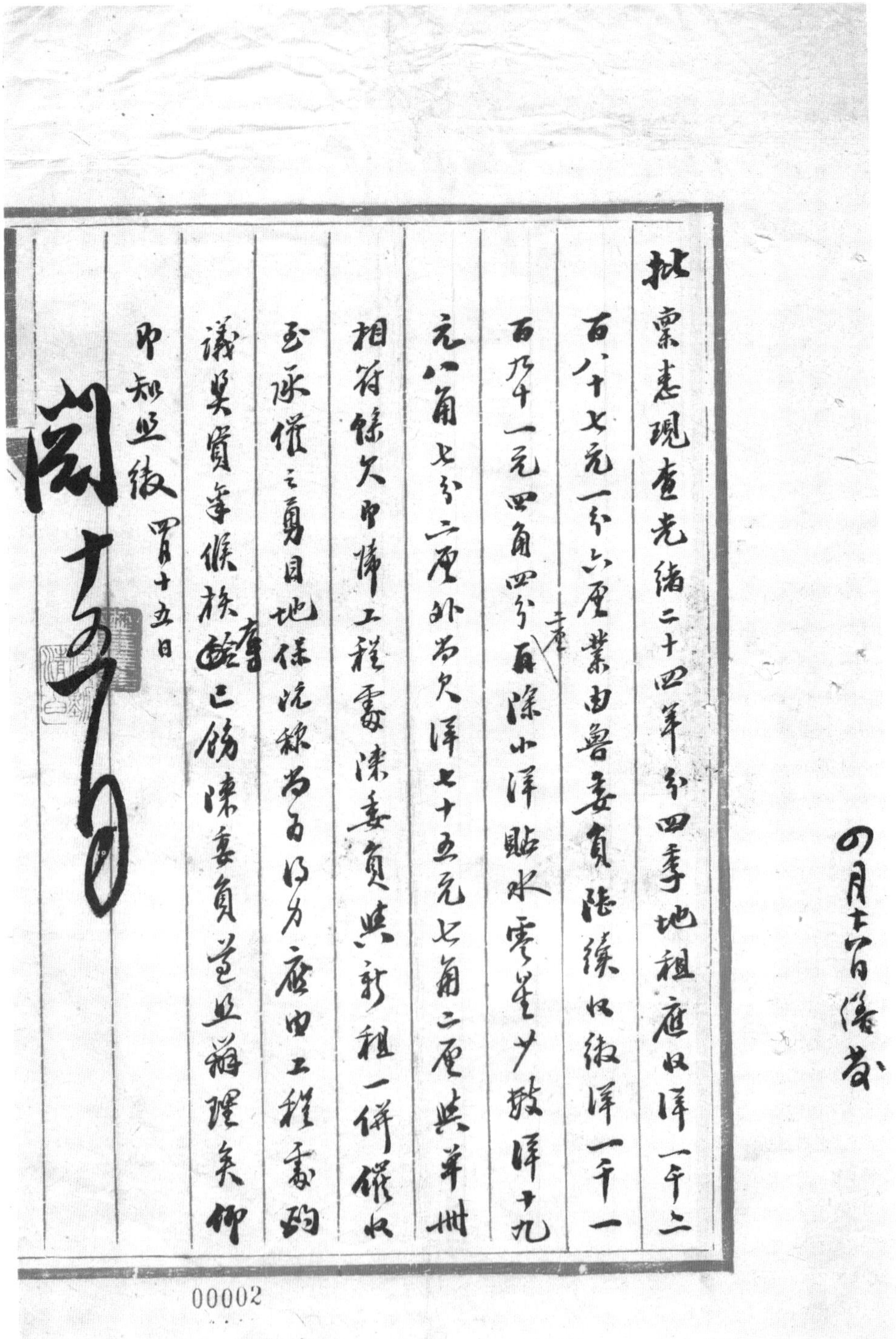

批
稟悉。現查光緒二十四年分四季地租應收洋一千二
百八十七元一分六厘，業由魯委員陸續收繳洋一千一
百九十一元四角四分，又除小洋貼水零星外，繳洋十九
元八角七分二厘外，尚欠洋七十五元七角二厘，與單冊
相符。餘欠即歸工程處陳委員與新租一併催收。
至承催之員目地保既稱尚可得力，應由工程處酌
議具覆，毋候核辦。已飭陳委員並照辦理矣。仰
即知照。繳。四月十五日
閱十五日
四月十四日發
00002

江南機器製造局爲批稟前事事致工程處楊委員等批文稿（1899年5月24日，光緒二十五年四月十五日）

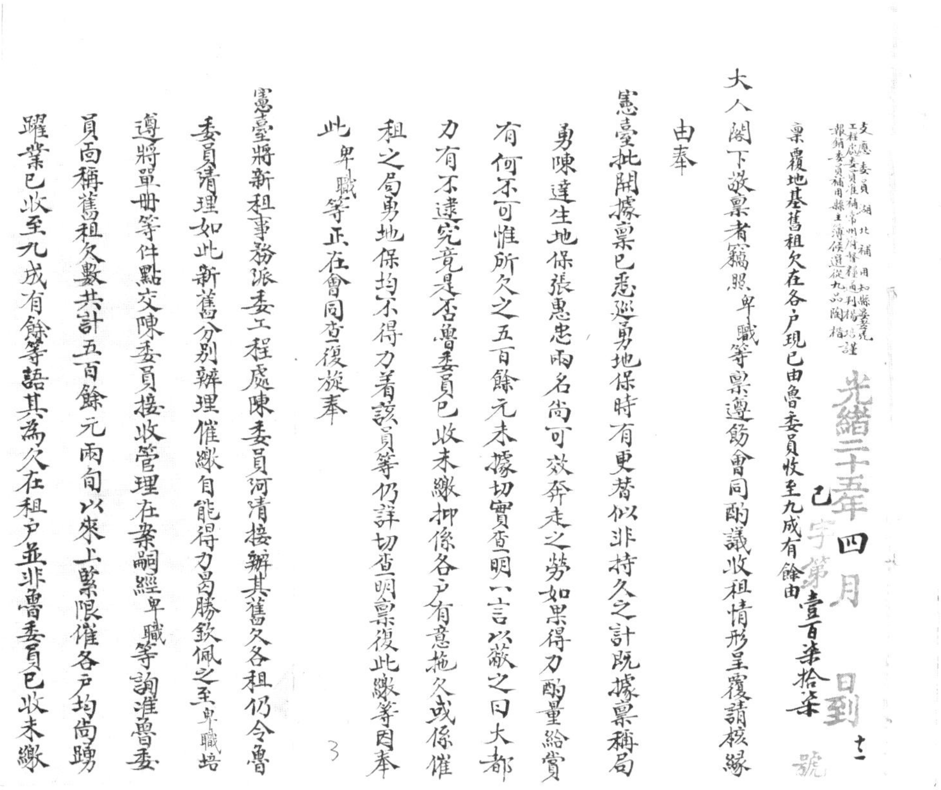

支應委員湖北補用知縣晏孝先
工程處委員准補常州府督糧通判楊培
報銷委員補用縣主簿候選從九品陶楷 謹

稟覆地基舊租欠在各户現已由魯委員收至九成有餘由

光緒二十五年四月十二日到
己字第壹百柒拾柒號

大人閣下敬稟者竊照卑職等稟遵飭會同酌議收租情形呈覆請核緣
由奉
憲臺批開據稟已悉巡勇地保時有更替似非持久之計既據稟稱局
勇陳達生地保張惠忠兩名尚可效奔走之勞如果得力酌量給賞
有何不可惟所欠之五百餘元未據切實查明一言以蔽之曰大都
力有不逮究竟是否魯委員已收未繳抑係各户有意拖欠或係催
租之局勇地保均不得力着該員等仍詳切查明稟復此繳等因奉
此卑職等正在會同查復旋奉
憲臺將新租事務派委工程處陳委員河清接辦其舊欠各租仍令魯
委員清理如此新舊分別辦理催繳自能得力曷勝欽佩之至卑職培
遵將單冊等件點交陳委員接收管理在案嗣經卑職等詢准魯委
員面稱舊租欠數共計五百餘元兩旬以來上緊限催各户均尚踴
躍業已收至九成有餘等語其爲欠在租户並非魯委員已收未繳

江南機器製造局工程處委員楊培、支應處委員晏孝先、報銷處委員陶楷爲稟覆地基舊租欠在各户現已由魯委員收至九成有餘事稟文（1899 年 5 月 21 日，光緒二十五年四月十二日）

可知至催租之局勇地保在魯委員處聽差尚無怠玩此後是否得
力應由陳委員隨事察看稟候
鈞奪理合據實稟復仰祈
大人鑒核實爲公便專肅寸稟恭叩
崇安伏乞
垂鑒 卑職培孝先楷謹稟

光緒二十五年四月　日

003

江南機器製造局工程處委員楊培、支應處委員晏孝先、報銷處委員陶楷爲稟覆地基舊租欠在各户現已由魯委員收至九成有餘事稟文（1899年5月21日，光緒二十五年四月十二日）

光緒二十五年
四月十二日到

江南機器製造局工程處委員楊培、支應處委員晏孝先、報銷處委員陶楷爲禀覆地基舊租欠在各户現已由魯委員收至九成有餘事禀文（1899 年 5 月 21 日，光緒二十五年四月十二日）

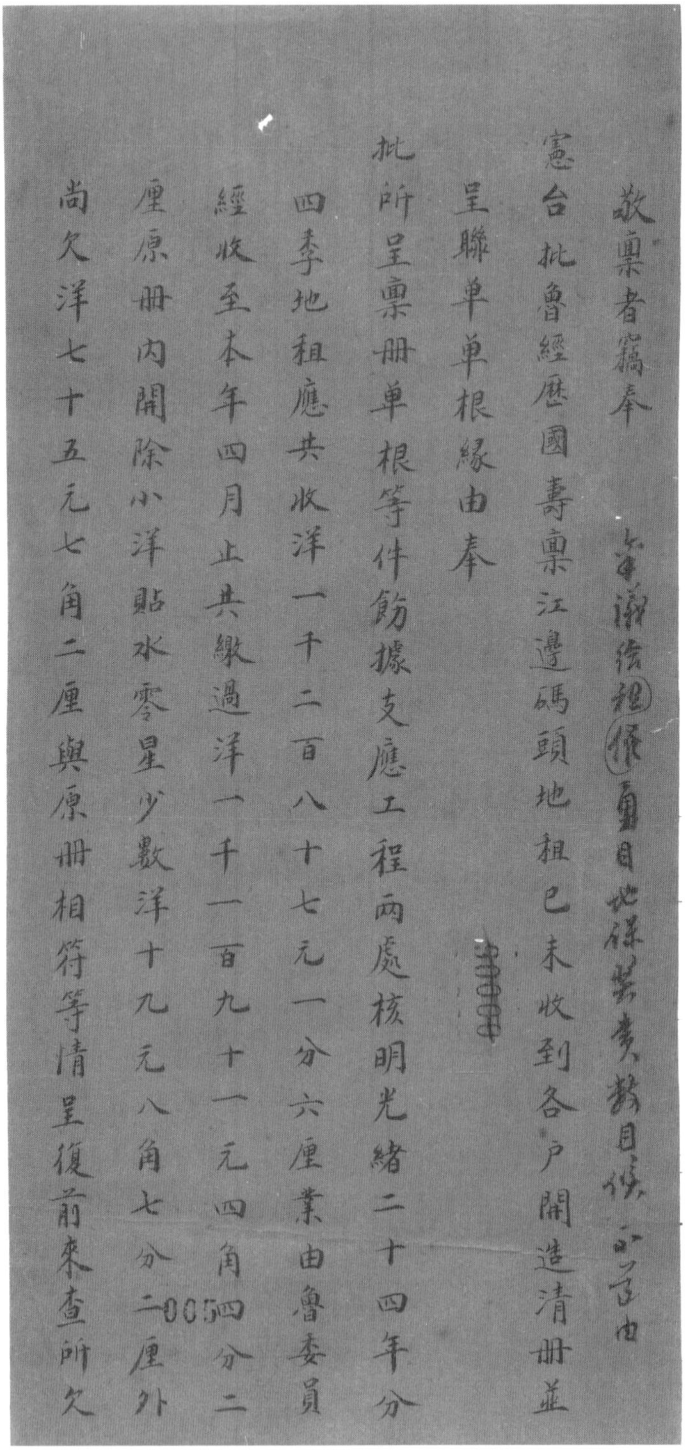
為議給催租勇目地保獎賞數目候示遵由
敬稟者竊奉
憲台批魯經歷國壽稟江邊碼頭地租已未收到各户開造清冊並
呈聯單單根緣由奉
批所呈稟冊単根等件飭據支應工程兩處核明光緒二十四年分
四季地租應共收洋一千二百八十七元一分六厘業由魯委員
經收至本年四月止共繳過洋一千一百九十一元四角四分二
厘原冊内開除小洋貼水零星少數洋十九元八角七分二厘外
尚欠洋七十五元七角二厘與原冊相符等情呈復前來查所欠

江南機器製造局工程處委員陳河清爲稟議給催租勇目、地保獎賞數目候示遵事稟文（1899年6月22日，光緒二十五年五月十五日）

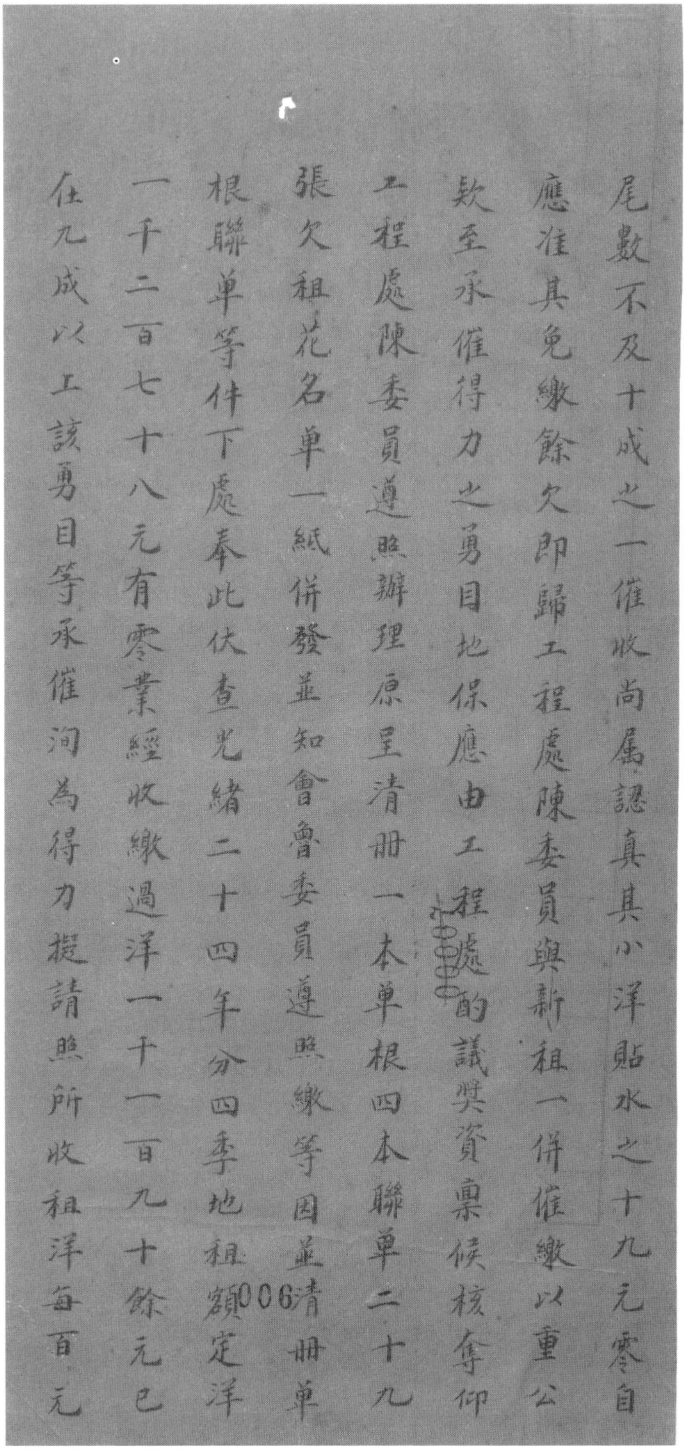

尾數不及十成之一催收尚屬認真其小洋貼水之十九元零自
應准其免繳餘欠即歸工程處陳委員與新租一併催繳以重公
款至承催得力之勇目地保應由工程處酌議獎賞稟候核奪仰
工程處陳委員遵照辦理原呈清冊一本單根四本聯單二十九
張欠租花名單一紙併發並知會魯委員遵照繳等因並清冊單
根聯單等件下處奉此伏查光緒二十四年分四季地租額定洋
一千二百七十八元有零業經收繳過洋一千一百九十餘元已
在九成以上該勇目等承催洵為得力擬請照所收租洋每百元

006

江南機器製造局工程處委員陳河清爲稟議給催租勇目、地保獎賞數目候示遵事稟文（1899年6月22日，光緒二十五年五月十五日）

提洋五元酌量分給以示鼓勵下屆應給獎賞即以此次為定章
凡收至九成以上照章給賞如不及九成者不給賞罰既定自更
認真辦理是否有當仰祈
大人鑒核批示祗遵除將奉發清冊單根聯單等件點收存查並知
會魯委員外專肅寸稟恭敂
鈞安伏乞
垂鑒卑職河清謹稟

007

江南機器製造局工程處委員陳河清爲稟議給催租勇目、地保獎賞數目候示遵事稟文（1899 年 6 月 22 日，光緒二十五年五月十五日）

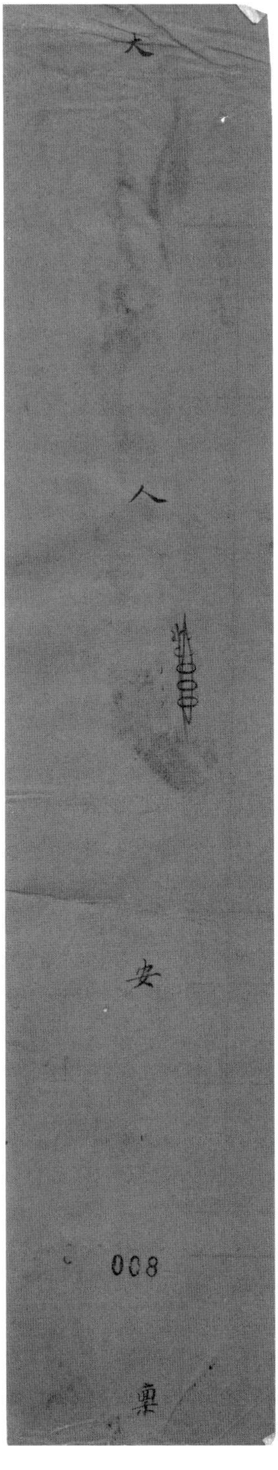
大

人

安

008

稟

江南機器製造局工程處委員陳河清爲稟議給催租勇目、地保獎賞數目候示遵事稟文（1899 年 6 月 22 日，光緒二十五年五月十五日）

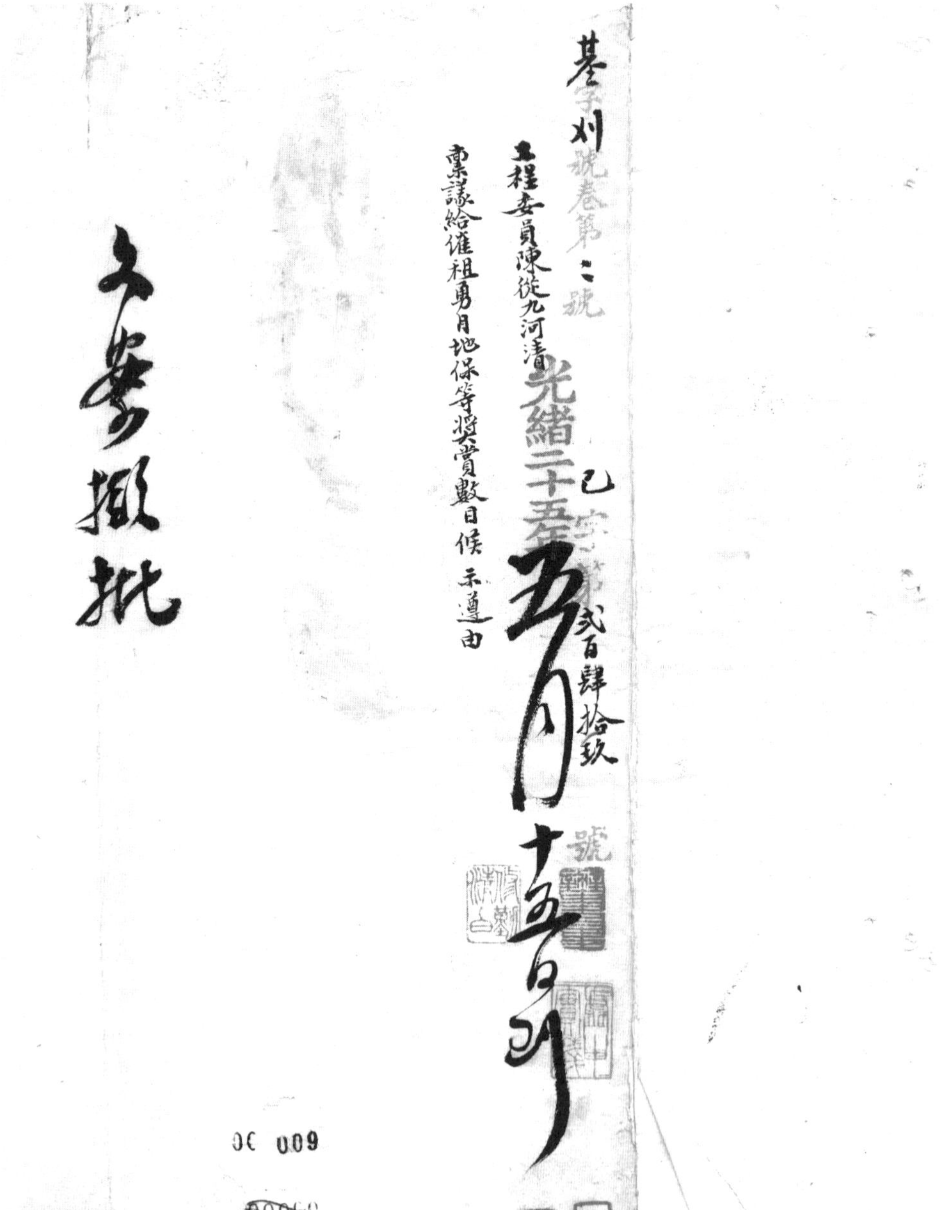
基字刈號卷第二號
工程委員陳從九河清
光緒二十五年五月十五日
乙字第貳百肆拾玖號
稟議給催租勇目地保等奬賞數目候 示遵由
文案擬批

江南機器製造局工程處委員陳河清爲稟議給催租勇目、地保奬賞數目候示遵事稟文（1899年6月22日，光緒二十五年五月十五日）

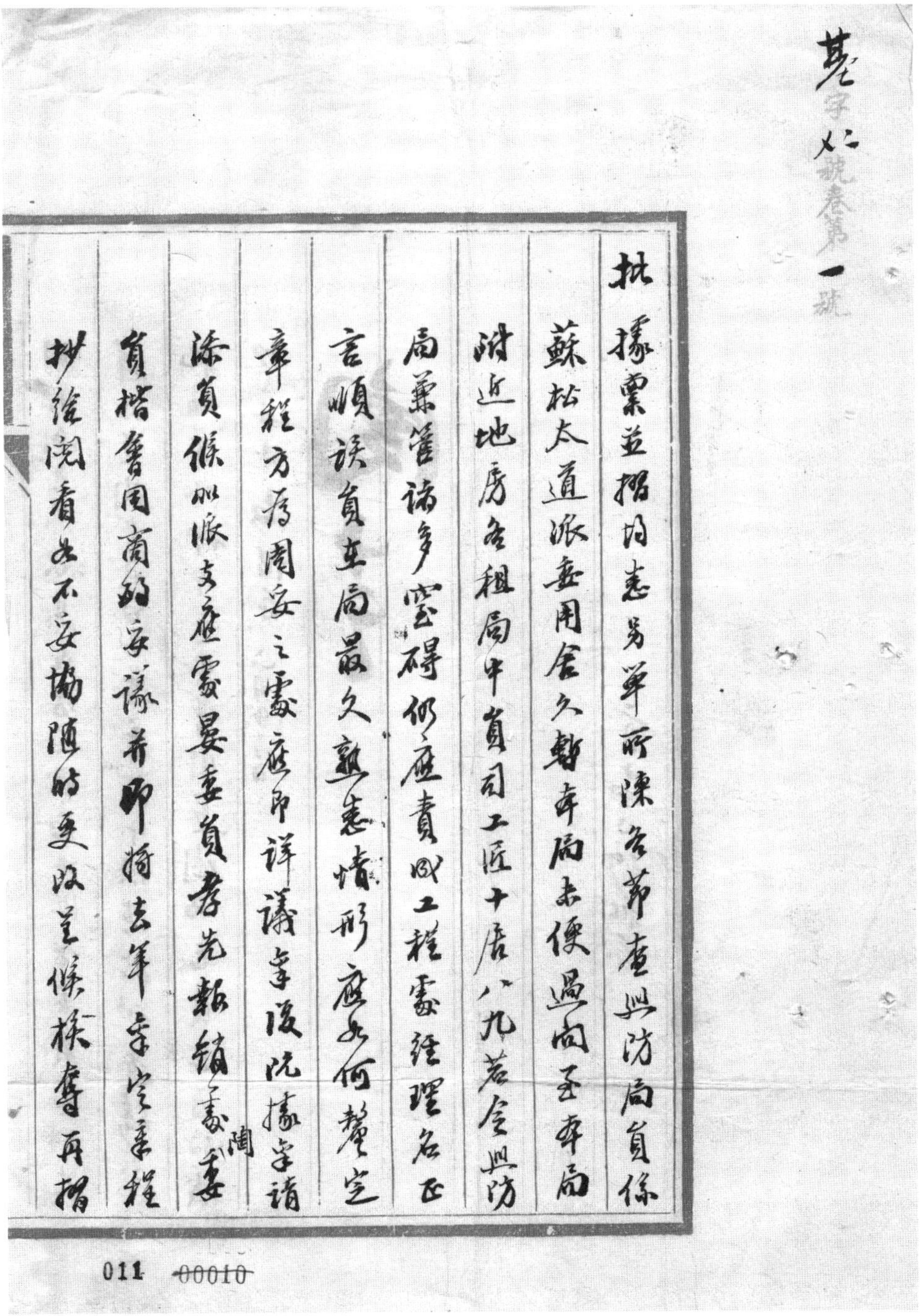
甚字 號卷第一號

批

據稟並摺均悉另單所陳各節查與防局員係
蘇松太道派委周令久隸本局未便過問至本局
附近地房各租局中員司工匠十居八九若令與防
局兼管諸多窒礙仍應責成工程處經理名正
言順該員在局最久熟悉情形應如何釐定
章程方爲周妥之處應即詳議章後詳據實請
添員條派支應處晏委員孝先報銷處陶委
員楷會同商酌妥議並即將去年所定章程
抄給閱看如不妥協隨時更改呈候核奪再摺

011 ~~00010~~

江南機器製造局爲批稟前事事致工程處委員楊培批文稿（1899 年 3 月 23 日，光緒二十五年二月十二日）

因所開各欠款是否諸係本局工匠等委員查詢其
詳亦宜詢查明白為要章程十條隨批抄發請分
札飭並外仰即並照會同晏陶兩委員妥為酌議
切切毋違繳摺存 二月十二日

江南機器製造局爲批稟前事事致工程處委員楊培批文稿（1899 年 3 月 23 日，光緒二十五年二月十二日）

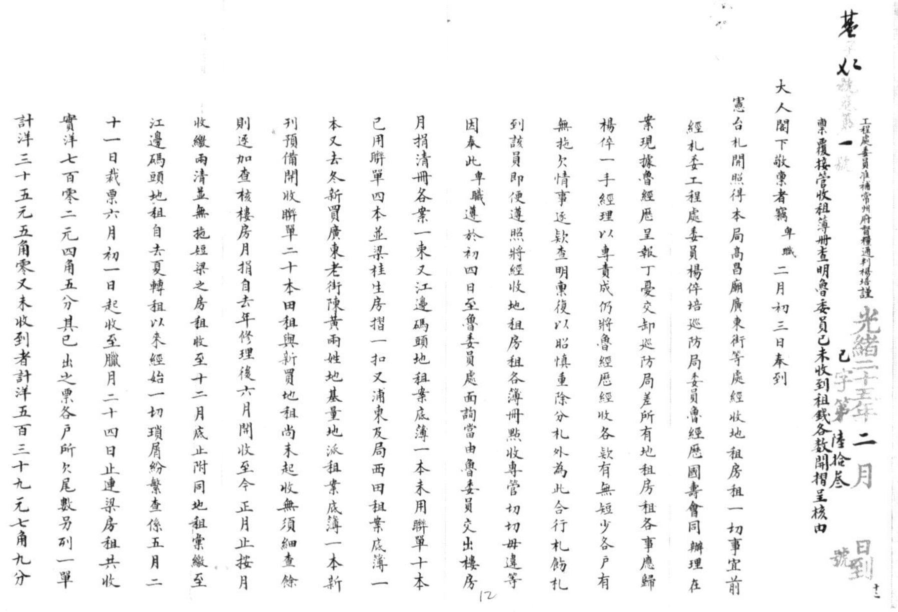

茎字
工程處委員准補常州府督糧通判楊培謹
禀覆接管收租簿册查明魯委員已未收到租錢各數開摺呈核由
光緒二十五年二月 日到
己字第陸拾叁號
大人閣下敬禀者竊卑職二月初三日奉到
憲台札開照得本局高昌廟廣東街等處經收地租房租一切事宜前
經札委工程處委員楊倅培、巡防局委員魯經歷國壽會同辦理在
案。現據魯經歷呈報丁憂，交卸巡防局差，所有地租房租各事應歸
楊倅一手經理，以專責成。仍將魯經歷經收各款有無短少、各户有
無拖欠情事逐款查明禀復，以昭慎重。除分札外，為此合行札飭，札
到該員，即便遵照，將經收地租房租各簿册點收專管，切切毋違等
因。奉此，卑職遵於初四日至魯委員處面詢，當由魯委員交出樓房
月捐清册各業一束，又江邊碼頭地租業底簿一本，未用聯單十本，
已用聯單四本，並梁桂生房摺一扣，又浦東及局西田租業底簿一
本，又去冬新買廣東老街陳、黄兩姓地基量地派租業底簿一本，新
刊預備開收聯單二十本。田租與新買地租尚未起收，無須細查。餘
則逐加查核：樓房月捐自去年修理後六月開收，至今正月止，按月
收繳兩清，並無拖短；梁之房租收至十二月底止，附同地租業繳至
江邊碼頭地租，自去夏轉租以來，經始一切瑣屑紛繁，查係五月二
十一日裁票，六月初一日起收，至臘月二十四日止，連梁房租共收
實洋七百零二元四角五分。其已出之票，各户所欠尾數，另列一單，
計洋三十五元五角零。又未收到者，計洋五百三十九元七角九分。

江南機器製造局工程處委員楊培爲禀覆接管收租簿册查明魯委員已未收到租錢各數開摺呈核事禀文（附清摺）（1899年3月23日，光緒二十五年二月十二日）

三釐以上兩共計洋五百七十五元三角二分九釐其未收之票夾
存根中數目均符去年此租實係租繇加重逐季催討且多宕欠維
日又遲倒收前租更屬不易其已收之七百零二元四角五分已由
魯委員前後如數繳清尚無短少未收得者本年應仍帶收一俟收
到若干隨即帶繳現屆仲春本年之租尤當及早開收除將新買地
基各戶租洋分别詳晰牌示外自應合前各項一律照收謹將接管
查明各情開摺據實具覆仰祈
大人核奪是否有當伏候
批示祇遵專肅寸稟虔請
崇安伏惟
垂鑒卑職培謹稟
附呈清摺一扣

012

光緒二十五年二月　拾貳　日呈

江南機器製造局工程處委員楊培爲禀覆接管收租簿册查明魯委員已未收到租錢各數開摺呈核事禀文（附清摺）（1899年3月23日，光緒二十五年二月十二日）

甚好 一

遵將點收收租簿冊並查明魯委員經手已未收到各租錢

數目分別開呈伏乞

憲鑒

計開

一收江邊碼頭地租棄底簿一本

一收已用聯單四本

一收未用聯單十本

一收梁桂生房摺一扣

一收首善堂地基圖一張

一收樓房月捐清冊及各棄一束

一收局西及浦東田租棄底簿一本

一收新買陳黄雨姓地基量地派租棄底簿一本

013

江南機器製造局工程處委員楊培爲禀覆接管收租簿冊查明魯委員已未收到租錢各數開摺呈核事禀文（附清摺）（1899年3月23日，光緒二十五年二月十二日）

一收新刊預備開收聯單二十本

一收圖記四個

一查樓房捐計收實錢壹百拾壹千七百文　洋捌十五元

一查地租未收存票計洋五百三十九元七角九分三厘

一查地租出票房租連梁計洋七百四十元零三角二分八厘

一查另單各户尾欠計洋三十五元五角三分六厘

一查小洋貼水零戲少數計洋弍元三角四分二厘

一查除另單尾欠貼水少數計淨實洋七百零弍元四角五分

總共存票連尾欠計洋五百七十五元三角弍分九厘通

計地租實收洋柒百捌拾柒元四角五分　房捐實收錢壹百拾壹千七百文　已前後繳清

光緒二十五年二月十二日謹呈

00013

江南機器製造局工程處委員楊培爲禀覆接管收租簿册查明魯委員已未收到租錢各數開摺呈核事禀文（附清摺）（1899年3月23日，光緒二十五年二月十二日）

基字化號卷第一號

光緒二十五年二月十二日到

已字第陸拾叁號

文案閱過加

026

~~00026~~

江南機器製造局工程處委員楊培爲禀覆接管收租簿册查明魯委員已未收到租錢各數開摺呈核事禀文（附清摺）（1899 年 3 月 23 日，光緒二十五年二月十二日）

數目既屬符合貼水准照收其欠
繳餘員即歸工程處陳委員
催繳以重公款至不依限力之處自
地保即由工程處酌議[illegible]復
[illegible]擬批

墨字刈號卷第二號

014

江南機器製造局文案處擬致工程處委員陳河清批文稿（1899 年 5 月，光緒二十五年四月）

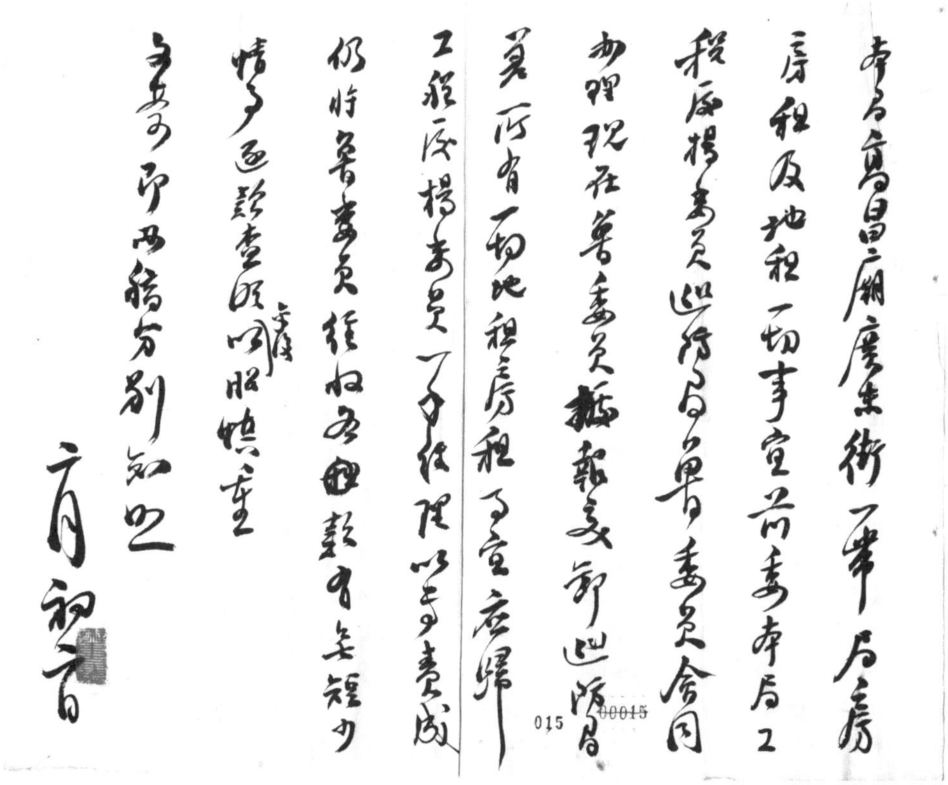
本局高昌廟廣東街一帶局房
房租及地租一切事宜前委本局工
程處楊委員巡防局營委員會同
辦理現在營委員[illegible]差[illegible]巡防局
員所有一切地租房租事宜應歸
工程處楊委員一手經理以專責成
仍將營委員經收[illegible]款有無短少
情事逐款查明照填並
[illegible]即[illegible]稿分別知照也
二月初二日

江南機器製造局爲將該局各處地租房租一切事宜歸工程處委員楊培一手經理事諭條（1899 年 3 月 13 日，光緒二十五年二月初二日）

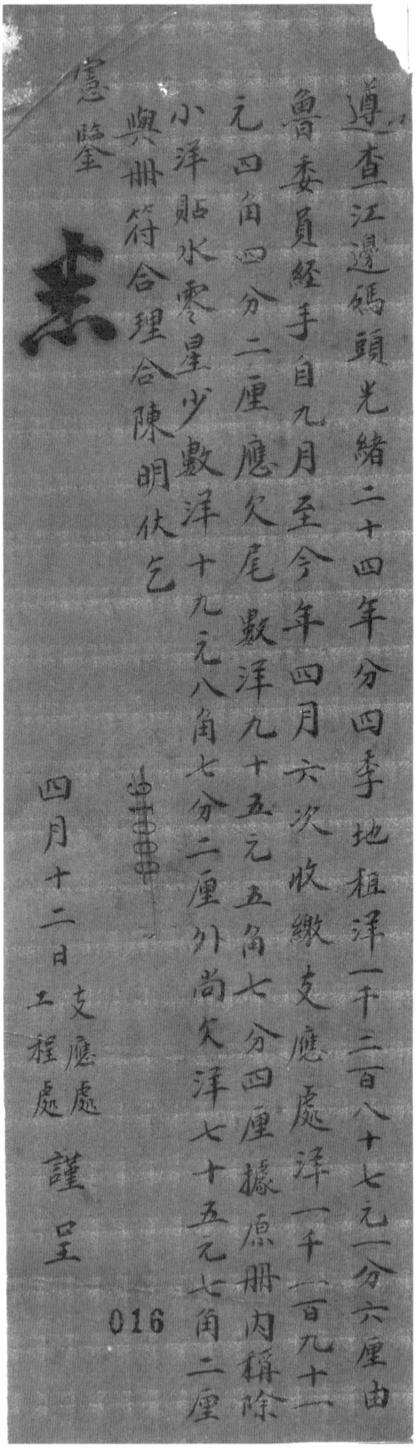
遵查江邊碼頭光緒二十四年分四季地租洋一千三百八十七元一分六厘由
魯委員經手自九月至今年四月六次收繳支應處洋一千一百九十一
元四角四分二厘應欠尾數洋九十五元五角七分四厘據原冊內稱除
小洋貼水零星少數洋十九元八角七分二厘外尚欠洋七十五元七角二厘
與冊符合理合陳明伏乞
憲鑒
四月十二日 支應處 工程處 謹呈
016

江南機器製造局工程處、支應處爲遵查魯委員收繳江邊碼頭地租情形事呈文（1899年5月21日，光緒二十五年四月十二日）

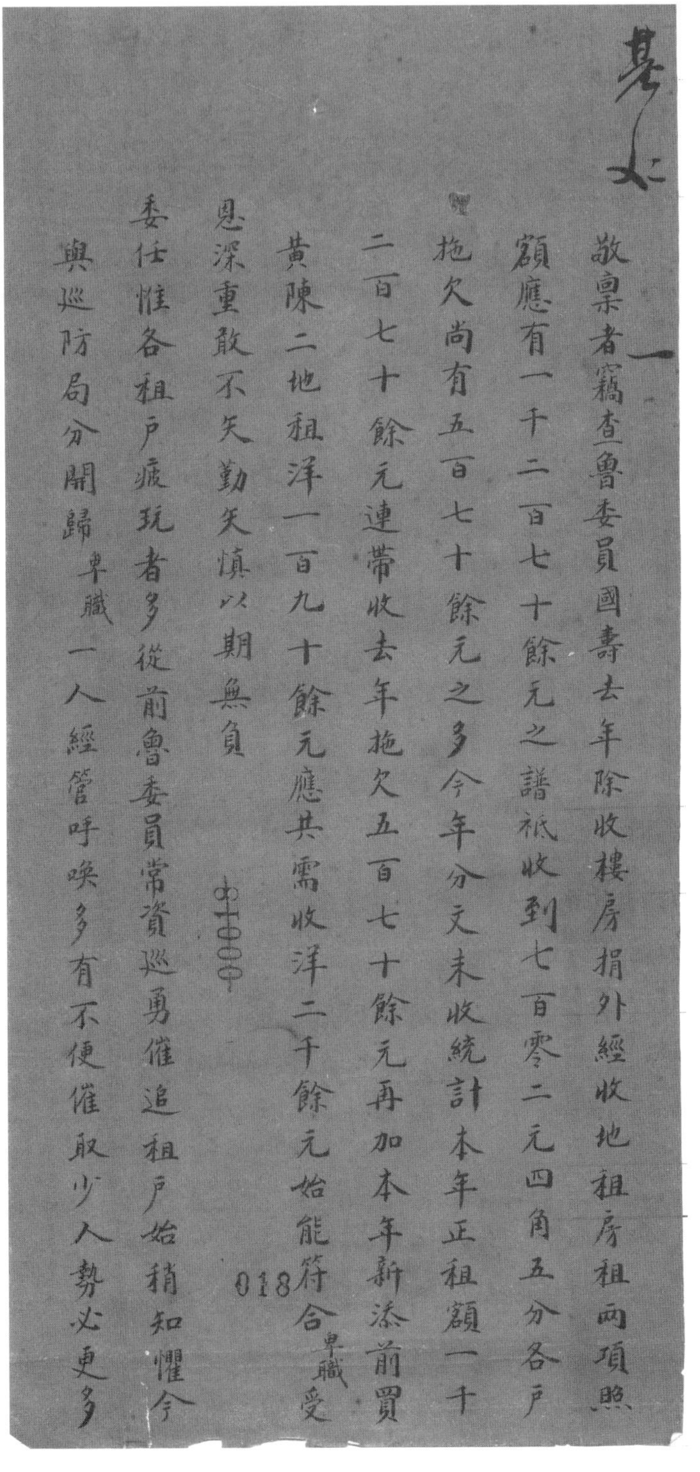

甚是

敬稟者竊查魯委員國壽去年除收樓房捐外經收地租房租兩項照額應有一千二百七十餘元之譜祇收到七百零二元四角五分各戶拖欠尚有五百七十餘元之多今年分文未收統計本年正租額一千二百七十餘元連帶收去年拖欠五百七十餘元再加本年新添前買黃陳二地租洋一百九十餘元應共需收洋二千餘元始能符合 卑職受
恩深重敢不矢勤矢慎以期無負
委任惟各租戶疲玩者多從前魯委員常資巡勇催追租戶始稍知懼今與巡防局分開歸 卑職一人經管呼喚多有不便催取少人勢必更多

018

江南機器製造局工程處委員楊培爲請加委巡防局委員馬洪勤一同經理催收房地各租事稟文
（1899年3月，光緒二十五年二月）

拖欠將來伊於胡底故卑職深為憂之再四思維與其因循遺誤於後
何若具實稟明於先伏思巡防局馬委員洪勤辦事穩練擬請
憲台加委該員一同經理而免拖欠卑職為慎重公事起見用敢冒昧直
陳肅此恭請
崇安伏乞
垂鑒卑職培謹再稟

019

江南機器製造局工程處委員楊培爲請加委巡防局委員馬洪勤一同經理催收房地各租事稟文
（1899 年 3 月，光緒二十五年二月）

大
人
安
010
禀

江南機器製造局工程處委員楊培爲請加委巡防局委員馬洪勤一同經理催收房地各租事禀文

（1899 年 3 月，光緒二十五年四月）

敬禀者竊卑職自上年五月初四日奉
札經收江邊碼頭開辦歸墊地租曾將各租户房屋所佔地皮量明丈尺
算成方數繕造清冊並議章程十條先後稟呈各在案嗣又遵
批分別照方派租詳晰懸牌示衆刊刷聯單於六月初一日開收及至年
底共祇收得洋七百零元本年正月正擬趕緊補收適卑職聞訃丁憂
於二月初三日奉
札所有一切經收房租地租各件應行點交工程處楊倅一手經理初四
日遵將各件點交清訖嗣見楊倅覆稟中曾已叙明魯委員所收之七

020

巡防局委員魯國壽爲稟明江邊碼頭地租已未收到各户開造清册並聯單及單根事稟文（附諭條）
（1899年5月15日，光緒二十五年四月初六日）

百零元已先後繳清其未收洋五百零元欠在租戶逐加查核未收聯單夾存根中數目均符惟楊倅自知赴任在邇事亦繁忙竟將趁在二月正好補收上年欠租之聯單束之高閣並未動收而接管工程之陳委員又必劃清界限祗從本年春季收起以致局中已墊上年之欠租仍無著落三月十六日謹將上年開辦日遲又須倒從春季起收各租戶驟奉加租一時力不能及勢不得不稍緩兩月以紓其力二月既經誤過現在仍可及時補收一切情形縷為面陳當奉

鈞諭既可補收仍以卑職熟手暫將上年欠租經理清楚以清經始眉[illegible]

巡防局委員魯國壽爲稟明江邊碼頭地租已未收到各户開造清册並聯單及單根事稟文（附諭條）

（1899 年 5 月 15 日，光緒二十五年四月初六日）

而作將來榜樣卑職於十七日向工程處將上年舊租聯單並單根四本取來仍派原手及時補收現又收得洋四百八十零元前後通共實收洋壹仟壹佰玖拾壹元肆角肆分貳釐均已先後送繳支應處列收此外尚有各戶欠租洋五十元零七角五分三釐又各戶尾欠洋二十四元九角四分九釐兩共尚欠洋七十五元七角零二釐該欠戶等均稱稍遲即於四五兩月内輸清茲將已未收到並尾欠各戶開具花名繕造清冊壹本並將下剩聯單廿九張及單根四本縷肅稟呈叩懇

大人鑒核應請

022

巡防局委員魯國壽爲稟明江邊碼頭地租已未收到各户開造清册並聯單及單根事稟文（附諭條）

（1899年5月15日，光緒二十五年四月初六日）

札發工程處飭將各欠租於四五兩月内按册分别帶行照收以重墊款而免
效尤實屬於公有裨卑職開辦此租明知墊款不敷章程内原無一文
開支所有經收勇保及寫字之人自量地派租收之至今所剩無幾不
無微勞楊晏陶三委員稟中曾經議及奬資可否稍資奬勵之處出自
憲恩卑職未敢擅擬尚肅泐稟虔請
崇安伏惟
垂鑒卑職國壽謹稟 己亥四月初六日
附呈清册壹本又另包單根四本並下剩聯單廿九張

023

巡防局委員魯國壽爲稟明江邊碼頭地租已未收到各户開造清册並聯單及單根事稟文（附諭條）
（1899年5月15日，光緒二十五年四月初六日）

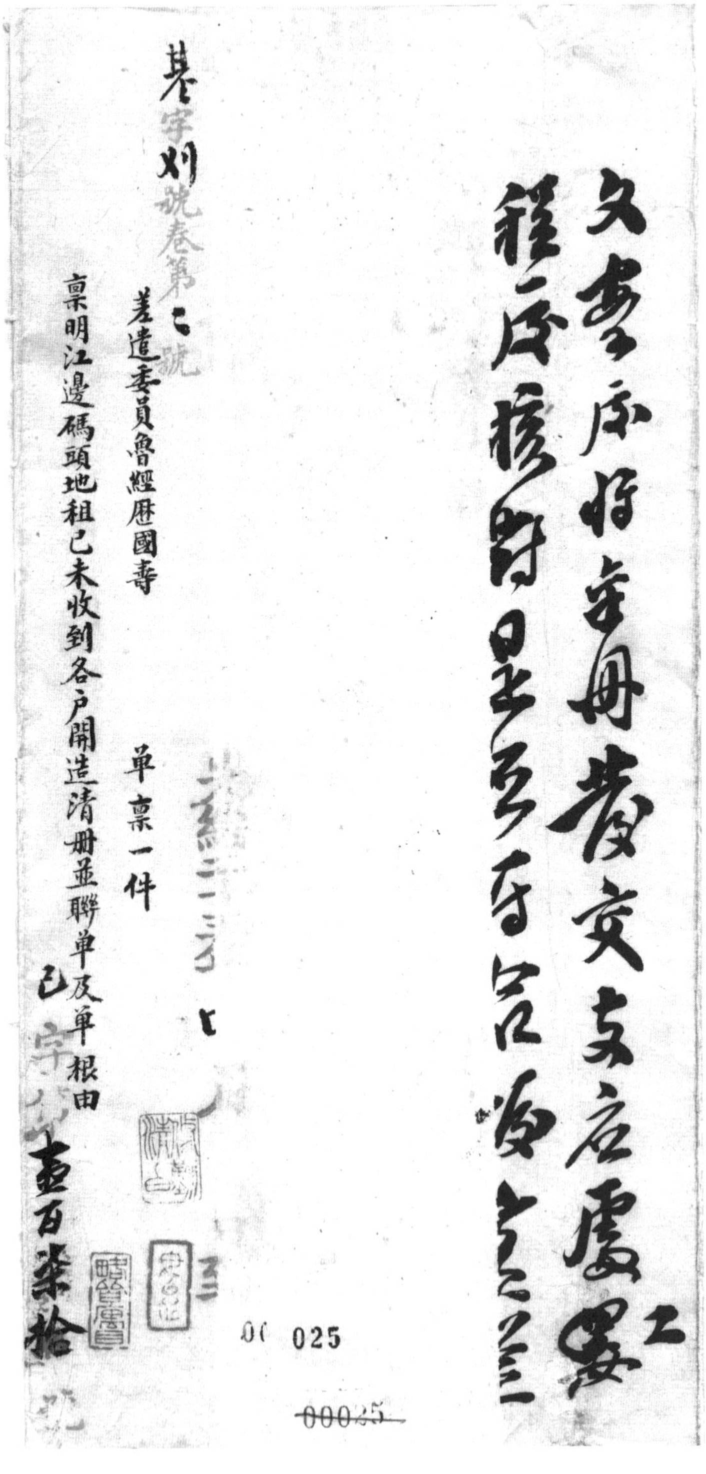
基字刈號卷第二號

差遣委員魯經歷國壽

單稟一件

稟明江邊碼頭地租已未收到各户開造清冊並聯單及單根由

畫百柒拾

巡防局委員魯國壽爲稟明江邊碼頭地租已未收到各户開造清册並聯單及單根事稟文（附諭條）
（1899 年 5 月 15 日，光緒二十五年四月初六日）

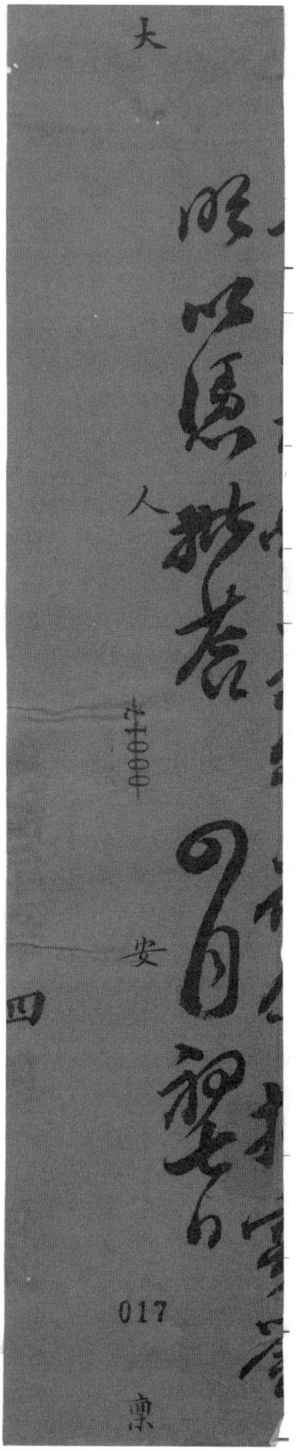

巡防局委員魯國壽爲稟明江邊碼頭租已未收到各户開造清册並聯單及單根事稟文（附諭條）
（1899 年 5 月 15 日，光緒二十五年四月初六日）

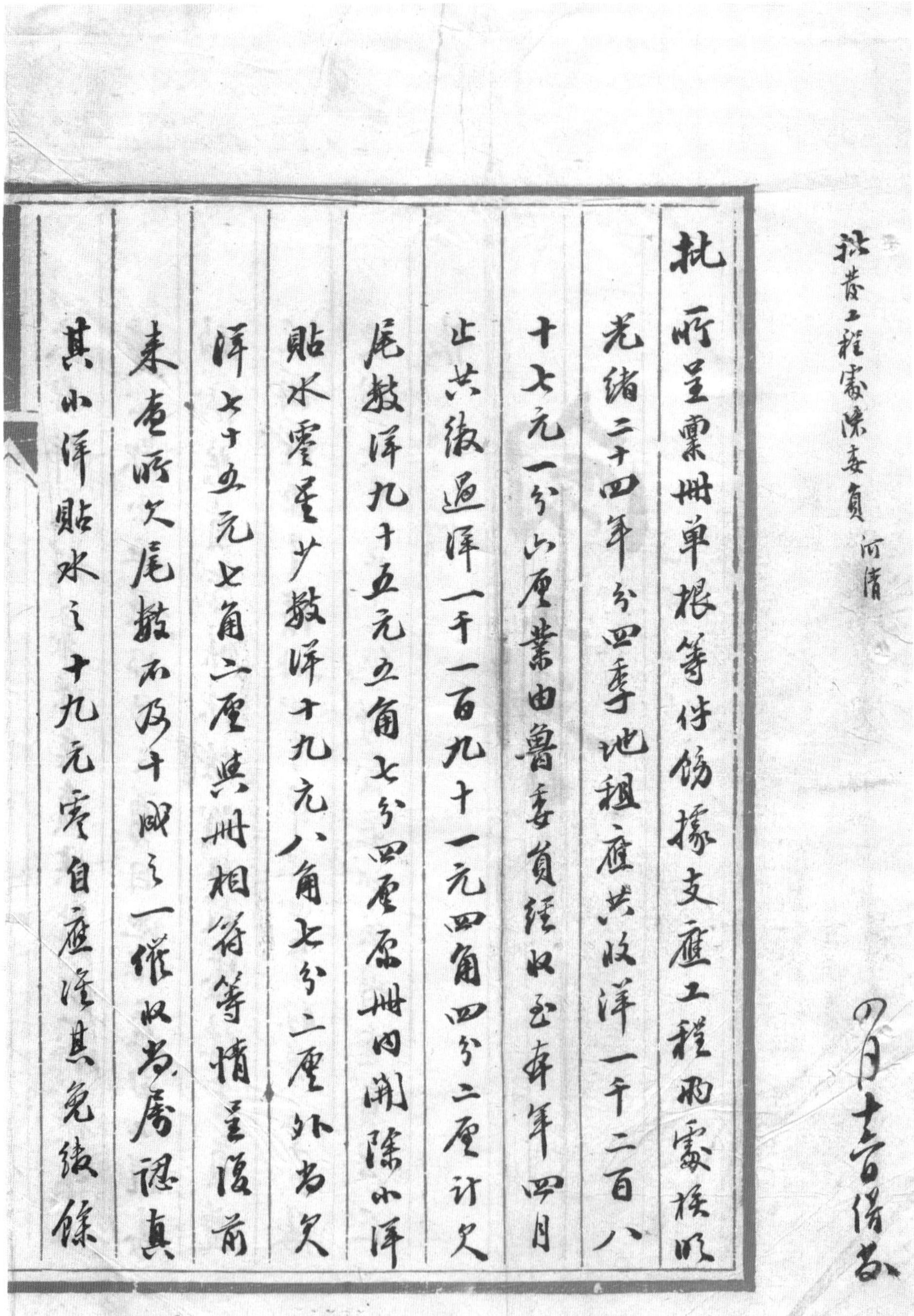

批發工程處陳委員　河清

批

所呈稟冊單根等件飭據支應工程兩處核明

光緒二十四年分四季地租應共收洋一千二百八

十七元一分六厘業由魯委員經收至本年四月

止共繳過洋一千一百九十一元四角四分二厘計欠

尾數洋九十五元五角七分四厘原冊內開除小洋

貼水零星少數洋十九元八角七分二厘外尚欠

洋七十五元七角二厘與冊相符等情呈覆前

來查所欠尾數不及十成之一係收為屬認真

其小洋貼水之十九元零自應准其免繳餘

四月十五日發

024-00024

江南機器製造局爲批發巡防局委員魯國壽稟呈前事事致工程處委員陳河清批文稿（1899 年 5 月 22 日，光緒二十五年四月十五日）

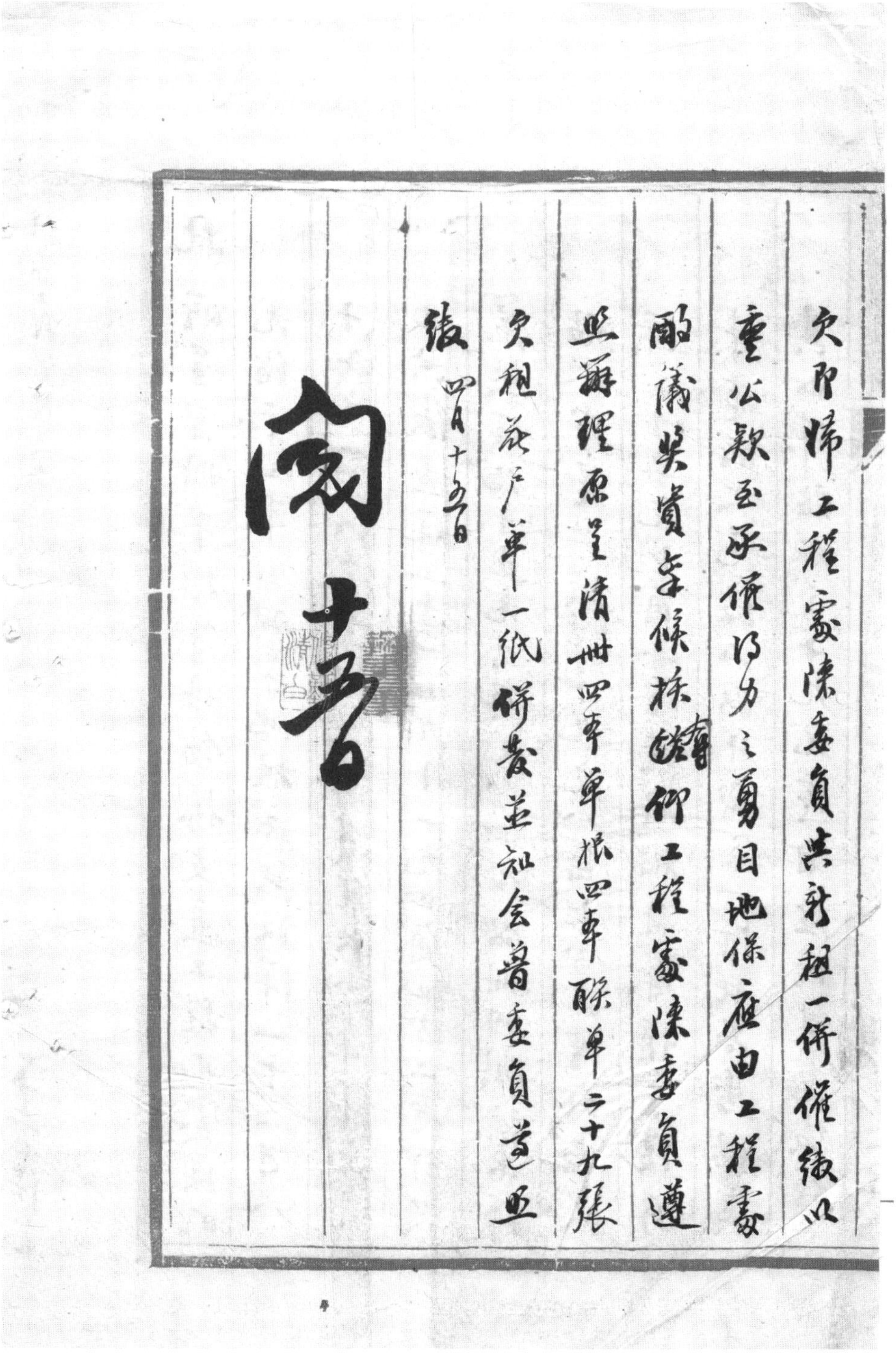
欠即飭工程處陳委員其新租一併催繳以
重公款至承催佃户之勇目地保應由工程處
酌議獎賞等候核奪仰工程處陳委員遵
照辦理原呈清册四本單根四本聯單二十九張
欠租花戶單一紙併發並知會魯委員遵照
繳 四月十五日

江南機器製造局爲批發巡防局委員魯國壽禀呈前事事致工程處委員陳河清批文稿（1899 年 5 月 22 日，光緒二十五年四月十五日）

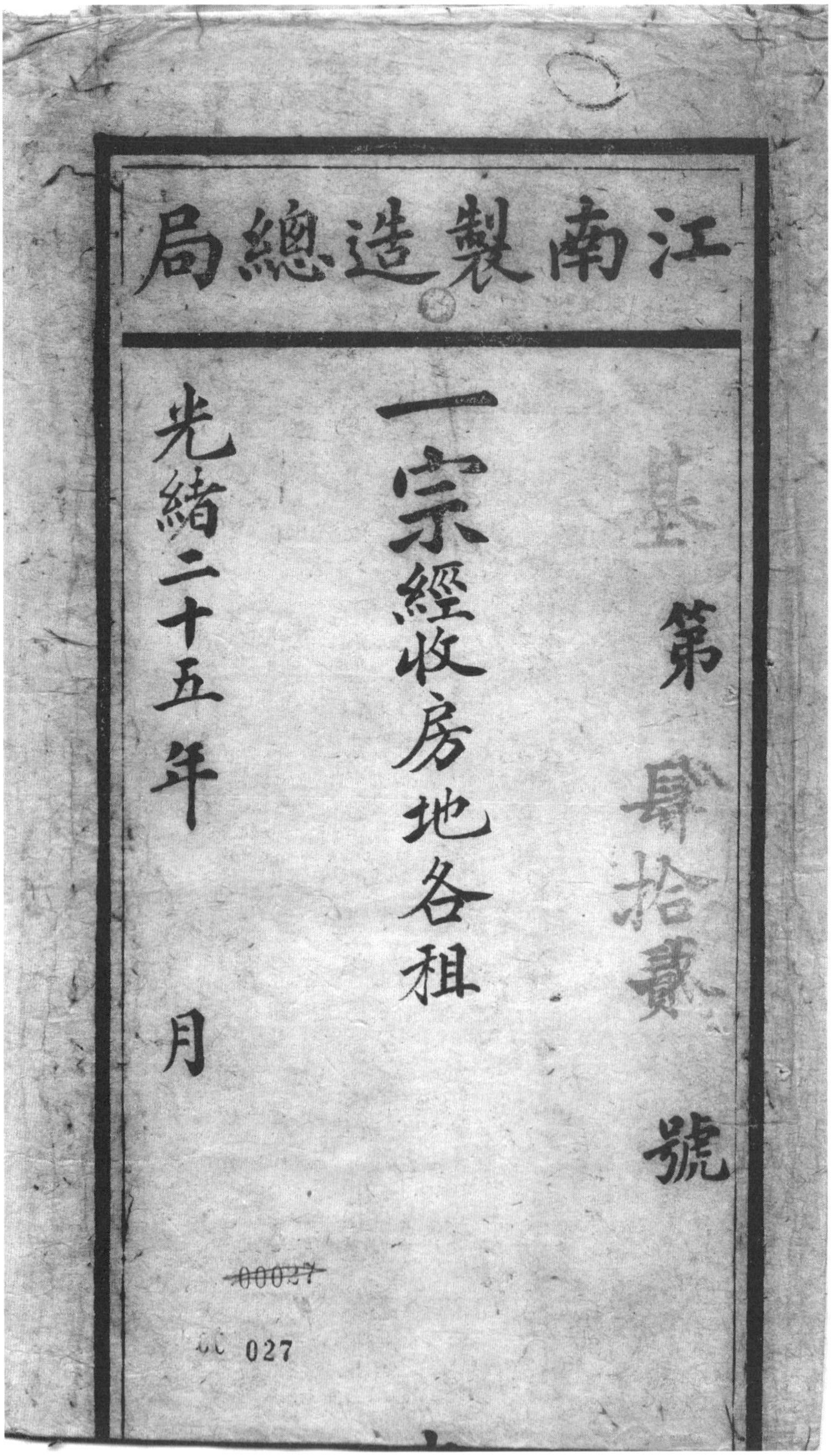

江南製造總局基字第四十二號經收房地各租卷封面（1899 年，光緒二十五年）

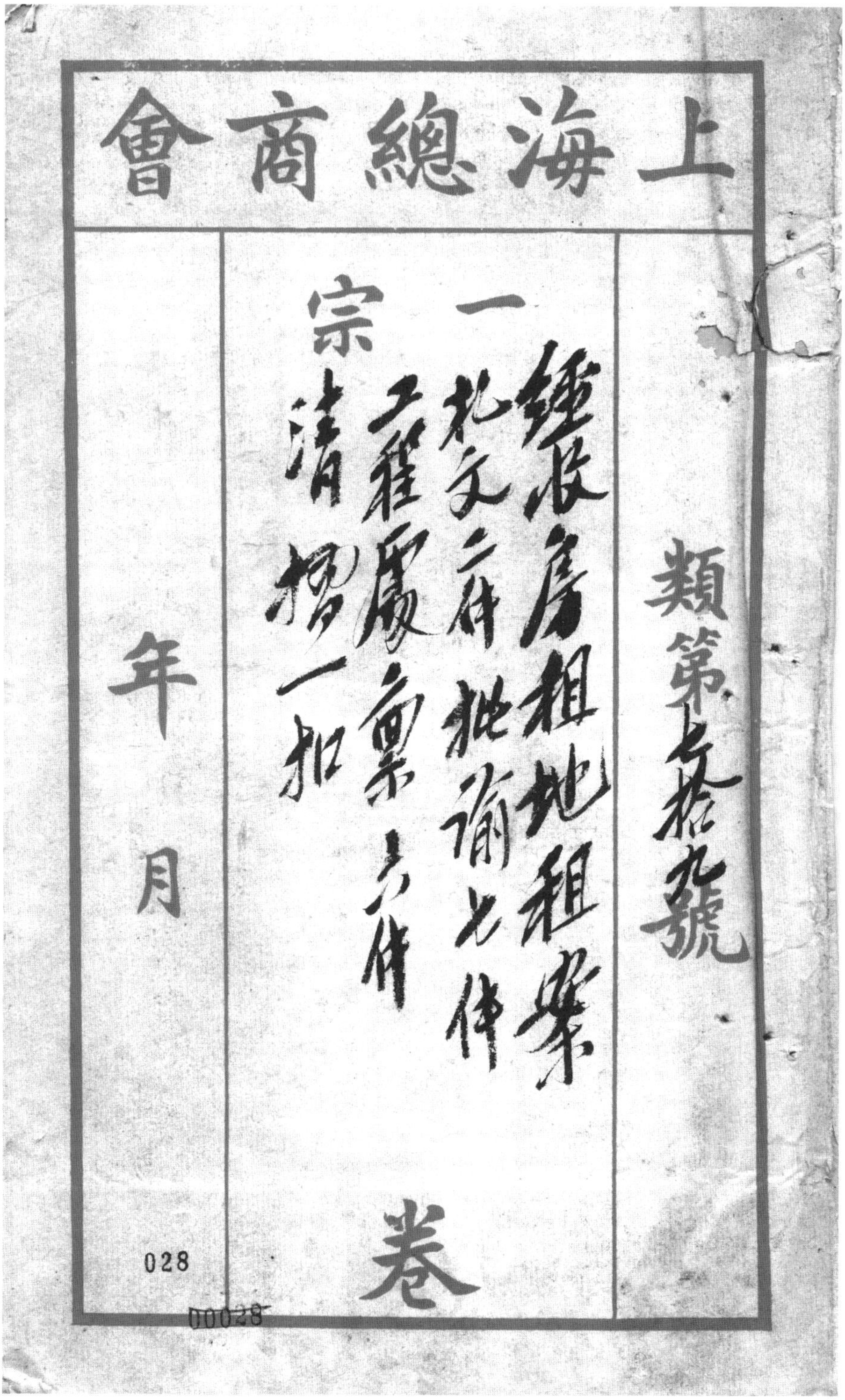
上海總商會

類第七拾九號

經收房租地租案

札文二件 批諭七件

工程處函稟六件

一宗

清摺一扣

年 月

卷

028

00028

上海總商會第七十九號經收房租地租案卷封面（時間不詳）

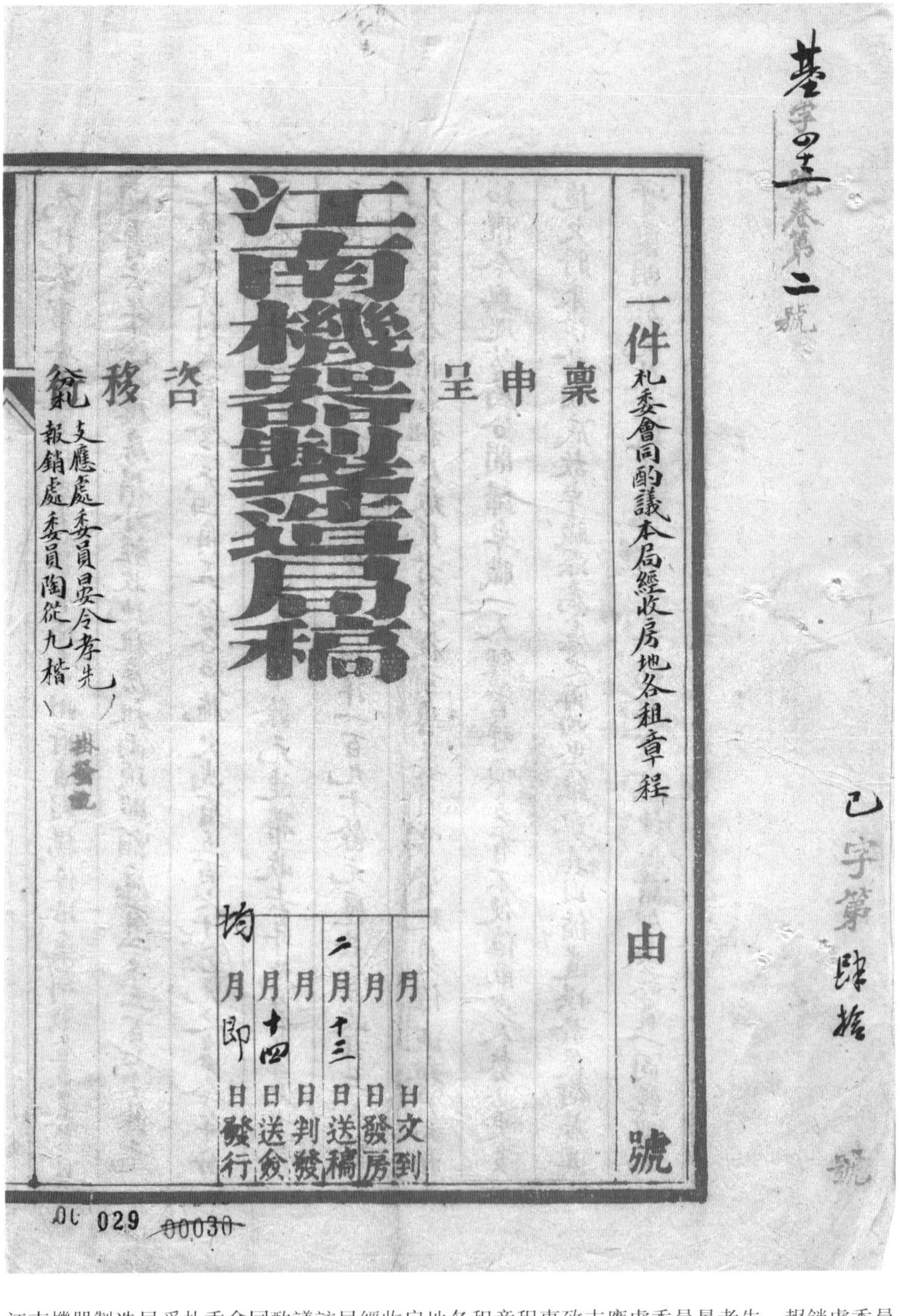

江南機器製造局爲札委會同酌議該局經收房地各租章程事致支應處委員晏孝先、報銷處委員陶楷札文稿（1899 年 3 月 24 日，光緒二十五年二月十三日）

為札委事案據工程處委員候補常州府通判楊倅培禀稱竊查魯委員
國壽去年除收樓房捐外經收地租房租兩項照額應有一千二百七十餘元
之譜祗收到七百零二元四角五分各户拖欠尚有五百七十餘元之多今年分
文未收統計本年正租額一千二百七十餘元連帶收去年拖欠五百七十餘
元再加本年新添前買黃陳二地租洋一百九十餘元應共需收洋二千餘
元始能符合惟各租户疲玩者多從前魯委員常資巡勇催追租户始稍
知懼今與巡防局分開歸卑職一人經管呼喚多有不便催取少人勢必更多
拖欠將來伊於胡底故卑職深為慮之再四思維與其因循遺悮於後何若具
實禀明於先伏思巡防局馬委員洪勤辦事穩練擬請加委該員一同經理而

江南機器製造局爲札委會同酌議該局經收房地各租章程事致支應處委員晏孝先、報銷處委員陶楷札文稿（1899年3月24日，光緒二十五年二月十三日）

免拖欠等情據此除批查巡防局員係蘇松太道派委用舍久暫本局未便
過問至本局附近地房各租局中員司工匠十居八九若令巡防局兼管諸多
窒礙仍應責成工程處經理名正言順該員在局最久熟悉情形應如何
釐定章程方為周妥之處應即詳議稟復既據稟請添員候加派支應處晏
委員孝先報銷處陶委員楷會同商酌妥議并即將去年稟定章程抄給
閱看如不妥協隨時更改呈候核奪再摺内所開各欠款是否皆本局工
匠魯委員當知其詳亦宜詢查明白為要章程十條隨批抄發除分札飭遵
外仰即遵照會同晏陶兩委員妥為酌議復奪切切毋違繳摺存印發外合
行札委札到該員即便遵照會同商酌妥議復奪毋違此札

江南機器製造局爲札委會同酌議該局經收房地各租章程事致支應處委員晏孝先、報銷處委員陶楷札文稿（1899年3月24日，光緒二十五年二月十三日）

光緒二十五年二月十三日

江南機器製造局爲札委會同酌議該局經收房地各租章程事致支應處委員晏孝先、報銷處委員陶楷札文稿（1899 年 3 月 24 日，光緒二十五年二月十三日）

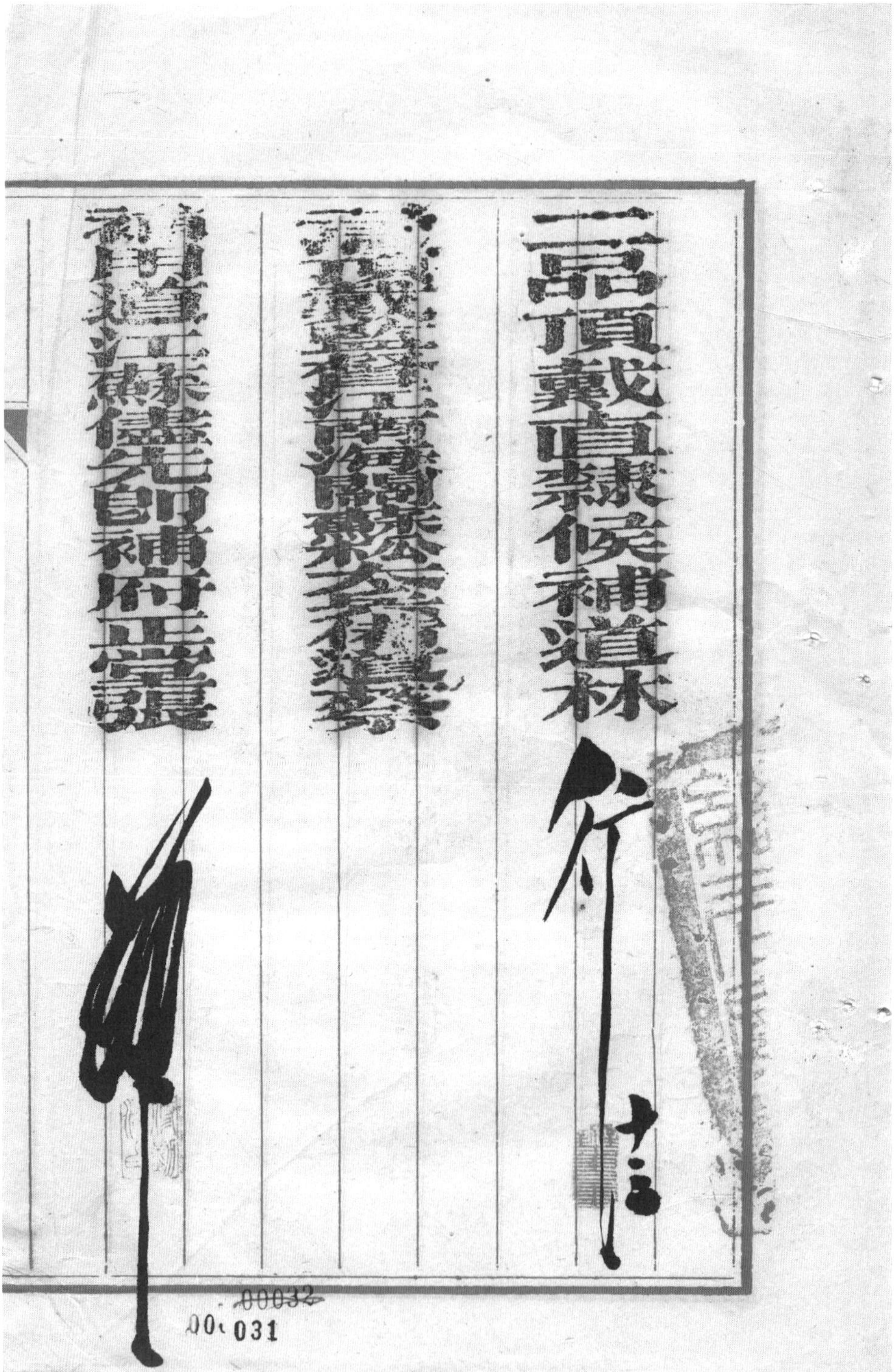

江南機器製造局爲札委會同酌議該局經收房地各租章程事致支應處委員晏孝先、報銷處委員陶楷札文稿（1899 年 3 月 24 日，光緒二十五年二月十三日）

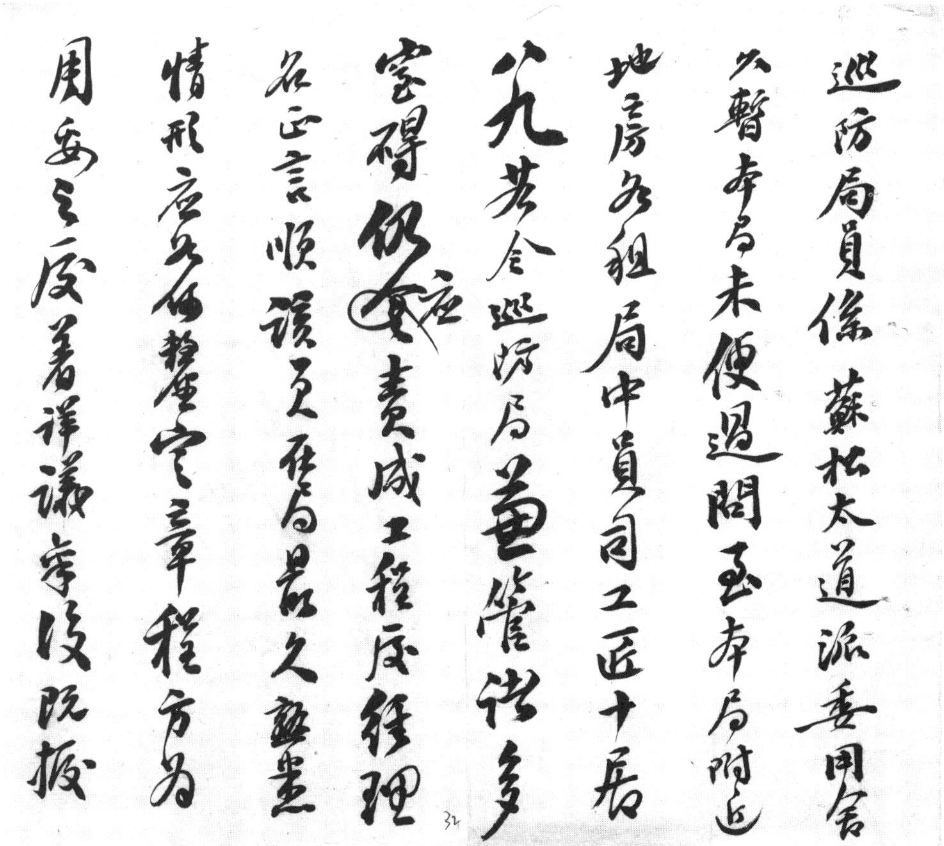
巡防局員係蘇松太道派委同會以督本局未便過問惟本局附近地之房各租局中員司工匠十居其九若令巡防局兼管諸多窒礙似應責成工程處經理名正言順該員在局最久熟悉情形應令妥擬整頓章程方為周妥之處著詳議等候院核

江南機器製造局爲會同酌議該局經收房地各租章程事諭條（1899 年 3 月 23 日，光緒二十五年二月十二日）

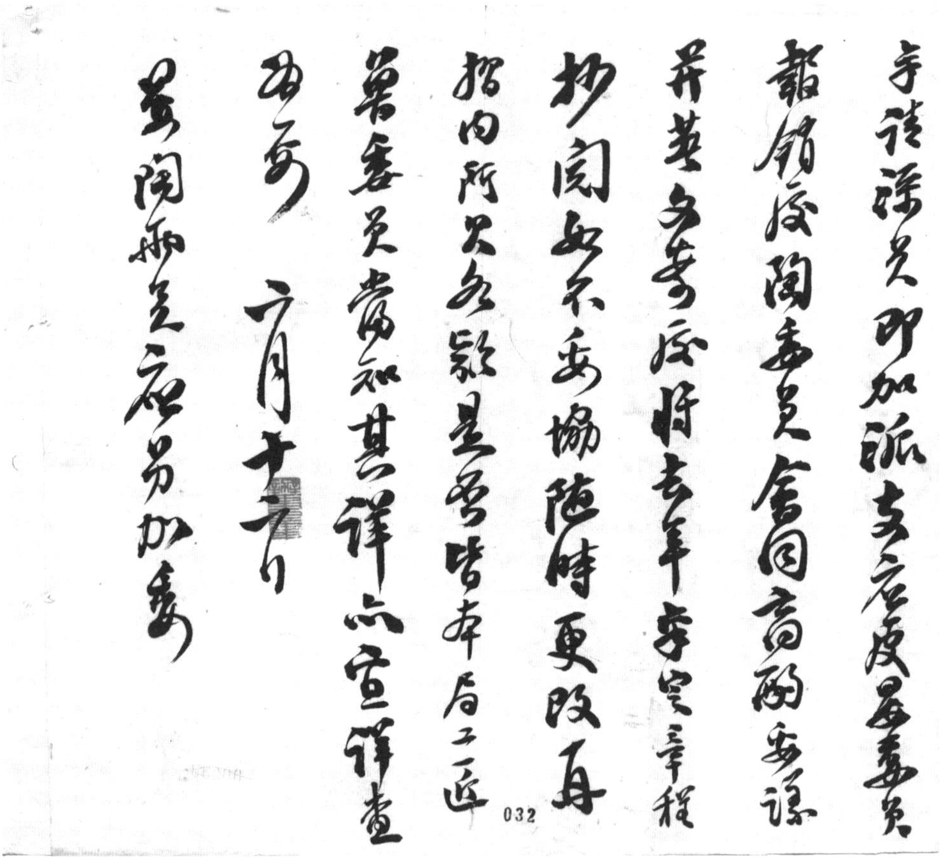

江南機器製造局爲會同酌議局經收房地各租章程事諭條（1899 年 3 月 23 日，光緒二十五年二月十二日）

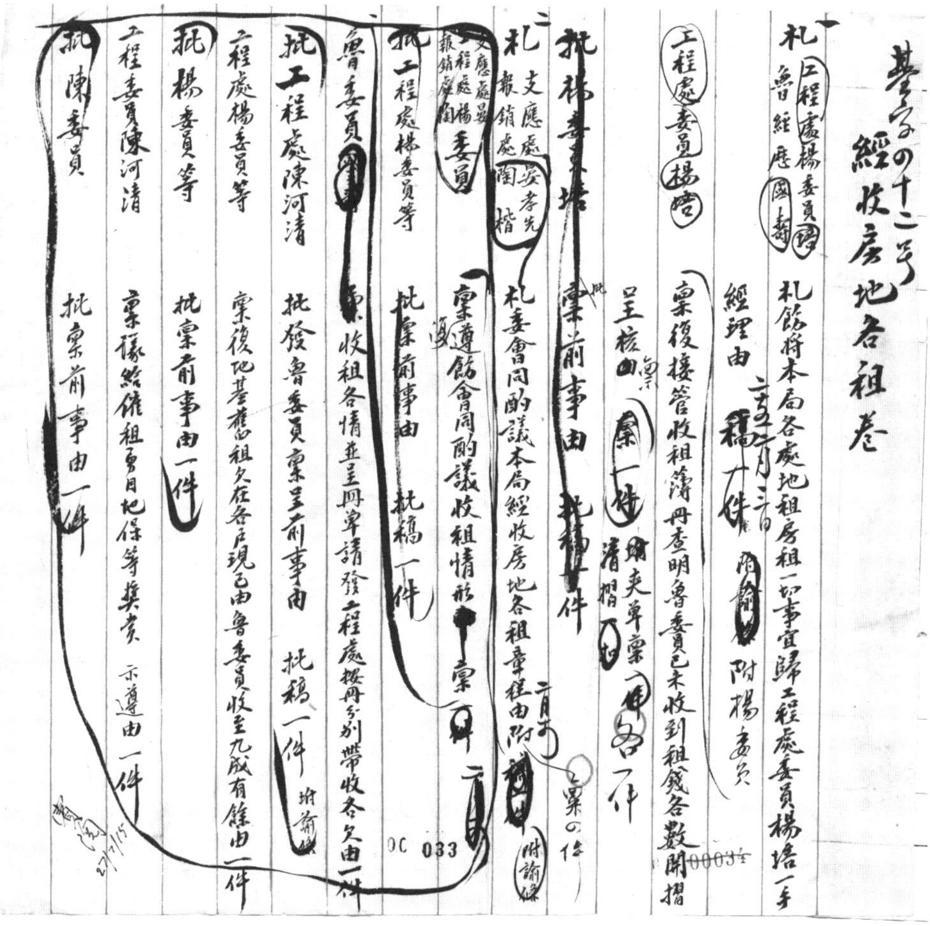

基字四十二號 經收房地各租卷

一 札 工程處楊委員培、魯經歷國壽　札飭將本局各處地租房租一切事宜歸工程處委員楊培一手經理由　稿一件　附楊委員

工程處委員楊培　稟復接管收租簿冊查明魯委員已來收到租錢各數開摺呈核由　稟一件　清摺一扣

批楊委員培　稟前事由　批稿一件

二 札 支應處安孝先、報銷處陶楷　札委會同酌議本局經收房地各租章程由　附稿一件　附諭條

支應處晏、工程處楊、報銷處陶委員　稟遵飭會同酌議收租情形　稟一件

批工程處楊委員等　批稟前事由　批稿一件

魯委員　稟收租各情並呈冊單請發工程處按冊分別帶收各欠由一件

批工程處陳河清　批發魯委員稟呈前事由　批稿一件

工程處楊委員等　稟復地基舊租欠在各戶現已由魯委員收至九成有餘由一件

批楊委員等　批稟前事由一件

工程委員陳河清　稟議給錢租房月地保等獎賞示遵由一件

批陳委員　批稟前事由一件

江南製造總局基字第四十二號經收房地各租卷目録（1899 年，光緒二十五年）

支應委員湖北補用知縣晏孝先
工程處委員淮補常州府督糧通判楊培謹
報銷委員補用縣主簿候選從九品陶楷

稟遵飭會同酌議收租情形呈覆請核由

巳字第玖拾伍號

大人閣下敬稟者竊職卑職培稟覆接管收租簿冊查明魯委員已未收
到租錢各數開摺呈核緣由於本月十五日奉
憲臺批開查巡防局員係
蘇松太道派委用舍久暫本局未便過問至本局附近地房各租局
中員司工匠十居八九若令巡防局兼管諸多窒碍仍應責成工程
處經理名正言順該員在局最久熟悉情形應如何釐定章程方為
周妥之處應即詳議稟復既據稟請添員帮加派支應處晏委員孝
先報銷處陶委員楷會同商酌妥議并即將去年稟定章程抄給閱
看如不妥協隨時更改呈候核奪再摺內所開各欠款是否皆係本
局工匠魯委員當知其詳亦宜詢查明白為要章程十條隨批抄發
除分札飭遵外仰即遵照會同晏陶兩員妥為酌議切切毋違繳抄
發章程十條並奉
札同前由派委卑職孝先楷會同妥議覆奪各等因同奉此遵將章程
十條詳細閱看均屬妥當無庸增減惟以租款收齊不致多有拖欠
最為要義查去年收到租洋柒百餘元尚欠有伍百餘元計祇收到
六成以外初租尚且如此恐將來效尤更甚卑職等細加審察各欠
戶大都力有不逮並詢明魯委員所欠之戶亦多非在局之人且有
貧老婦女毫無生業者現在惟有確切查勘若果係貧困一時委難

034

江南機器製造局工程處委員楊培、支應處委員晏孝先、報銷處委員陶楷爲稟遵飭會同酌議收租情形呈覆請核事稟文（1899 年 4 月 9 日，光緒二十五年二月二十九日）

照繳者不得不稍加寬緩其餘照章一律嚴催如有藉詞延宕有意
拖欠積累太多者即令將房屋拆卸驅逐該欠户出境以儆效尤所
試辦似尚可行
有按户催租係專派局勇陳達生等協同地保張惠忠經收該地保
等終年奔走不無辛勞曾委員本擬稟請酌貼飯食之費今由工程
處驅使與曾委員處服役情形又自不同似更應酌量給賞以示鼓
勵在該勇地保等奉公辦事原不敢存畛域之心而期公事格外認
真非有賞不足以爲勸擬請自本年起能全行收清即在正租内提
洋若干賞給該勇地保等如在六成以上則酌減提賞若不及六成
罰而不賞如是視收租多寡爲賞罰則租事自少拖欠之弊所有遵
議收取房地各租緣由理合會同稟復仰祈
大人察核是否有當伏候
批示祗遵專肅寸稟恭叩
崇安伏惟
垂鑒
卑職培、孝先、楷謹稟
光緒二十五年二月二十九日

035

江南機器製造局工程處委員楊培、支應處委員晏孝先、報銷處委員陶楷爲稟遵飭會同酌議收租情形呈覆請核事稟文（1899 年 4 月 9 日，光緒二十五年二月二十九日）

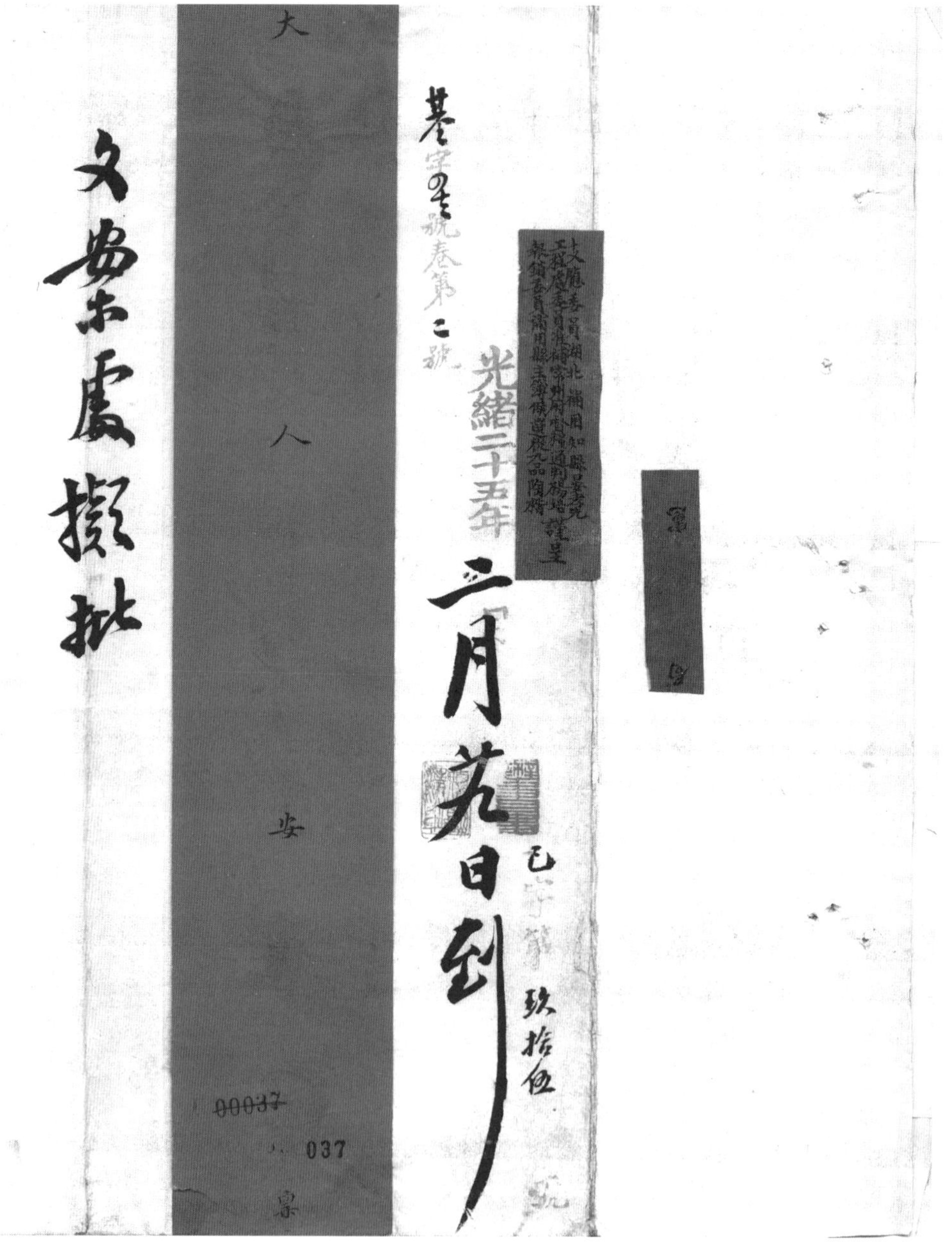

光緒二十五年

二月廿九日到

大人 安

文案處擬批

00037

037

江南機器製造局工程處委員楊培、支應處委員晏孝先、報銷處委員陶楷爲稟遵飭會同酌議收租情形呈覆請核事稟文（1899年4月9日，光緒二十五年二月二十九日）

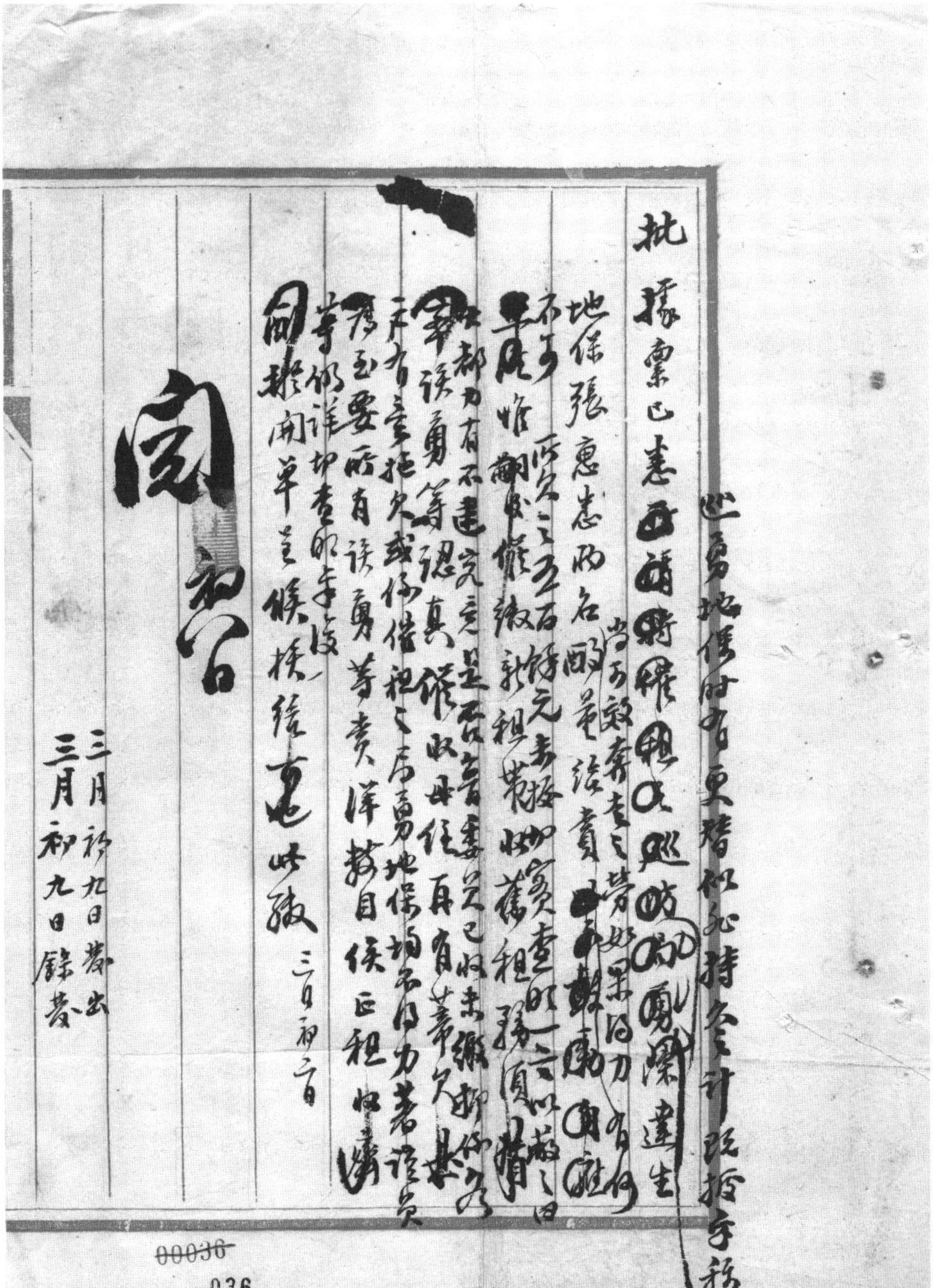

江南機器製造局爲批稟前事事致工程處委員楊培、支應處委員晏孝先、報銷處委員陶楷批文稿（1899 年 4 月 11 日，光緒二十五年三月初二日）

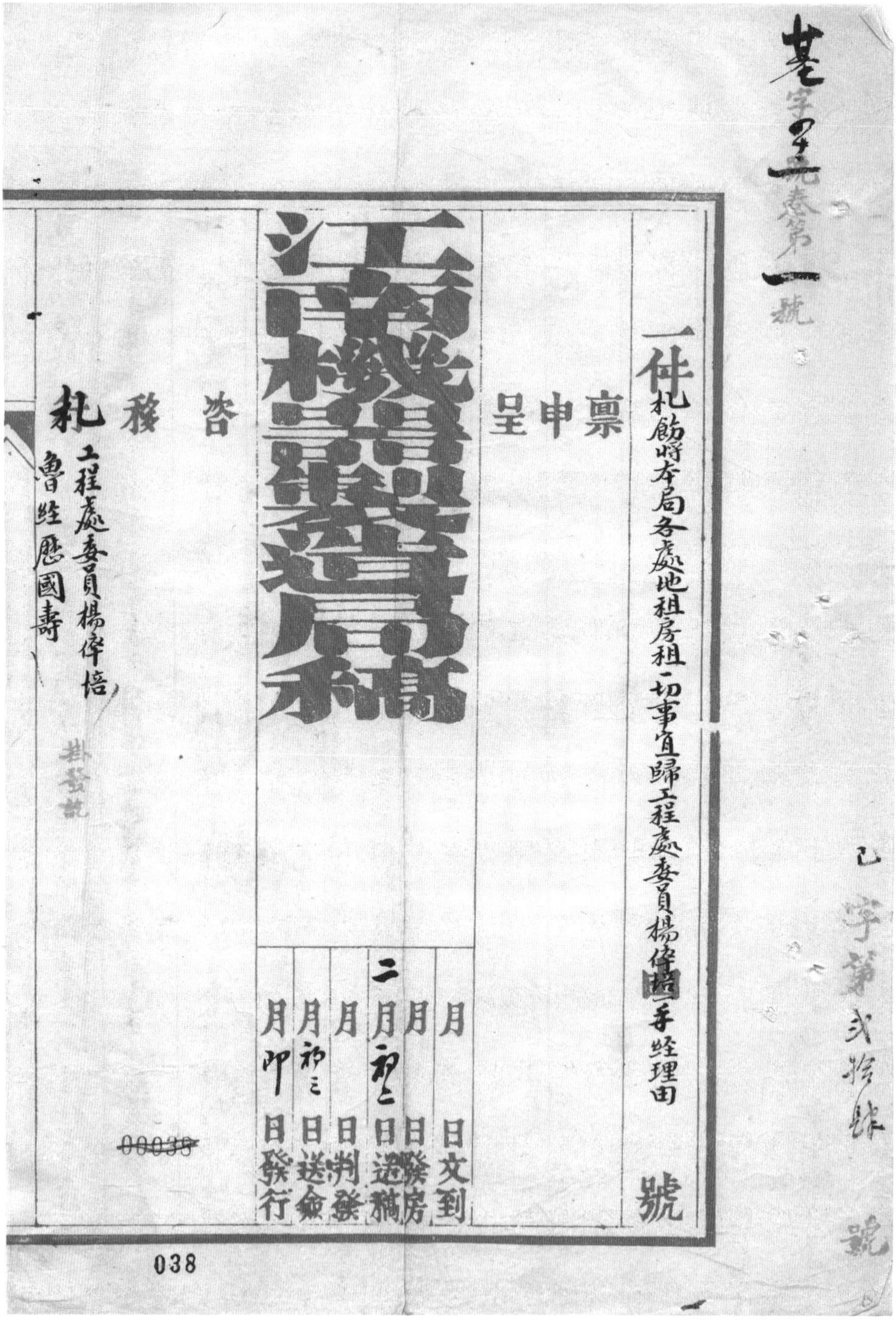
甚字第五號卷第一號

一件札飭將本局各處地租房租一切事宜歸工程處委員楊倬培一手經理由　號

稟　申　呈

江南機器製造局稿

咨　移　札

工程處委員楊倬培
魯經歷國壽

掛發訖

月　日文到
月　日發房
二月初二日送稿
月　日判發
月初三日送僉
月卯日發行

00038

038

乙字第弍拾肆號

江南機器製造局爲札飭將該局各處地租房租一切事宜歸工程處委員楊培一手經理事致工程處委員楊培、巡防局委員魯國壽札文稿（1899 年 3 月 13 日，光緒二十五年二月初二日）

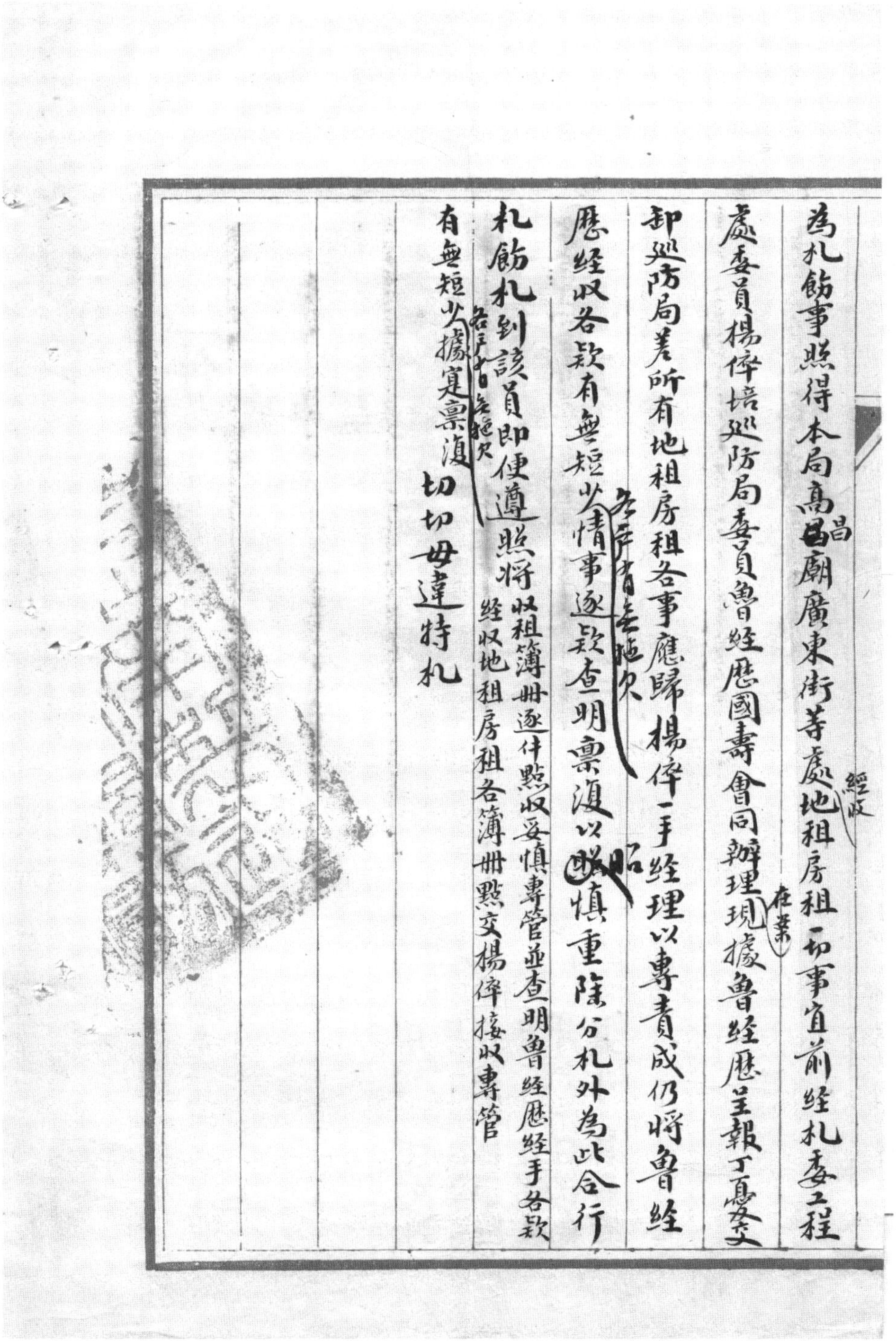

為札飭事照得本局高昌廟廣東街等處地租房租一切事宜前經札委工程
處委員楊倅培巡防局委員魯經歷國壽會同辦理在案現據魯經歷呈報丁憂交
卸巡防局差所有地租房租各事應歸楊倅一手經理以專責成仍將魯經
歷經收各款有無短少各戶有無拖欠情事逐款查明稟復以昭慎重除分札外為此合行
札飭札到該員即便遵照將收租簿冊逐件點收妥慎專管並查明魯經歷經手各款
經收地租房租各簿冊點交楊倅接收專管
有無短少各戶有無拖欠據實稟復切切毋違特札

江南機器製造局爲札飭將該局各處地租房租一切事宜歸工程處委員楊培一手經理事致工程處委員楊培、巡防局委員魯國壽札文稿（1899 年 3 月 13 日，光緒二十五年二月初二日）

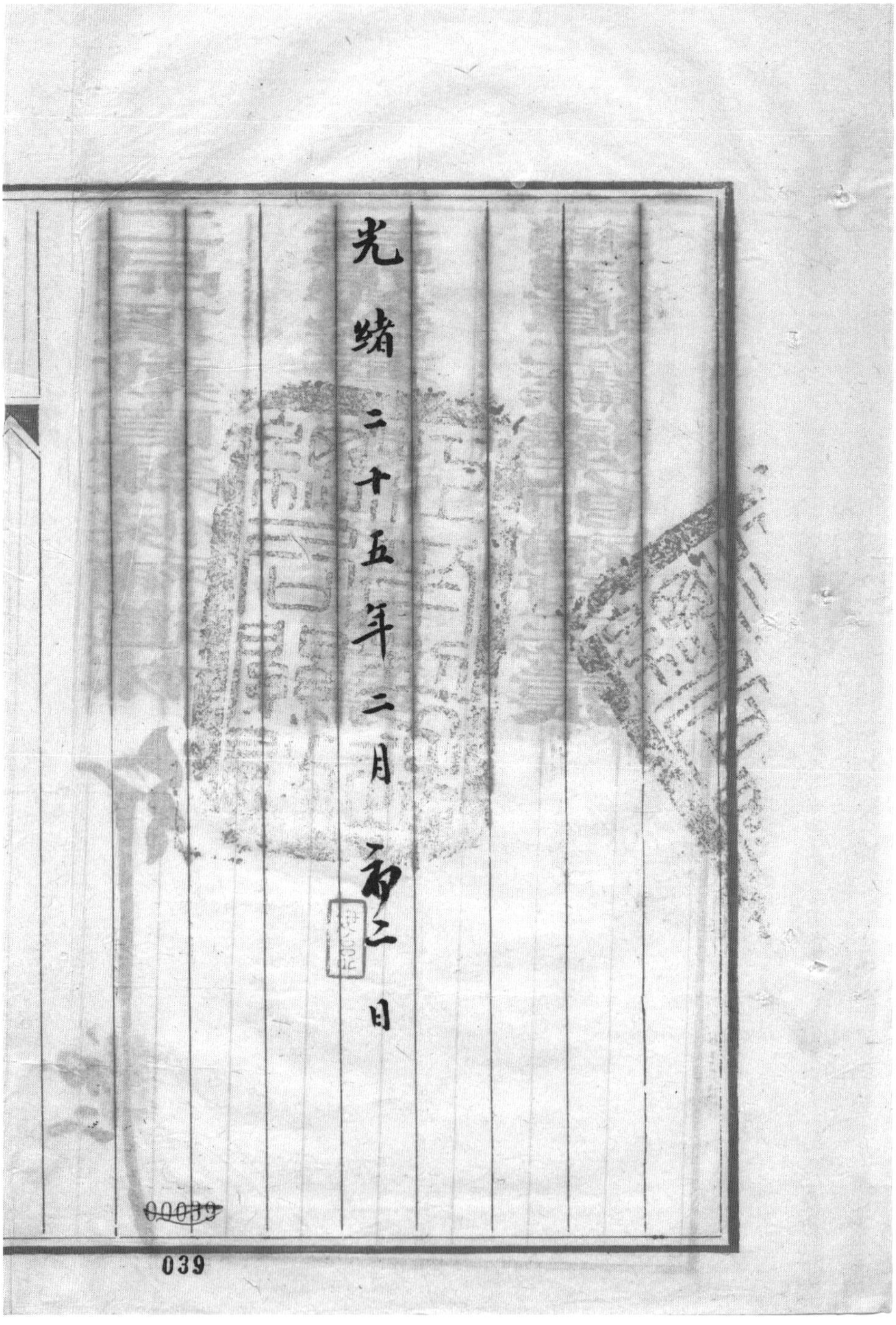
光緒二十五年二月初二日

039

江南機器製造局爲札飭將該局各處地租房租一切事宜歸工程處委員楊培一手經理事致工程處委員楊培、巡防局委員魯國壽札文稿（1899 年 3 月 13 日，光緒二十五年二月初二日）

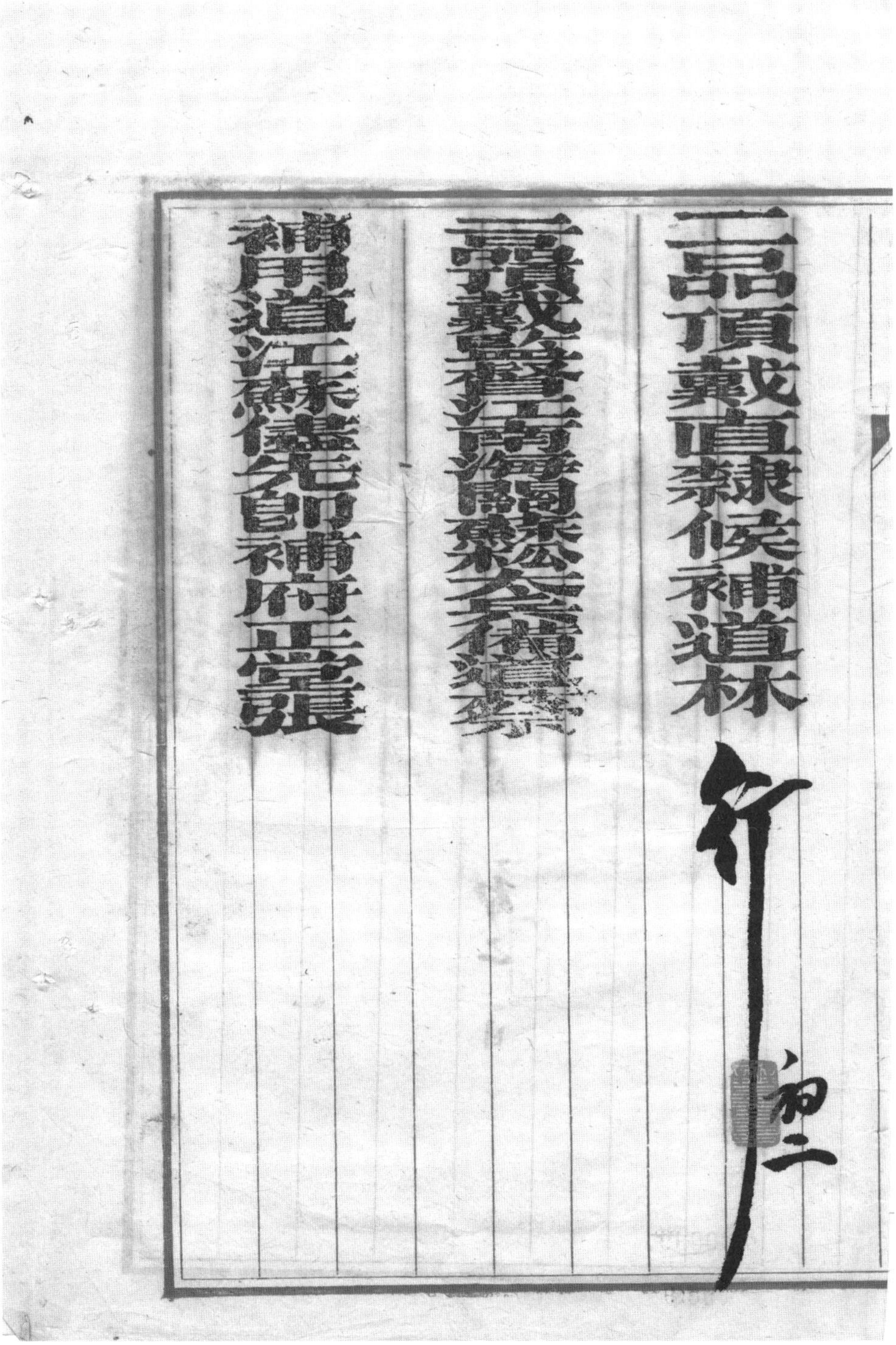

江南機器製造局爲札飭將該局各處地租房租一切事宜歸工程處委員楊培一手經理事致工程處委員楊培、巡防局委員魯國壽札文稿（1899年3月13日，光緒二十五年二月初二日）

江南製造總局

二、江南製造局租用民地償付地租的文書

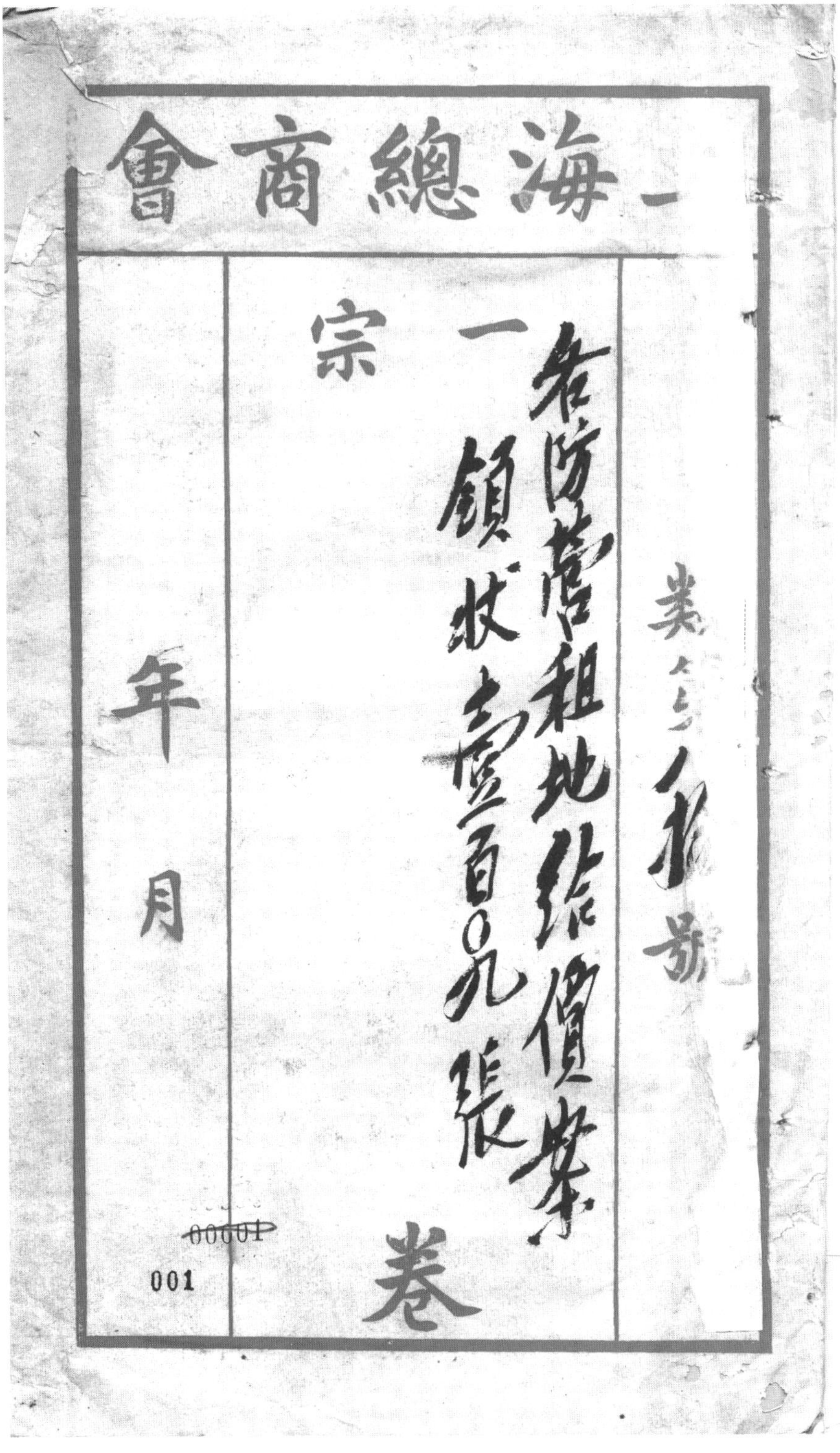
上海總商會
類八十號
各防營租地給價案
領狀壹百兄張
一宗
卷
年　月
~~00001~~
001

上海總商會第八十號各防營租地給價案卷封面（時間不詳）

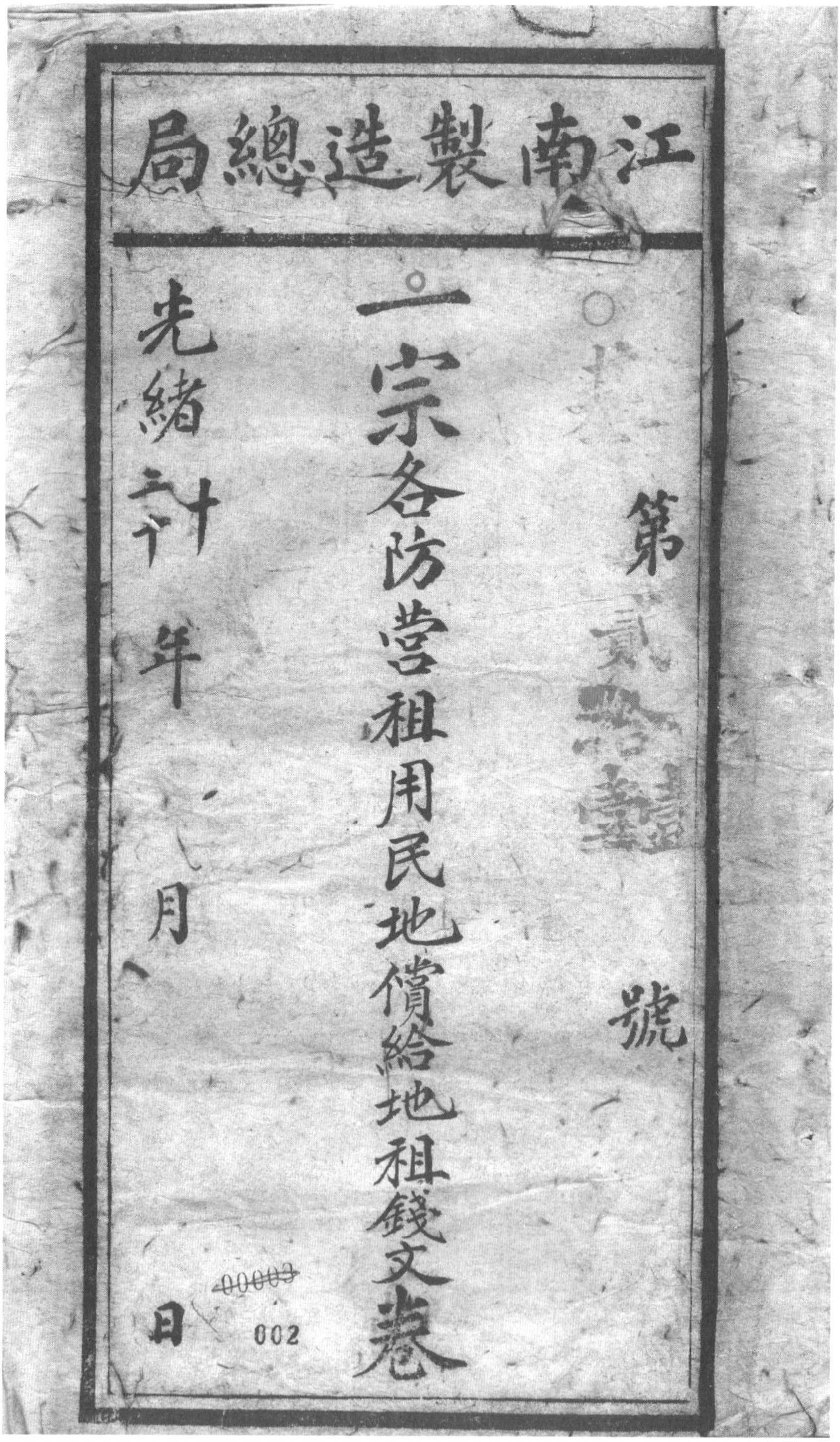

江南製造總局

第貳拾壹號

一宗各防營租用民地價給地租錢文卷

光緒二十十年　月　日

~~00003~~

002

江南製造總局基字第二十一號各防營租用民地價給地租錢文卷封面（1884 年、1894 年，光緒十年、光緒二十年）

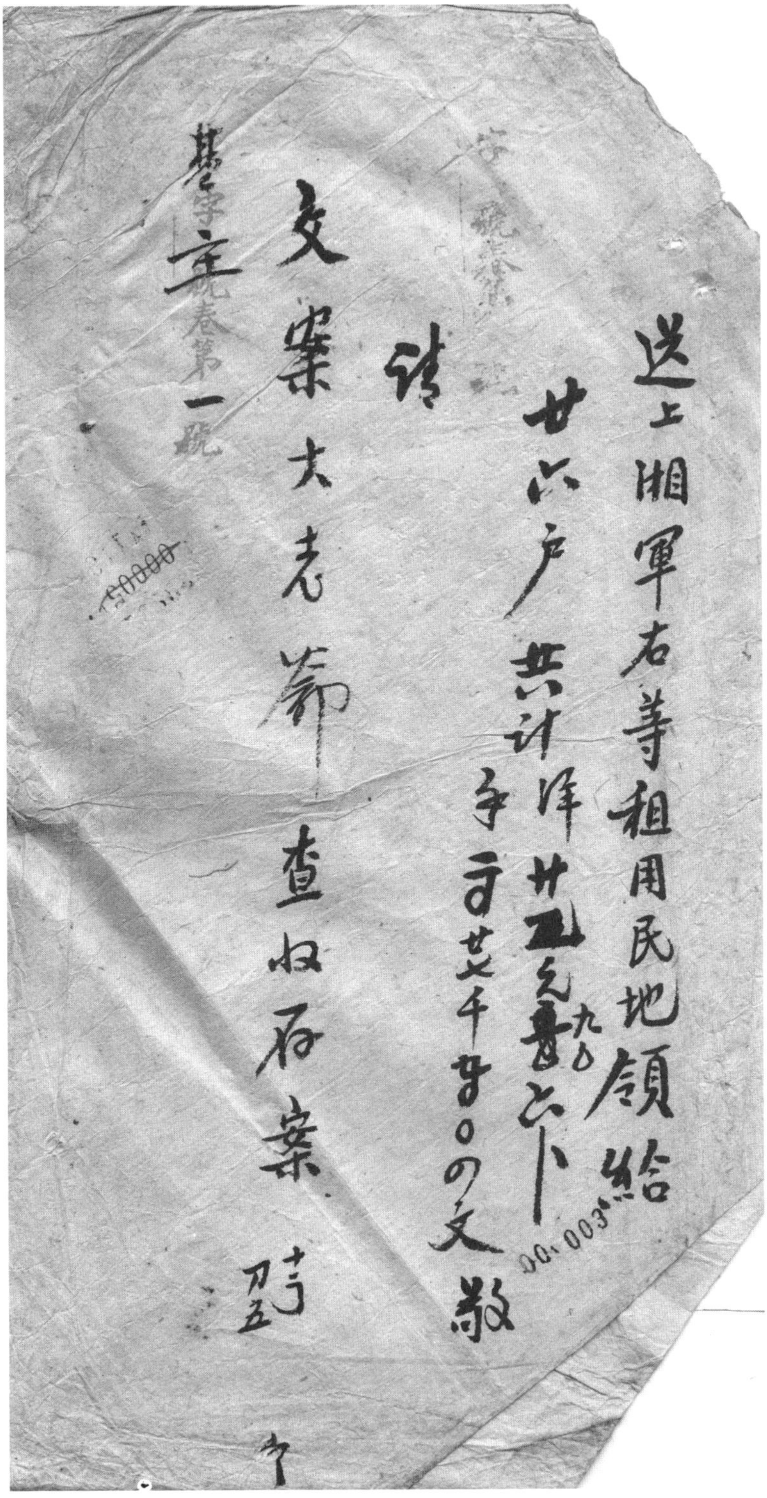
送上湘軍右等租用民地領給
廿六户 共計洋廿五元壹角六分九
[illegible]文 敬
請
文案大老爺查收存案
十一月初五
基字產號卷第一號

湘軍右等租用民地領給清單（1894年12月1日，光緒二十年十一月初五日）

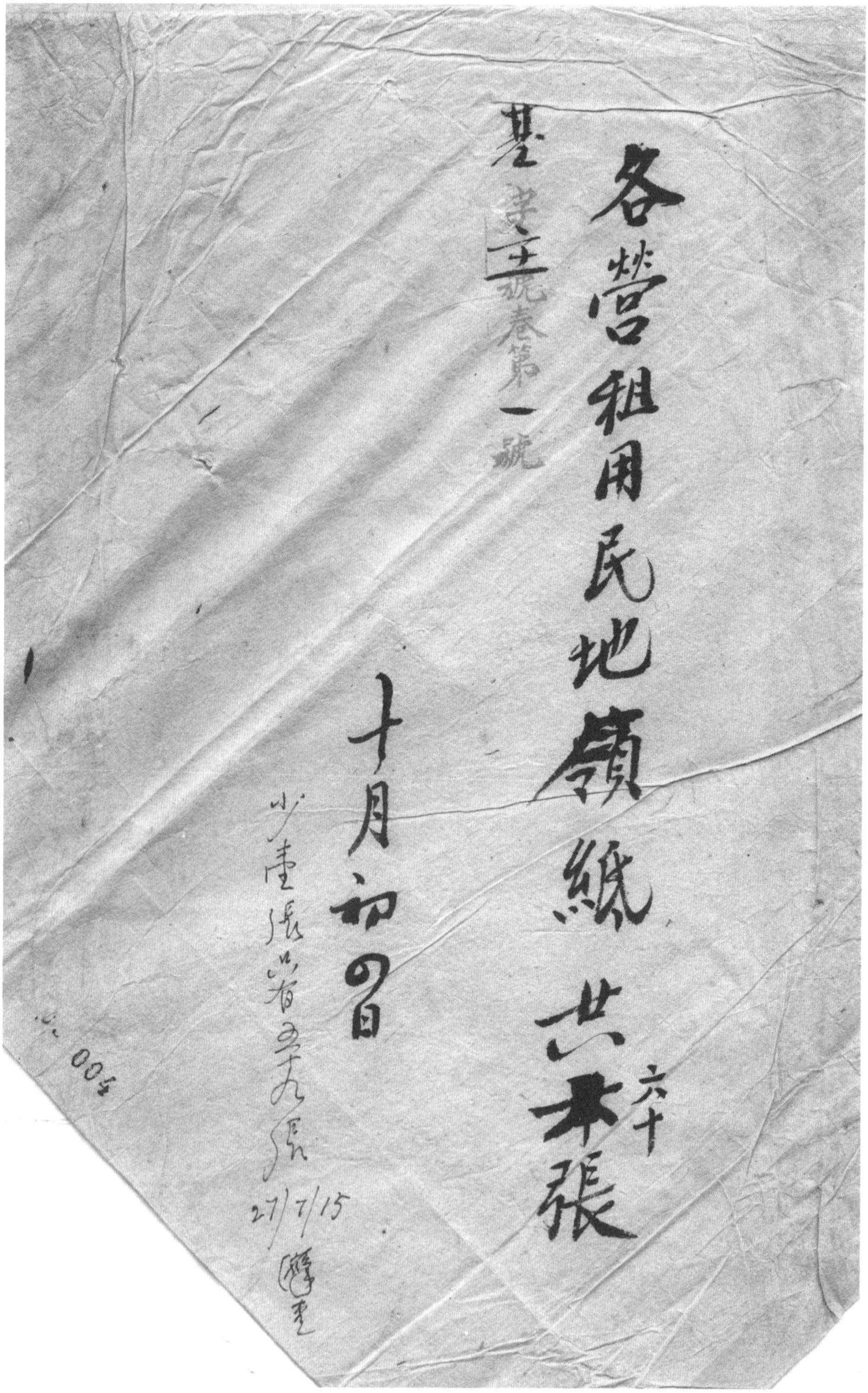

各營租用民地領紙共六十張

基字十二號卷第一號

十月初四日

少壹張只有五十九張

27/7/15

004

各營租用民地領紙清單（1894 年 11 月 1 日，光緒二十年十月初四日）

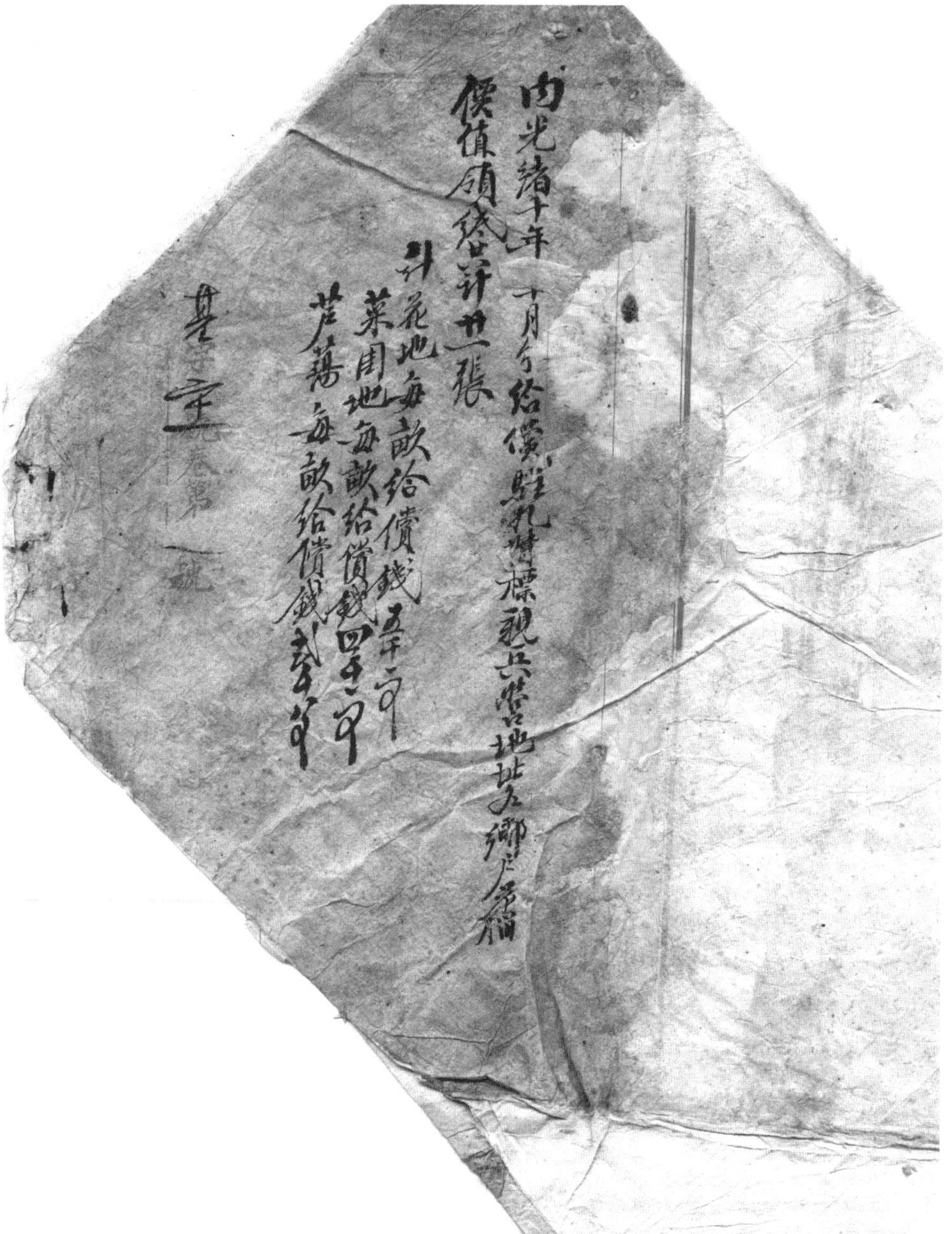

由光緒十年十月分給償駐紮標親兵營地址久鄉
價值領紙廿許廿一張
計花地每畝給價錢五千六百
菜園地每畝給價錢四千二百
芦蕩每畝給價錢弍千五百

甚字第一號

光緒十年十月份給價領紙清單（1884 年 11 月或 12 月，光緒十年十月）

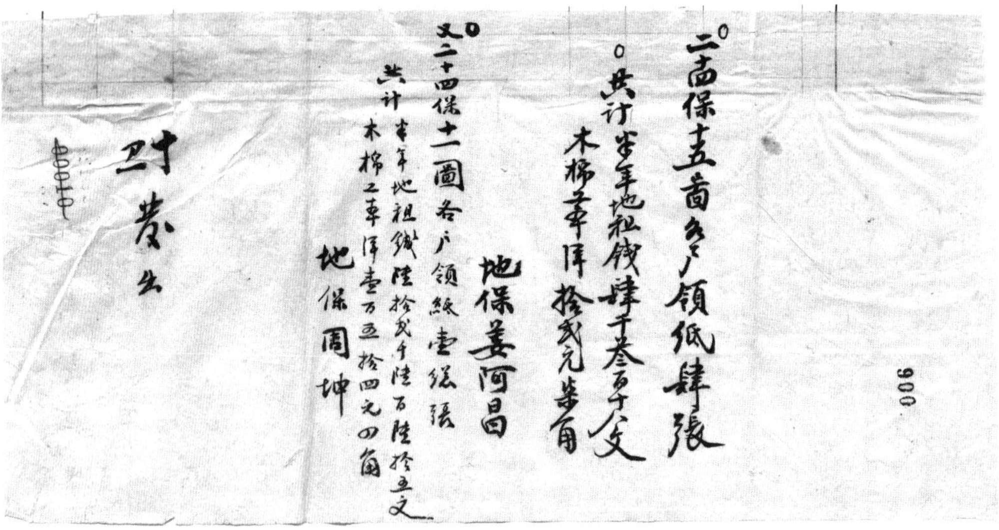
二啚保壹啚各户領紙肆張
共計半年地租錢肆千叁百廿文
木棉串洋拾貳元五角
地保姜阿昌
又二十四保十二圖各户領紙壹佰張
共計半年地租錢陸拾貳千陸百陸拾五文
木棉串洋壹万五拾四元四角
地保周坤

地保姜阿昌、周坤擬租地各户領紙清單（1894 年 10 月 29 日，光緒二十年十月初一日）

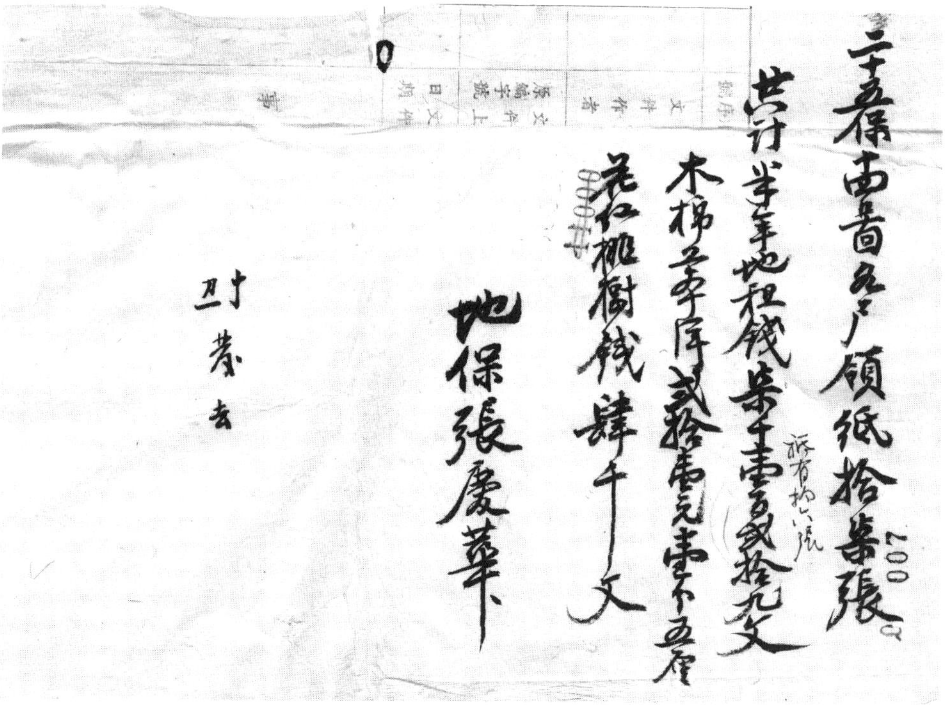

二十五保南區各户領紙拾柒張
共計半年地租錢柒千壹百貳拾九文
木棉半年洋貳拾壹元壹角五厘
花紅桃樹錢肆千文
地保張慶華

地保張慶華擬租地各户領紙清單（1894 年 10 月 29 日，光緒二十年十月初一日）

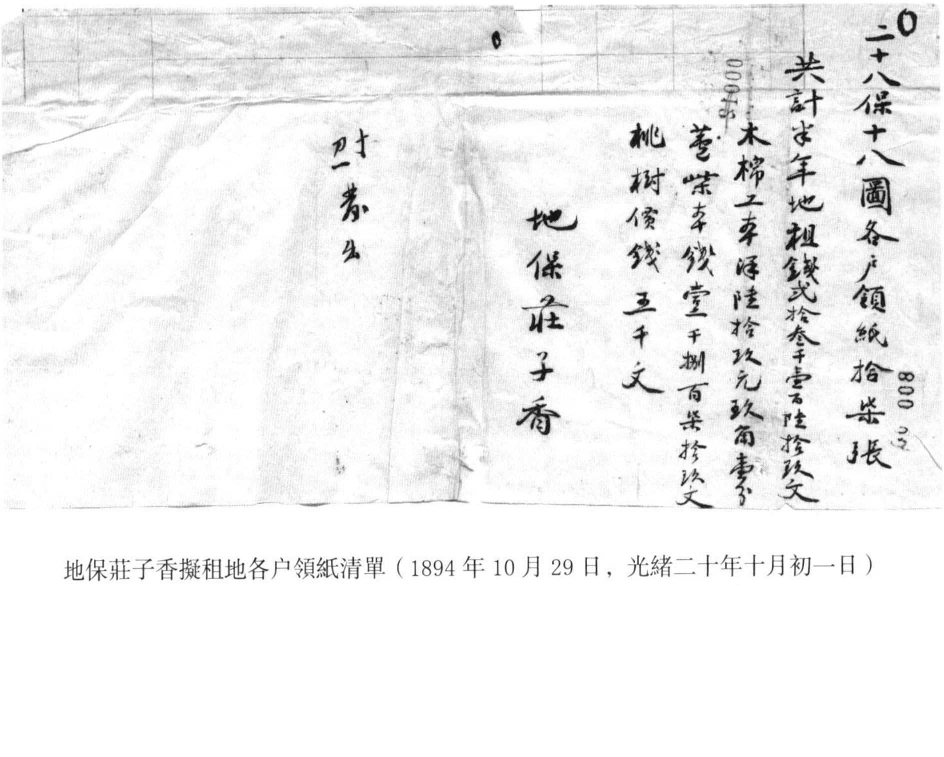
二十八保十八圖各户領紙拾柒張
共計半年地租錢弍拾叁千壹百陸拾玖文
木棉工本洋陸拾玖元玖角壹分
荳柴本錢壹千捌百柒拾玖文
桃樹價錢五千文
地保莊子香

地保莊子香擬租地各户領紙清單（1894 年 10 月 29 日，光緒二十年十月初一日）

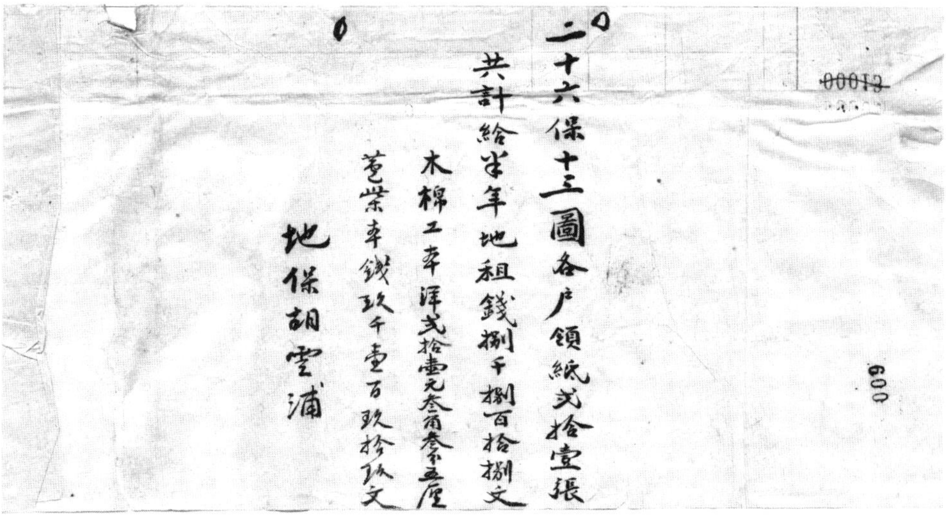
二十六保十三圖各户領紙弍拾壹張
共計給半年地租錢捌千捌百拾捌文
木棉工本洋弍拾壹元叁角叁分五厘
蓬業本錢玖千壹百玖拾玖文
地保胡雲浦

地保胡雲浦擬租地各户領紙清單（1894 年 10 月 29 日，光緒二十年十月初一日）

具領狀人秦增祥今領到
製造局憲大人發下湘軍營租用身地貳畝壹分六厘弍毫正每畝每年租叁千四百文先給半年租錢計叁千六百柒拾伍文又蔓菜韮
菜地伍分正每畝洋伍元正計洋弍元伍角正又給移玫瑰花樹拾棵每棵錢叁拾伍文計貳千捌百文又桃樹柒拾六棵每棵錢弍百文計拾伍千
弍百文正以上共計英洋貳元伍角正 錢貳拾壹千六百柒拾伍文正均經如數領收清並無分文短少亦無浮冒情弊所具領收是實
基字廿號卷第一號
光緒貳拾年拾一月　日具領狀人秦增祥十
地保朱秋庭

秦增祥具領狀（1894年11月或12月，光緒二十年十一月）

具領狀人魯予平今領到

基字小號卷第一號

製造局憲大人發下勇棚租用 身地計八分八厘六毫半年租錢合一千五百六文又地內木棉工

本洋合四元四角三分並無分文短少亦無冒領情弊所領是實

光緒二十年 九月 日立具領狀人魯予平押

地保莊子香押

011

魯予平具領狀（1894年9月或10月，光緒二十年九月）

具領狀人魯予平今領到

基字八號卷第一號

製造局憲大人發下勇棚租用身地計肆分半年租錢陸百捌拾文又地內木棉工本洋合貳

元並無分文短少亦無冒領情弊所領是實

日立具領狀人魯予平押

地保 莊子香 押

光緒二十年 九月

012

魯予平具領狀（1894年9月或10月，光緒二十年九月）

具領狀人高坤華今領到

基川[illegible]一[illegible]

製造局憲大人發下勇棚租用身地計叁分肆毫半年租錢合五百十七文又地內木棉工

本洋合一元五角二分並無分文短少亦無冒領情弊所領是實

光緒二十年　九月　日立具領狀人高坤華　押

地保莊子香　押

013

~~9:000~~

高坤華具領狀（1894年9月或10月，光緒二十年九月）

具領狀人魯阿友今領到

基字〢號卷第一號

製造局憲大人發下勇棚租用身地計貳分五厘半年租錢合四百念五文又地內木棉工本洋合

一元二角五分並無分文短少亦無冒領情弊所領是實

光緒二十年　九月　日立具領狀人魯阿友　押

地保　莊子香　押

014

62000

魯阿友具領狀（1894 年 9 月或 10 月，光緒二十年九月）

具領狀人魯阿大今領到

萬字小[illegible]一號

製造局憲大人發下勇棚租用身地計肆分貳厘半年租錢合乙百十四文又地內本棉工本洋

合二元一角並無分文短少亦無冒領情弊所領是實

光緒二十年　九月　日立具領狀人魯阿大　押

地保莊子香　押

015

鲁阿大具领状（1894 年 9 月或 10 月，光绪二十年九月）

具領狀人高柳寶今領到

製造局憲大人臺下勇棚租用身地計叁分伍厘陸毫半年租錢合六百五文又地內木

棉工本洋合一元乙角八分並無分文短少亦無冒領情弊所領是實

光緒二十年九月日立具領狀人高柳寶押

地保莊子香押

高柳寶具領狀（1894年9月或10月，光緒二十年九月）

其字小號卷第一號

具領狀人朱南形今領到

製造局憲大人發下勇棚租用身地計貳分五厘叁毫又地内木棉工本洋合壹元二角壓分五厘並無

分文短少亦無冒領情弊所領是實

光緒二十年　九月　日立具領狀人朱南形　押

地保　莊子香　押

朱南形具領狀（1894年9月或10月，光緒二十年九月）

甚字八號卷第一號

具領狀人高繼正今領到

製造局憲大人發下勇棚租用身地計壹分五厘貳毫半年租錢合貳百五拾捌文又地

内木榔工本洋合柒角陸分並無分文短少亦無冒領情弊所領是實

光緒二十年九月日立具領狀人高繼正押

地保莊子香押

018

高繼正具領狀（1894年9月或10月，光緒二十年九月）

莊字八號卷第一號

具領狀人朱晉卿今領到

製造局憲大人發下勇棚租用　身地計貳分柒厘半年租錢合四百七十三[五十九]文又地內木棉工本

洋合一元三角五分並無分文短少亦無冒領情弊所領是實

日立具領狀人朱晉卿　押

地保莊子香　押

光緒二十年　九月

019

07.000

朱晉卿具領狀（1894年9月或10月，光緒二十年九月）

具領狀人曹慶餘今領到

基字八號 卷第一號

製造局憲大人發下勇棚租用身地計貳分捌厘半年租錢合四百七十六文又地内木棉工本洋合

一元四角並無分文短少亦無冒領情弊所領是實

光緒二十年　九月　日立具領狀人曹慶餘　押

地保莊子香　押

曹慶餘具領狀（1894年9月或10月，光緒二十年九月）

黄字八號卷第一號

具領狀人高大生今領到

製造局憲大人發下勇棚租用身地計四分陸厘壹毫半年租錢合七百八十四文又地内木棉工本

洋合貳元三角伍厘並無分文短少亦無冒領情弊所領是實

光緒二十年　九月　日立具領狀人高大生　押

地保　莊子香　押

021

81000

高大生具領狀（1894年9月或10月，光緒二十年九月）

022

具領狀人魯補堂今領到

甚字八號卷第一坵

製造局憲大人發下勇棚租用 身地計叁分柒厘肆毫半年租錢合六百三十六文又地內

木棉工本洋合一元八角七分並無分文短少亦無冒領情弊所領是實

日立具領狀人魯補堂 押

地保莊子香 押

光緒二十年 九月

41000

魯補堂具領狀（1894年9月或10月，光緒二十年九月）

甚字小號卷第一號

具領狀人王景文今領到

製造局憲大人發下勇棚租用身地計玖畝貳分柒厘半年租錢合拾伍千柒百伍拾玖文又

地內木棉工本洋合肆拾陸元叁角伍分並無分文短少亦無冒領情弊所領是實

光緒二十年　九月　日立具領狀人王景文　押

地保莊子香　押

王景文具領狀（1894 年 9 月或 10 月，光緒二十年九月）

具領狀人魯紀明今領到

基字川號卷第一號

製造局憲大人發下勇棚租用身地計貳分陸毫半年租錢合叁百五拾文又地內木棉工

本洋合一元三分並無分文短少亦無冒領情弊所領是實

光緒二十年九月　日立具領狀人魯紀明　押

地保　莊子香　押

魯紀明具領狀（1894 年 9 月或 10 月，光緒二十年九月）

甚字小號叁第一號

具領狀人張慶華今領到

製造局憲大人發下勇棚內搬用身之舊磚計壹萬五千塊作價計洋捌元正並無分文短少浮

冒等情所領是實

光緒貳拾年九月　日具領狀人地保張慶華十

025

張慶華具領狀（1894 年 9 月或 10 月，光緒二十年九月）

具領狀人周阿堂今領到

製造局憲大人發下勇棚租用身地計一分五厘九毫半年租錢合二百七十文又地內木棉工本洋合七角九分五厘並

無分文短少亦無冒領情弊所領是實

光緒二十年九月日具領狀人周阿堂十

地保胡雲浦十

周阿堂具領狀（1894年9月或10月，光緒二十年九月）

甚字小號卷第一號

具領狀人徐阿土今領到

製造局憲大人發下勇棚租用身地計四分三毫半年租錢合六百八五文又地內木棉工本洋合二元一分五厘

並無分文短少亦無冒領情弊所領是實

光緒二十年九月　日具領狀人徐阿土十

地保　胡雲浦　十

徐阿土具領狀（1894年9月或10月，光緒二十年九月）

光緒二十年九月　　日具領狀人周阿田 十
地保胡雲浦 十

具領狀人周阿田今領到
製造局憲大人發下勇棚租用　身地計四厘六毫半年租錢合七十八文又地内木棉工本洋合二角三分並無分文
短少亦無冒領情弊所領是實

基字八號卷第一號

028

周阿田具領狀（1894年9月或10月，光緒二十年九月）

光緒二十年九月　日具領狀人徐春濤　十

地保胡雲浦　十

具領狀人徐春濤今領到

基字　號卷第一號

製造局憲大人發下勇棚租用身地計一分七厘五毫半年租錢合四百卒八文又地內木棉工本洋合壹元二角七

分五厘並無分文短少亦無冒領情弊所領是實

029

徐春濤具領狀（1894年9月或10月，光緒二十年九月）

具領狀人計阿堂今領到

甚號卷第一號

製造局憲大人發下勇棚租用身地計五分四厘五毫半年租錢合九百二十七文又地內木棉工本洋合貳元七角五分五厘並無分文短少亦無冒領情弊所領是實

光緒二十年　九月　日具領狀計阿堂　十

地保　胡雲浦　十

計阿堂具領狀（1894 年 9 月或 10 月，光緒二十年九月）

基字卷第一號

具領狀人計行周今領到

製造局憲大人發下勇棚租用身地計四分四厘八毫半年租錢合七百六十二文又地內木棉一本洋合貳元二角四分並無分文短少亦無冒領情弊所領是實

光緒二十年九月　日具領狀人計行周　十

地保　胡雲浦　十

計行周具領狀（1894年9月或10月，光緒二十年九月）

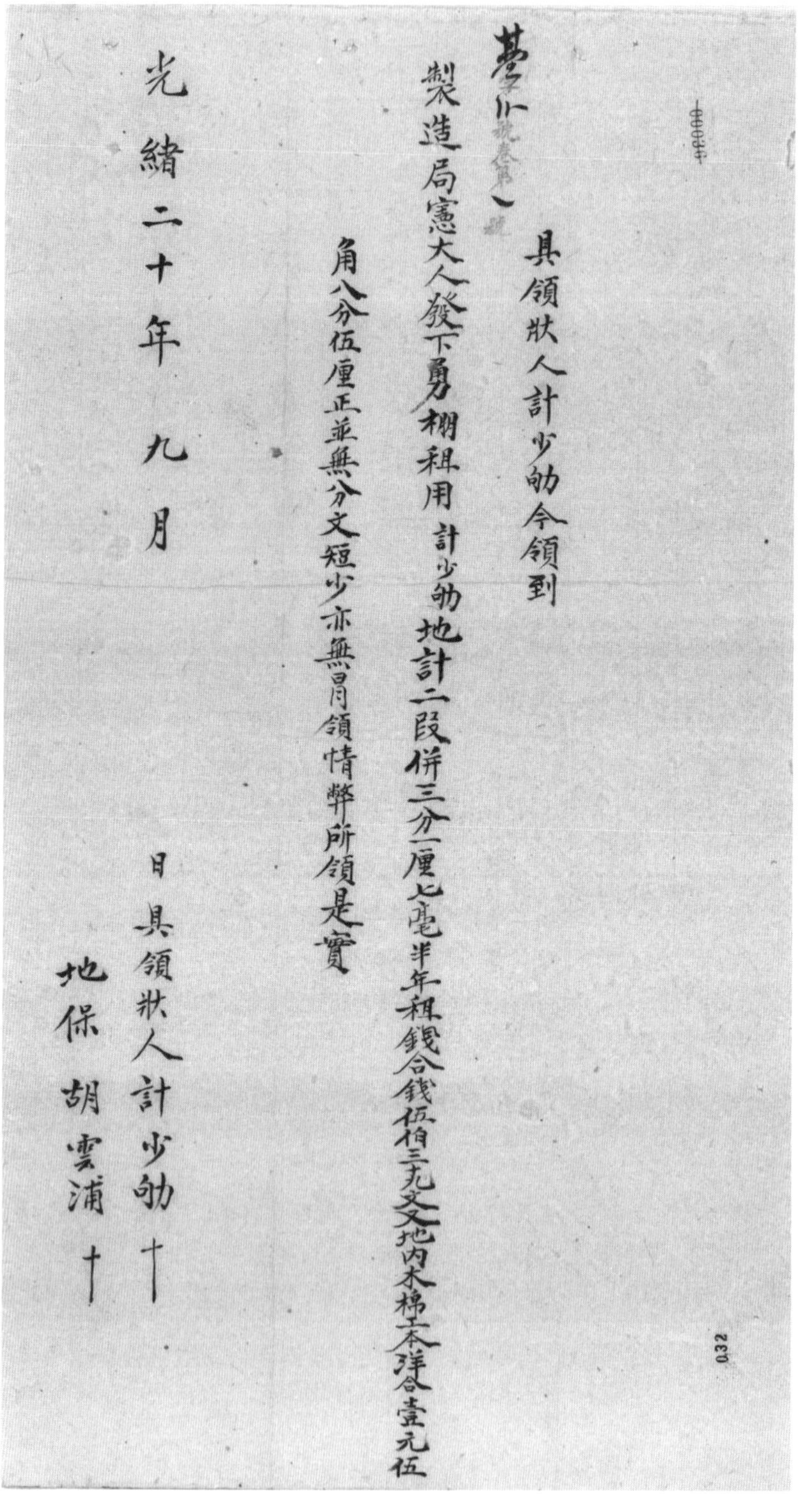
具領狀人計少劬今領到
製造局憲大人發下勇棚租用 計少劬地計二段併三分一厘七毫半年租錢合錢伍伯三九文又地內木棉工本洋合壹元伍
角八分伍厘正並無分文短少亦無冒領情弊所領是實
光緒二十年九月　日具領狀人計少劬 十
地保胡雲浦 十
032

計少劬具領狀（1894 年 9 月或 10 月，光緒二十年九月）

基字八號卷第一號

具領狀人計春泉今領到

製造局憲大人發下勇棚租用計春泉地計三分三厘三毫半年租錢合錢伍伯六十六文又地內木棉工本洋合壹元六角六分五厘正並無分文短少亦無冒領情弊所領是實

光緒二十年　九月　日具領狀人計春泉十

地保胡雲浦十

033

江南製造總局

計春泉具領狀（1894 年 9 月或 10 月，光緒二十年九月）

基字化號春第一號

具領狀人計春華今領到

製造局憲大人發下勇棚租用計春華地計一分三厘三毫半年租錢合錢三百九十六文又地內木棉壬本洋合壹元

壹角六分五厘正並無分文短少亦無冒領情弊所領是實

光緒二十年　九月　日具領狀人計春華 十

地保胡雲浦 十

034

計春華具領狀（1894年9月或10月，光緒二十年九月）

甚字卜號卷第一號

具領狀人曹阿咸今領到

製造局憲大人發下勇棚租用曹阿咸地計三分一厘一毫半年租錢合錢五百二十九文又地木棉工本洋合壹元五角五分五

厘正並無分文短少亦無冒領情弊所領是實

光緒二十年　九月　日具領狀人曹阿咸　十

地保　胡雲浦　十

曹阿咸具領狀（1894年9月或10月，光緒二十年九月）

035

具領狀人計阿妹今領到

基字八號卷第一號

製造局憲大人發下勇棚租用計阿妹地計三段併四分二釐半年租錢合錢七百三十文又地內木棉工本洋合貳元

壹角五分正並無分文短少亦無冒領情弊所領是實

光緒二十年　九　月　　日具領狀人計阿妹　十

地保　胡雲浦　十

計阿妹具領狀（1894 年 9 月或 10 月，光緒二十年九月）

具領狀人龍華寺今領到

基字八號卷第一號

製造局憲大人發下勇棚租用身地計二分八厘六毫半年租錢合四百八十六文又地內木棉工本洋合壹元四角三分正

並無分文短少亦無冒領情弊所領是實

光緒二十年九月　日具領狀人龍華寺　十

地保　胡雲浦　十

龍華寺具領狀（1894年9月或10月，光緒二十年九月）

墓字小號卷第一號

具領狀人計土全今領到

製造局憲大人發下勇棚租用身地計二分四厘七毫半年租錢合五百九十文又地内木棉工本洋合壹元七角二分五厘

並無分文短少亦無冒領情弊所領是實

光緒二十年九月　日具領狀人計土全十

地保胡雲浦十

038

計土全具領狀（1894 年 9 月或 10 月，光緒二十年九月）

具領狀人許阿昌今領到

甚字仁號卷第一號

製造局憲大人發下勇棚租用　身地計一分五厘半年租錢合二百五十五文又地內木棉工本洋七角五分並無分文

短少亦無冒領情弊所領是實

光緒二十年　九月　　日具領狀人許阿昌十

地保　胡雲浦十

039

計阿昌具領狀（1894年9月或10月，光緒二十年九月）

基字[illegible]號卷第一號

具領狀人計桂松今領到

製造局憲大人發下勇棚租用 身地計四分五厘六毫半年租錢合七百七十五文又地內木棉工本洋合二元二角八分

並無分文短少亦無冒領情弊所領是實

光緒二十年 九月 日具領狀人計桂松 十

地保 胡雲浦 十

計桂松具領狀（1894年9月或10月，光緒二十年九月）

著字八一號卷第一號

具領狀人計源和今領到

製造局憲大人發下勇棚租用身地計七厘六毫半年租錢合一百廿九文又地内木棉工本洋合三角八分並無分文

短少亦無冒領情弊所領是實

光緒二十年　九月　日具領狀人計源和　十

地保胡雲浦　十

計源和具領狀（1894 年 9 月或 10 月，光緒二十年九月）

具領狀人計書堂今領到

製造局憲大人發下勇棚租用身地計二分八厘九毫半年租錢合四百九十一文又地內木棉工本洋合壹元四角四分五厘

並無分文短少亦無冒領情弊所領是實

光緒二十年九月　日具領狀人計書堂十

地保胡雲浦十

藝字八號卷第一號

042

計書堂具領狀（1894年9月或10月，光緒二十年九月）

甚字小號衣第一號

具領狀人計金和今領到

製造局憲大人發下勇棚租用身地計八厘三毫半年租錢合一百四十文又地內木棉土本洋合四角一分五厘並無分

文短少亦無冒領情弊所領是實

光緒二十年九月　日具領狀人計金和十

地保胡雲浦十

計金和具領狀（1894年9月或10月，光緒二十年九月）

具領狀人計阿妹今領到

製造局憲大人發下勇棚租用身地計一分八厘地内木棉工本洋合壹元四角並無分文短少亦無

冒領情弊所領是實

光緒二十年九月　日具領狀人計阿妹十

地保胡雲浦十

計阿妹具領狀（1894年9月或10月，光緒二十年九月）

二十六號

十三畝

甚字八號卷第一號

具領狀人計少劬今領到

製造局憲大人發下勇棚租用身地計二畝六厘地內蘆柴錢洋合錢四千九百四十六文並無分文短少亦

無冒領情弊所領是實

光緒二十年九月　日具領狀人計少劬　十

地保　胡雲浦　十

045

計少劬具領狀（1894年9月或10月，光緒二十年九月）

慕字八號卷第一號

具領狀人徐咸松今領到

製造局憲大人發下勇棚租用身地計一畝五分七厘三毫二分地內蘆柴錢洋合錢四千二百五十五文並無分文短

少亦無冒領情弊所領是實

光緒二十年九月　日具領狀人徐咸松十

地保胡雲浦十

046

徐咸松具領狀（1894 年 9 月或 10 月，光緒二十年九月）

二西保五啚

基字小號卷第一號

具領狀人姜阿懷今領到

製造局憲大人案下勇棚租用身地計四分七厘八毫正半年租錢合捌百拾叁文又地内木棉工本洋合

貳元叁角九分正並無分文短少浮冒等情所領是實

光緒貳拾年九月　日具領狀人姜阿懷十

地保姜阿昌十

姜阿懷具領狀（1894年9月或10月，光緒二十年九月）

甚字八號卷第一號

具領狀人姜周寶今領到

製造局憲大人發下勇棚租用民地計伍分伍厘九毫正半年租錢合壹千壹百叁拾七文又地內木棉工本洋合三元三角四分五厘正並無分文浮冒亦無短少所領是實

光緒貳拾年九月　日具領狀人姜周寶十

地保姜河昌十

姜周寶具領狀（1894年9月或10月，光緒二十年九月）

基字小號卷第一號

具領狀人姜慶松今領到

製造局憲大人發下勇棚租用身地計七分三厘正半年租錢合壹千弍百四拾壹文又地內木棉工

本洋合叁元陸角五分並無分文短少冒領等情所領是實

光緒弍拾年九月　日具領狀人姜慶松十

地保姜河昌十

040

姜慶松具領狀（1894年9月或10月，光緒二十年九月）

甚字卅一號卷第一 走

具領狀人姜順林今領到

製造局憲大人發下勇棚租用身地計陸分陸厘三毫正半年租錢合壹千壹百念七文又地內

木棉工本洋合三元三角壹分五厘正並無分文短少浮冒等情所領是實

光緒貳拾年九月　日具領狀人姜順林十

地保　姜河昌十

姜順林具領狀（1894年9月或10月，光緒二十年九月）

基字八號卷第一號

具領切結趙咸松 趙阿勝今領到

製造局憲大人臺下發給身有自業花田玖分弍厘坐落二十四保正十五啚今因作炮台用嘗

賞給本年種植辛工錢四千四百七十二文 三百十二文當即如數領回並無浮冒等情所具領

結是實

光緒拾年拾月初一日具領結人趙咸松 趙阿勝 十十

地保姜寶華 十

051

趙咸松、趙阿勝具領切結（1884年11月18日，光緒十年十月初一日）

廿五保十四啚

基字中號卷第一號

具領狀人顧阿元今領到

製造局憲大人發下買補租用身地計一分三釐四毫半年租錢合貳百貳十七文又地內木棉工本洋六角七分正並無分

文短少亦無冒領情弊所領是實

光緒二十年九月　日具領狀人顧阿元十

地保張慶華十

念五保十四啚

顧阿元具領狀（1894 年 9 月或 10 月，光緒二十年九月）

具領狀人顧阿元今領到
甚字北號各號一坵
製造局憲大人發下勇棚租用身地計七釐七毫半年租錢合一百三十一文又地內木棉工本洋三角八分五釐正並無分
文短少亦無冒領情弊所領是實

念五保十四啚

光緒二十年九月　日具領狀人顧阿元十
地保張慶華十

00054
40.053

顧阿元具領狀（1894年9月或10月，光緒二十年九月）

具領狀人楊順發今領到

基[illegible]一[illegible]

製造局憲大人發下勇棚租用 身地計四分九釐三毫半年租錢合八百三十八文又地內木棉工本洋貳元四角六分五釐正並無分文短少亦無冒領情弊所領是實

光緒二十年九月 日具領狀人楊順發十

念五保十四圖 地保張慶華十

楊順發具領狀（1894年9月或10月，光緒二十年九月）

基字八號卷第一號

具領狀人喬全勝今領到

製造局憲大人臺下勇棚租用身地計三分四厘四毫半年租錢合五百八十四文又地內木棉工本洋一元七角二分正 並無分

文短少亦無冒領情弊所領是實

光緒二十年九月 日具領狀人喬全勝十

念五保十四啚 地保張慶華十

4L 055

喬全勝具領狀（1894 年 9 月或 10 月，光緒二十年九月）

具領狀人張文寶今領到

基字小[illegible]一

製造局憲大人發下勇棚租用身地計貳分八毫半年租錢三百五十三文又地內木棉工本洋一元零四分正並無分

文短少亦無胥領情弊所領是實

光緒二十年九月　日具領狀人張文寶十

念五保十四啚　地保張慶華十

張文寶具領狀（1894年9月或10月，光緒二十年九月）

具領狀人張文寶今領到

基字〢 一

製造局憲大人發下勇棚租用身地計四分三厘半年租錢合七百三十一文又地內木棉工本洋貳元一角五分正並無分

文短少亦無冒領情弊所領是實

光緒二十年九月　日具領狀人張文寶十

余五保十四啚　地保張憂華十

江南製造總局

張文寶具領狀（1894年9月或10月，光緒二十年九月）

具領狀人孔阿狗今領到

基字小號[illegible]第一九

製造局憲大人臺下勇棚租用身地計三分五毫半年租錢合五百十八文又地內木棉工本洋一元五角二分五厘正 並無分

文短少亦無冒領情弊所領是實

光緒二十年九月 日具領狀人孔阿狗十

合五保嵩昌地保張慶華十

00002 058

孔阿狗具領狀（1894 年 9 月或 10 月，光緒二十年九月）

具領狀人錢金狗今領到

基字廿號一

製造局憲大人發下勇棚租用身地計二分三厘六毫半年租錢合四百零一文又地內木棉工本洋一元一角八分正並無分

文短少亦無冒領情弊所領是實

光緒二十年九月　日具領狀人錢金狗十

金五保壹畝　地保張慶華十

錢金狗具領狀（1894年9月或10月，光緒二十年九月）

具領狀人徐祝三今領到

基字小號卷第一號

製造局憲大人發下勇捌租用身地計一分四厘六毫半年租錢合貳百四十八文又地內木料工本洋七角三分正　並無分

文短少亦無冒領情弊所領是實

光緒二十年九月　　日具領狀人徐祝三十

金五保十畝　地保張慶華十

徐祝三具領狀（1894年9月或10月，光緒二十年九月）

具領狀人錢文達今領到

基小一

製造局憲大人發下勇棚租用身地計二分六厘五毫半年租錢合四百五十文又地内木棉工本洋一元三角二分五厘正並無分

文短少亦無冒領情弊所領是實

光緒二十年九月　日具領狀人錢文達十

念五保十四圖地保張慶華十

江南製造總局

錢文達具領狀（1894年9月或10月，光緒二十年九月）

具領狀人張春泉今領到

基字小號春第一號

製造局憲大人發下易捌租用身地計一分八厘六毫半年租錢合三百十六文又地内木栫工本洋九角三分正並無分

文短少亦無冒領情弊所領是實

光緒二十年九月

日具領狀人張春泉十

金五保十一啚地保張慶華十

張春泉具領狀（1894年9月或10月，光緒二十年九月）

具領狀人錢杏村今領到

甚字八號 第一

製造局大人臺下勇棚租用身地計二分一厘七毫半年租錢合三百六十九文又地內木棉工本洋一元八分五厘正並無分文短少亦無冒領情弊所領是實

光緒二十年九月　日具領狀人錢杏村十

念五保十四圖地保張慶華十

錢杏村具領狀（1894 年 9 月或 10 月，光緒二十年九月）

具領狀人李阿才今領到

基字[illegible]號卷第一號

制造局憲大人發下勇棚租用身地計二分四厘三毫半年租錢合四百拾三文又地內木棉工本洋合壹元五角一分五厘正並無分

文短少亦無冒領情弊所領是實

光緒二十年九月

日具領狀人李阿才十

念五保十四啚地保張慶華十

李阿才具領狀（1894年9月或10月，光緒二十年九月）

具領狀人張春泉今領到

巷廿一

製造局憲大人發下勇棚租用 身地計貳分七厘四毫半年租錢合四百六十五文又地內木棉工本洋一元三角七分正並無分

文短少亦無冒領情弊所領是實

另有苑紅樹四枝每枝錢四百計錢壹千陸百文

光緒二十年九月 日具領狀人張春泉十

念五保十四圖地保張慶華十

張春泉具領狀（1894年9月或10月，光緒二十年九月）

具領狀人朱蓮堂今領到

塞字小一

製造局憲大人發下勇棚租用身地計二分六厘七毫半年租錢合四百五十四文又地內木棉工本洋一元三角三分五厘正並無分文短少亦無冒領情弊所領是實

另有桃樹弍株每株錢弍百計錢四百文

光緒二十年九月　日具領狀人朱蓮堂十

念五保十四圖地保張慶華十

朱蓮堂具領狀（1894年9月或10月，光緒二十年九月）

具領狀人張春泉今領到
甚字小號春貝一號
製造局憲大人發下書棚租用身地計一分八厘四毫半年租錢合三百一十二文又地內木棉工本洋九角二分正並無分
文短少亦無冒領情弊所領是實
另有花紅樹四株每株錢四百計錢壹千六百文

光緒二十年九月　日具領狀人張春泉十

廿五保十四圖　地保張慶華十

張春泉具領狀（1894年9月或10月，光緒二十年九月）

具領狀人張德金今領到

基字八號卷第一號

製造局憲大人發下勇棚租用 身地計一分九釐四毫半年租錢合三百二十九文又地內木棉工本洋九角七分正並無分文

短少亦無冒領情弊所領是實

另有桃樹貳株每株錢貳百 計錢四百文

光緒二十年九月　日具領狀人張德金 十

念五保西南地保張慶華 十

張德金具領狀（1894年9月或10月，光緒二十年九月）

荃小一

二十四保二啚十併土啚具領狀人沈海大同弟海聖等今領到

製造局憲大人發下奇兵營租用身地叁拾陸畝捌分陸厘貳毫正今歲半年租錢合

成陸拾貳千陸伯陸拾伍文正以後租價每年叁千肆伯文壹畝今歲棉花工本畝數叁拾畝零

捌分捌厘正每畝伍元合洋壹伯伍拾肆元肆角正今歲稻子地數伍畝玖分捌厘貳毫正免償

工本錢矣並無分文短少亦無冒領情弊所領是實

計開各花户名開列于右

沈海大　陸畝壹分叁厘叁毫周　坤　叁畝叁分叁厘壹毫十

沈海聖　陸畝壹分叁厘柒毫周　秀榮　叁畝壹分十

周坤珊　壹畝壹分柒厘貳毫十

沈蘐明　玖分柒厘伍毫十

沈湯聖　陸分叁厘伍毫十

周成桂　陸分叁厘伍毫十

周桂咸　壹畝正十

湯錫榮　壹畝叁分十

周金全　壹畝肆分肆厘伍毫十

錢桂林　肆畝捌分壹厘陸毫十

沈德和　伍畝玖分捌厘貳毫十

鄒江觀　貳分壹毫十

光緒貳拾年玖月　日具領狀人沈海大十　沈海聖十

地保　周坤[illegible]

代書　孫梅汀

沈海大、沈海聖等具領狀（1894年9月或10月，光緒二十年九月）

具領狀人十四圖地保張慶華今領到

製造局憲大人臺下 身於鍊鋼廠新造機房東南角基地內挖見無主多年朽爛空棺叁具身

一

僱人收拾另裝木箱叁具祖埋於民人許鶴明地內計租地洋五元買石洋叁元杠擡安葬小工

錢壹千文共計洋捌元正錢壹千文並無草率偷減所領是實

准領存案

光緒二十年十一月初三日具領狀人張慶華十

張慶華具領狀（1894年11月29日，光緒二十年十一月初三日）

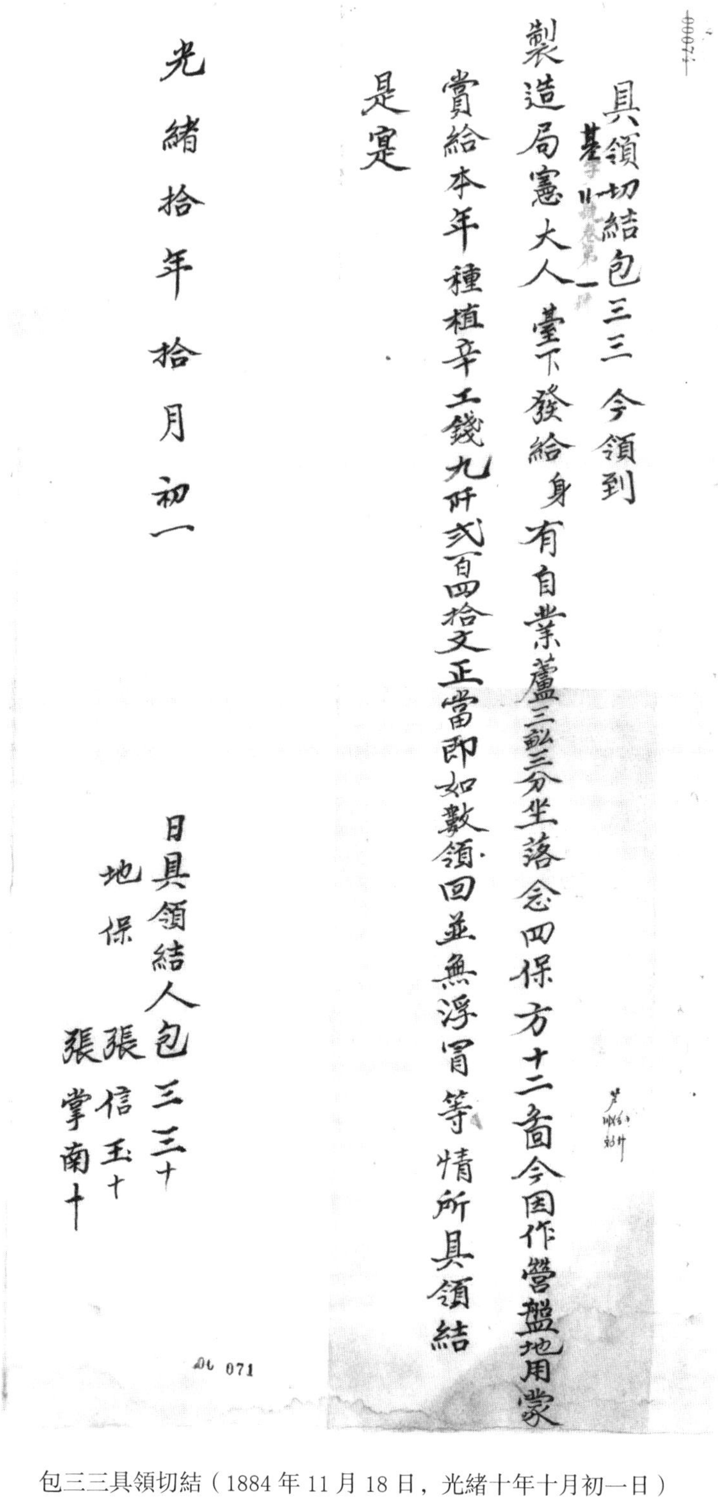
具領切結包三三　今領到
製造局憲大人臺下發給身有自業蘆三畝三分坐落念四保方十二啚今因作營盤地用蒙
賞給本年種植辛工錢九阡弍百四拾文正當即如數領回並無浮冒等情所具領結
是寔
光緒拾年拾月初一日具領結人包三三十
地保張信玉十
張掌南十

Dt 071

包三三具領切結（1884 年 11 月 18 日，光緒十年十月初一日）

基字八號卷第一號

具領切結陳洪義今領到

製造局憲大人臺下發給身有自業菜地壹分五厘坐落念四保方拾弍啚今因作營盤地用蒙

賞給本年種植辛工錢六百三拾文正當即如數領回並無浮冒等情所具領給

是寔

光緒拾年拾月初一

日具領結人陳洪義十

地保張信玉十

張掌南十

00.072

陳洪義具領切結（1884年11月18日，光緒十年十月初一日）

具領切結包桂春今領到

基字八號卷第一號

製造局憲大人臺下發給身有自業菜地壹分五厘正坐落念四保方拾弍畝今因作營盤基用蒙

賞給本年種植辛工錢陸百叁拾文正　當即如數領回並無浮冒等情所具領給

是實

光緒拾年拾月初一日具領結人包桂春十

地保張信玉十

張掌南十

包桂春具領切結（1884年11月18日，光緒十年十月初一日）

墓字小號卷第一號

具領切結周寶和今領到

製造局憲大人臺下發給身有自業菜地壹畝弍分坐落念四保方十二啚今因作營盤地用蒙

賞給本年種植辛工錢五千零四拾文正當即如數領回並無浮冒等情所具領結

是寔

光緒拾年拾月初一日具領結人周寶和十

地保張信玉十

張掌南

周寶和具領切結（1884 年 11 月 18 日，光緒十年十月初一日）

臺字〡〢號卷第一號

具領切結莊阿四　今領到

製造局憲大人　臺下　發給　身有自業菜地四分正坐落念四保方十二啚今因作營盤地基用蒙

賞給本年種植苹工錢壹仟六百八拾文正當即如數領回並無浮冒等情所具領結

是實

光緒拾年拾月初一

日具領結人莊阿四十

地保　張信玉十

張掌南十

莊阿四具領切結（1884年11月18日，光緒十年十月初一日）

具領切結周錫堂今領到

製造局憲大人臺下發給身有自業菜地三分七厘坐落念四保方拾弍畜今因作營盤地用蒙

賞給本年種植辛工錢壹阡伍伯五拾四文正當即如數領回並無浮冒等情所具領給

是實

光緒拾年拾月初一日具領結人周錫堂十

地保張信玉十

張掌南十

00.075

周錫堂具領切結（1884年11月18日，光緒十年十月初一日）

基字八號卷第一號

具領切結龔廟生 龔茂今領到

製造局憲大人臺下發給身有自業菜園地貳分叁分坐落二十四保正五啚今因作電線房用蒙

賞給本年種植辛工錢壹千貳伯六十文捌伯肆拾文當即如數領回並無浮冒等情所具領

結是實

光緒拾年拾月初一日具領結人龔廟生十

龔茂十

地保姜寶華十

00.076

龔廟生、龔茂具領切結（1884 年 11 月 18 日，光緒十年十月初一日）

一〇〇八十

具領切結包雲江今領到

基字十號 叁人第一號

製造局憲大人臺下發給身有自業菜地壹畝一分九厘坐落念四保方拾弍啚今因作營盤地用蒙

賞給本年種植辛工錢四仟九伯九拾捌文正當即如數領回並無浮冒等情所具領給

是寔

光緒拾年拾月初一日具領結人包雲江十

地保張信玉十

張掌南十

DC·077

包雲江具領切結（1884年11月18日，光緒十年十月初一日）

墨卞

一具領切結 張國廷 趙楊氏 趙學文 趙陸氏 今領到

製造局憲大人臺下發給身有自業花田 壹畝伍分 叁分捌厘 壹分玖厘 壹分玖厘 坐落二十四保正十五畫今因作炮台用蒙

賞給本年種植辛工錢 蘆柴錢貳佰八文 柒千捌佰文 壹千九百六十六文 九百八十八文 九百八十八文 當即如數領回並無浮冒等情所具領

結是實

光緒拾年拾月初一日具領結人 張國廷十 趙楊氏十 趙學文十 趙陸氏十

地保 姜寶華十

06 078

張國廷等具領切結（1884 年 11 月 18 日，光緒十年十月初一日）

基字〢號卷第一號

具領切結方友燮今領到

製造局憲大人臺下發給身有自業花地弍畝坐落二十四保方十二啚今因作營盤用蒙

賞給本年種植辛工錢壹拾千肆百文當即如數領回並無浮冒等情所具領

結是實

光緒拾年拾月初壹日具領結人方友燮 押

地保張信玉 十

079

方友燮具領切結（1884年11月18日，光緒十年十月初一日）

基字川號卷第一號

具領切結包雲江 桂春 阿泉 今領到

製造局憲大人 臺下 發給身有自業花地叁畝九分弍厘正坐落念四保方十二啚今因作營盤

基地用蒙賞給本年種植辛工錢念阡零三百八十四文當即如數領回並無浮冒等情所具

領結是寔

光緒拾年拾月初一 日具領結人包雲江十 桂春十 阿泉十

地保 張信玉十 張掌南十

00080

包雲江等具領切結（1884年11月18日，光緒十年十月初一日）

基字[illegible]一

具領切結計順昌今領到

製造局憲大人臺下發給身有自業花地三畝柒分五坐落念四保方拾弍啚今因作營盤基用蒙

賞給本年種植辛工錢拾九千弍百四拾文當即如數領回並無浮冒等情所具領給

是實

光緒拾年拾月初一

日具領結人計順昌十

地保張信鈺十

張掌南十

081

計順昌具領切結（1884年11月18日，光緒十年十月初一日）

具領切結包雲江今領到

基字[illegible]號[illegible]第一號

製造局憲大人臺下發給身有自業花地叁畝九分弍厘正坐落念四保方拾弍啚今因作營盤地用蒙

賞給本年種植辛工錢念阡零三百八十四文正當即如數領回並無浮冒等情所具領給

是實

光緒拾年拾月初一日具領結人包雲江十

地保張信玉十

張掌南十

ⅡL 082

包雲江具領切結（1884年11月18日，光緒十年十月初一日）

具領切結林了頭林銀和今領到
製造局憲大人臺下發給身有自業花地壹畝三分三厘坐落念四保方拾弍啚今因作營盤地用蒙
賞給本年種植辛工錢陸阡九百拾六文正當即如數領回並無浮冒等情所具領給
是寔
光緒拾年拾月初一日具領結人林了頭林銀和
地保張信玉
張掌南

083

林了頭、林銀和具領切結（1884年11月18日，光緒十年十月初一日）

基字〡號 一

具領切結楊才才今領到

製造局憲大人 臺下發給身有自業花地弍畝八分六釐坐落念四保方拾弍圖今因作營盤地用蒙

賞給本年種植辛工錢拾四千八百七拾弍文當即如數領回並無浮冒等情所具領給

是寔

光緒拾年拾月初一 日具領結人楊才才 十

地保張信玉 十

張掌南 十

楊才才具領切結（1884年11月18日，光緒十年十月初一日）

甚字八執存第一號

具領切結王漢新、楊才金今領到

製造局憲大人臺下發給身有自業花地四畝五分八厘正坐落念四保方拾弍圖今因作營盤基用蒙

賞給本年種植辛工錢念三千八百拾六文正當即如數領回並無浮冒等情所具領給

是實

光緒拾年拾月初一日具領結人 王漢新十 楊才金十

地保 張信玉十 張掌南十

085

王漢新、楊才金具領切結（1884年11月18日，光緒十年十月初一日）

基字廿一

具領切結楊才才今領到

製造局憲大人臺下發給身有自業花地五分正坐落念四保方十二啚今因作營盤地用蒙

賞給本年種植辛工錢貳阡陸百文正當日如數領回並無浮冒等情所具領結

是實

光緒拾年拾月初一日具領結人楊才才 十

地保 張信玉 十

張掌南 十

086

楊才才具領切結（1884年11月18日，光緒十年十月初一日）

具領切結周裕興今領到
製造局憲大人臺下發給身有自業花地八分正坐落念四保方十二啚今因作營盤基用蒙
賞給本年種植苹工錢四阡壹百六拾文正當即如數領回並無浮冒等情所具領給
是實

光緒拾年拾月初一日具領結人周裕興十
地保張信玉十
張掌南十

087

周裕興具領切結（1884年11月18日，光緒十年十月初一日）

具領切結王阿金今領到

製造局憲大人 臺下發給身有自業花地壹畝四分三厘坐落念四保方十二啚今因作營盤地用蒙

賞給本年種植辛工錢柒千四百三拾六文正當即如數領回並無浮冒等情所具領給

是寔

光緒拾年拾月初一日具領結人王阿金 十

地保 張信玉 十

張掌南 十

王阿金具領切結（1884年11月18日，光緒十年十月初一日）

甚字廿號卷第一號

具領切結姜順元、姜桂山、姜長林、姜增榮、姜秀明、姜周寶今領到

製造局憲大人臺下發給身有自業花田叁畝捌厘，坐落二十四保正圭啚，今因作炮台用，蒙

賞給本年種植辛工錢拾陸千拾六文，當即如數領回，並無浮冒等情，所具領

結是實。

光緒拾年拾月初一日具領結人姜秀明、姜順元、姜桂山、姜長林、姜增榮、姜周寶十十十十十十

地保姜寶華十

姜秀明等具領切結（1884 年 11 月 18 日，光緒十年十月初一日）

茬字〢號卷第一號

具領狀人朱寶明、朱芝餘、高阿妹、曹金海、曹老大今領到

製造局憲大人發下勇棚租用身地計芦柴弍畝弍分，柴費每畝錢弍千四百文，計錢五千弍百八拾文正，

並無分文短少，亦無浮冒情弊，所領是實。

光緒二十年十一月　日具領狀人　朱寶明十　朱芝餘十　高阿妹十　曹金海十　曹老大十

地保章子香十

089

朱寶明等具領狀（1894年11月或12月，光緒二十年十一月）

基字八號卷第一號

具領狀人高流實今領到

製造局憲大人發下勇棚租用身地計弍畝正半年租錢合叁千四百文又小熟計錢弍千文又中

桃樹念枯為枯錢弍百文計錢四千文並無分文短少亦無浮冒情弊所領是實

光緒二十年十一月　日具領狀人高流實十

地保章子春十

090

高流實具領狀（1894 年 11 月或 12 月，光緒二十年十一月）

具領狀人陶寶榮今領到

荳字八號卷第一號

製造局憲大人台下勇棚租用　身地計弍畝四分正，半年租錢合四千另八拾文，又小熟塘畝計壹千文，

又韮菜地壹畝四分，每畝洋五元，計洋七元，中桃樹叁拾又株，每株錢叁百文，計錢拾千另四百文，並無分文短少，亦無浮冒情弊，所領是實。

光緒二十年十一月　日　具領狀人陶寶榮　十

地保章子香　十

091

陶寶榮具領狀（1894 年 11 月或 12 月，光緒二十年十一月）

00092

具領狀人高新泉今領到

基字卜號執券第一號

製造局憲大人發下勇棚租用　身地計壹畝四分弍釐七毫半年租錢合弍千四百念六文正

並無分文短少亦無浮冒情弊所領是實

光緒二十年十一月　日具領狀人高新泉十

地保章子香十

092

高新泉具領狀（1894年11月或12月，光緒二十年十一月）

具領狀人殷文有今領到

基字〻號桃春第一號

製造局憲大人發下草棚租用身地計弍畝正半年租錢合叁千四百文又小熟計錢弍千文又大

桃樹念六株每株錢四百文計錢拾千四百文並無分文短少亦無浮冒情弊所領是實

光緒二十年十一月　日　具領狀人殷文有十

地保章子香十

093

殷文有具領狀（1894 年 11 月或 12 月，光緒二十年十一月）

具領狀人高瑞德今領到
芦字四號卷第一號
製造局憲大人發下勇棚租用身地計壹畝叁分正半年租錢合貳千貳百拾文正並無
分文短少亦無浮冒情弊所領是實

光緒二十年十一月　日具領狀人高瑞德十
地保章子香十

高瑞德具領狀（1894年11月或12月，光緒二十年十一月）

具領狀人王順業今領到

基字八號卷第一號

製造局憲大人發下勇棚租用身地計壹畝五分正半年租錢合弍千五百五拾文正並無

分文短少亦無浮冒情弊所領是實

光緒二十年十一月　日具領狀人王順業十

地保章子香十

095

王順業具領狀（1894年11月或12月，光緒二十年十一月）

基字〢號卷第一號

具領狀人曹炳銓今領到

製造局憲大人臺下勇棚租用身地計弍畝正半年租錢合叁千四百文正並無分文短少亦無浮冒情弊所領是實

光緒二十年十一月　日　具領狀人曹炳銓十

地保章子香十

096

曹炳銓具領狀（1894 年 11 月或 12 月，光緒二十年十一月）

具領狀人曹泉泉今領到

甚字八號卷第一號

製造局憲大人發下剪捌租用　身地計弍畝正半年租錢合叁千四百文正　並無分

文短少亦無浮冒情弊所領是實

光緒二十年十一月　日

具領狀人曹泉泉　十

地保章子香　十

097

曹泉泉具領狀（1894年11月或12月，光緒二十年十一月）

具領狀人王景文今領到

甚字廿號卷第一號

製造局憲大人麾下𠣊字號丿用 身地計四畝正半年租錢合六千八百文又小熟計錢四千文正

並無分文短少亦無浮冒情弊所領是實

光緒二十年十一月　　日具領狀人王景文十

地保章子唐十

王景文具領狀（1894年11月或12月，光緒二十年十一月）

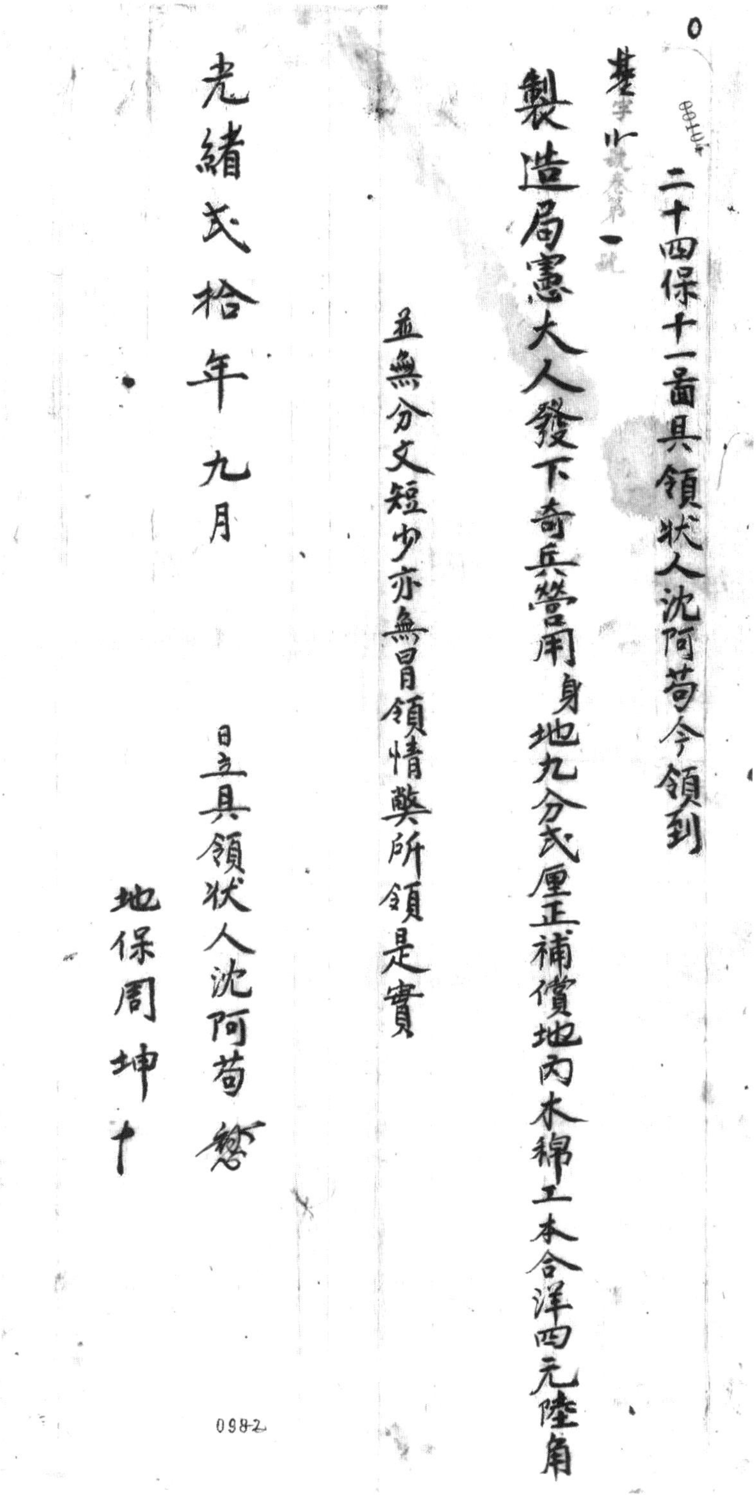
基字八號卷第一號

二十四保十一啚具領狀人沈阿苟今領到

製造局憲大人發下奇兵營用身地九分弍厘正補償地內木棉工本合洋四元陸角

並無分文短少亦無冒領情弊所領是實

光緒弍拾年九月　日立具領狀人沈阿苟

地保周坤十

0982

沈阿苟具領狀（1894年11月或12月，光緒二十年十一月）

光緒二十年九月　日具領狀人計阿虎十

地保　胡雲浦十

具領狀人計阿虎今領到

基字小號卷第一號

製造局憲大人發下勇棚租用　身地計一分地内木棉土本洋合五角並無分文短少亦無冒領情弊

所領是實

099

計阿虎具領狀（1894 年 9 月或 10 月，光緒二十年九月）

丰丰

具領狀人魯容卿今領到

基字八號卷第一號

製造局憲大人發下勇棚租用身地計七分八厘叁毫地內蘆柴洋合壹仟八佰七拾九[illegible]無分文

短少亦無冒領情弊所領是實

光緒二十年　九月　日立具領狀人魯容卿押

地保　莊子香押

D. 100

魯容卿具領狀（1894年9月或10月，光緒二十年九月）

具領狀人金有耕今領到

製造局憲大人臺下湘軍營租用身地叁畝陸分九厘叁毫正每畝每年租三千四百文先給半年租錢計陸千弍百柒拾捌文

又小熟壹畝五分正每畝錢壹千文計壹千伍百文致塊樹捌拾陸棵每棵叁拾五文計叁千拾文以上共計壹拾千柒百

捌拾捌文正均經如數領收清訖並無分文短少亦無浮冒情弊所具領收是實

菫字小號叁第一號

光緒貳拾年拾一月　日具領狀人金有耕十

地保　朱秋庭

101

金有耕具領狀（1894 年 11 月或 12 月，光緒二十年十一月）

具領狀人秦杏生今領到

製造局憲大人 發下湘軍營租用身地弍畝捌厘柒毫正每畝每年租三千四百文先給半年租錢計叁千伍百四拾捌文又給移玫瑰花樹四百玖拾棵每棵錢叁拾伍文計壹拾柒千壹百伍拾文又桃樹拾伍棵每棵錢弍百文計叁千文正以上共計貳拾叁千陸百玖拾捌文正均經如數領收清訖並無分文短少亦無浮冒情弊所具領收是實

荃字八號卷第一號

光緒貳拾年拾一月　日具領狀人秦杏生 十

地保朱秋庭

秦杏生具領狀（1894年11月或12月，光緒二十年十一月）

具領狀人秦錦春今領到

製造局憲大人發下湘軍營租用身地肆分柒厘五毫正每畝每年租錢三千四百文先給半年租錢捌百捌文又桃樹柒棵每棵錢貳百文計壹千四百文又花紅樹捌棵每棵錢四百文計叁千貳百文以上共計伍千肆百捌文正均經如數領收清訖並無分文短少亦無浮冒情弊所具領狀是實

甚字八號卷第一號

光緒貳拾年拾一月　　日具領狀人秦錦春　十

地保朱秋庭

秦錦春具領狀（1894年11月或12月，光緒二十年十一月）

具領狀人俞煥坤今領到

製造局憲大人發下湘軍營租用身地伍畝捌亳正每畝每年租三千四百文先給半年租錢計捌千伍百拾四

文正均經如數領收清訖並無分文短少亦無浮冒情弊所具領狀是實

甚八一

光緒貳拾年拾一月　日具領狀人俞煥坤十

地保朱秋庭

俞煥坤具領狀（1894年11月或12月，光緒二十年十一月）

具領狀人胡春榮今領到

製造局憲大人發下湘軍營租用身地陸分玖厘柒毫正每畝每年租三千四百文先給半年租錢計壹千壹百捌拾五文

給移桃樹叁拾棵每棵錢弍百文計陸千文又玫瑰花樹叁拾壹棵每棵錢叁拾伍文計壹千捌拾伍文正以上共計捌千

英字小號叁拾一號

貳百柒拾文正均經如數領收清訖並無分文短少亦無浮冒情弊所具領收是實

光緒貳拾年拾一月　　日具領狀人胡春榮　十

地保　朱秋庭

105

胡春榮具領狀（1894年11月或12月，光緒二十年十一月）

楚字卜號一

具領狀人周朝奎阿八今領到

製造局憲大人發下湘軍營租用身地捌分柒厘正每畝每年租叁千四百文先給半年租錢壹千四百柒拾玖文正又小熟錢捌百柒拾文脚工共計貳千叁百四拾玖文正均經如數領收清訖並無分文短少亦無浮冒情弊所具領收是實

光緒貳拾年拾一月　日具領狀人周朝奎阿八　十十

地保　朱秋庭

108

周朝奎、周阿八具領狀（1894 年 11 月或 12 月，光緒二十年十一月）

具領狀人顧有岡今領到

製造局憲大人發下湘軍營租用身地陸分柒厘叁毫正每畝每年租三千四百文先給半年租錢計壹千壹百四拾四文又

小熟每畝錢壹千文計陸百柒拾三文以上共計壹千捌百拾柒文均經如數領收清訖並無分文短少亦無浮冒情

弊所具領收是實

光緒貳拾年拾一月　日具領狀人顧有岡　十

地保　朱秋庭

107

顧有岡具領狀（1894年11月或12月，光緒二十年十一月）

具領狀人沈吟和今領到

製造局憲大人發下湘軍營租用民地弍分弍厘四毫正每畝每年租三千四百文先給半年租錢計叁百捌拾壹文又

小熟每畝壹千文計弍百弍拾四文以上共計陸百伍文正均經如數領訖清訖並無分文短少亦無浮冒情弊所具

領狀是實

光緒貳拾年拾一月　　日具領狀人沈吟和　十

地保　朱秋庭

沈吟和具領狀（1894 年 11 月或 12 月，光緒二十年十一月）

具領狀人秦茂榮今領到
製造局憲大人發下湘軍營租用身地叁分四厘八毫正每畝每年租二千四百文先給半年租錢計伍百玖拾弍文又大桃樹弍拾
棵每棵錢四百文計捌千文正以上共計錢捌千伍百玖拾弍文正均經如数領收清訖並無分文短少亦無浮冒情
弊所具領收是實
基〢一

光緒貳拾年拾一月　日具領狀人秦茂榮　十
地保　朱秋庭

秦茂榮具領狀（1894年11月或12月，光緒二十年十一月）

具領狀人秦震華今領到
製造局憲大人臺下湘軍營租用身地壹畝六分柒厘捌毫正每畝每年租叁千四百文先給半年租錢計貳千捌百伍拾叁
文正又桃樹陸拾四棵每棵錢貳百文計拾貳千捌百文玫瑰花四拾棵每棵錢叁拾伍文計壹千四百文又槐青花青菜地柒分正每
畝洋伍元正計洋叁元伍角正以工共計 洋叁元五角 錢壹拾柒千伍拾三文 正均經如數領收清訖並無分文短少亦無浮冒情弊所具領狀是實

莊字补號叁第一號

光緒貳拾年拾一月 日具領狀人秦震華 十

地保 朱秋庭

秦震華具領狀（1894 年 11 月或 12 月，光緒二十年十一月）

具領狀人金有耕今領到

製造局憲大人發下湘軍營租用身地貳畝叁分壹厘正每年每畝租錢三千四百文先給半年租錢計叁千玖百弍拾柒文蟠桃大樹弍拾柒棵每棵四百文計拾千捌百文中桃樹拾棵每棵弍百文計弍千文小桃樹叁棵每棵錢壹百文計叁百文小熟壹畝弍分正每畝錢壹千文計壹千弍百文玫瑰花拾弍棵每棵錢叁拾伍文計四百弍拾文以上共計拾捌千陸百四拾柒文正均經如數領收清訖並無分文短少亦無滲冒情弊所具領收是實

叁八一

光緒貳拾年拾一月　日具領狀人金有耕十

地保　朱秋庭

金有耕具領狀（1894年11月或12月，光緒二十年十一月）

具領狀人秦桂咸今領到

製造局憲大人發下湘軍營租用身地貳畝叁分柒厘叁毫正每畝每年租三千肆百文先給半年租錢計肆千叁拾四文正又給移玫瑰花樹壹百貳拾棵每棵錢叁拾伍文計肆千貳百文又桃樹四棵每棵錢弍百文計捌百文又菜地貳分每畝洋伍元正計洋壹元正以上共計英洋壹元玖千叁拾四文正均經如數領收清訖並無分文短少亦無浮冒情弊所具領收是實

基字小批第一號

光緒貳拾年拾一月　日具領狀人　秦桂咸　十

地保　朱秋庭（印）

秦桂咸具領狀（1894年11月或12月，光緒二十年十一月）

具領狀人宋顯文今領到

製造局憲大人臺下湘軍營租用身地壹畝叁分四厘陸毫正每畝每年租三千四百文先給半年租錢貳千貳百捌拾捌文

又韭菜香花每畝洋弍元五角計洋叁元叁角六分正以工共計英洋叁元叁角六分錢貳千弍百捌拾捌文正均經如數領收清訖並無分文短少

亦無浮冒情弊所具領收是實

基字廿號卷第一號

光緒貳拾年拾一月　日具領狀人宋顯文十

地保　朱秋庭

113

宋顯文具領狀（1894 年 11 月或 12 月，光緒二十年十一月）

具領狀人俞庭芳今領到
製造局憲大人發下湘軍營租用身地陸畝伍分弍厘六毫正每畝每年租錢叁千四百文先給半年租錢計拾壹千玖拾四文又小
熟每畝錢壹千文計錢陸千伍百弍拾六文又給移桃樹弍棵每棵錢貳百文計錢肆百文以工共計錢壹拾捌千弍拾文均
經如數領收清訖並無分文短少亦無浮冒情弊所具領狀是實

基字小號卷第一號

光緒貳拾年拾壹月　日具領狀人俞庭芳十

地保　朱秋庭

114

俞庭芳具領狀（1894年11月或12月，光緒二十年十一月）

甚字八號卷第一號

具領狀人高坤華、朱南行、魯裕平今領到

製造局憲大人發下勇棚內截去用身地內桃樹念五株，每株錢二百文，計錢五千文正，並無分文短少，

亦無浮冒情弊，所領是實。

光緒二十年九月　日具領狀人　高坤華十　朱南行十　魯裕平十

地保　莊子香

高坤華等具領狀（1894年9月或10月，光緒二十年九月）

江南製造總局

三、江南製造局内外地基、房屋清册及購地總簿

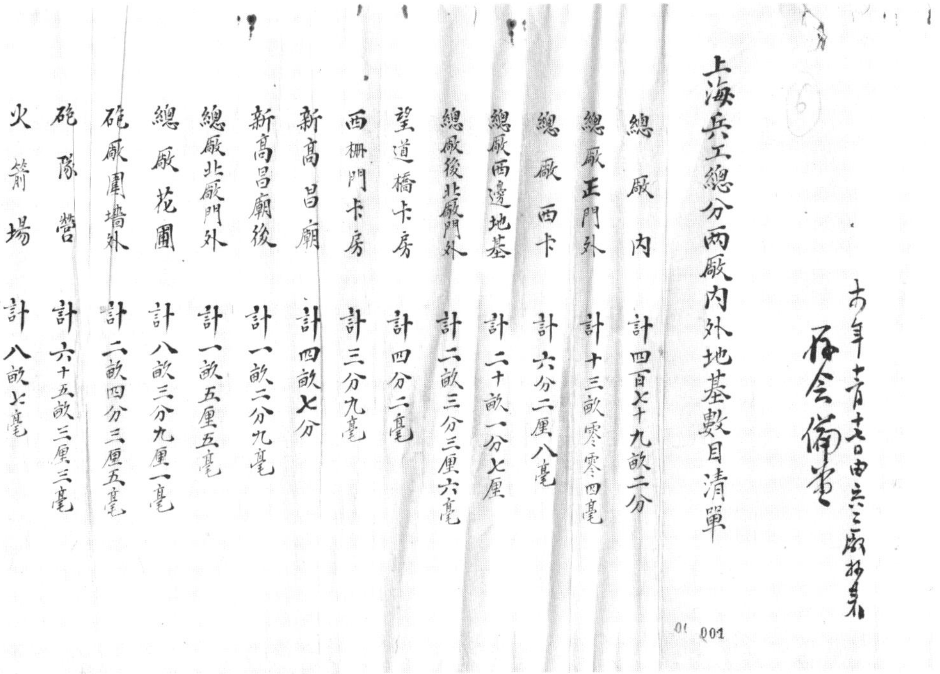

本年十二月十七日由兵工廠抄來
存會備查

上海兵工總分兩廠内外地基數目清單

總廠内	計四百七十九畝二分
總廠正門外	計十三畝零零四毫
總廠西卡	計六分二厘八毫
總廠西邊地基	計二十畝一分七厘
總廠後北廠門外	計二畝三分三厘六毫
望道橋卡房	計四分二毫
西柵門卡房	計三分九毫
新高昌廟	計四畝七分
新高昌廟後	計一畝二分九毫
總廠北廠門外	計一畝五厘五毫
總廠花園	計八畝三分九厘一毫
砲廠圍墻外	計二畝四分三厘五毫
砲隊營	計六十五畝三厘三毫
火箭場	計八畝七毫

上海兵工總分兩廠内外地基數目清單（1925 年 12 月 17 日）

老君廟　計一畝三分七厘
總廠東卡　計二分七厘二毫
同樂里　計四畝一分三厘二毫
分廠內　計弍百五十二畝六厘六毫
日暉橋卡房　計二分三毫
小木橋　計十九畝四分八厘
龍華　計十五畝三分一厘
白葯房外　計一畝六分五厘二毫
提硝房外　計九畝九厘
磺鏹水廠外　計十九畝八分八厘四毫
儲無烟葯房外　計四畝八分八厘九毫
烘葯房外　計七分五厘七毫
磺鏹水廠外東面　計二畝七分五厘四毫
汽炉房外　計八分二厘六毫
浦東二西保八圖　計壹百十三畝五分六厘八毫
浦東老新葯庫　計壹百十九畝二分九厘七毫
吳淞海軍醫院　計六十五畝九分七厘
共計　壹千弍百叁十八畝三分九厘九毫

上海兵工總分兩廠内外地基數目清單（1925 年 12 月 17 日）

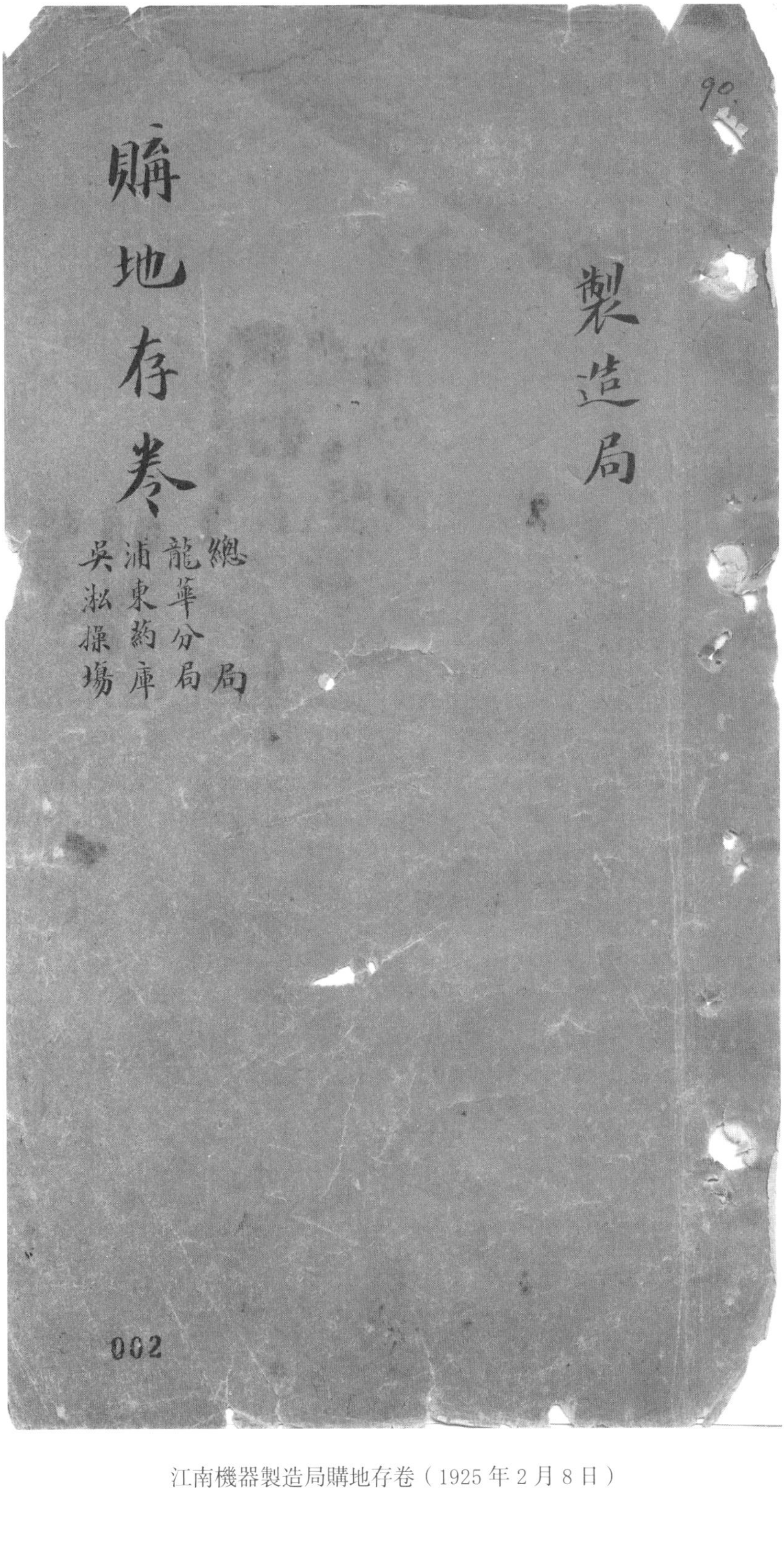
90.

製造局

購地存卷

總局
龍華分局
浦東葯庫
吳淞操場

002

江南機器製造局購地存卷（1925年2月8日）

同治五年購買

二十五保十四圖

一高昌廟公地一畝一分六厘 此項未給地價

一楊桂春等户民地二十七畝二厘七毫 此項地價由上海縣代給

以上係初造局廠之用

~~003~~

01 003

江南機器製造局購地存卷（1925年2月8日）

2

同治六年購買

二十五保十四圖

一顧桂金蘆田四畝三分八厘六毫 此項地價係由上海縣代給

一顧桂金漕田五分 此項地價係由上海縣代給

一黄易安等户蘆地十五畝五分四厘二毫 此項地價由上海縣代給

二十四保十二圖

一敬業書院公産蘆地二十三畝八分八厘三毫 此項地價由上海縣代給

以上係建造局廠船廠碼頭船塢等用

二十五保十四圖

地保張克堂

00 ~~004~~ 004

江南機器製造局購地存卷（1925年2月8日）

一林上聲 林渭生 陳炳觀三户田地五畝七分六厘七毫

以上係建造工匠住房所用

二十五保十二圖 地保趙竹芳

一張良成原額田一畝五分八厘七毫 當時丈見實田二畝一分七厘

一徐景景原額田六分九厘五毫 當時丈實田一畝

一陸志卿田二畝

以上係造火箭分廠所用

江南機器製造局購地存卷（1925年2月8日）

3

同治七年購買

二十四保十二圖

一敬業書院公産蘆地七畝八分八厘一毫此項地價由上海縣代給

以上係船廠東首儲木房所用

00·005

江南機器製造局購地存卷（1925年2月8日）

4

同治八年購買

二十五保十四圖

一王錫澄等户漕田四十五畝七分七厘此項地價由上海縣代給

一陳慶華等户蘆地二十八畝四分九厘四毫此項地價由上海縣代給

一林上聲等户桃園地一畝六分五毫此項地價由上海縣代給

以上係建造廠房及學堂等用

二十五保十四圖

一黄春元等户漕田四畝七分六厘七毫五絲

一瞿秀章等户田一畝六分四厘七毫

006

江南機器製造局購地存卷（1925年2月8日）

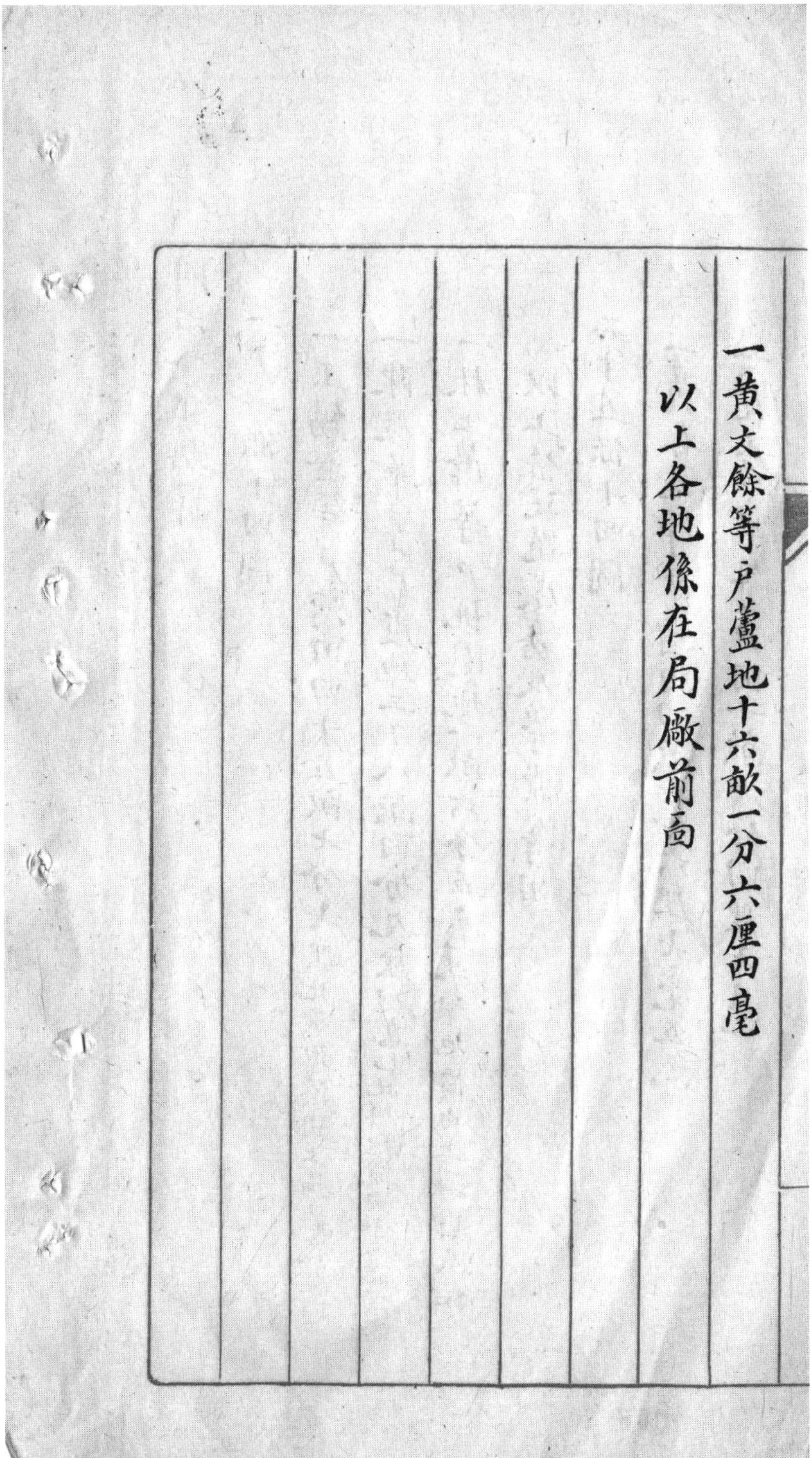
一黄文餘等户蘆地十六畝一分六厘四毫
以上各地係在局廠前面

江南機器製造局購地存卷（1925年2月8日）

5

同治九年購買

二十五保十四圖

一楊敬山等户田十五畝八分八厘五毫

一陳紹先田四畝三分

一張堅明等户地二畝三分三厘五毫

一楊步雲等户地三畝七分七厘七毫

一楊步雲地一畝四分六厘九毫

以上係造汽錘廠所用

No 007 ~~007~~

江南機器製造局購地存卷（1925年2月8日）

6

同治十年購買

二十五保十四圖

一錢耀宗等户田三畝一分九厘四毫

一姚克昌等户田一畝三分四毫

以上各地係汽錘廠造屋及挖河之用

008 ~~008~~

江南機器製造局購地存卷（1925年2月8日）

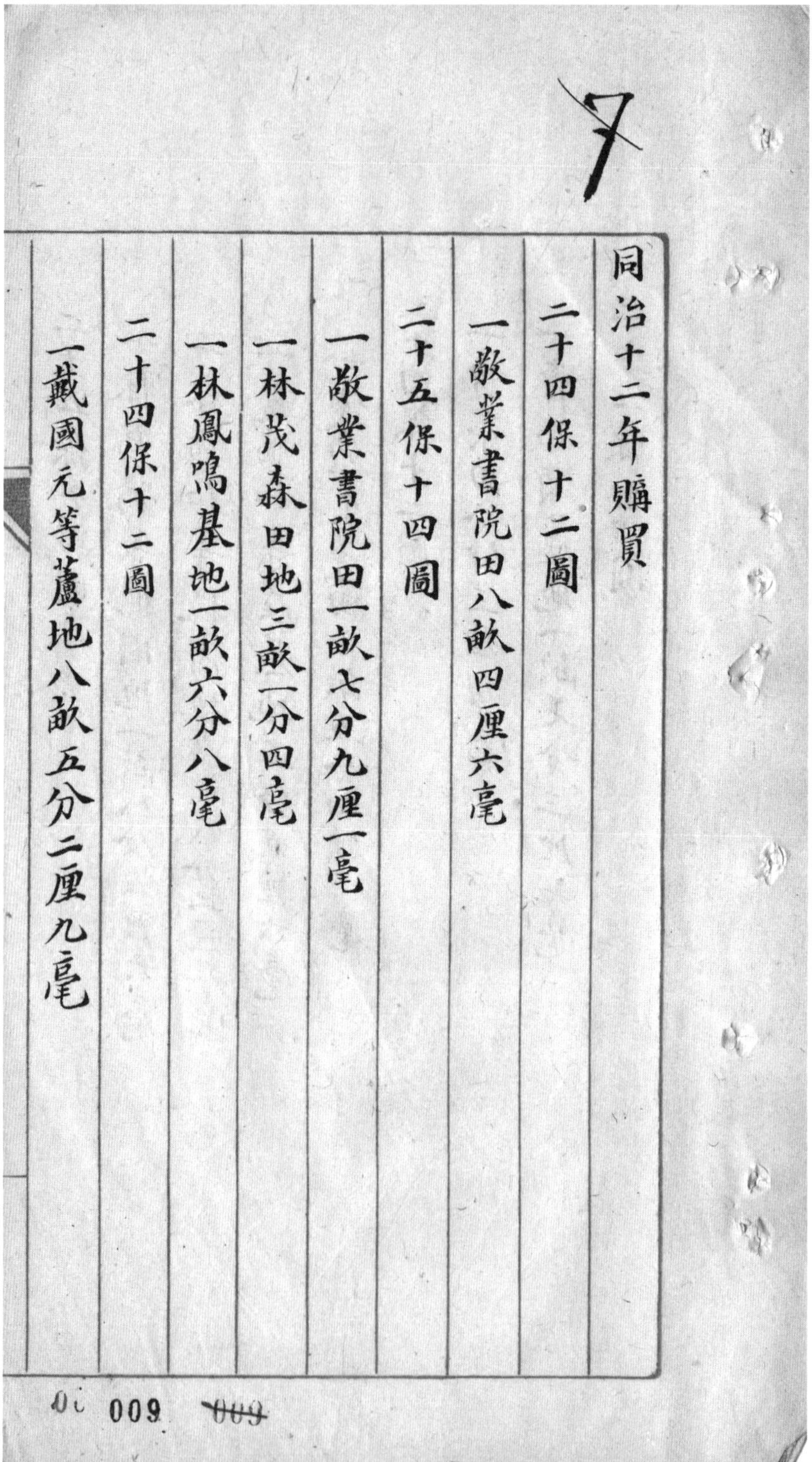
7

同治十二年購買
二十四保十二圖
一敬業書院田八畝四厘六毫
二十五保十四圖
一敬業書院田一畝七分九厘一毫
一林茂森田地三畝一分四毫
一林鳳鳴基地一畝六分八毫
二十四保十二圖
一戴國元等蘆地八畝五分二厘九毫

009 ~~009~~

江南機器製造局購地存卷（1925年2月8日）

二十五保十四圖
一林鶴鳴等桃園地一畝八分五厘六毫
一林海和等桃園地五畝六分二厘九毫
一夏瑞和等屋基地五分九厘六毫
一錢燿宗等田七畝五分四厘七毫
二十四保十二圖
一曹榮田八分三厘五毫
一曹忠顯蘆地一畝七分三厘七毫
二十五保十四圖

江南機器製造局購地存卷（1925年2月8日）

8

一林渭生基地七分二厘一毫

一陳金南等户地一畝八分九厘三毫

二十四保十二圖

一包雲江等户蘆地三分二厘五毫

二十五保十四圖

一林鶴鳴等田二分六厘一毫

一林金華桃園地一畝二分六厘一毫

一楊和華田地二畝四分六厘七毫

二十四保十二圖

010 ~~010~~

江南機器製造局購地存卷（1925年2月8日）

一何錦春等户田九分八厘
二十五保十四圖
一楊金虎等户田七分六厘四毫
以上係建造汽錘廠推廣廠屋所用

江南機器製造局購地存卷（1925年2月8日）

9

同治十三年購買

二十五保十四圖

一黄春元田地一畝九分五厘四毫

一楊步雲等户田二畝二分八厘五毫

以上係建造汽鍾廠推廣廠屋所用

011

江南機器製造局購地存卷（1925年2月8日）

10

光緒元年四月分購買

二十五保十五圖 地保顧烈華

一宋蘭谷等户共蘆地五十六畝四分九厘五毫

二十五保十四圖 地保張克堂

一陸紹宗春泉等户共蘆地二十四畝四分九厘一毫 有圖

以上購作操砲場之用

G. 012 ~~013~~

江南機器製造局購地存卷（1925年2月8日）

11

光緒元年十一月至二年四月分購買

二十五保十三圖　　　　地保康茂其

一徽甯會館思恭堂地一畝五分六厘四毫　元年十一月分買

以上思恭堂地係照會上海縣購作新開官路之用

一朱云從等户共田一畝五分七毫　元年十一月買

二十五保十四圖　　　　地保張克堂

一楊範古等户共田十七畝八分五厘九毫五絲　元年十二月分買

二十五保十五圖　　　　地保顧立華

一黃秀廷等户共田二畝一分七毫　元年十一月分買

00 013　~~013~~

江南機器製造局購地存卷（1925年2月8日）

以上購作增建造砲廠屋並局後塡做官路

二十五保十四圖　　地保張虎堂

一楊大榮等戶共田十三畝三分二毫　二年四月分買

二十四保十二圖　　地保張瑞榮

一王漢全田一分三厘　二年四月分買

以上購作增建造砲廠屋並局後塡做官路

江南機器製造局購地存卷（1925 年 2 月 8 日）

12

光緒三年分購買

二十四保方十二圖　地保張樹榮

一鄭金發田一分五厘

一陳　處蘆蕩田六畝五分　据賣主切結内開此田在望大港南首東至法國首善堂租界南至出浦西至本局船廠北至本局界

二十五保十四圖將字圩内　地保張克堂

一楊和尚田五厘二毫

一唐百全田一分七厘二毫

一唐元瑞田一畝

一唐兆球田一畝

014

~~011~~

江南機器製造局購地存卷（1925年2月8日）

一黄鳳祥田一畝一分七厘五毫
一黄鶴生田一畝五分八厘七毫
以上購作增建造砲廠屋並輪船廠堆木料之用

江南機器製造局購地存卷（1925年2月8日）

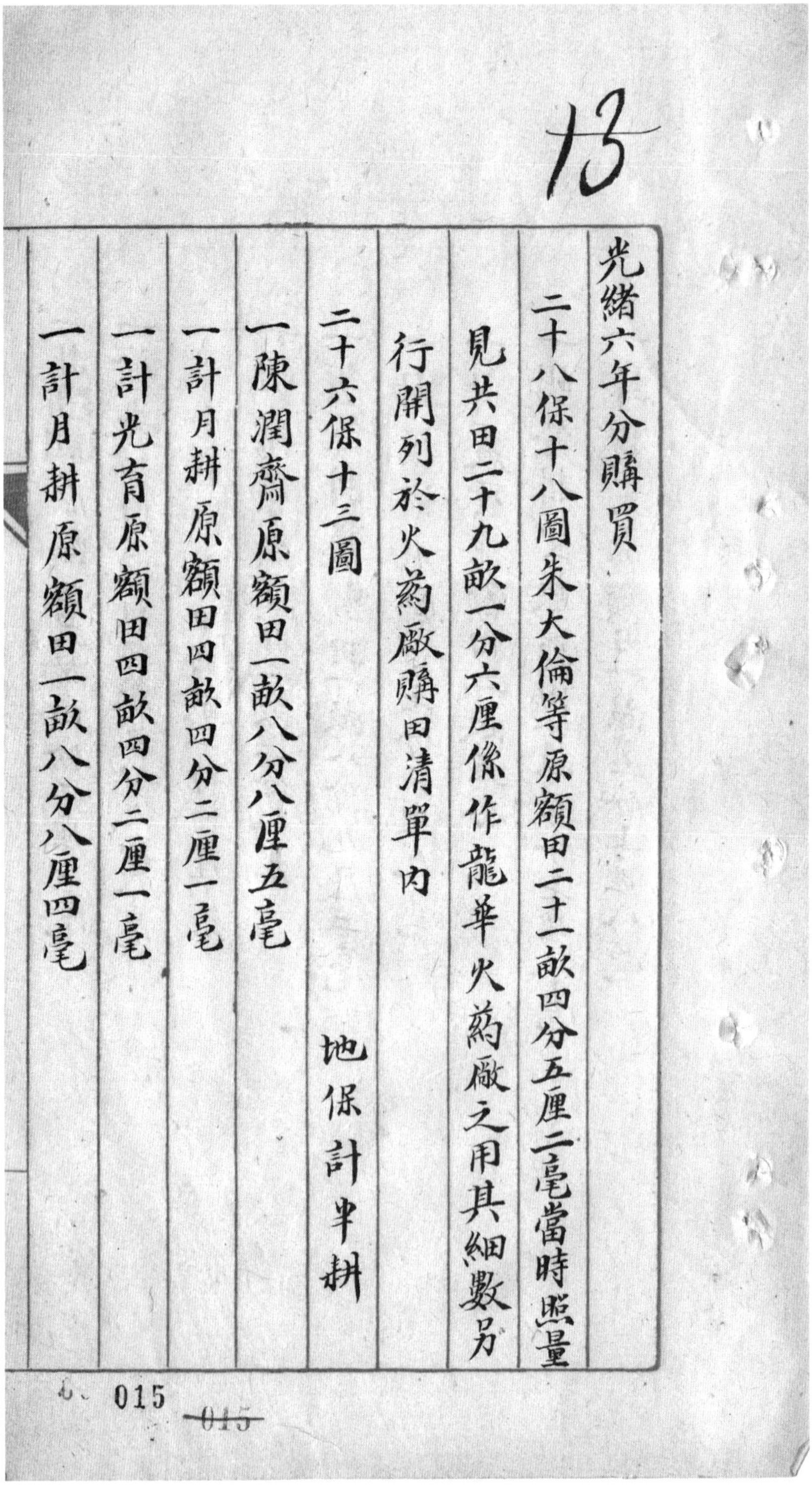
13

光緒六年分購買

二十八保十八圖朱大倫等原額田二十一畝四分五厘二毫當時照量見共田二十九畝一分六厘係作龍華火藥廠之用其細數另行開列於火藥廠購田清單內

二十六保十三圖　　地保計半耕

一陳潤齋原額田一畝八分八厘五毫

一計月耕原額田四畝四分二厘一毫

一計光育原額田四畝四分二厘一毫

一計月耕原額田一畝八分八厘四毫

015　~~015~~

江南機器製造局購地存卷（1925年2月8日）

一計月耕光祿原額田三畝四分二厘二毫
一徐安仁原額田三畝九分九厘八毫
一胡金松原額田四畝一分四厘
一胡鼎榮原額田二畝二分八厘
一胡餘耕原額田一畝八分九厘二毫
一計福增原額田七分六厘九毫
一計慶雲原額田二畝五分
一胡餘耕堂原額田一畝五分七厘八毫
一計慶元原額田一畝五分七厘八毫

江南機器製造局購地存卷（1925年2月8日）

14

一計慶元原額田二分七厘一毫

一郁宜稼原額田二分七厘一毫

一郁宜稼原額田九厘

一張勝金舊業户楊三德原額田一畝

二十五保十四圖　地保張潤寰 錢茂昌

一顧桂金原額田四分該户等係五年分買附入六年分并立新户

一楊錫春 瑞春 金山原額田五分一釐八毫

二十四保十二圖　地保陳炎山全

一姜仁壽堂原額田三分二厘

016

江南機器製造局購地存卷（1925年2月8日）

二十五保十五圖　　　　地保顧鍾憲
一李惠乇蘆地六畝五分六厘五毫
一李鍾溥蘆地七分八厘五毫
一黄茂春蘆地一畝二分七厘七毫
以上朱大倫等户共田地六十七畝六分四厘五毫購作火葯
廠砲廠等之用

江南機器製造局購地存卷（1925年2月8日）

15

光緒七八兩年分購買

二十八保十八圖魯聞道等户田地十三畝一分一厘四毫購作龍華火

葯廠之用其細數另行開列於火葯廠購田清单内

二十四保十二圖　　地保朱永昌

一包景祥蘆地二十畝 以下均七年分買

一陳餘慶堂蘆地十四畝三分四厘

一林銀和蘆地四分一厘

一張王萬等蘆地二畝四分二毫

一陸鴻逵等蘆地二畝三分三厘三毫

0. 017

~~017~~

江南機器製造局購地存卷（1925年2月8日）

一張學廣等蘆地二畝三分三厘三毫

一陳坤炎二蘆地二畝一分三厘九毫

一馮坤和蘆地六分七厘三毫

一包阿三蘆地一分一厘

一包景祥等蘆地九畝六分六厘六毫

一包雲昌等蘆地三（四畝）分五厘捌毫

一包阿大蘆地二分六厘六毫

一潘榮發蘆地二分六厘三毫

一包阿榮蘆地二分二厘七毫

江南機器製造局購地存卷（1925年2月8日）

16

一包景祥等蘆地七畝一分四厘三毫
一包景祥等蘆地八畝二分八厘
一潘榮發蘆地一分三厘
一夏銀龍蘆地一畝
一包阿三蘆地一分一厘
一包景祥等蘆地四畝一分
一徐言海等蘆地三分六厘四毫
二十五保十二圖
一商船會館蘆地九畝七分一厘一毫
地保顧調梅

018 018

江南機器製造局購地存卷（1925年2月8日）

一陳増椒蘆地二畝一厘二毫

二十五保十四圖　地保張慶華

一朱蓮堂蘆地五畝七分四厘三毫以下均八年分買

一張潤寰蘆地一畝一分五厘六毫

一林阿金蘆地一畝七分六毫

一黄坤和蘆地三畝五分九厘

一林鶴鳴蘆地一畝七分六毫

一周南英蘆地三畝四分九厘四毫

一顧了頭田地五畝七厘五毫

江南機器製造局購地存卷（1925年2月8日）

17

一顧王春紹宅基地六分八厘五毫

一楊了頭田地三分二厘四毫

二十五保十五圖已字圩　　地保顧成基

一喬啟鳳田地二分五厘

一唐浩如田地一分二厘五毫

以上魯開道等六户連包景祥等三十四户共四十

户地基一百二十九畝八分九厘三毫係光緒七八兩年分購

作子藥廠砲廠砲隊營等處之用四計

一砲隊營八十九畝九分九厘三毫

019　~~019~~

江南機器製造局購地存卷（1925年2月8日）

一砲廠及西木棧二十三畝四分七厘九毫
一南北更房七分三厘九毫
一火箭廠義塚二畝一分二毫
一火藥廠十三畝六分七厘以上某廠所用某戶之地卷未詳載無從查開

江南機器製造局購地存卷（1925年2月8日）

18

光緒十二年分購買

二十六保十三圖郁宜稼兩户原額田六畝一分五厘三毫蘆地一畝七分一厘係購作龍華火藥廠之用其細數另行開列於火藥廠購田清單内

二十五保十三圖　地保康錫卿

一高青選等十六户劃賣田地一畝八分八厘六毫

一朱耀坤一户田地一畝二分九厘

該地當時與徽寧思恭堂一畝一分八厘之地調換以作局後官路之用其條銀漕米本局原照一畝二分九厘完納思恭堂仍照一畝一分八厘完納以免轇轕立有合同存券

一朱桂錦堂兩户田地二分一厘五毫　該地購作局後官路之用

二十五保十四圖　地保張慶華

01 020 ~~020~~

江南機器製造局購地存卷（1925年2月8日）

一楊敬山等三十三戶田地三畝三分二厘九毫

二十五保十五圖　地保顧成基

一楊才全等十戶劃賣田地一畝四分五厘五毫

江南機器製造局購地存卷（1925年2月8日）

19

光緒十三年分購買

二十五保十四啚

一陳阿二田地四分五厘五毫 本局圍墻外之用

地保張慶華

一楊大榮等十七戶共地十七畝九分二厘六毫 本局炮廠之用

二十五保十二啚

地保張惠忠

一姜秉卿地一畝 本局炮廠之用

一周成啟地一畝 本局炮廠之用

以上郁宜稼等戶共地基三十六畝四分一厘九毫購作子藥

炮廠並局後官路等處之用 內炮廠等處有圖

06 021 021

江南機器製造局購地存卷（1925年2月8日）

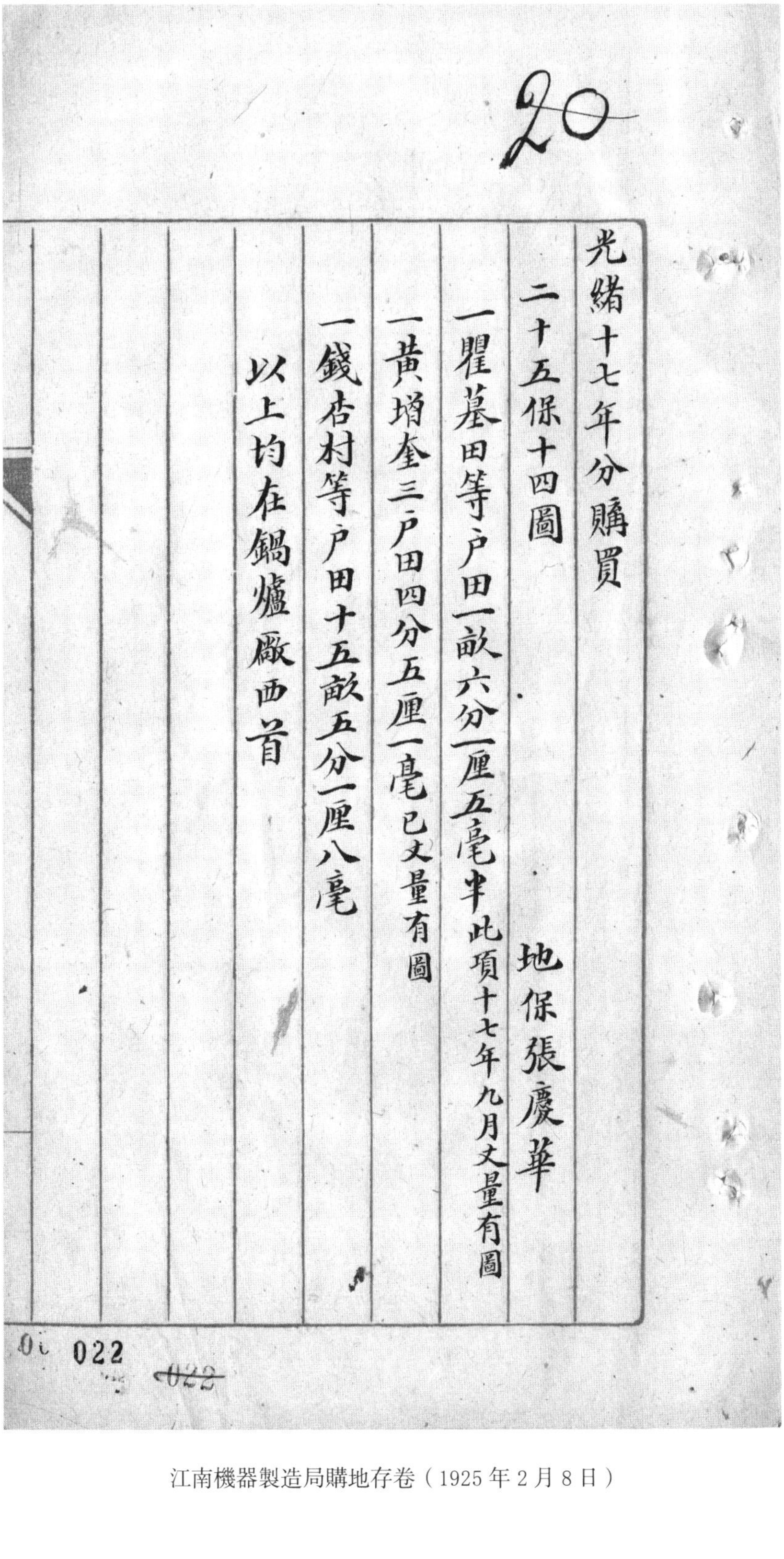

20

光緒十七年分購買

二十五保十四圖　地保張慶華

一瞿墓田等戶田一畝六分一厘五毫半此項十七年九月丈量有圖

一黃增奎三戶田四分五厘一毫已丈量有圖

一錢杏村等戶田十五畝五分一厘八毫

以上均在鍋爐廠西首

022

江南機器製造局購地存卷（1925年2月8日）

21

光緒十八年分購買

一兑換周晋堃坟地二畝恃字圩二十七號在鍊鋼廠左近

一姜顯章曹阿茲地三畝五分此地即與周晋堃坟地兑換有結存查現應歸周姓管業

一高昌廟前面顧姓地五分此係遷移楊姓古坟由地保張慶華経管

n 023

023

江南機器製造局購地存卷（1925年2月8日）

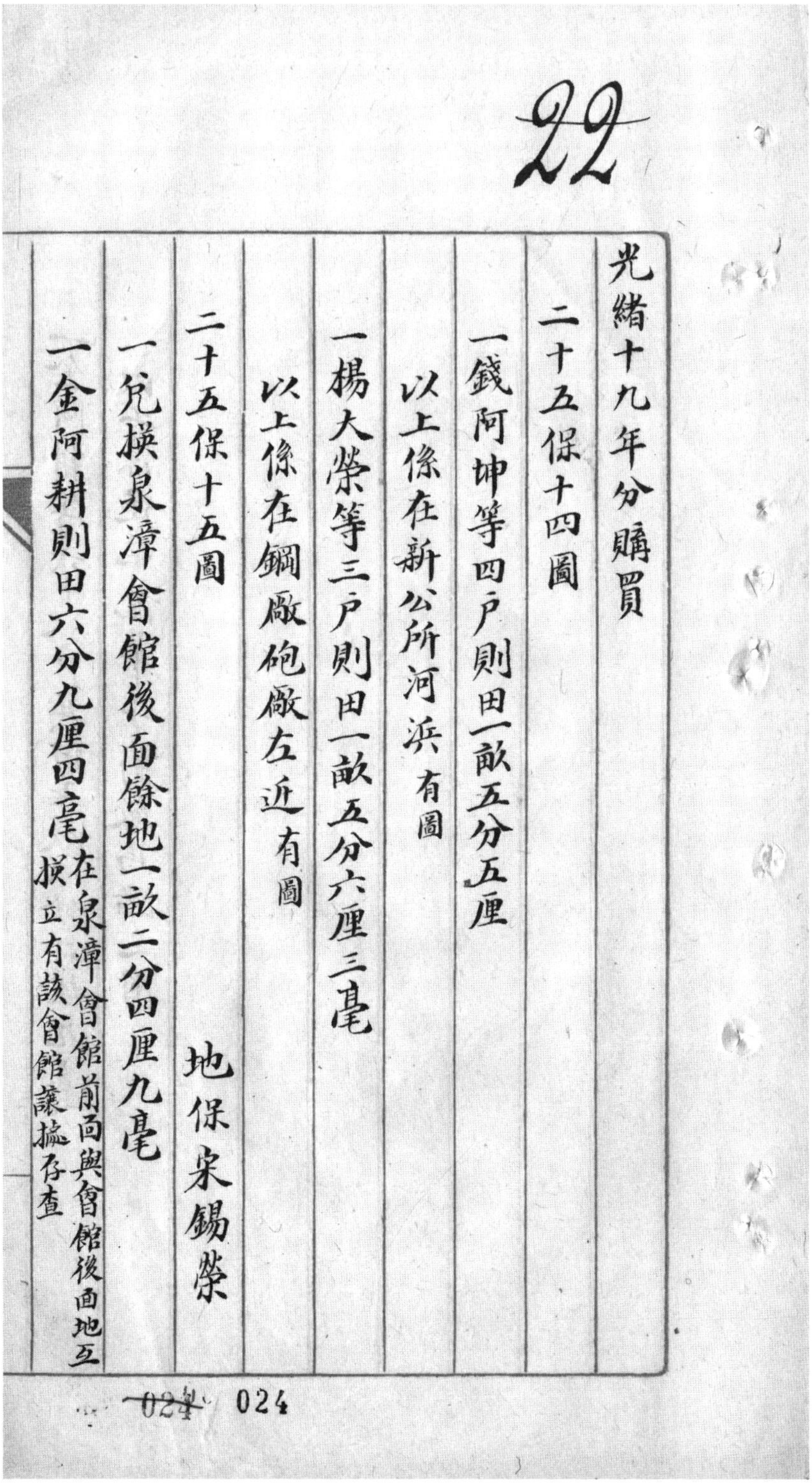
22

光緒十九年分購買

二十五保十四圖

一錢阿坤等四戶則田一畝五分五厘

以上係在新公所河浜有圖

一楊大榮等三戶則田一畝五分六厘三毫

以上係在鋼廠砲廠左近有圖

二十五保十五圖　　地保朱錫榮

一兌換泉漳會館後面餘地一畝二分四厘九毫

一金阿耕則田六分九厘四毫在泉漳會館前面與會館後面地互换立有該會館讓據存查

~~024~~ 024

江南機器製造局購地存卷（1925年2月8日）

一金阿耕等六十八户共田七畝八分二厘九毫
以上係建造龍華子爲廠馬路之用

江南機器製造局購地存卷（1925年2月8日）

23

光緒二十一年分購買

二十五保十四圖　地保張慶華

一楊福生等户田三畝九分八厘三毫

二十四保十二圖　地保張惠忠

一楊鍾濤等五户田五分二厘三毫

一收同仁輔元堂義塚地一分二厘三毫 該堂函允助築馬路不收價

以上各地係砲廠後面建築馬路之用

025

江南機器製造局購地存卷（1925年2月8日）

24

光緒二十二年分購買

二十五保十四圖　地保張慶華

一陳惟榮田地二畝二分四厘七毫

一張成發田地一畝二分五厘六毫

一楊佛仁田地三分六毫

以上各地係鍊鋼廠後面有總啚存案

二十五保十五圖　地保顧隆基

一陸洪池等十三户田地十九畝一厘四毫

以上各地係西首試砲台左近備造軍火棧房之用

~~026~~ 0 026

江南機器製造局購地存卷（1925年2月8日）

25

光緒二十三年分購買

二十五保十四圖

一楊福生等户田地九分五厘二毫

以上購作添建廠屋之用 有圖

地保張鳳生

027 027

江南機器製造局購地存卷（1925年2月8日）

26

光緒二十四年分購買

二十四保十二圖　　地保張惠忠

一陳維榮等戶蘆地四畝一分二厘一毫

以上購作添建廠屋之用有圖

一黃金福等戶蘆地四畝四分四厘六毫

四址　東至半浜　南至半浜
　　　西至局地　北至局地

以上購作添建廠棧之用

028

江南機器製造局購地存卷（1925年2月8日）

27

光緒二十五年分購買

二十五保十四圖　　　　地保張鳳笙

一楊闕榮地三畝五分七厘三毫

一楊桂春地四分六厘八毫

一楊阿德地四分

一孔文春地五分九厘七毫

一楊同八地五分一厘三毫

一楊阿榮地三分二厘二毫

一楊火全地二分九厘五毫

~~029~~ 029

江南機器製造局購地存卷（1925年2月8日）

一顧金龍地四分一厘七毫
一喬全生地一分六毫
一黄全福地五分五厘五毫
一楊小弟地一畝一分一厘六毫
一楊福生地一畝五分八厘二毫
一楊火全地三分九厘八毫
一楊掌南地六厘四毫
一楊順發地一畝二分一厘七毫
一孔吴氏地三分八厘六毫

江南機器製造局購地存卷（1925年2月8日）

28

以上購作備添廠地之用鋼廠後面

030

江南機器製造局購地存卷（1925 年 2 月 8 日）

29

光緒二十六年分購買

二十四保方十二圖　　地保張惠忠

一張信玉田地一分七厘二毫

一何茂森田地三分五厘五毫

二十五保十四圖　　地保張鳳生

一林吟和田地三分九厘

一林吟和田地四分九厘八毫

一楊關榮田地七厘六毫

一楊阿榮田地一分七毫

0031

江南機器製造局購地存卷（1925年2月8日）

一楊金發田地六分三厘

一楊範古田地三分二厘九毫

一楊桂生田地四分七厘五毫二絲

一楊（福生 阿秀 穗塘）錢（和尚）田地（九三一七）厘（六七五四）毫（四一八）絲

以上購作添築廠路之用

江南機器製造局購地存卷（1925年2月8日）

30

光緒二十七年分購買八月

二十五保十四圖　　地保張鳳笙

一錢文元田地四厘五毫五絲

一錢文賢田地二分七毫七絲

一錢金宗田地一分二厘七毫一絲

一錢邢山田地二分五毫六絲

一錢秋山田地一分三厘四毫一絲

一錢文達田地一畝一厘六絲

以上購作廣方言館墻外學生體操場之用

032

江南機器製造局購地存卷（1925年2月8日）

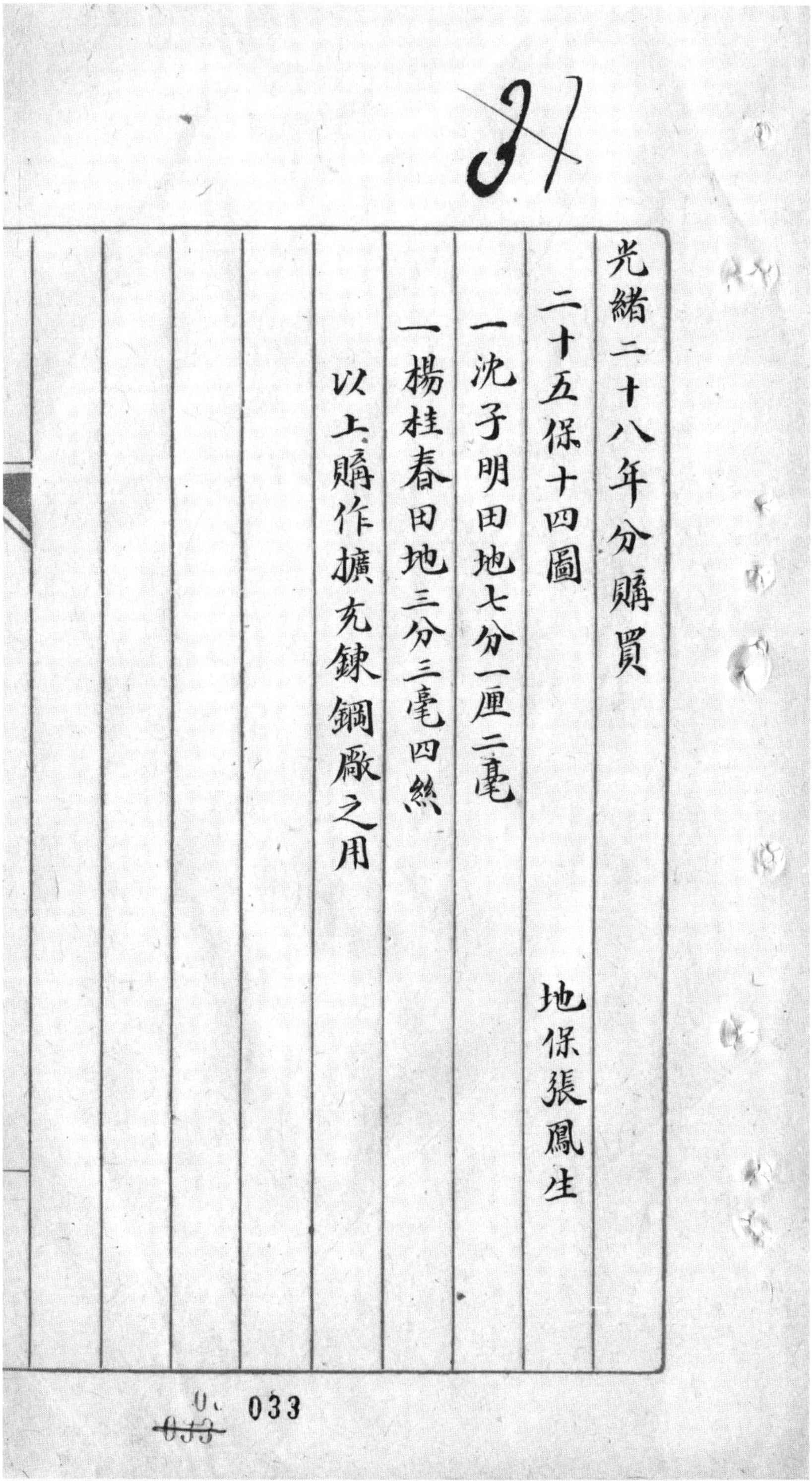

21

光緒二十八年分購買

二十五保十四圖　　地保張鳳生

一沈子明田地七分一厘二毫

一楊桂春田地三分三毫四絲

以上購作擴充鍊鋼廠之用

033

江南機器製造局購地存卷（1925年2月8日）

32

光緒三十二年分購買

二十五保十四圖

一張晋發田一畝二厘五毫四絲以下均三十二年二月買地保張炳生

一錢裕基田七分一厘一毫六絲

一馮霈記田一分五厘三毫七絲

一楊闕榮田三分九毫二絲係三十二年十二月買地保許月安國

以上購作後局門外添築馬路等用張錢馮三户有圖

~~034~~ 034

江南機器製造局購地存卷（1925年2月8日）

33

光緒三十三年分購買

二十五保十四圖　　地保許安國

一錢裕基田八分三厘七毫

一錢裕基田四分一厘八毫五絲

一張掌發等田一畝八分六厘四毫

一張炳生田八分三厘一毫

一張東生晉田一畝四分一厘三毫

一李金濤田五分

一李龍海田七分四厘九毫一絲

035

江南機器製造局購地存卷（1925年2月8日）

一張炳生/阿毛田一畝二分四厘三毫

以上錢裕基等户共田地七畝八分五厘五毫六絲

一仁記公司/詒經堂王上則田二/二畝二/二分四/四厘五/五毫

以上共田四畝四分九厘因此地與砲廠相近光緒三十三年十

二月内商購給價取具讓地據存卷

江南機器製造局購地存卷（1925年2月8日）

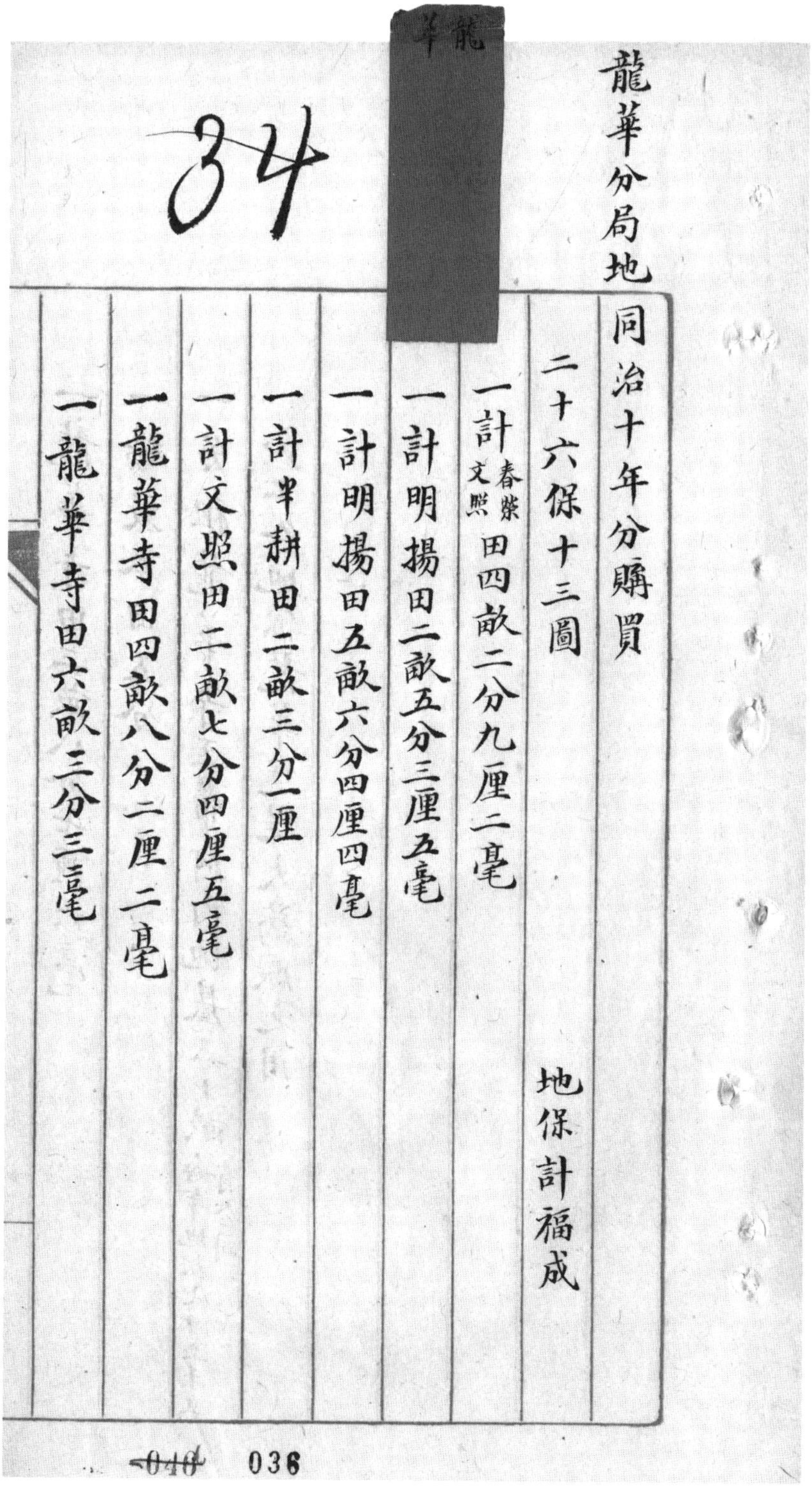

龍華

34

龍華分局地

同治十年分購買

二十六保十三圖

地保許福成

一計春榮文照田四畝二分九厘二毫

一計明揚田二畝五分三厘五毫

一計明揚田五畝六分四厘四毫

一計半耕田二畝三分一厘

一計文照田二畝七分四厘五毫

一龍華寺田四畝八分二厘二毫

一龍華寺田六畝三分三毫

~~040~~ 036

江南機器製造局購地存卷（1925年2月8日）

一龍華寺田三畝八分七厘六毫

一楊敦本田五分

一另租龍華寺王帶河内地基三十畝每年地租七十五千立有合同

以上各地係龍華建造火藥廠之用

江南機器製造局購地存卷（1925年2月8日）

35

同治十一年分購買
二十六保十三圖
一計半耕田七畝三分四厘四毫
地保許春榮

037
~~047~~

江南機器製造局購地存卷（1925年2月8日）

86

同治十二年分購買

二十六保十三圖　地保許光勲

一許抱山田一畝六厘

一吳巧官田三畝六分一厘九毫　丈量係四畝八分八厘四毫

二十八保十八圖　地保殷文章

一朱奕明田二畝七分五厘毫　丈量計三畝二分八厘一毫

一劉紹昌田五畝五分六毫　丈量計六畝二分

一魯有三田四畝五分三厘九毫　丈量六畝六分

一高文秀田二畝六分八厘五毫　以下兩項共額田四畝三分八厘五毫　丈量共田六畝二分九厘二毫

~~048~~ 038

江南機器製造局購地存卷（1925年2月8日）

一新陞田一畝七分

一金煥文田丈量一畝七分七厘五毫

一魯亨堂田六畝三分三厘六毫丈量計七畝一分五厘六毫

一潘振聲田三畝九分五厘六毫丈量計四畝七分八厘五毫

一高聖元田九分

一潘坟田二分六厘四毫丈量三分三厘

一魯玉坤田九分四厘七毫四絲

江南機器製造局購地存卷（1925年2月8日）

37

同治十三年分購買

二十六保十三圖

一胡文源田地一畝二分

一唐秀良瑞庭田地一畝二分六毫

一計把山田地一畝八分四厘六毫

以上各地係龍華子藥廠所用

地保計光毓

~~049~~ 039

江南機器製造局購地存卷（1925年2月8日）

38

光緒六年分購買

二十八保十八圖　地保殷文章

一朱大倫原額田一畝六分三厘　照量見二畝二分二厘四毫

一魯茂昌原額田一畝三分三厘一毫　照量見一畝五分五厘七毫

一魯海觀原額田三分二厘三毫　照量見四分四厘

一曹慶餘八十一、八十七號原額田一畝八分七厘一毫（三、五、五）、三分二厘三毛　照量見四畝二分九厘九毫

一吳慶發原額田一畝八分七厘一毫　照量見一畝四分五厘四毫

一高炳章、三寶原額田一畝三分五厘五毫　照量見一畝六分五厘一毫

一朱照昌八十一、晉卿八十二號原額田一畝三分八厘、六分二厘八毫　照量見三畝二分七厘七毫

040

~~051~~

江南機器製造局購地存卷（1925年2月8日）

一陸参膜原額田七分一厘六毫照量見四分五厘五毫

一魯王坤七十八七十九八十號原額田一一畝二三七分二厘七毫照量見九畝六分八厘九毫

一陸惠明原額田一畝三分一厘七毫照量見一畝三分二厘六毫

一高維榮基振一百七七號原額田四四分九九厘五五毫五五絲

一顧宗海原額田五分一厘

一陸参膜七十八九號原額田三一分九五厘七毫照量見一畝二分一厘

一潘坟田原額田割賣七厘七毫

以上朱大倫等户原額田二十一畝四分五厘二毫當時

照量見共田二十九畝一分六厘本局購作龍華火藥廠用

江南機器製造局購地存卷（1925年2月8日）

84

光緒七年分購買

二十八保十八圖

一陸文麓琴田三畝五分一厘七毫

以上購作龍華火藥廠用

一曾閏道蘆田一畝二厘七毫

一曾義和蘆田四畝四分五厘五毫

一曾大昌蘆地四畝二分一厘八毫

一曾大昌蘆地一分五厘二毫

一曾義和田地二畝八分一厘八毫

地保莊茉香 殷文章

~~059~~ 041

江南機器製造局購地存卷（1925 年 2 月 8 日）

一魯大昌原額田一畝照量見一畝四分四厘四毫

以上購作龍華火藥廠用

江南機器製造局購地存卷（1925年2月8日）

40

光緒十二年十二月内購買

二十六保十三圖　地保胡雲坡

一郁宜稼原額田地六畝一分五厘三毫

一郁宜稼蘆地一畝七分一厘

以上購作龍華火藥廠用

042

江南機器製造局購地存卷（1925年2月8日）

41

光緒十九年分購買

二十六保十三啚　　地保胡雲浦

一計月啀等四户田地十畝一分九厘六毫

以上各地係添造無烟藥廠之用

二十六保十三啚　　地保錢計唐

一計月啀書田等九户田地十七畝一分二厘二毫

二十七保一圖　　地保宋錫榮

一曹讓等三十七户田地六畝九厘七毫二絲

二十七保一圖　　地保沈步園

~~091~~ 043

江南機器製造局購地存卷（1925年2月8日）

一晋惠公所沈荐时堂二户田地一亩一分四厘二毫
一张听芝田地一分四厘二毫
一张吟楼田地一分五厘一毫五丝
一沈子云等二十户田地四亩八分六厘五毫五丝
一众福庵等二十一户田地六亩三分二厘三毫五丝
一陆胜全等七户田地七分六厘一毫
二十七保一图　　地保沈芰园
一曹奎华等六户田地三分二厘七毫
一张听芝等九户田地一亩四分九厘八毫

江南机器制造局购地存卷（1925年2月8日）

42

一吴阿華等四户田地二畝一分三厘二毫
一曹桂生等六户田地七分五厘四毫五丝
二十五保十五圖　地保宋錫榮
一周四股五户田地一畝八分八厘四毫四丝
二十五保十四圖　地保張慶華
一張文寶等三十户田地四畝二分三毫五丝
以上各地係建無烟藥栗藥等廠所用

~~059~~ 044

江南機器製造局購地存卷（1925年2月8日）

43

光緒二十四年分購買

二十六保十三圖　　地保陳茂亭

一計月根田地二畝一厘六毫

一計鶴生田地一畝八分九厘九毫

一計春泉田地一畝九分四厘九毫

以上購作龍華添築廠路之用

一計金堂田地九分四厘二毫

一計半耕田地一畝九厘四毫

一郁誦芬田地三畝七毫

045

江南機器製造局購地存卷（1925年2月8日）

一計景全田地一畝四分四厘八毫

以上購作添築龍華廠屋之用有畣

江南機器製造局購地存卷（1925年2月8日）

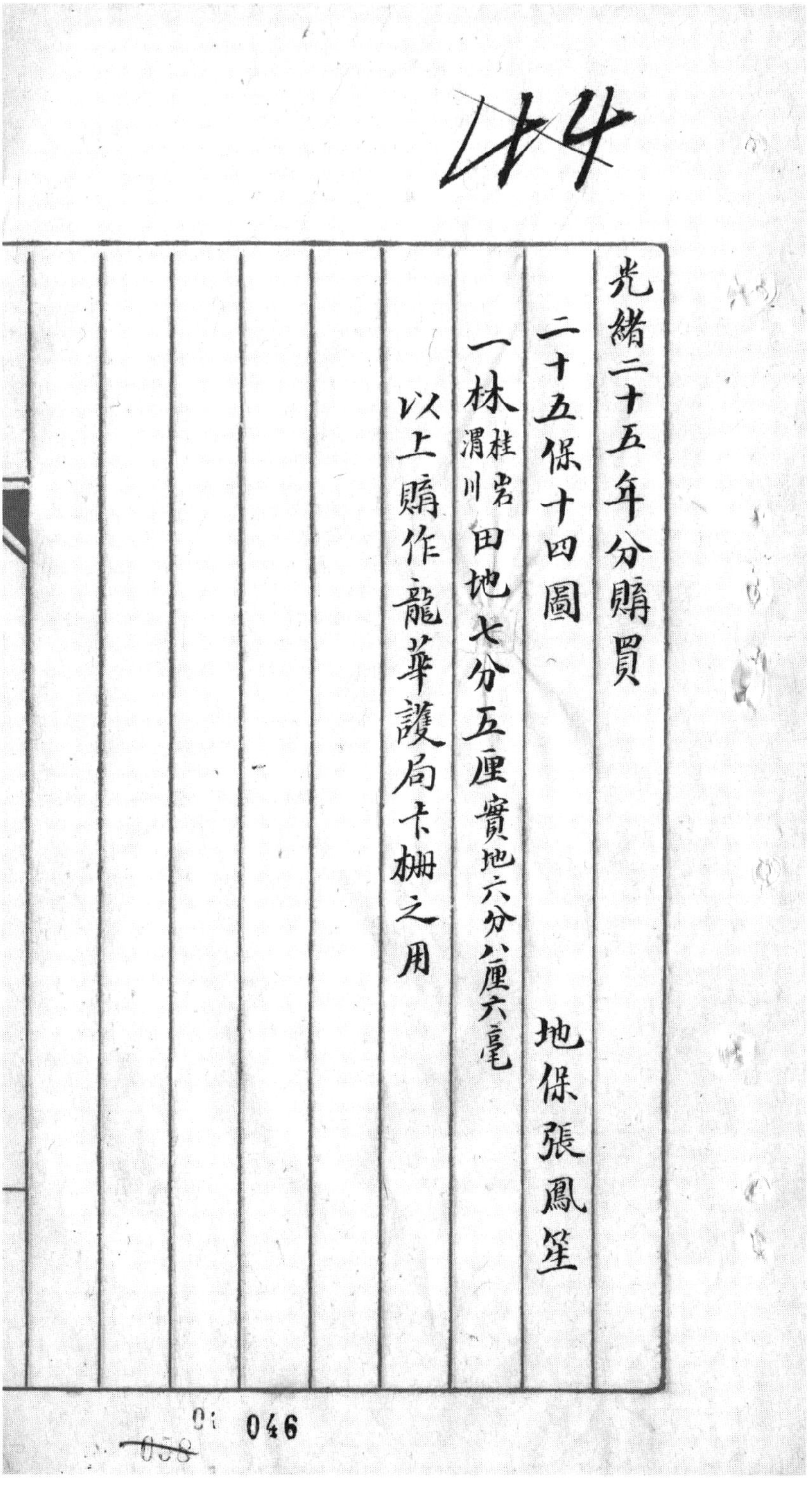

144

光緒二十五年分購買

二十五保十四圖　地保張鳳笙

一林桂岩渭川田地七分五厘實地六分八厘六毫

以上購作龍華護局卡栅之用

01 046

058

江南機器製造局購地存卷（1925年2月8日）

江南製造總局

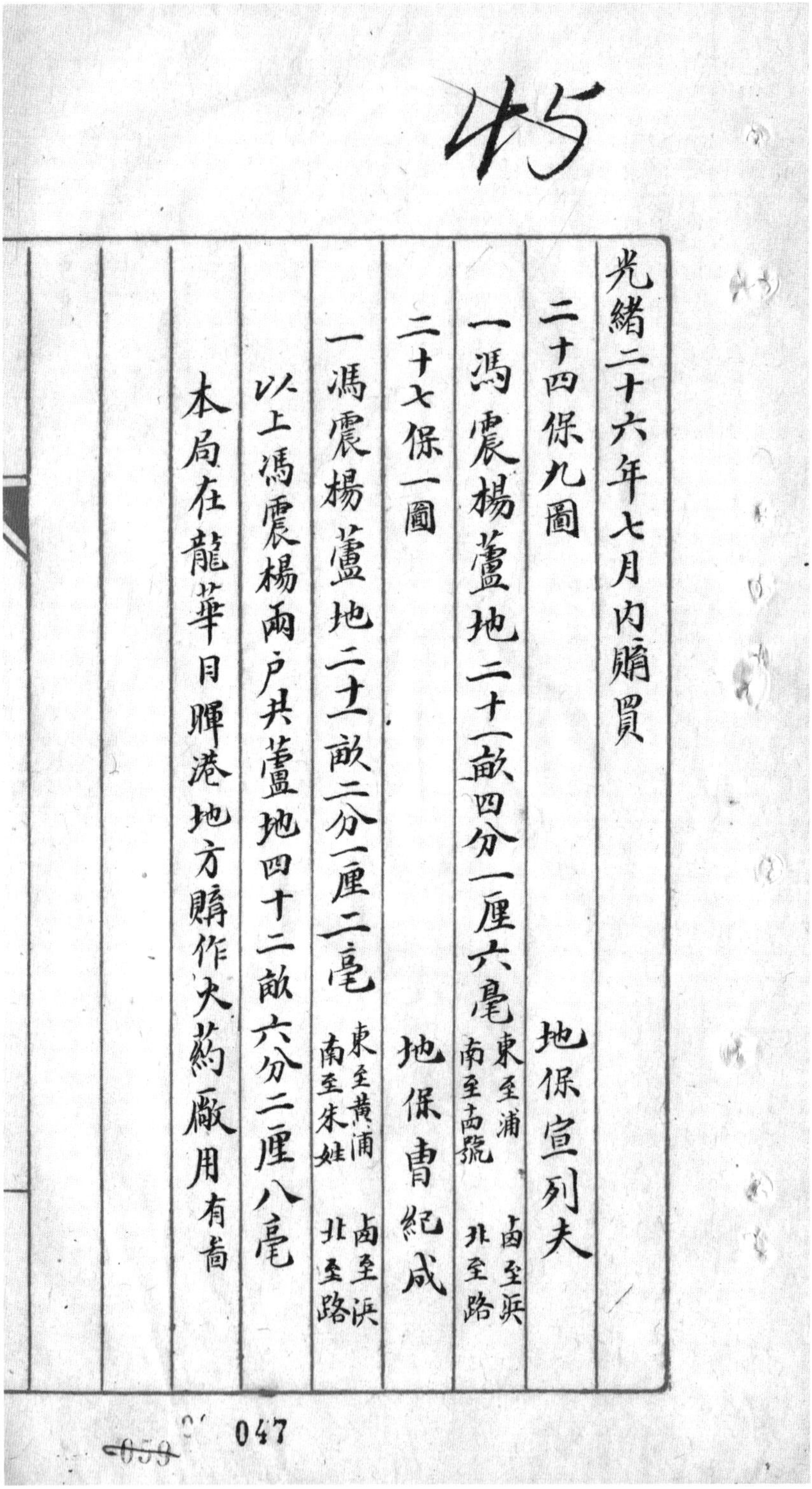
45

光緒二十六年七月内購買

二十四保九圖　地保宣列夫

一馮震楊蘆地二十一畝四分一厘六毫　東至浦　南至高號　西至浜　北至路

二十七保一圖　地保曹紀成

一馮震楊蘆地二十一畝二分一厘二毫　東至黃浦　南至朱姓　西至浜　北至路

以上馮震楊兩户共蘆地四十二畝六分二厘八毫

本局在龍華日暉港地方購作火藥廠用　有畄

~~059~~ 047

江南機器製造局購地存卷（1925年2月8日）

46

光緒二十八年五月内購買

二十六保十三圖　　地保金善忠

一徐阿弟計海堂田二畝六分三厘一毫

一計海堂田一畝七分一厘九毫

一周祥查生田四畝二分七厘七毫

一胡餘晪田二畝八分九厘

一周國賢田九分八厘六毫

一計書堂田一畝九分四厘五毫

一周叙蓮堂田三畝四分八厘九毫

01 048

~~060~~

江南機器製造局購地存卷（1925年2月8日）

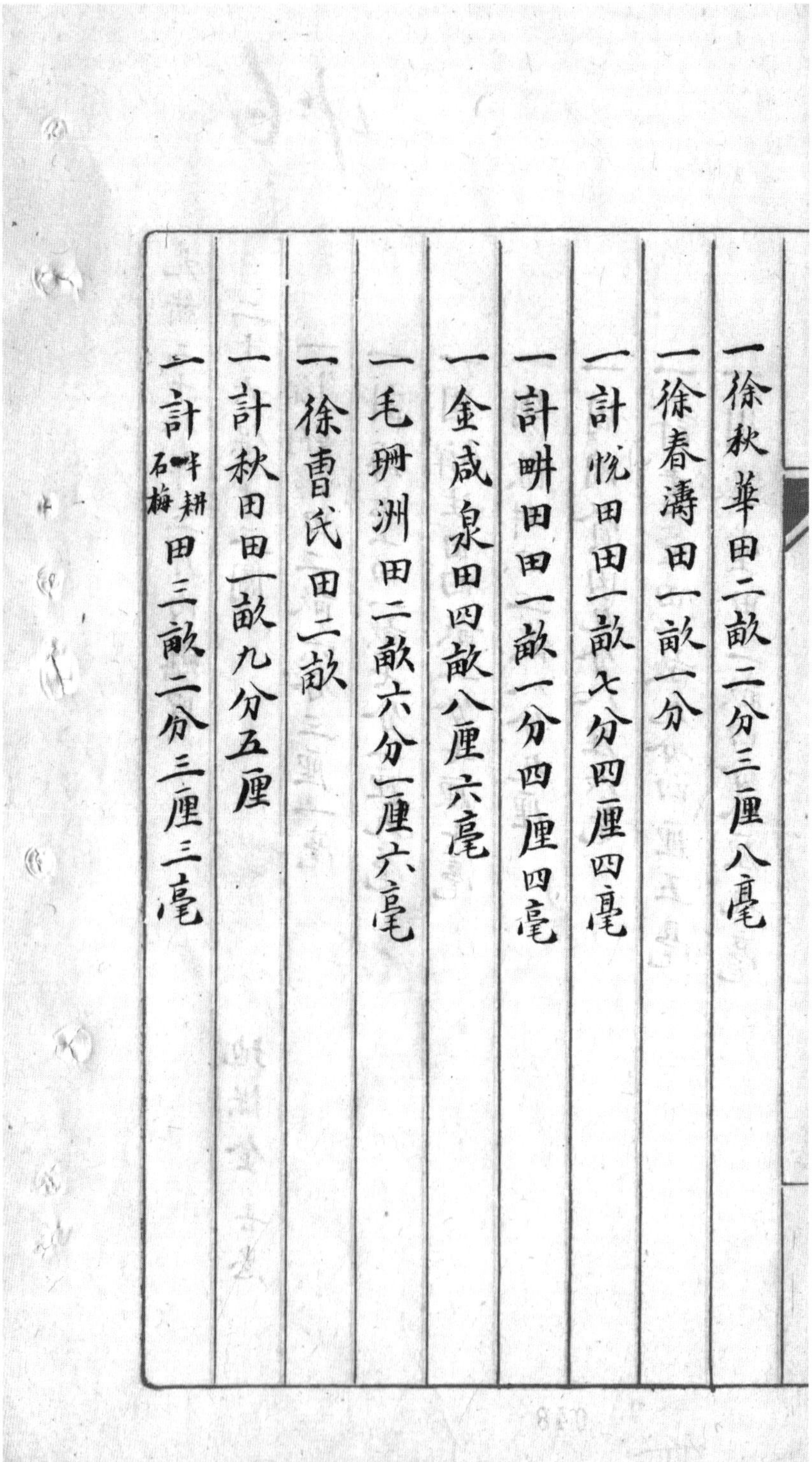
一徐秋華田二畝二分三厘八毫
一徐春濤田一畝一分
一計悅田田一畝七分四厘四毫
一計畊田田一畝一分四厘四毫
一金咸泉田四畝八厘六毫
一毛珊洲田二畝六分一厘六毫
一徐曹氏田二畝
一計秋田田一畝九分五厘
一計畊耕石梅田三畝二分三厘三毫

江南機器製造局購地存卷（1925年2月8日）

47

一劉敬堂地三分三毫

一郁芝祥田一十七畝四分四厘五毫

以上購作擴充龍華子葯厰用 有圖

0049

~~061~~

江南機器製造局購地存卷（1925年2月8日）

48

光緒二十八年六月内購買

二十四保六圖　　地保孫瑞香

一薛鶴林田一畝四分三毫

以上購作龍華對岸地方添棧房之用

~~200~~　050

江南機器製造局購地存卷（1925年2月8日）

449

光緒三十四年秋季購買

二十八保十八圖

一曹雲堂則田三分四厘七毫

一喬桂堂則田九分九厘三毫

一喬桂香則田壹畝四分九厘七毫

一喬阿根則田三畝一分四厘七毫

一高裕祥則田一畝七分一毫

一高裕祥則田一畝一分四厘五毫

~~063~~ 01 051

江南機器製造局購地存卷（1925年2月8日）

浦東地産

光緒二十三年分購買

二十四保八圖　地保孫桂春施鳳儀

一周陸氏田地九分六厘七毫

一周全福田地九分六厘八毫

一周桂堂田地一畝一分八厘六毫

一周全海田地一畝六分七毫

一三林書院田地六畝九分七厘八毫

一周根炎田地一畝一分六厘七毫

一潘林寶田地一畝一分七厘一毫

50

~~074~~ 052

江南機器製造局購地存卷（1925年2月8日）

一周桂堂田地二分二厘二毫

一周金龍田地一畝一分六厘七毫

一毛瑞増田地一畝四分六厘七毫

一毛全福田地七分三厘八毫

一毛阿行田地七分三厘八毫

一毛兆海田地一畝四分六厘七毫

一趙俊生田地一畝四分六厘六毫

一潘林寶田地八分五毫

一馬阿堂田地一畝五分四厘二毫

江南機器製造局購地存卷（1925年2月8日）

57

一馬陸氏田地一畝八毫
一周福春田地九分三厘二毫
一周福春田地九分三厘三毫
一馬滎紀田地三畝七分一厘七毫
一周國昌田地四分五厘一毫
一潘阿松田地一畝四分五厘
一周阿勝田地三分五厘
一潘勝林田地九厘二毫
一張朝春田地五分五厘

053

江南機器製造局購地存卷（1925 年 2 月 8 日）

一馬桂生田地五分二厘八毫

一潘阿德田地八分五厘

一徐金松田地共三畝一分三厘四毫

一潘阿德田地共五分二厘九毫

一潘敬修田地共一畝六分一厘

一潘聖林田地共一畝八分九厘八毫

一周阿福田地共三分二厘七毫

一孫桂春田地一畝六分九厘五毫

一潘丹發田地一畝七分二厘八毫

江南機器製造局購地存卷（1925年2月8日）

52

一馬阿妹田地一分
一馬雲祥田地共二畝一厘二毫
一周錫榮田地共二畝一厘一毫
一周鑑榮田地共一畝一厘八毫
一周沈氏田地一畝八分一厘二毫
一潘阿德田地共二畝六分二厘五毫
一康茂生田地共一畝六分八厘五毫
一康海咸田地共一畝九分四厘五毫
一潘林寶田地共二畝六分八厘五毫

~~076~~ 054

江南機器製造局購地存卷（1925年2月8日）

一周浩生田地一畝四厘二毫

一周振榮田地共三畝二分五毫

一康金桃田地二畝一分五厘

一叙賢堂田地四畝一分六厘五毫

一周茂廷田地共七畝六分三厘七毫

一朱阿妹田地四畝四分六厘三毫

一朱曉發田地八畝三分八厘六毫

一朱和尚田地二畝五分一厘二毫

一周聖德田地共三畝五厘

江南機器製造局購地存卷（1925年2月8日）

53

一周了頭田地共一畝二分
一周金華田地二畝五厘
一周金秀田地一畝五分七厘一毫
一周鑑榮田地共二畝七分二厘四毫
一胡漢卿田地二畝三分二厘四毫
一朱漢卿田地共五畝九分八厘
一周炳元田地一畝二分五厘
一周茂廷田地共八畝二分一厘一毫
以上購作浦東地方備造軍械棧房之用有奇

~~077~~ 055

江南機器製造局購地存卷（1925年2月8日）

54

光緒二十四年分購買

二十四保六圖　　地保錢茂功

一薛瑞華田地一畝四分八厘五毫

一奚有坤田地二分二毫

一薛瑞華蘆地三畝八分五厘

以上購作浦東地方添建棧房之用　有圖

一徐了囯田地七分二厘一毫

一潘敬山田地一畝三分六厘一毫

一薛瑞華田地一畝五分二厘五毫

~~078~~ 056

江南機器製造局購地存卷（1925年2月8日）

一王鑑全田地二分一厘六毫
一奚有坤田地五分一厘四毫
以上購作浦東添建棧房之用該地臨浦甚近漲灘無
粮當時工程處稟明尚未照會上海縣過立新户

江南機器製造局購地存卷（1925年2月8日）

55

光緒三十年分購買

二十四保六圖　地保孫國蘭

一王國祖等十户共田四畝六分二厘九毫二絲

一金妹觀等九户共蘆灘四畝四分五厘五毫

以上購作浦東棧房之用

057

江南機器製造局購地存卷（1925年2月8日）

56

光緒三十二年分購買

二十四保六啚　地保孫國蘭 元亮

一奚友坤 長林 田一畝五分二厘三毫

一薛春和 鑒坤 等田一分八厘七毫

一奚阿炳 俞士昌 田一畝四分四厘八毫

以上奚友坤等田四址 東至河 南至低田 西至薛田 北至薛田

薛春和等田四址 東至製造局田 南至奚薛田 西至火藥庫河 北至奚薛田

奚阿炳等田四址 東至奚田 南至奚田 西至蘆灘 北至火藥庫河

~~080~~ 058

江南機器製造局購地存卷（1925年2月8日）

57

光緒三十三年分購買

二十四保六圖　地保孫耕田　孫元亮　周照明

一奚錫根等户共蘆蕩田三十一畝一分八厘五毫

以上奚錫根等户蘆蕩三十一畝一分八厘五毫有圖

059

江南機器製造局購地存卷（1925 年 2 月 8 日）

58

宣統元年四月内購買

二十四保二區六圖

一薛永華田一分三厘一毫

一薛春和田一分六厘八毫

一孫阿小田二厘九毫

一孫兩田田五厘貳毫

~~082~~ 060

江南機器製造局購地存卷（1925年2月8日）

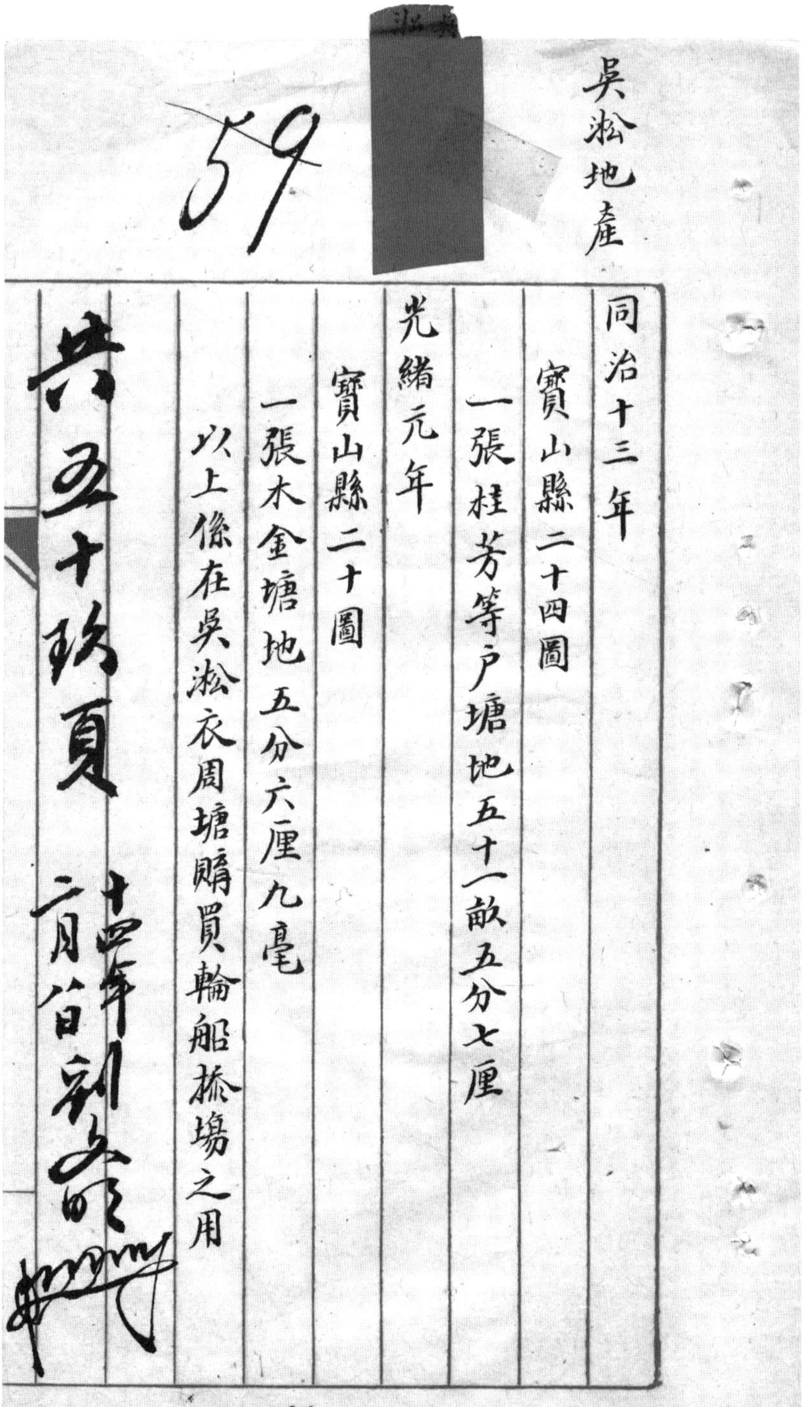
吳淞地產

同治十三年

寶山縣二十四圖

一張桂芳等户塘地五十一畝五分七厘

光緒元年

寶山縣二十圖

一張木金塘地五分六厘九毫

以上係在吳淞衣周塘購買輪船𣗳場之用

共五十玖頁

十四年二月八日

59

~~081~~ 061

江南機器製造局購地存卷（1925年2月8日）

江南製造總局

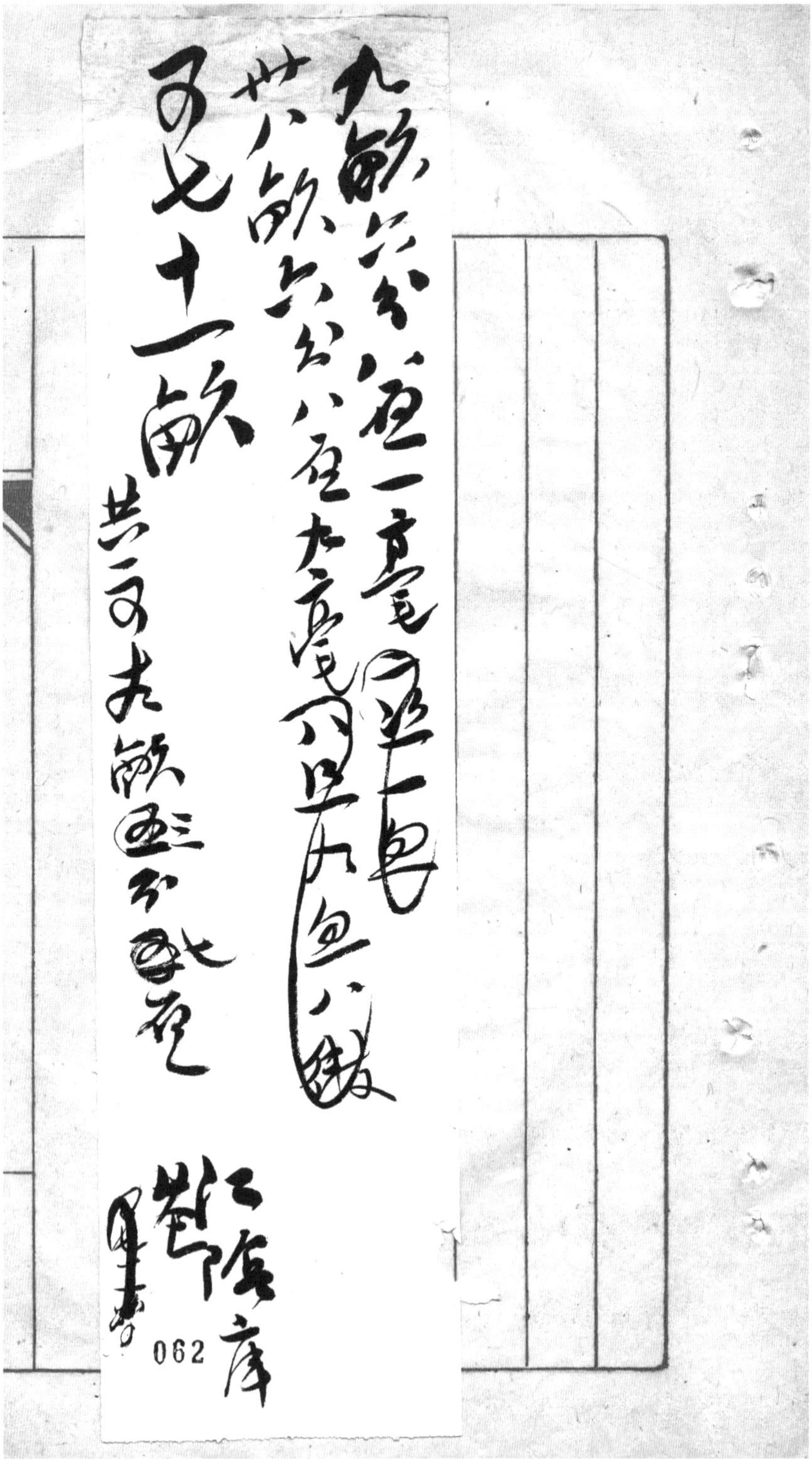
九畝六分八厘一毫[illegible]一忽
卅八畝六分八厘九毫[illegible]九忽八微
可七十一畝
共可去畝[illegible]分[illegible]厘
江南廠
062

江南機器製造局購地存卷（1925 年 2 月 8 日）

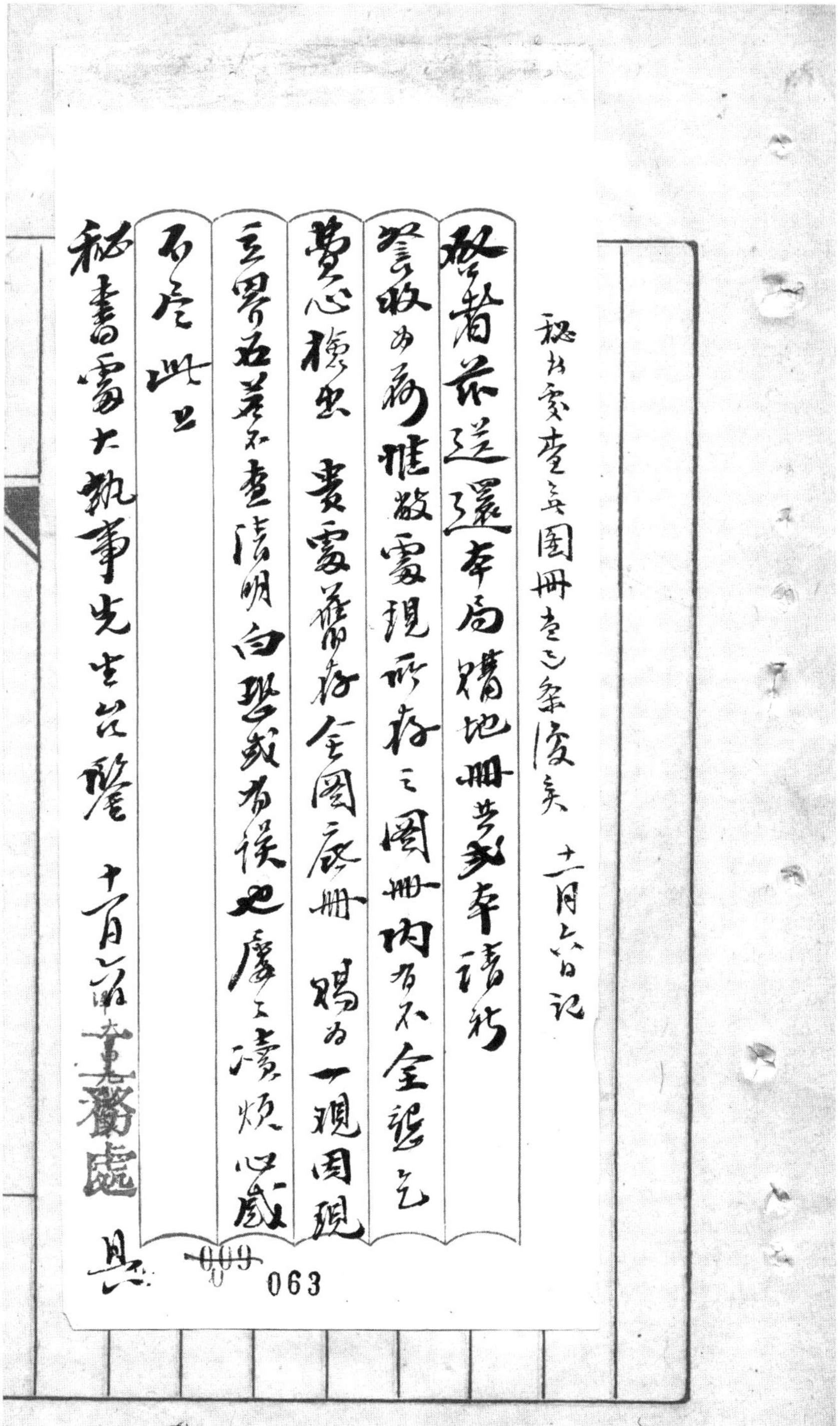

江南機器製造局工務處致秘書處函（某年十一月六日）

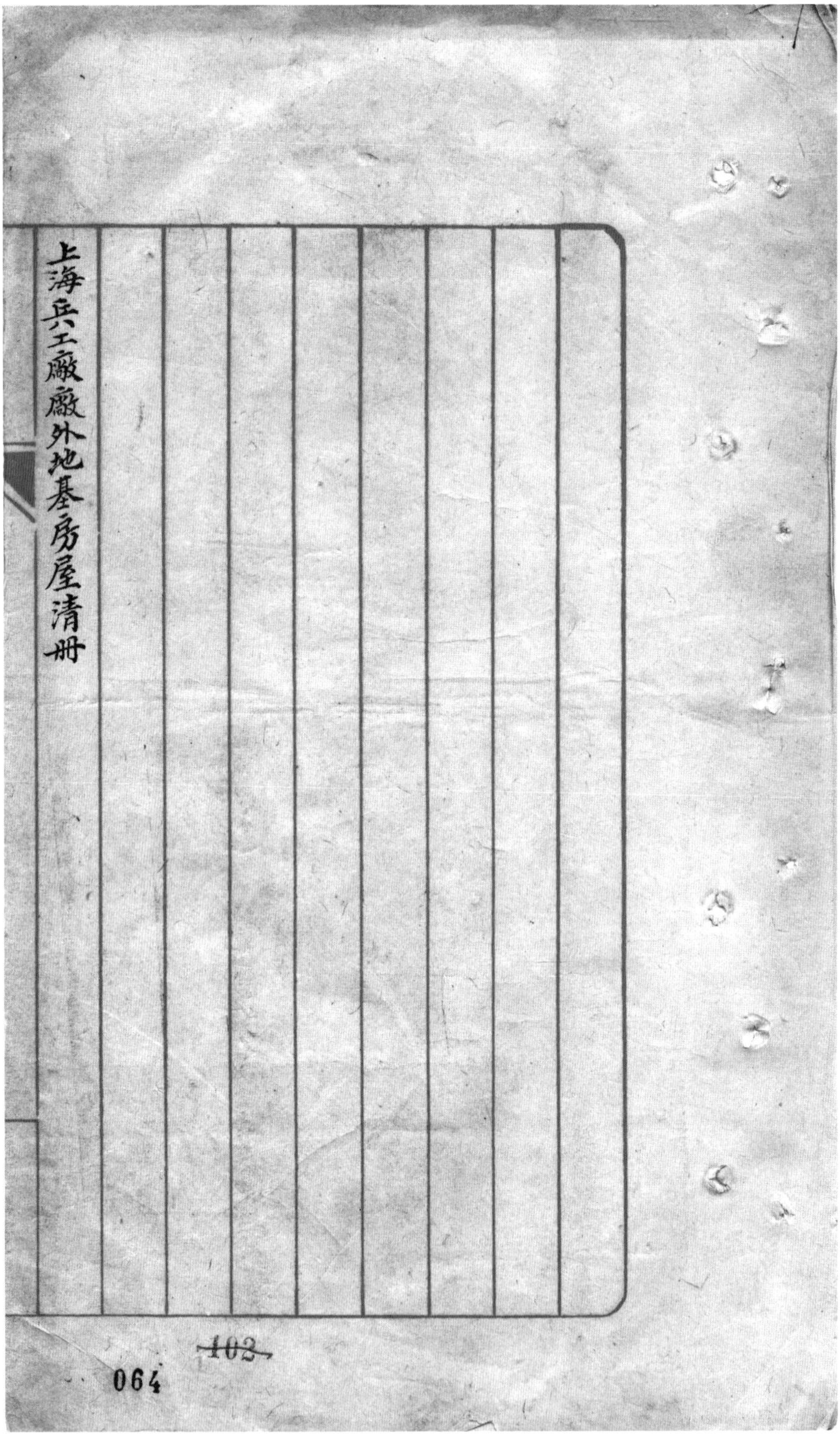

上海兵工廠廠外地基房屋清册

102

064

上海兵工廠廠外地基房屋清册（1925年2月）

謹將上海兵工廠廠外地基房屋並各房地租戶花名開呈
察鑒
計開
大局門前市樓房並租戶項下
第一號　月華春　租樓房一幢　每月房租洋六元
第二三號　增盛樓　租樓房兩幢　每月房租洋六元
第四五號　陳鼎興　租樓房兩幢　每月房租洋六元
第六號　廣合盛　租樓房一幢　每月房租洋三元
第七號　時和利　租樓房一幢　每月房租洋三元

065

~~103~~

上海兵工廠廠外地基房屋清册（1925年2月）

第八號　江順興　租樓房一幢　每月房租洋三元
第九號　恒豐成　租樓房一幢　每月房租洋三元
第十號　復盛居　租樓房一幢　每月房租洋三元
第十一號　復興樓　租樓房一幢　每月房租洋三元
第十二、三號　同盛樓　租樓房二幢　每月房租洋九元
第十四、五號　游豐林　租樓房兩半幢　每月房租洋六元
第十六、七號　同義居　租樓房兩幢　每月房租洋八元
第十八號　陳葉記　租樓房一幢　每月房租洋三元
第十九號　瑞興館　租樓房一幢　每月房租洋七元五角

上海兵工廠廠外地基房屋清册（1925年2月）

第二十號 周合興 租楼房一幢 每月房租洋四元
第二十一號 老日生 租楼房一幢 每月房租洋五元
第二十二三號 廣信 租楼房二幢 每月房租洋六元
第二十四五號 志斌 租楼房二幢 每月房租洋十二元
第二十六號 同發祥 租楼房一幢 每月房租洋四元
第二十七八號 萬餘 租楼房二幢 每月房租洋七元五角
第二十九號 順源館 租楼房一幢 每月房租洋三元
第三十號 董恒泰 租楼房二幢 每月房租洋八元
第三十一號 李祥元 租平房一間 每月房租洋二元

066 ~~104~~

上海兵工廠廠外地基房屋清册（1925年2月）

第三十二號 林 元 祖楼房三幢三披 地基租首善堂 每月租洋九元

工匠楼房項下

第一號 汪星台 祖楼房三幢 每月房租洋六元

第二號 黄少甫 祖楼房三幢 每月房租洋六元

第三號 陳大元 祖楼房二幢 每月房租洋四元

第四五號 梁集 仇印 祖楼房二幢 每月房租洋三一元

第六七號 張阿法 祖楼房二幢 每月房租洋四元

第八號 張朱氏 祖楼房一幢 每月房租洋一元五角

第九號 梁 元 祖楼房一幢 每月房租洋一元五角

上海兵工廠廠外地基房屋清册（1925年2月）

第十號 唐祥雲租樓房一幢 每月房租洋一元五角

第十一號至二十號 計樓房十幢 憲兵營軍隊駐防 無租

第二十一號至二十六號計樓房六幢 憲兵師令部 無租

第二十七號至三十一號 計樓房五幢 警察駐防所 無租

大局門左邊兵工廠醫局 計樓房四幢平房四間 無租

大局門右邊差遣住 計平房三間 無租

東卡房平房兩間 吳玉春住 無租

西卡房平房兩間 民地 張紀化住 無租

西柵欄內卡房兩間 郭珍榮住 無租

067 ~~105~~

上海兵工廠廠外地基房屋清册（1925年2月）

望道橋卡房兩間　前任防兵

日暉橋卡房一間　前任防兵

新公所樓房十二衖　每衖樓房三幢三披　前員司住無租

每月應收市房工匠房房租洋一百五十八元五角

每年合計洋一千九百二元

廣東街地租項下　每方四角五分

梁金開　租地十六方一　每年租洋七元二角四分五厘

沈慶生　租地十一方八　七方二四　每年租洋　五元三角一分　三元二角五分八厘

胡鴻安　租地七方三六　每年租洋三元三角一分二厘

上海兵工廠廠外地基房屋清册（1925年2月）

梁根存 租地九方〇六六 每年租洋四元八分
馬永齋 租地十一方四 每年租洋五元一角三分
徐灼記 租地四方二 每年租洋一元八角九分
韓貴山 租地四方八八 每年租洋二元一角九分六厘
梁甫 租地七方二三 每年租洋三元二角五分三厘
何文 租地六方九 每年租洋三元一角〇五厘
張長生 租地二十方六 每年租洋九元七角二分
何集善 租地二十三方一 每年租洋十元三角九分五厘
慎成公司 租地二十一方五七 每年租洋九元七角〇六厘

068 ~~106~~

上海兵工廠廠外地基房屋清册（1925年2月）

丁連生　租地十方〇八　七方〇四　每年租洋四元八角六分　三元一角六分八厘

劉福寶　租地四方四八　每年租洋二元〇一分六厘

顧裕昌　租地四方六　每年租洋二元〇七分

徐金貴　租地三方三四　每年租洋一元五角

彭榮慶　租地二十二方八三　每年租洋十元〇二角七分三厘

彭劉氏　租地二十八方五八　每年租洋十二元八角六分

黃必財　租地十五方五四　每年租洋六元九角九分三厘

張謙吉　租地二十九方七五　每年租洋十三元三角八分七厘

王協興　租地四方八　又四方二　每年租洋四元〇五分

上海兵工廠廠外地基房屋清册（1925年2月）

朱和尚	租地八方六六 每方一元二角	每年租洋十元四角
金樂賢	租地四方 每方一元五角	每年租洋六元
周肇榮	租地六方一六	每年租洋二元七角九分二厘
陳維榮	租地五方八九	每年租洋二元六角九分一厘
魏聽蘭	租地十四方 每方七角	每年租洋九元八角
董錦祥	租地六方 每方二元	每年租洋十二元
永和公司	租出路地	每年租洋一百二十元
武進賢	租地四方 每方八角	每年租洋三元二角
楊誠信	租地五方 每方一元二角	每年租洋六元

069. ~~107~~

上海兵工廠廠外地基房屋清册（1925年2月）

楊誠信 租地三十三方三 每方九角 每年租洋三十元

每年應收地租洋三百三十二元六角四分

同樂里地租項下 每方一元二角

沈慶生 租地五十方〇〇五四 三處 每年租洋六十元〇〇六分五厘

任順聚 租地一方八〇九 每年租洋二元一角七分一厘

楊六保 租地十一方三八五 每年租洋十三元六角六分二厘

江得意 租地十方〇一二 每年租洋十二元一角四分四厘

曹阿狗 租地十一方六七二 每年租洋十四元〇六厘

楊福生 租地二十一方九三七五 又三方八二四 又一方〇二 每年租洋三十二元一角三分八厘

上海兵工廠廠外地基房屋清册（1925年2月）

蔣恒盛	租地八方二九二五	每年租洋九元九角五分一厘
蔣薵輝	租地二十一方三七五	每年租洋二十五元六角五分
張瑞源	租地一方一二五	每年租洋一元三角五分
許寶全	租地六方○二	每年租洋七元二角二分四厘
方德記	租地十八方九一六六	每年租洋二十二元七角
朱文義	租地十方○一二	每年租洋十二元一角四分
潘金安	租地五方四	每年租洋六元四角八分
林得祥	租地十六方二九七	每年租洋十九元五角五分六厘
王成記	租地十二方七四	每年租洋十五元二角八分八厘

070 ~~108~~

上海兵工廠廠外地基房屋清册（1925年2月）

賈桂生	租地十一方二七	每年租洋十三元五角二分四厘
姚美才	租地十方〇二九	每年租洋十二元三角四分八厘
陳世寶	租地十一方七六	每年租洋十四元一角一分二厘
蔣增午	租地五方六八四	每年租洋六元八角二分一厘
王仲品	租地七方四八八	每年租洋八元九角八分六厘
戴龍泉	租地六方九一二	每年租洋八元二角九分四厘
陳敬記	租地五方六八	每年租洋六元八角一分六厘
黃阿才	租地十方〇九四四	每年租洋十三元一角三分三厘
楊阿狗	租地十方〇九四四	每年租洋十三元一角三分三厘

上海兵工廠廠外地基房屋清册（1925年2月）

李申海 租地六方二〇六六 每年租洋七元四角四分八厘

李土生 租地六方二〇六六 每年租洋七元四角四分八厘

李沈氏 租地六方二〇六六 每年租洋七元四角四分八厘

李金海 租地二方五 每年租洋三元

每年共計應收地租洋三百七十七元〇四分

局西田租項下 每畝租洋三元

李小弟 租田三畝三分內除坟墓五分 每年租洋八元四角

李樹林 租田八分 每年租洋二元四角

黃丫頭 租田一畝 每年租洋三元

0 071 ~~109~~

上海兵工廠廠外地基房屋清册（1925年2月）

顏承發	祖田二畝三分	每年租洋六元九角
張大元	祖田二畝三分	每年租洋六元九角
李三男	祖田九分	每年租洋二元七角
謝懷德堂	祖田四畝五分 拆讓馬路一畝五分	每年租洋八元
本局花園	二畝四分 李海林承租	每年租洋七元二角
李海林	祖田五分 南卡地基	每年租洋二元
孫玉堂	祖田八分	每年租洋二元
李鍾元	祖陸軍醫院前空地	每年租洋三十元
曹芝山	祖蘆田三十五畝 龍華小木橋二處	每年租洋四十八元 華

上海兵工廠廠外地基房屋清册（1925 年 2 月）

開灤公司共租田一百二十四畝三分四 每畝八元 浦東沿浦邊　每年租洋九百九十四元七角二分

徐心田
孫元良
王國佐 共租田五十八畝 每畝三元　每年租洋一百七十四元

龍華分廠外餘地

張梓卿租田二十六畝　每年租洋四十二元五角 此款分廠外租民田設卡房相抵

操場空地八畝

廠外各處田地項下

總局正門外　計地十三畝〇〇四毫

總局西卡　計地六分二厘八毫

總局局西地　計地二十畝〇一分七毫

072 ~~110~~

上海兵工廠廠外地基房屋清册（1925年2月）

總局後北局門外　計地二畝三分三厘六毫
望道橋卡房　計地四分〇二毫
西栅欄内卡房　計地三分〇九毫
新高昌廟 即前軍醫院　計地四畝七分
新高昌廟後　計田一畝二分〇九毫
總局北局門外　計地一畝〇五厘五毫
總局花園　計地八畝三分九厘一毫
礮廠後園墻外 即新老君廟　計地二畝四分三厘五毫
礮隊營營盤　計地六十五畝〇三厘三毫

上海兵工廠廠外地基房屋清册（1925年2月）

火箭廠　計地八畝〇〇七毫
老君廟　計地一畝三分七厘
總局東卡　計地二分七厘二毫
同樂里　計地四畝一分三厘三毫
日暉橋卡房　計地二分〇三毫
小木橋龍華二處蘆田　計田十九畝四分八厘　十五畝三分一厘
吴淞海軍醫院　計地六十五畝九分七厘

073

111

上海兵工廠廠外地基房屋清册（1925年2月）

中華民國十四年二月　日劉紹成謹呈

0: 074 ~~112~~

上海兵工廠廠外地基房屋清册（1925年2月）

江南機器製造局購地總簿（1893 年，光緒十九年）

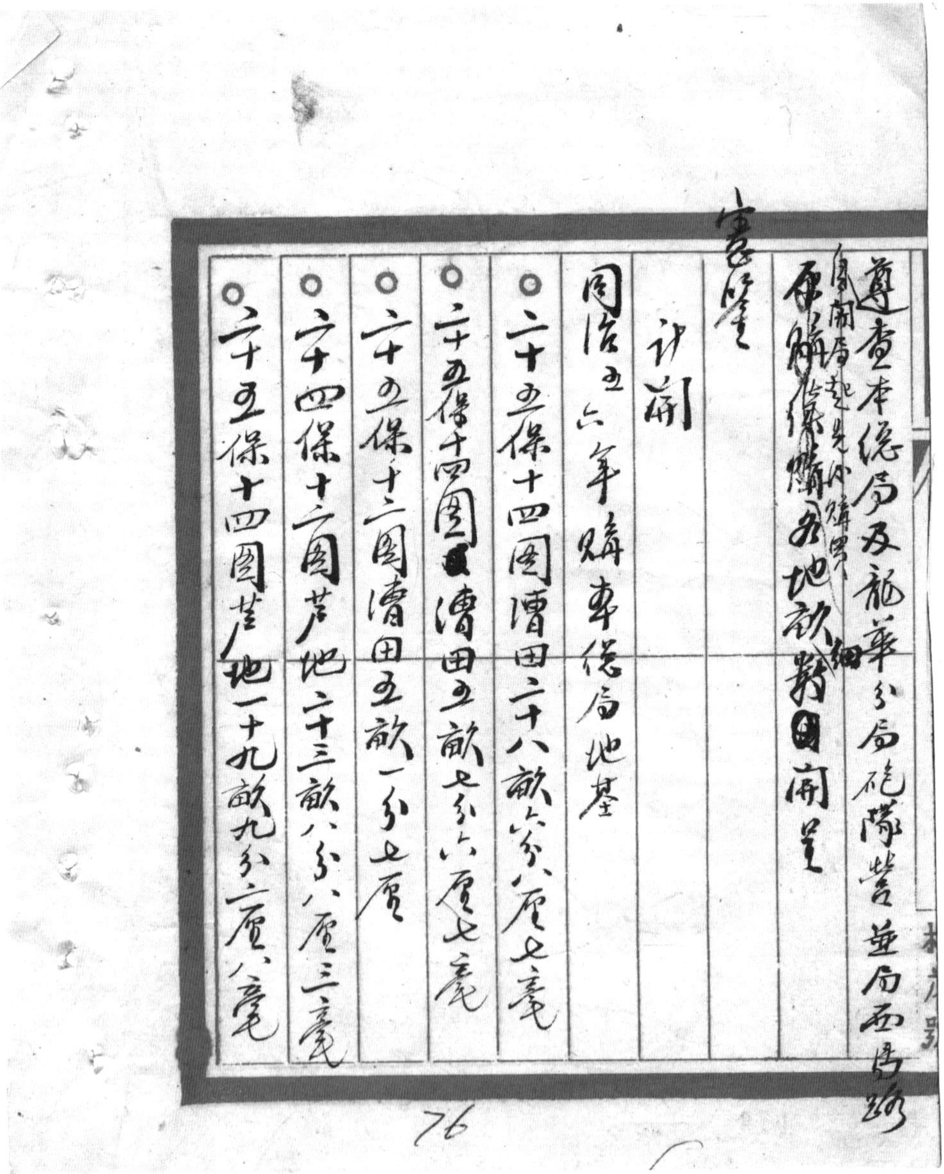

遵查本總局及龍華分局砲隊營並局西馬路
自開局起至光緒十九年止
原購各保購各地畝細數圖開呈
憲鑒

計開

同治五六年購東總局地基

二十五保十四圖漕田二十八畝六分八厘七毫

二十五保十四圖漕田五畝七分六厘七毫

二十五保十二圖漕田五畝一分七厘

二十四保十二圖芦地二十三畝八分八厘三毫

二十五保十四圖芦地一十九畝九分二厘八毫

76

江南機器製造局購地總簿（1893 年，光緒十九年）

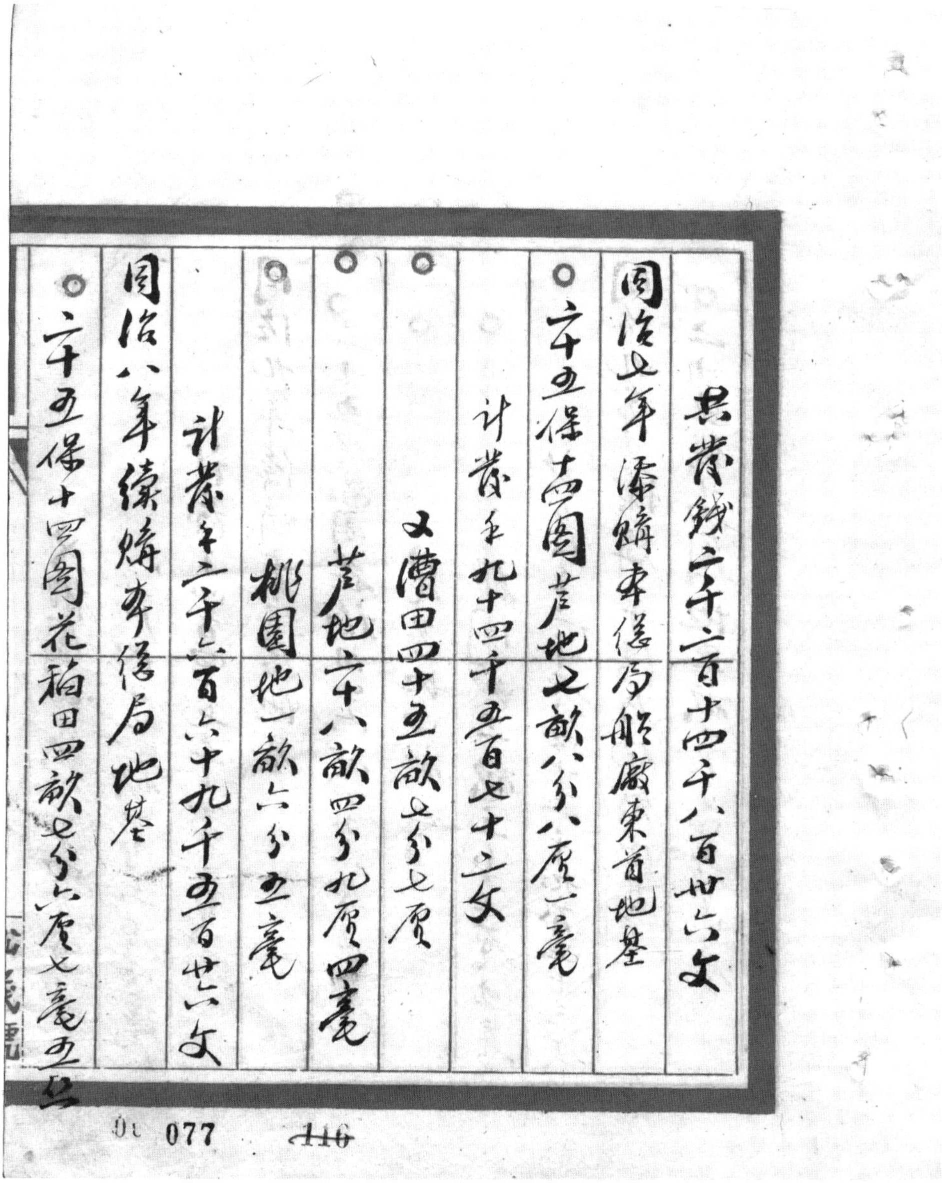
共費錢二千二百十四千八百卅六文
同治七年添購本總局船廠東首地基
二十五保十四圖荒地七畝八分八厘一毫
計費錢九十四千五百七十二文
又漕田四十五畝七分七厘
荒地二十八畝四分九厘四毫
桃園地一畝六分五毫
計費錢二千六百六十九千五百廿六文
同治八年續購本總局地基
二十五保十四圖花稻田四畝七分六厘七毫五絲

江南機器製造局購地總簿（1893 年，光緒十九年）

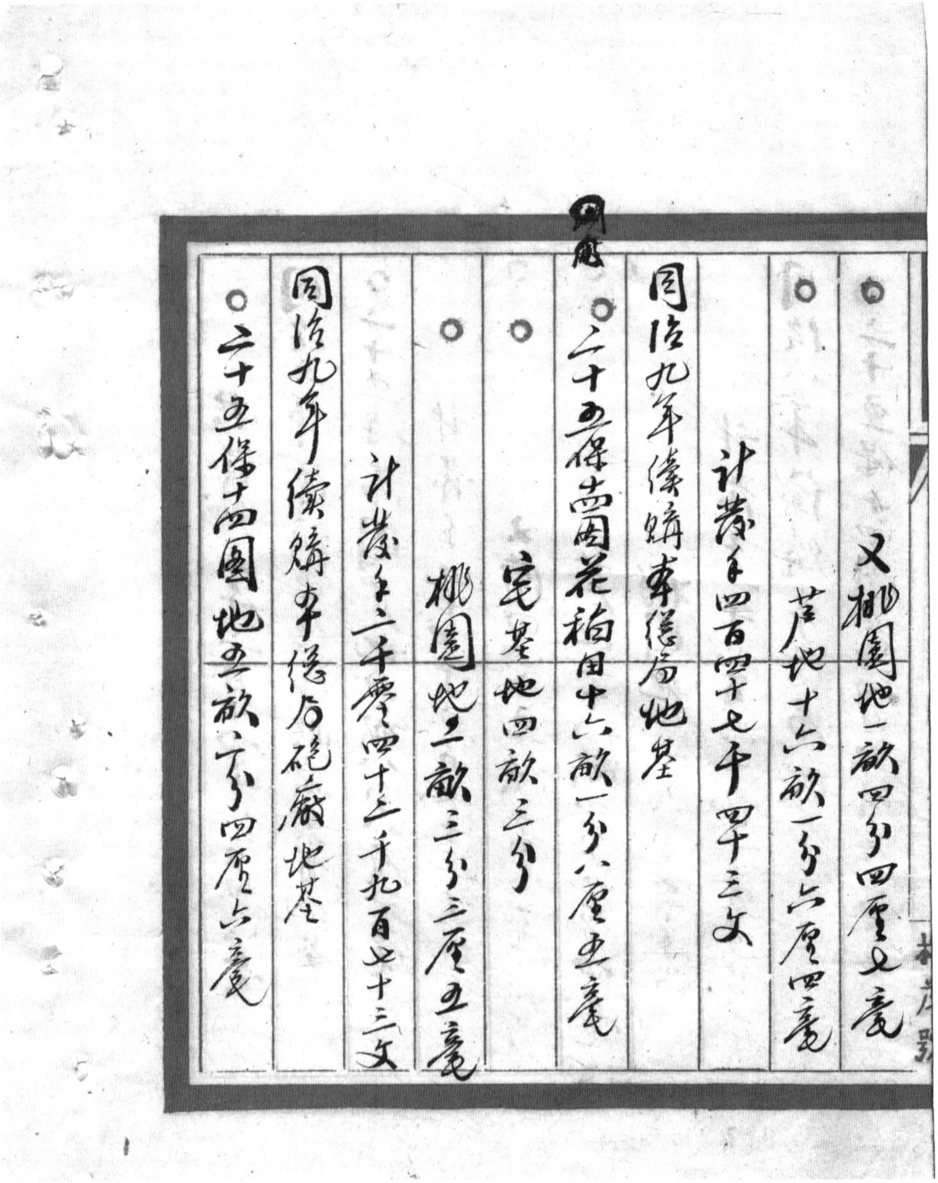

又桃園地一畝四分四厘七毫
芦地十六畝一分六厘四毫
計發錢四百四十七千四十三文
同治九年續購東後局地基
二十五保十二圖花稻田十六畝一分八厘五毫
宅基地四畝三分
桃園地二畝三分三厘五毫
計發錢二千零四十二千九百七十三文
同治九年續購東後右砲廠地基
二十五保十四圖地五畝六分四厘六毫

江南機器製造局購地總簿（1893年，光緒十九年）

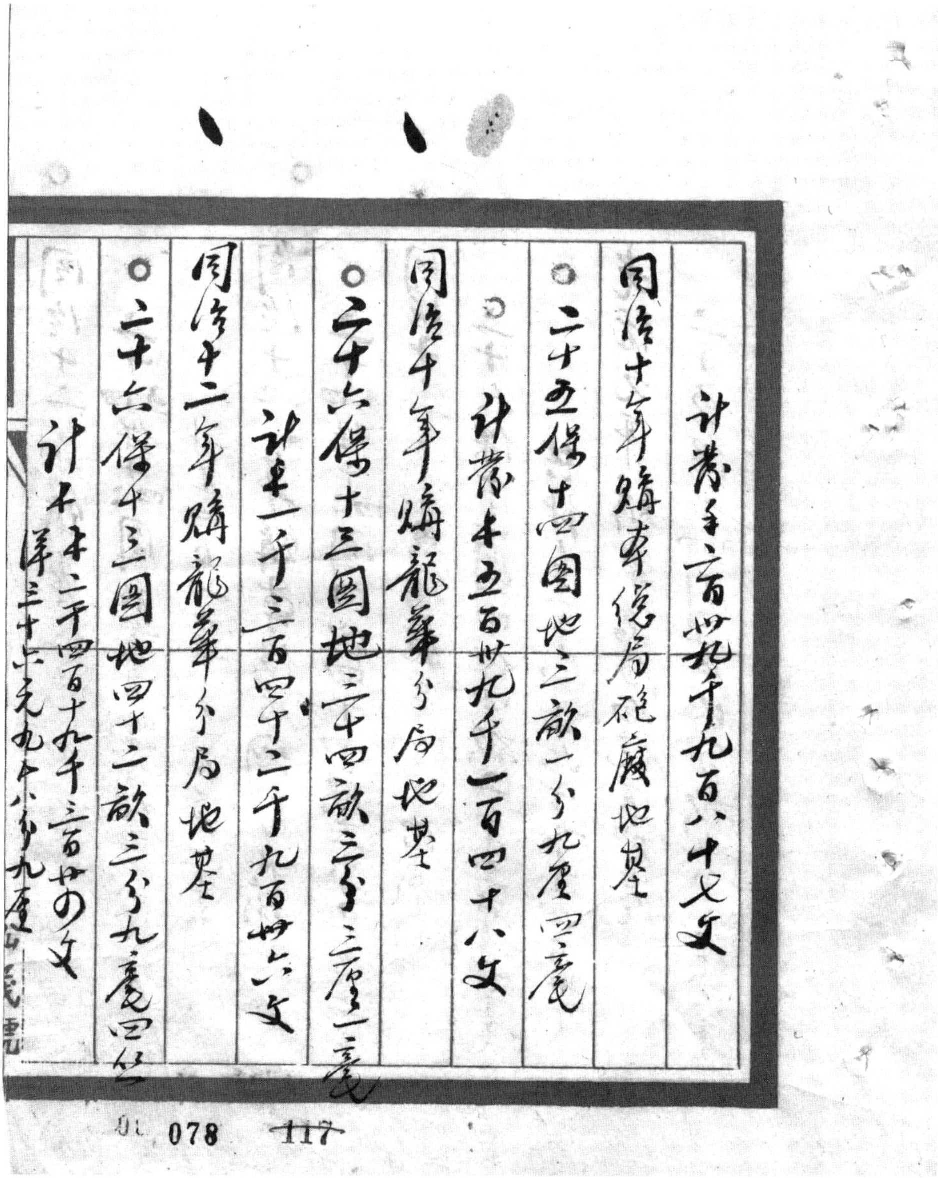

江南機器製造局購地總簿（1893 年，光緒十九年）

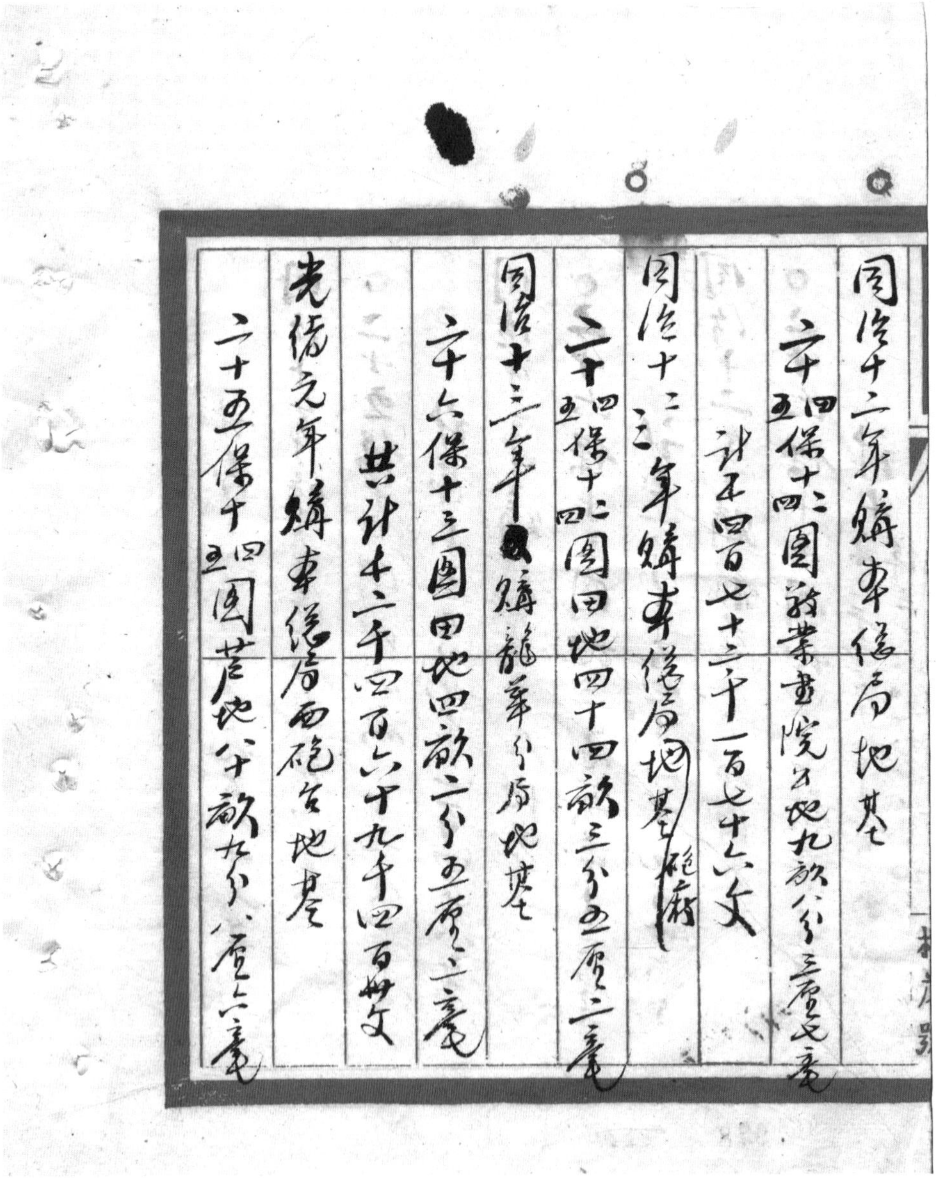

同治十二年購製造局地基

二十四五保十二四圖蔣業書院出地九畝八分三厘七毫

計錢四百七十二千一百七十六文

同治十二年購製造局地基砲廠

二十四五保十二四圖田地四十四畝三分五厘二毫

同治十三年購龍華分廠地基

二十六保十三圖田地四畝二分五厘二毫

共計錢十二千四百六十九千四百卅文

光緒元年購製造局西砲台地基

二十五保十四圖荒地八十畝九分八厘六毫

江南機器製造局購地總簿（1893 年，光緒十九年）

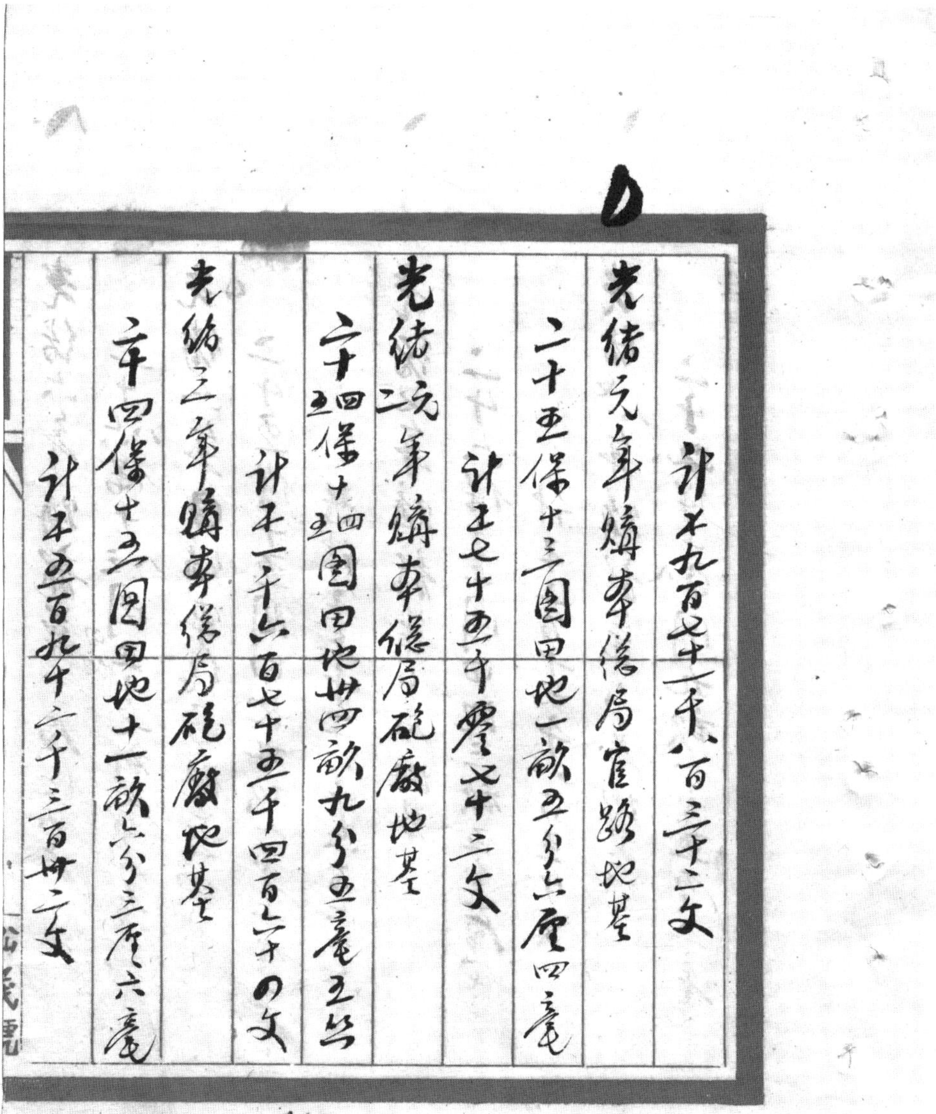

計本九百七十一千八百三十二文

光緒元年歸本總局官路地基

二十五保十三圖田地一畝五分六厘四毫

計五七十五千零七十二文

光緒元年歸本總局砲廠地基

二十五保十四圖田地卌四畝九分五毫五絲

計本一千六百七十五千四百六十四文

光緒二年歸本總局砲廠地基

二十四保十五圖田地十一畝六分三厘六毫

計本五百九十六千三百卌二文

079 118

江南機器製造局購地總簿（1893 年，光緒十九年）

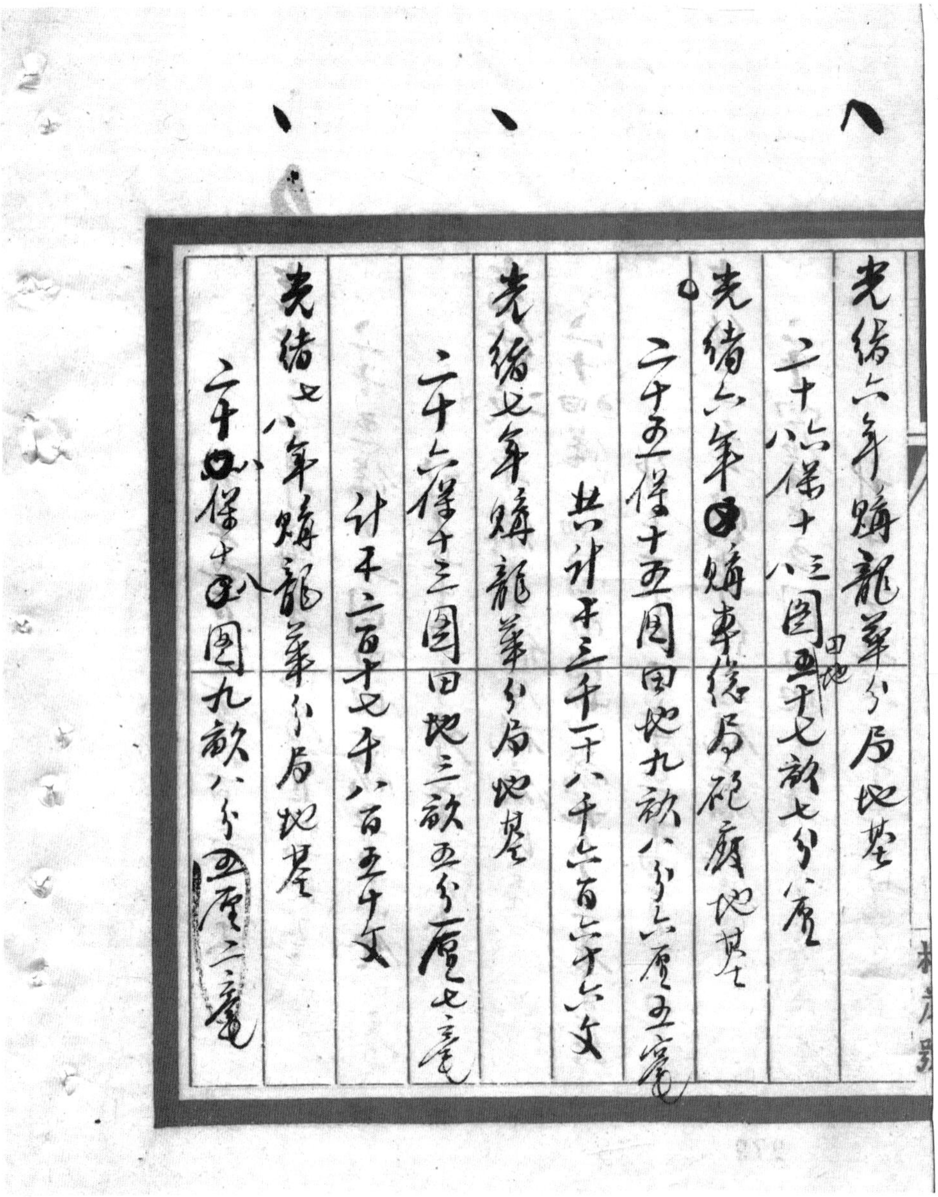
光緒六年購龍華分局地基
二十六保十三圖田地五十七畝七分八厘
光緒六年購東德局砲廠地基
二十五保十五圖田地九畝八分六厘五毫
共計錢三千一十八千六百六十六文
光緒七年購龍華分局地基
二十六保十三圖田地三畝五分厘七毫
計錢二百十七千八百五十文
光緒七八年購龍華分局地基
二十五保十五圖九畝八分五厘二毫

江南機器製造局購地總簿（1893 年，光緒十九年）

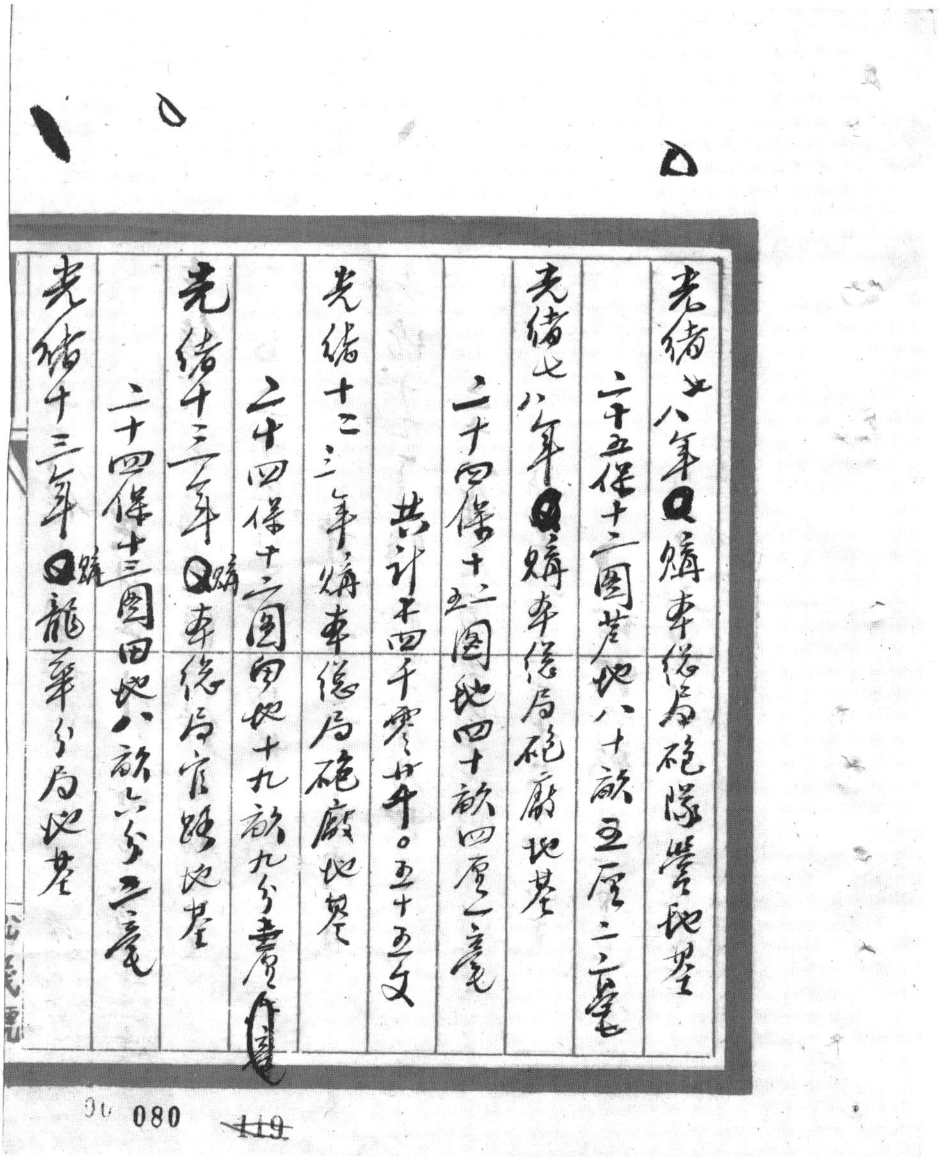
光緒七八年購本總局砲隊營地基
二十五保十二圖芦地八十畝五厘二毫
光緒七八年購本總局砲廠地基
二十四保十五二圖地四十畝四厘二毫
共計錢四千零廿千〇五十五文
光緒十二三年購本總局砲廠地基
二十四保十二圖田地十九畝九分壹厘毫
光緒十三年購本總局官路地基
二十四保十三圖田地八畝六分二毫
光緒十三年購龍華分局地基
080 119

江南機器製造局購地總簿（1893 年，光緒十九年）

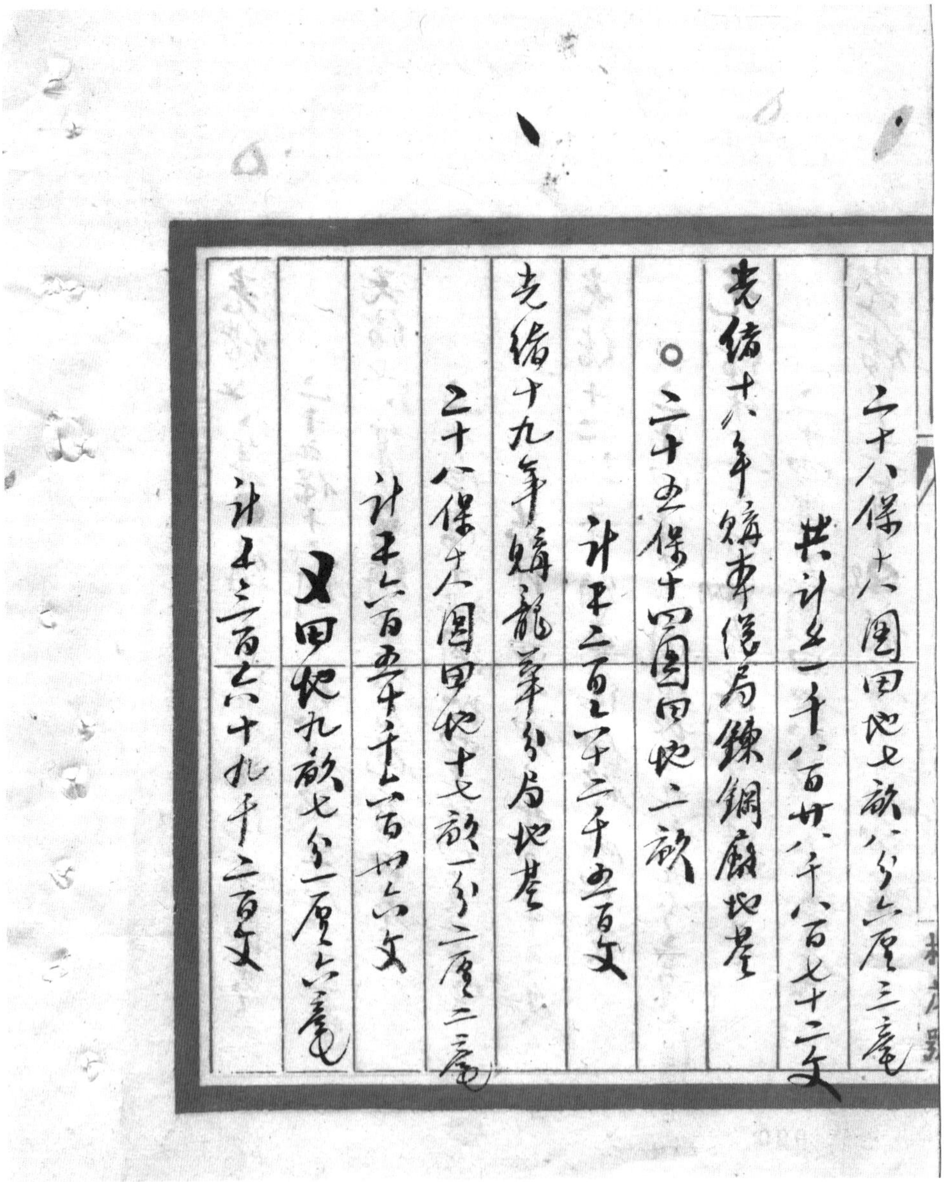

二十八保十八圖田地七畝八分六厘三毫
共計錢一千八百廿八千八百七十二文
光緒十八年購本總局鍊鋼廠地基
○二十五保十四圖田地二畝
計錢二百七十二千五百文
光緒十九年購龍華分局地基
二十八保十八圖田地十七畝一分二厘二毫
計錢六百五十千七百卅六文
又田地九畝七分一厘六毫
計錢二百六十九千二百文

江南機器製造局購地總簿（1893 年，光緒十九年）

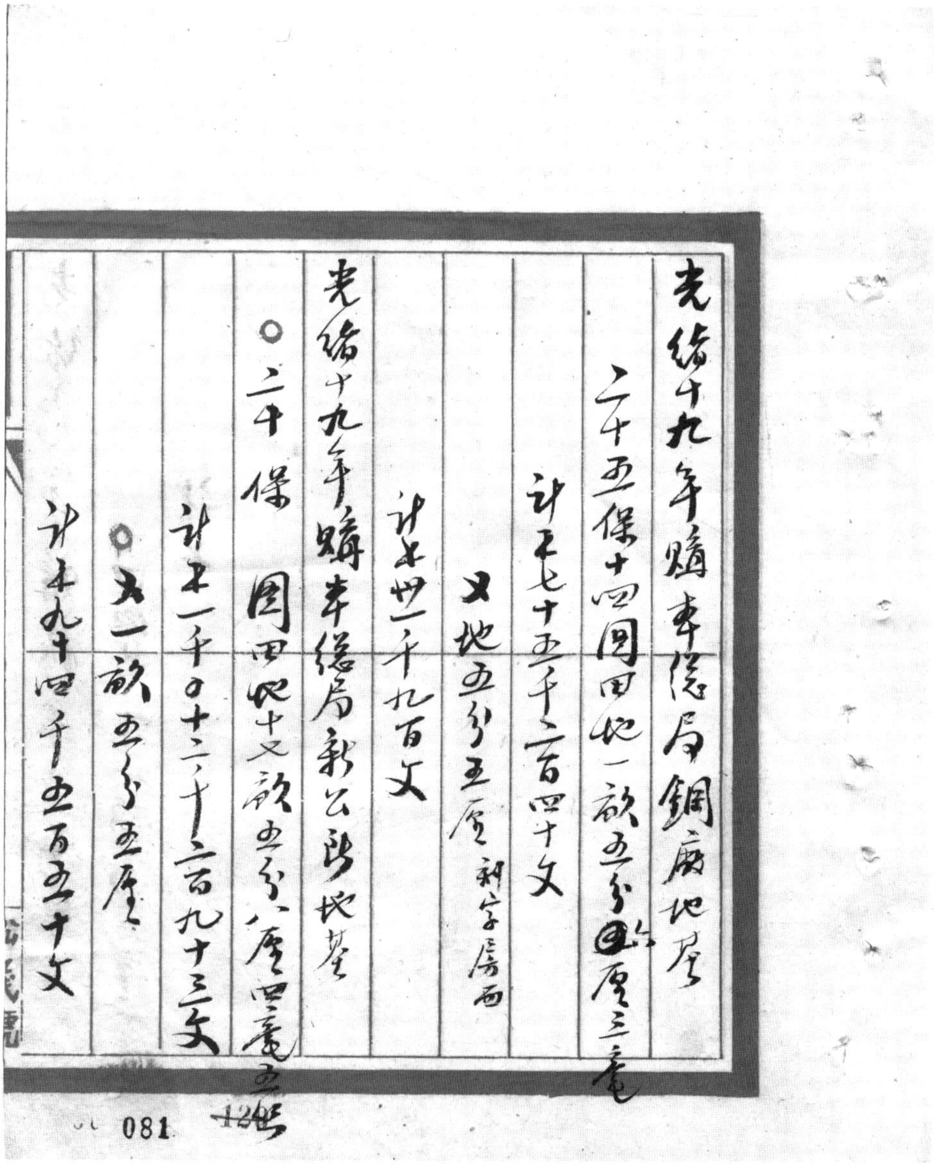

光緒十九年購來總局銅廠地基
二十五保十四圖田地一畝五分四厘三毫
計錢七十五千二百四十文
又地五分五厘 新字房西
計錢卅一千九百文
光緒十九年購來總局新公所地基
〇二十保
圖田地十七畝五分八厘四毫五
計錢一千〇十二千二百九十三文
〇又一畝五分五厘
計錢九十四千五百五十文

江南機器製造局購地總簿（1893年，光緒十九年）

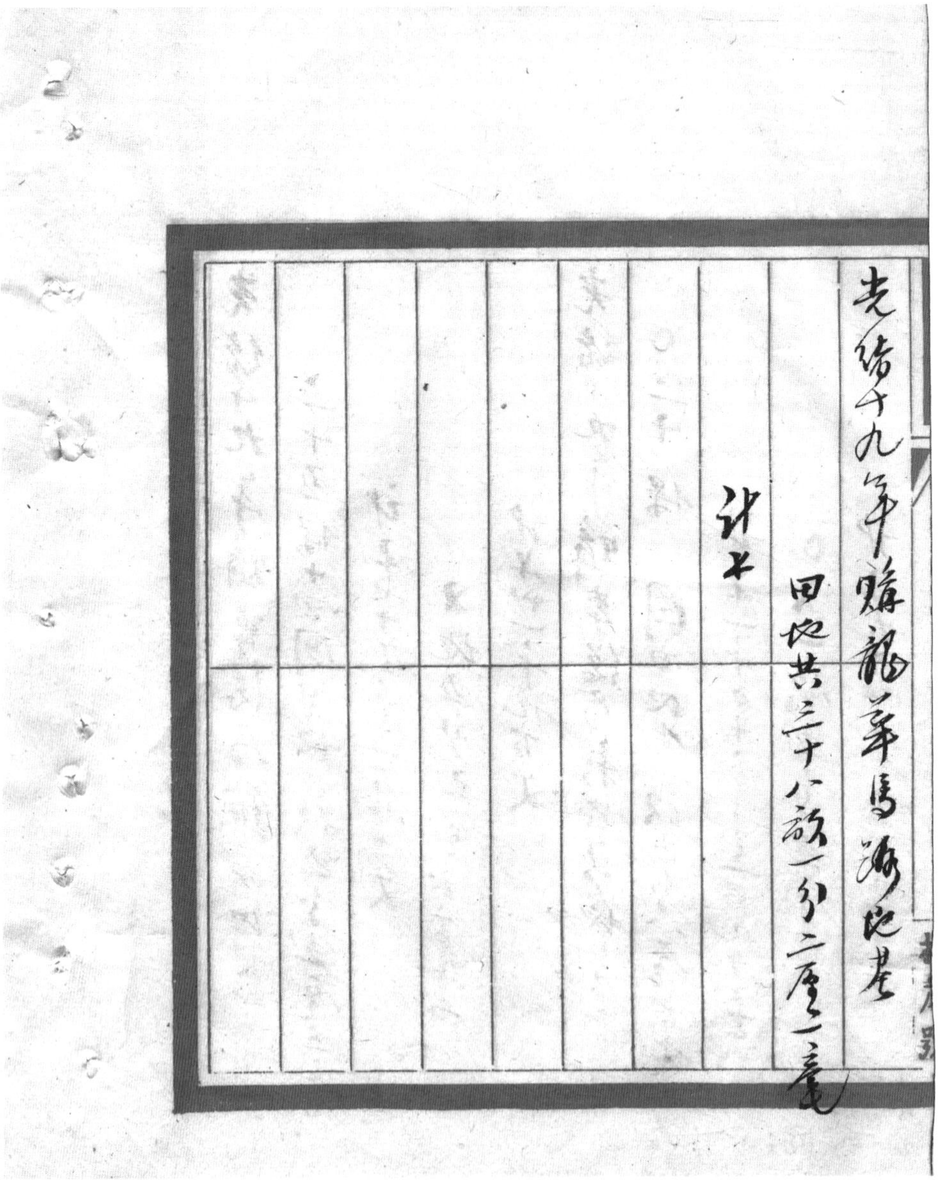
光緒十九年購龍華馬路地基
田地共三十八畝一分二釐一毫
計七

江南機器製造局購地總簿（1893年，光緒十九年）

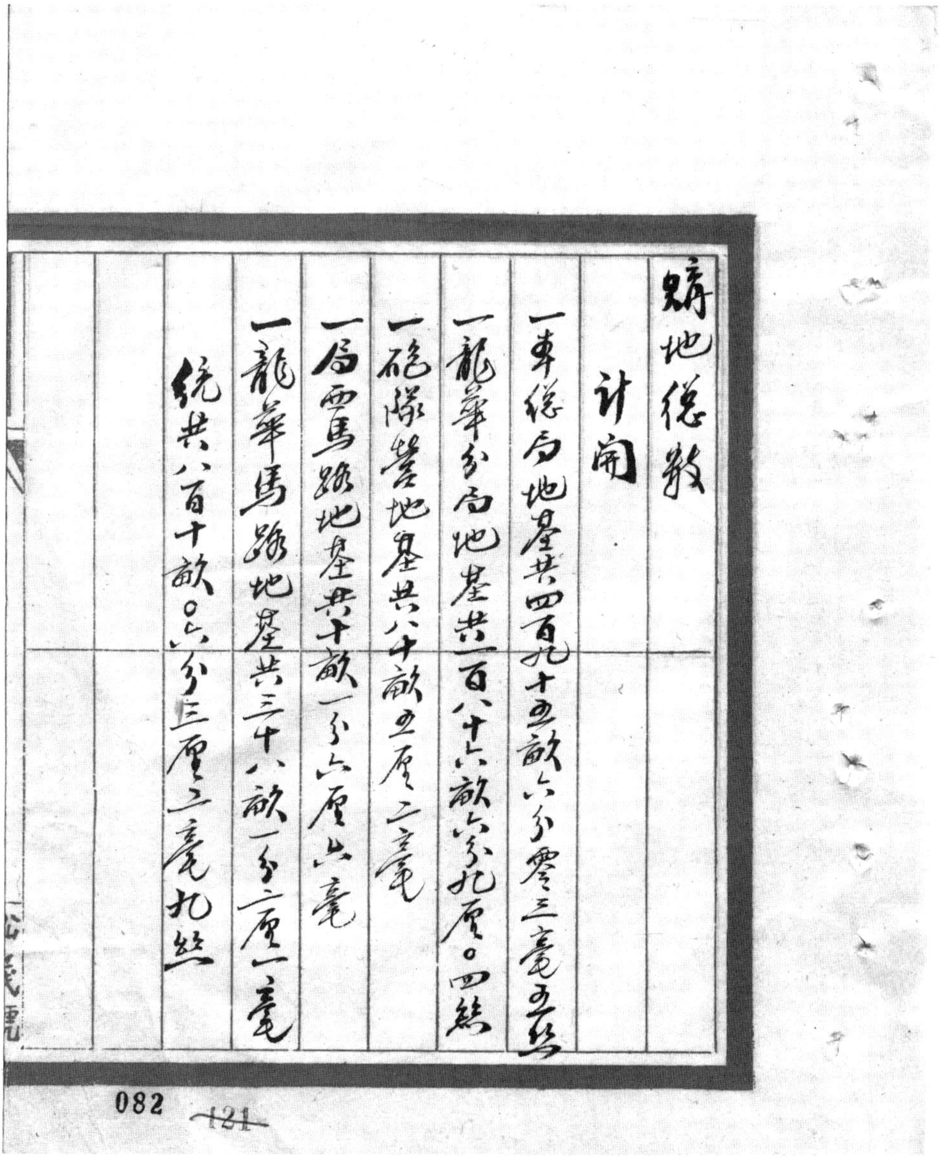
購地總數
計開
一東總局地基共四百九十五畝六分零三毫五絲
一龍華分局地基共一百八十六畝六分九厘〇四絲
一砲隊營地基共八十畝五厘二毫
一局西馬路地基共十畝一分六厘六毫
一龍華馬路地基共三十八畝一分二厘一毫
統共八百十畝〇六分三厘二毫九絲
082　~~121~~

江南機器製造局購地總簿（1893 年，光緒十九年）

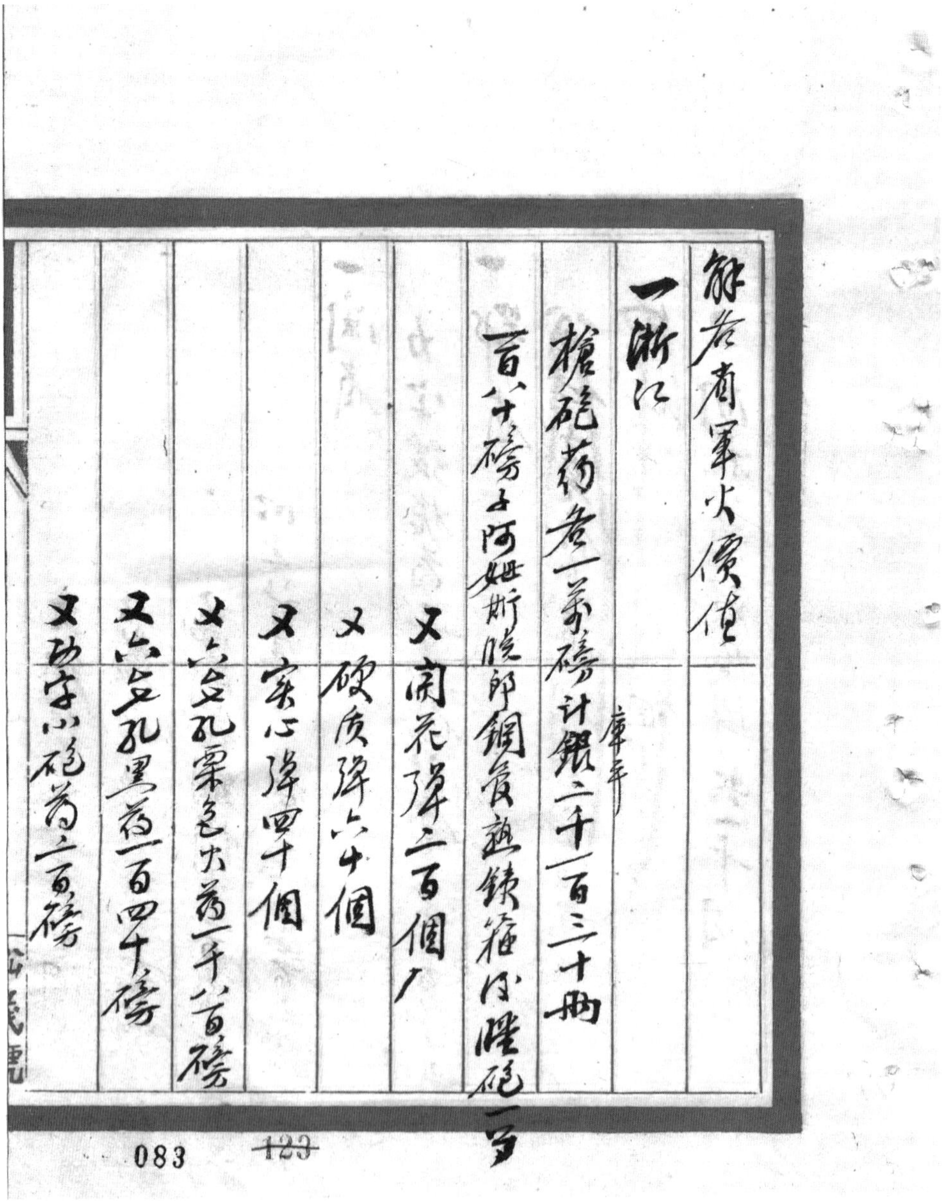
解各省軍火價值
一浙江
槍砲藥各一萬磅計銀二千一百三十兩 庫平
百八十磅子阿姆斯脫郎鋼質熟鐵箍後膛砲一尊
又開花彈二百個
又硬質彈六十個
又實心彈四十個
又六角孔栗色火藥一千八百磅
又六角孔黑藥一百四十磅
又攻守小砲藥二百磅
083 ~~123~~

江南機器製造局購地總簿（1893 年，光緒十九年）

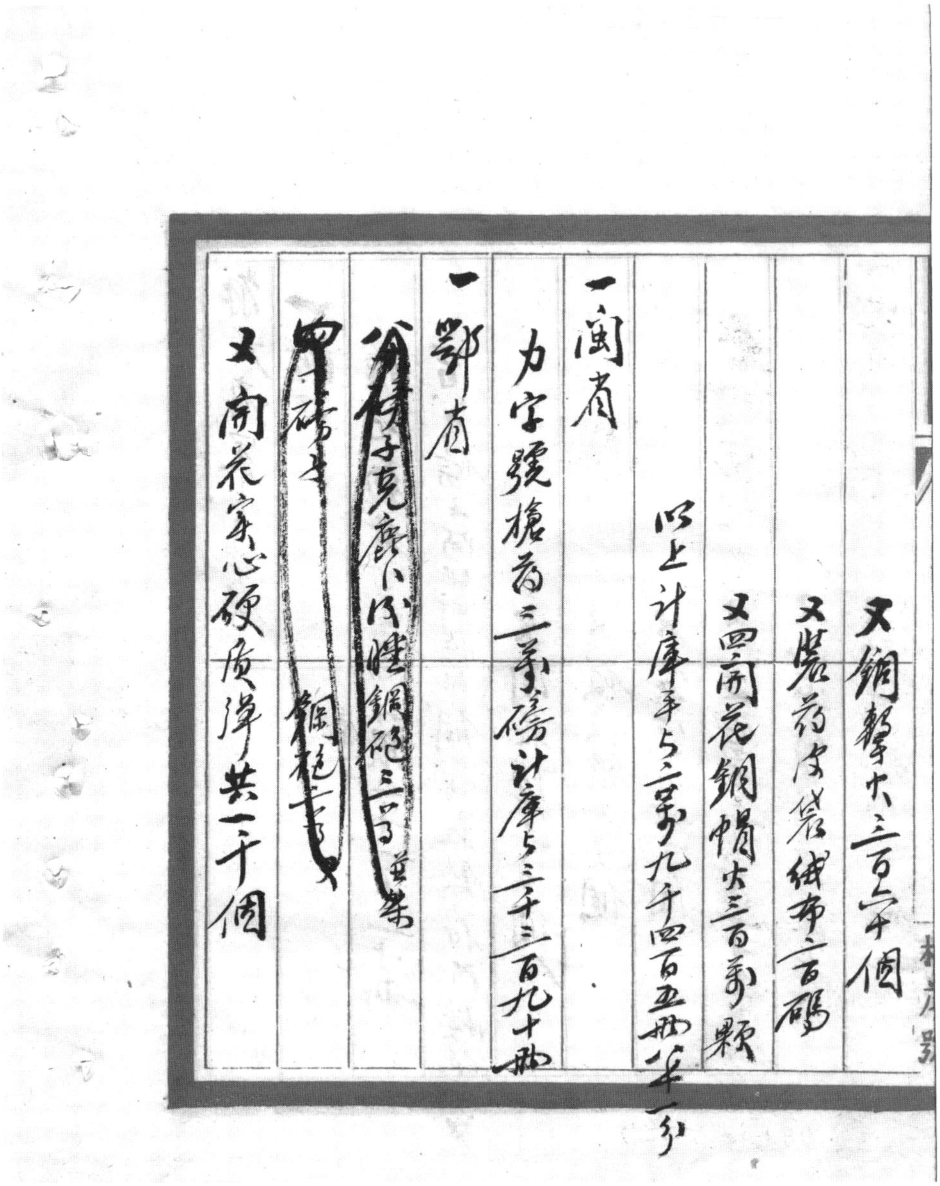
又銅[illegible]大三百[illegible]千個
又甕藥皮袋紙布二百碼
又四開花銅帽大三百萬顆
以上計庫平銀二萬九千四百五十兩八錢一分
一閩省
力字號槍藥三萬磅計庫平銀三千三百九十兩
一鄂省
前膛子克鹿卜後膛銅砲三門並案
四磅[illegible]銅砲十門
又開花實心硬質彈共一千個

江南機器製造局購地總簿（1893年，光緒十九年）

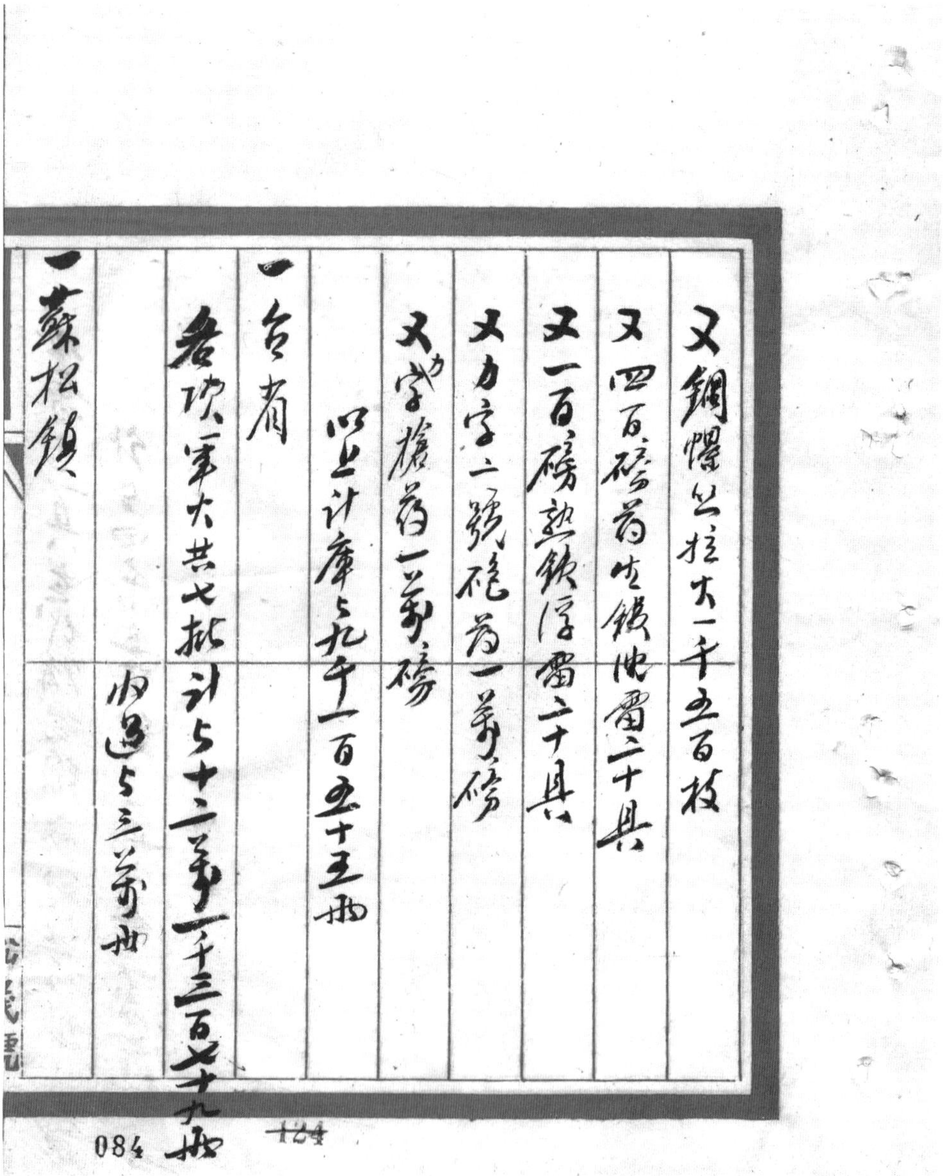
又銅帽公柱大一千五百枚
又四百磅前生鐵地雷二十具
又一百磅熟鐵浮雷二十具
又力字二號砲藥一萬磅
又力字擔藥一萬磅
以上計庫平九千一百五十五兩
一 舊有
各項軍火共七批計平五十二萬一千三百七十九兩
內還平三萬兩
一 蘇松鎮
084 ~~124~~

江南機器製造局購地總簿（1893年，光緒十九年）

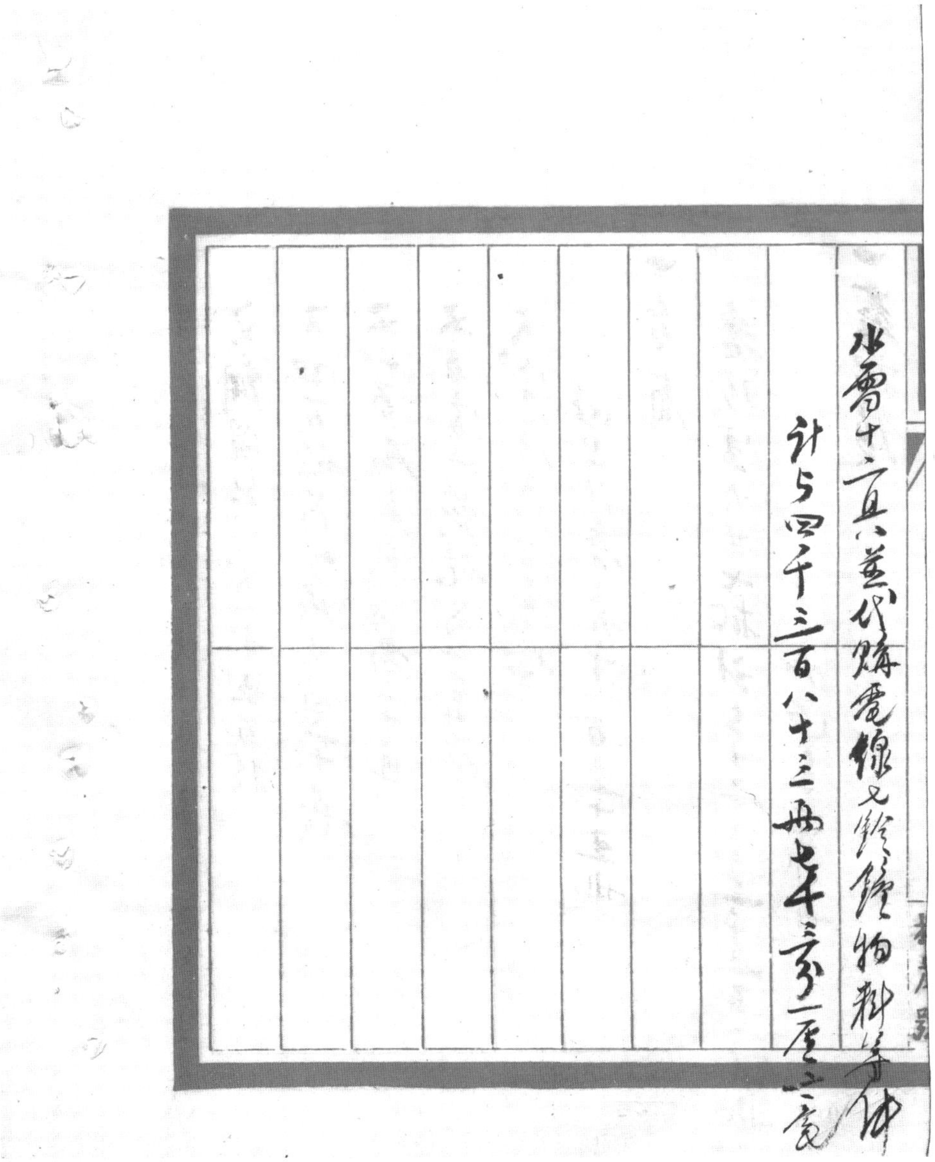
水雷十二月八兩代焊電線及鉛鐵物料等件
計共四千三百八十三兩七錢三分二厘二毫

江南機器製造局購地總簿（1893年，光緒十九年）

江南製造總局

四、江南製造局關於禁止公民在製造局購地内耕種並限期拔毁果樹的文書

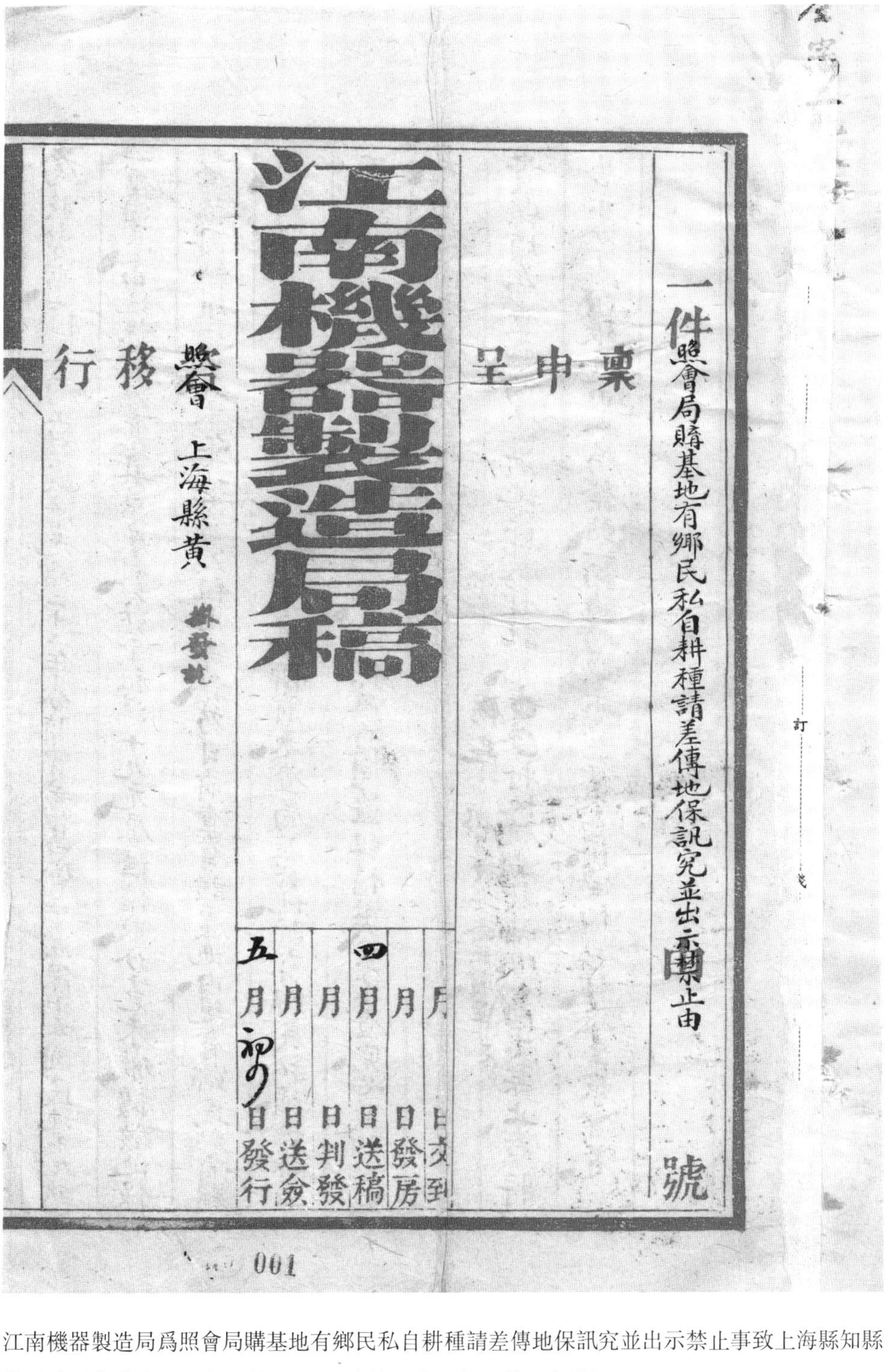
一件照會局購基地有鄉民私自耕種請差傳地保訊究並出示禁止由　號

稟
申
呈

江南機器製造局稿

照會　上海縣黃　掛發訖
移
行

月　日文到
月　日發房
四月　日送稿
月　日判發
月　日送僉
五月初四日發行

001

江南機器製造局爲照會局購基地有鄉民私自耕種請差傳地保訊究並出示禁止事致上海縣知縣黃承暄照會稿（1898 年 6 月 18 日，光緒二十四年四月三十日）

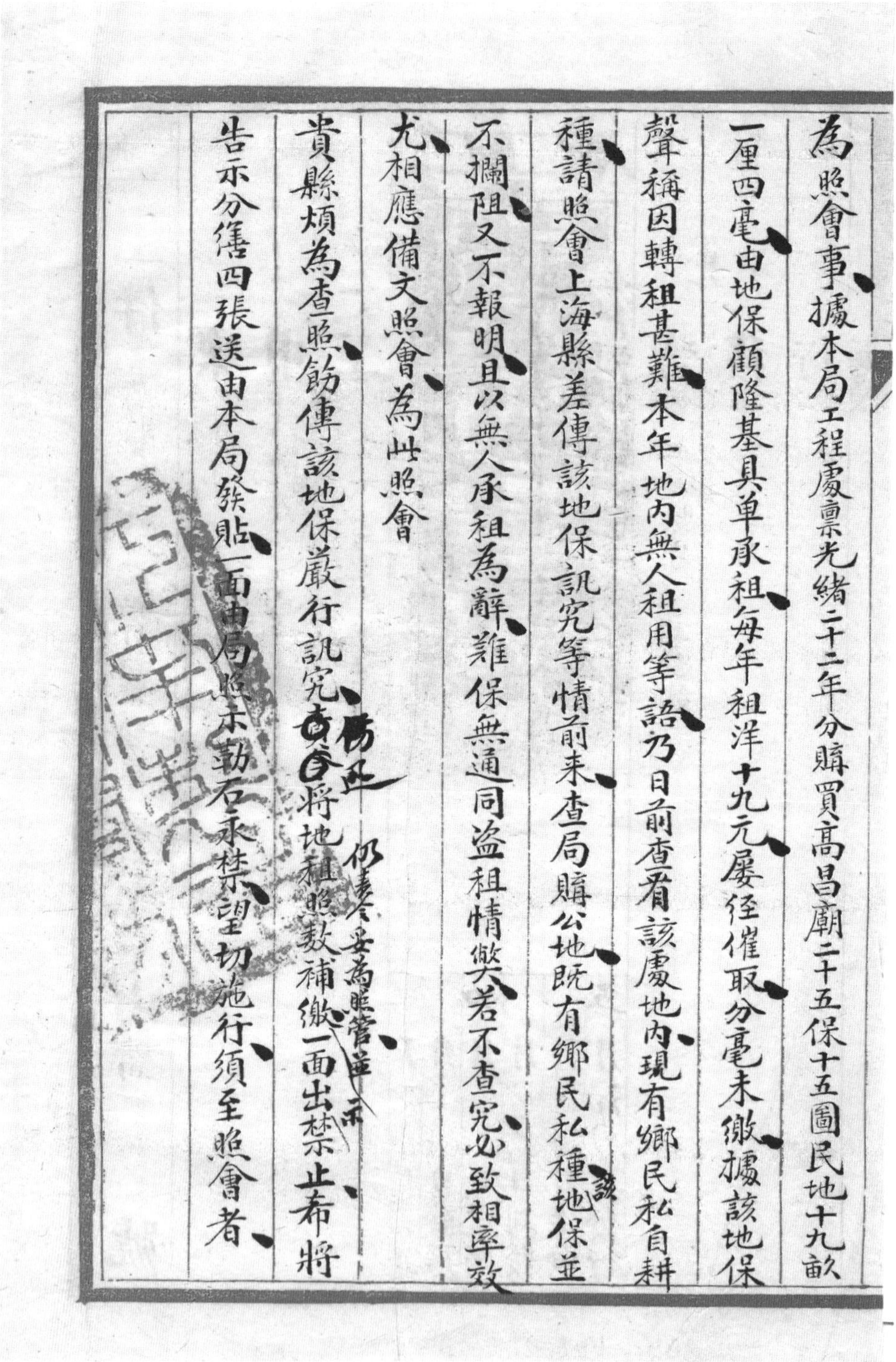
為照會事據本局工程處稟光緒二十二年分購買高昌廟二十五保十五圖民地十九畝一厘四毫由地保顧隆基具單承租每年租洋十九元屢經催取分毫未繳據該地保聲稱因轉租甚難本年地内無人租用等語乃日前查看該處地内現有鄉民私自耕種請照會上海縣差傳該地保訊究等情前来查局購公地既有鄉民私種該地保並不攔阻又不報明且以無人承租為辭難保無通同盜租情弊若不查究必致相率效尤相應備文照會為此照會
貴縣煩為查照飭傳該地保嚴行訊究責令將地租照數補繳仍妥為照管並示一面出示禁止希將告示分繕四張送由本局發貼一面由局照示勒石永禁望切施行須至照會者

江南機器製造局爲照會局購基地有鄉民私自耕種請差傳地保訊究並出示禁止事致上海縣知縣黄承暄照會稿（1898 年 6 月 18 日，光緒二十四年四月三十日）

光緒二十四年四月三十日

江南機器製造局爲照會局購基地有鄉民私自耕種請差傳地保訊究並出示禁止事致上海縣知縣黄承暄照會稿（1898年6月18日，光緒二十四年四月三十日）

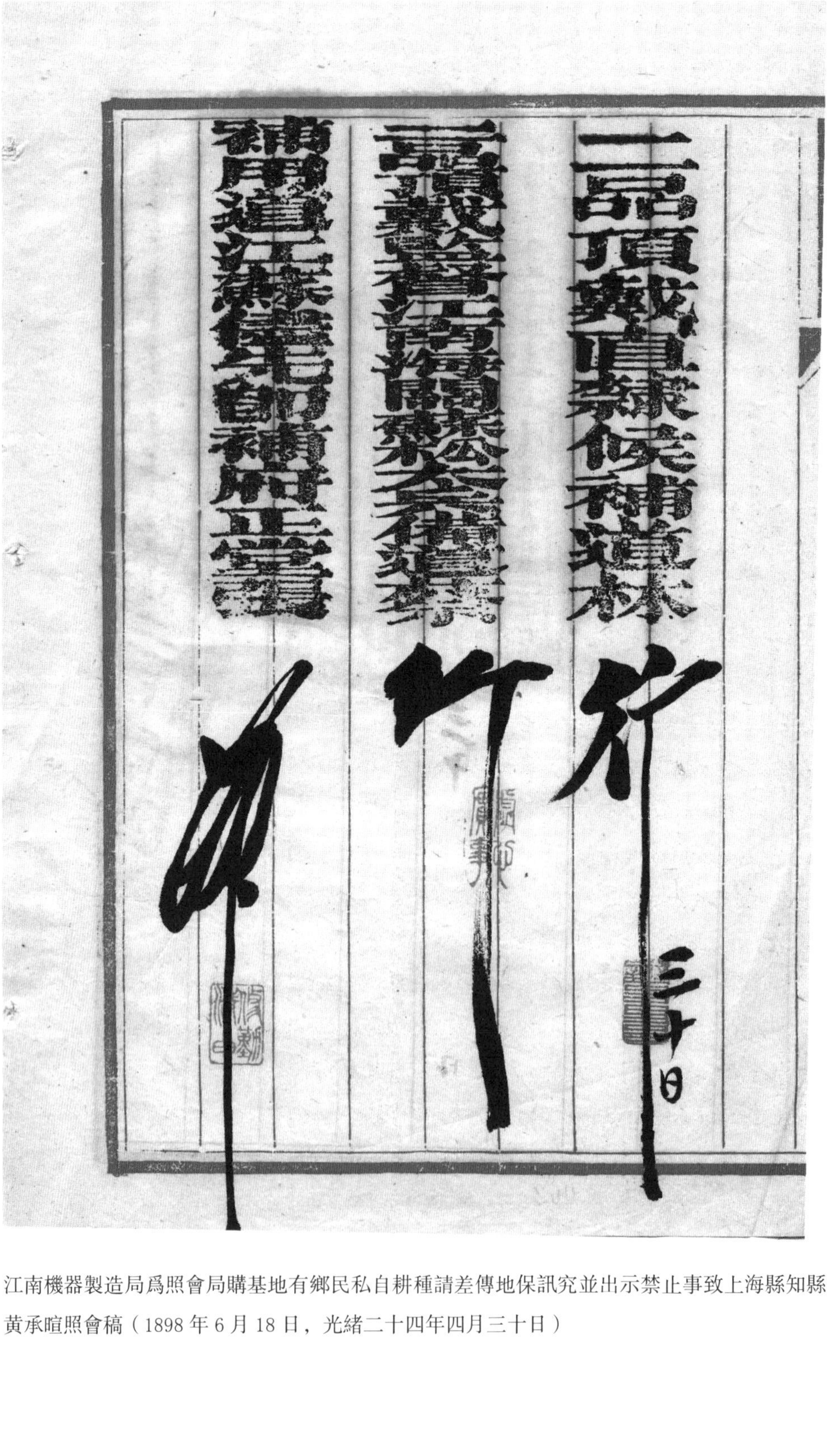
二品頂戴直隸候補道林

三十日

江南機器製造局爲照會局購基地有鄉民私自耕種請差傳地保訊究並出示禁止事致上海縣知縣黄承暄照會稿（1898 年 6 月 18 日，光緒二十四年四月三十日）

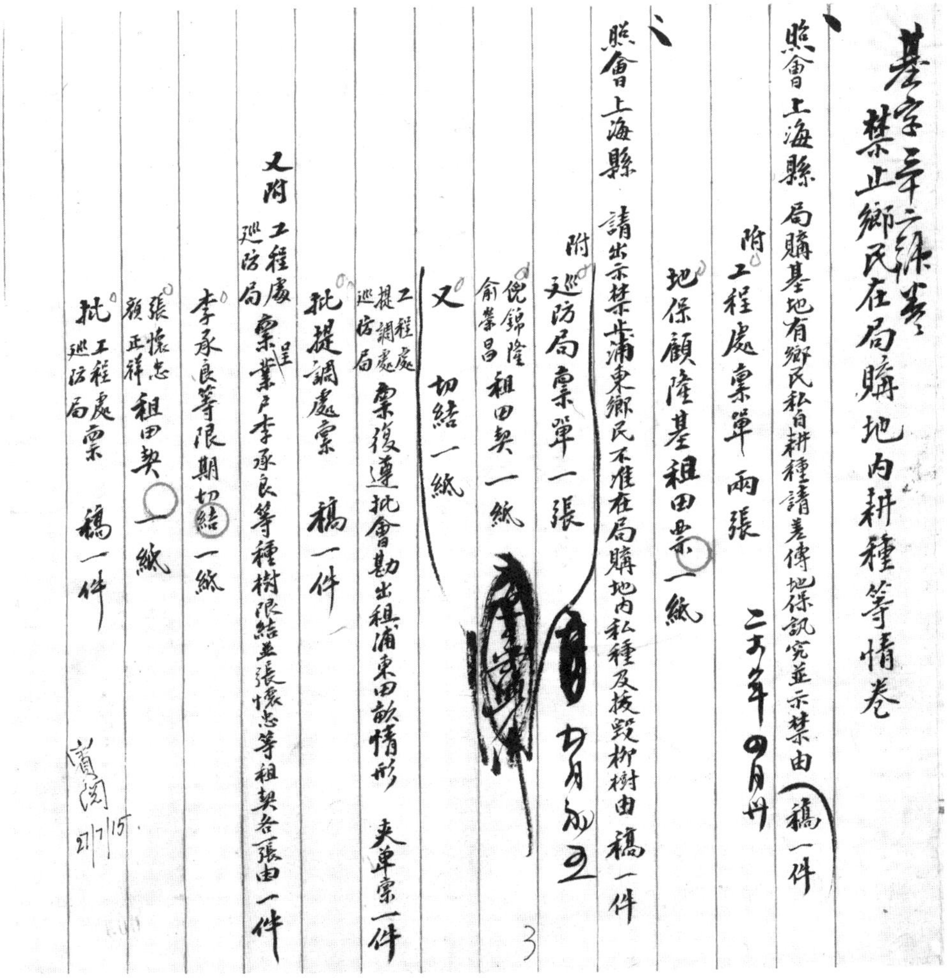

基字三十二號卷 禁止鄉民在局購地內耕種等情卷

照會上海縣 局購基地有鄉民私自耕種請差傳地保訊究並示禁由 稿一件

附工程處稟單兩張

地保顧隆基租田票一紙

二十五年四月廿

照會上海縣 請出示禁止浦東鄉民不准在局購地內私種及拔毀柳樹由 稿一件

附巡防局稟單一張

廿五月廿五

倪錦隆 俞葉昌 租田契一紙

又 切結一紙

工程處 提調處 巡防局 稟復遵批會勘出租浦東田畝情形 夾單稟一件

批提調處稟 稿一件

又附工程處 巡防局 稟呈葉户李承良等種樹限結並張懷忠等租契各張由一件

李承良等限期切結一紙

張懷忠 顧正祥 租田契一紙

批工程處 巡防局稟 稿一件

27/7/15

江南製造總局基字第三十二號禁止鄉民在局購地內耕種等情卷目録（1898—1899年，光緒二十四年）

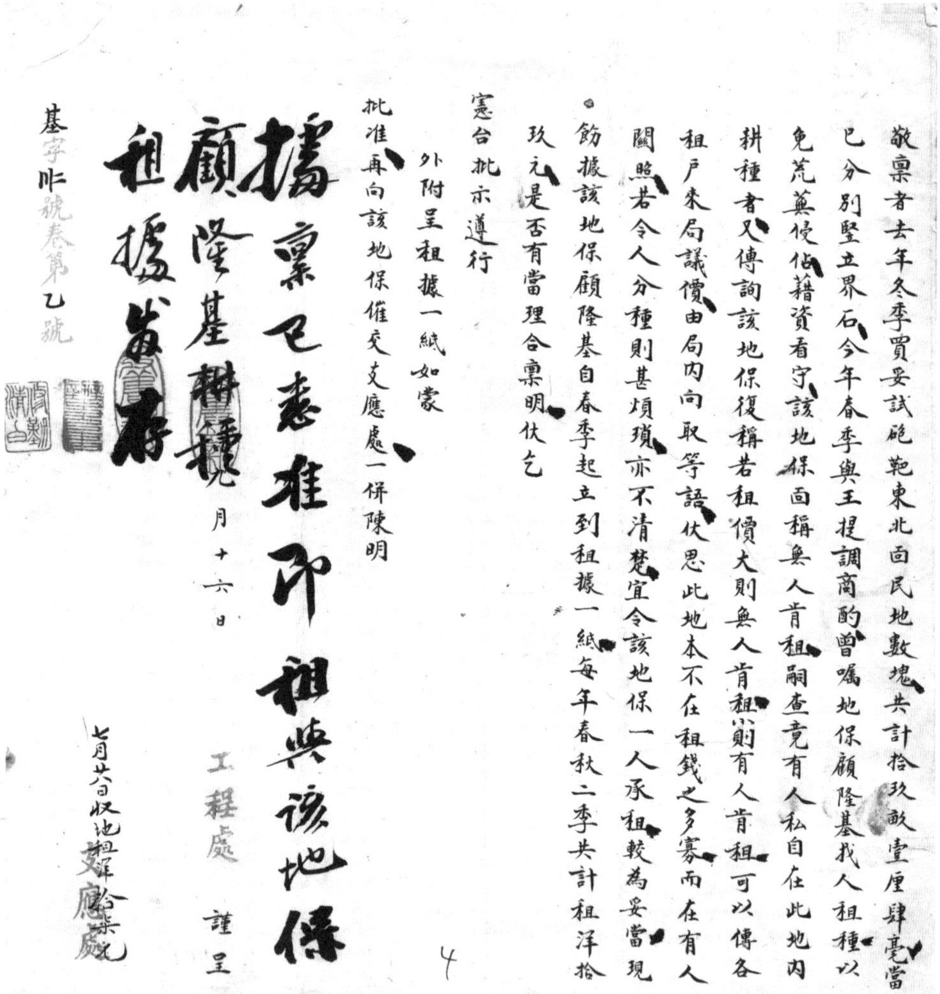
敬禀者去年冬季買妥試砲靶東北面民地數塊共計拾玖畝壹厘肆毫當已分別豎立界石今年春季與王提調商酌曾囑地保顧隆基找人租種以免荒蕪侵佔藉資看守該地保面稱無人肯租嗣查竟有人私自在此地內耕種者又傳詢該地保復稱若租價大則無人肯租嗣有人肯租可以傳各租戶來局議價由局內向取等語伏思此地本不在租錢之多寡而在有人關照若令人分種則甚煩瑣亦不清楚宜令該地保一人承租較為妥當現飭據該地保顧隆基自春季起立到租據一紙每年春秋二季共計租洋拾玖元是否有當理合禀明伏乞
憲台批示遵行
外附呈租據一紙如蒙
批准再向該地保催交支應處一併陳明

工程處 謹呈

九月十六日

據禀已悉准即租與該地保顧隆基耕種租據發存

七月廿六日收地租洋拾玖元 支應處

基字卟號春第乙號

4

江南機器製造局工程處爲宜令地保顧隆基一人承租較爲妥當乞求批示事致該局總辦稟文
（1897 年 10 月 11 日，光緒二十三年九月十六日）

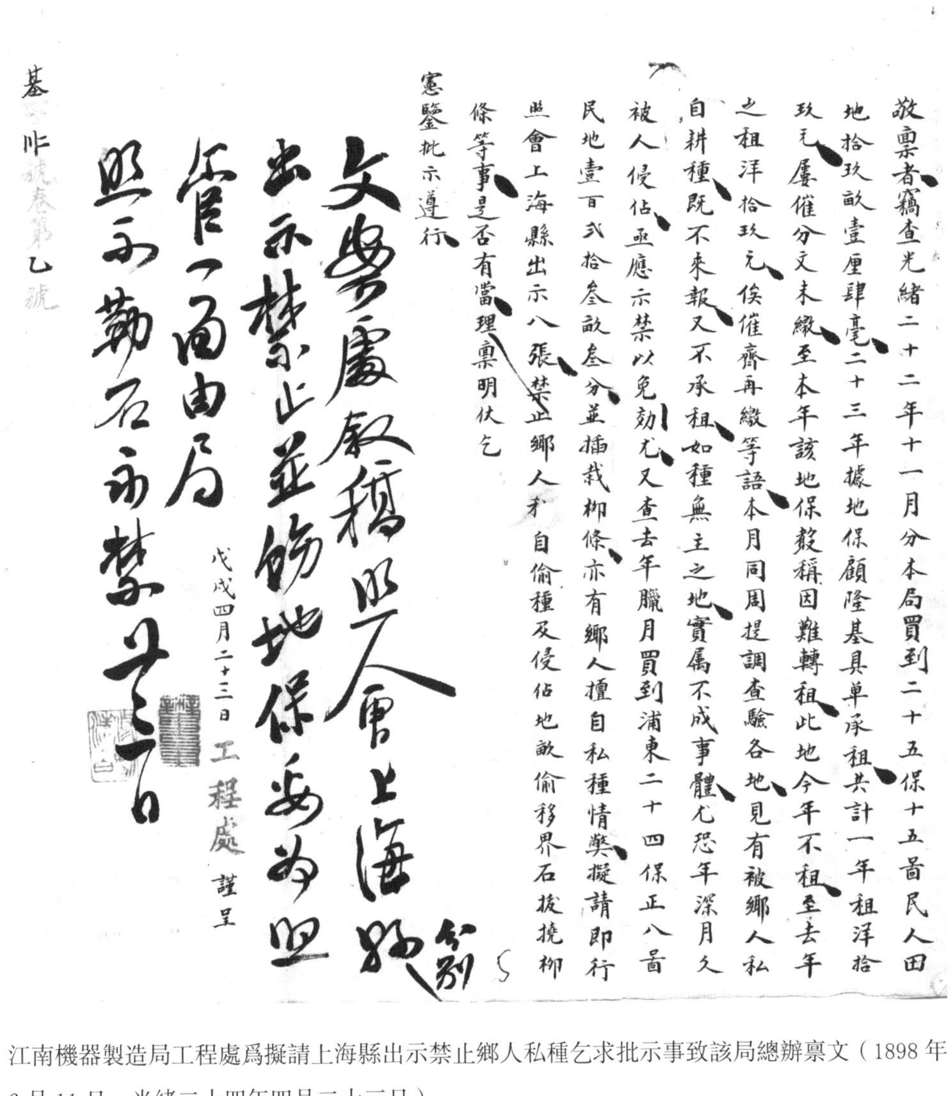

敬禀者竊查光緒二十二年十一月分本局買到二十五保十五啚民人田地拾玖畝壹釐肆毫二十三年據地保顧隆基具單承租共計一年租洋拾玖元屢催分文未繳至本年該地保殺稱因難轉租此地今年不租至去年之租洋拾玖元俟催齊再繳等語本月同周提調查驗各地見有被鄉人私自耕種既不來報又不承租如種無主之地實屬不成事體尤恐年深月久被人侵佔亟應示禁以免效尤又查去年臘月買到浦東二十四保正八啚民地壹百弍拾叁畝叁分並插栽柳條亦有鄉人擅自私種情弊擬請即行照會上海縣出示八張禁止鄉人才自偷種及侵佔地畝偷移界石拔撓柳條等事是否有當理禀明伏乞

憲鑒批示遵行

戊戌四月二十三日　工程處　謹呈

文案處叙稿照會上海縣出示禁止並飭地保妥為照管一面由局照示勒石示禁可也

基字號卷第乙號

江南機器製造局工程處爲擬請上海縣出示禁止鄉人私種乞求批示事致該局總辦禀文（1898 年 6 月 11 日，光緒二十四年四月二十三日）

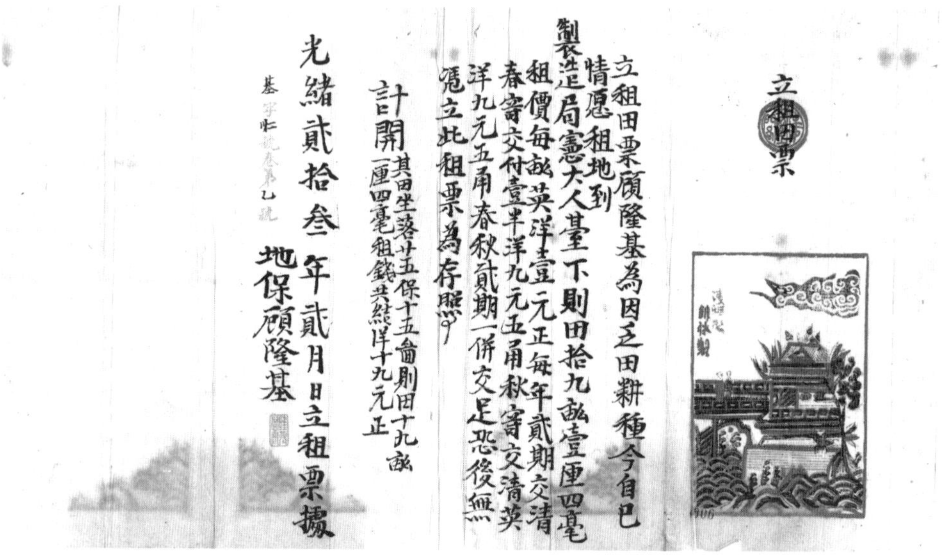
立租田票

立租田票顧隆基爲因乏田耕種今自己
情愿租地到
製造局憲大人臺下則田拾九畝壹厘四毫
租價每畝英洋壹元正每年貳期交清
春寄交付壹半洋九元五角秋寄交清英
洋九元五角春秋貳期一併交足恐後無
憑立此租票爲存照
計開 其田坐落廿五保十五啚則田十九畝
一厘四毫租錢共結洋十九元正
光緒貳拾叁年貳月 日立租票據
地保顧隆基
基字忙號卷第乙號

地保顧隆基立租田票（1897 年 3 月或 4 月，光緒二十三年二月）

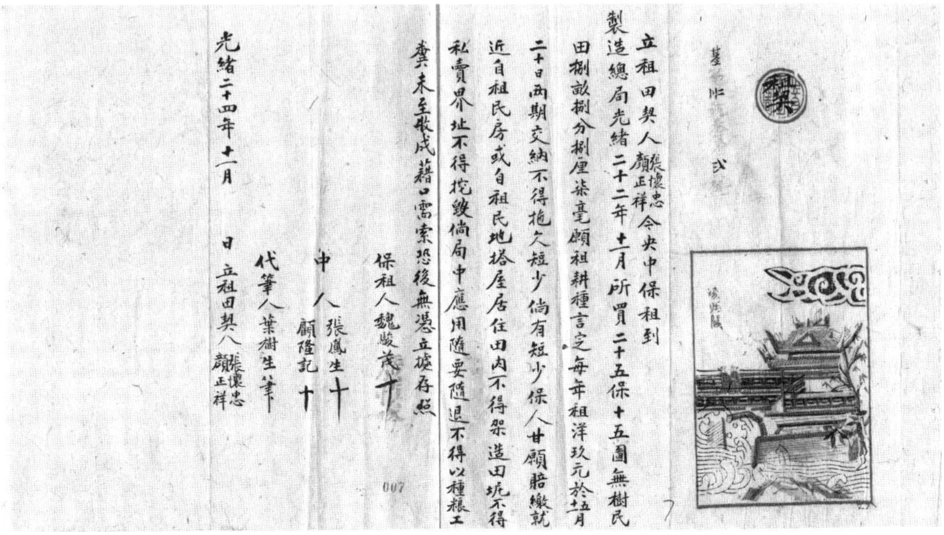

立租田契人張懷忠顏正祥今央中保租到
製造總局光緒二十二年十月所買二十五保十五圖無樹民
田捌畝捌分捌厘柒毫願租耕種言定每年租洋玖元於十一月
二十日兩期交納不得拖欠短少倘有短少保人甘願賠繳就
近自租民房或自租民地搭屋居住田內不得架造田坑不得
私賣界址不得挖毀倘局中應用隨要隨退不得以種糧工
糞未至收成藉口需索恐後無憑立據存照
保租人魏駿茂十
中人張鳳生十 顧隆記十
代筆人葉樹生筆
光緒二十四年十一月　日　立租田契人張懷忠 顏正祥

張懷忠、顏正祥立租田契（1898 年 12 月或 1899 年 1 月，光緒二十四年十一月）

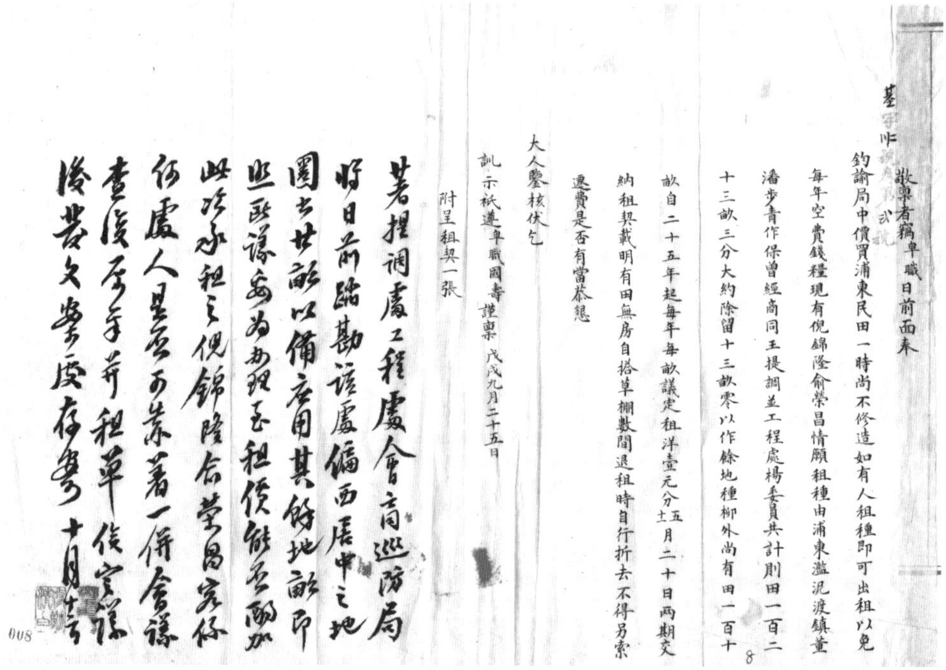
敬稟者竊卑職日前面奉
鈞諭局中價買浦東民田一時尚不修造如有人租種即可出租以免
每年空費錢糧現有倪錦隆俞榮昌情願租種由浦東濫泥渡鎮董
潘步青作保曾經商同王提調並工程處楊委員共計則田一百二
十三畝三分大約除留十三畝零以作餘地種柳外尚有田一百十
畝自二十五年起每年每畝議定租洋壹元五分十一月二十日兩期交
納租契載明有田無房自搭草棚數間退租時自行折去不得另索
遷費是否有當恭懇
大人鑒核伏乞
訓示祗遵卑職國壽謹稟 戊戌九月二十五日
附呈租契一張

巡防局魯國壽爲現有倪錦隆等情願租種浦東民田乞批示事致江南製造局總辦稟文（1898 年 11 月 8 日，光緒二十四年九月二十五日）

敬稟者竊卑職等十三日奉到　基　卅　式

憲批巡防局為出租浦東田畝稟條著提調處工程處會同巡防局

將日前踏勘該處偏西居中之地圈出二十畝以備應用其餘地

畝即照所議妥為辦理至租價能否酌加此次承租之倪錦隆俞

榮昌究係何處人是否可靠著一併會議查覆原稟並租單俟定

議後發文案處存案等因奉此卑職等遵即會商邀到原保人潘

步青詢稱倪錦隆崇明縣人俞榮昌川沙廳人均住浦東北蔡鎮

江南機器製造局提調處、工程處、巡防局爲稟復遵批會勘出租浦東田畝情形附呈原稟及租契切結各一紙事致該局總辦稟文（1898年12月2日，光緒二十四年十月十九日）

左近有年向係合夥租種海塘蘆蕩為業並不吃教既經保租一切均可作保查租契局中倘要修造此田隨時退還則無論偏東偏西居中各地倘須應用自是隨要隨退且已除留十三畝零作種柳未租餘地一時即有修造儘可敷用似可無須再行圈出現在該租户情願就近自租民房或自租民地搭棚寄住免致後有糾葛與租契就所租田内搭棚不符已飭補具切結備查此田未種至今已荒年餘租價每畝壹元每年五十一月兩期共應收洋壹百

江南機器製造局提調處、工程處、巡防局爲稟復遵批會勘出租浦東田畝情形附呈原稟及租契切結各一紙事致該局總辦稟文（1898 年 12 月 2 日，光緒二十四年十月十九日）

拾元擬俟試種二年仍熟後再行議加謹將會商辦理情形肅泐
稟陳是否有當恭懇
大人鑒核俟
示遵行肅稟具覆虔請
崇安伏惟
垂鑒卑職世綬培
國壽謹稟 戊戌十月十九日
附呈原稟租契切結各壹件

011

江南機器製造局提調處、工程處、巡防局爲稟復遵批會勘出租浦東田畝情形附呈原稟及租契切結各一紙事致該局總辦稟文（1898年12月2日，光緒二十四年十月十九日）

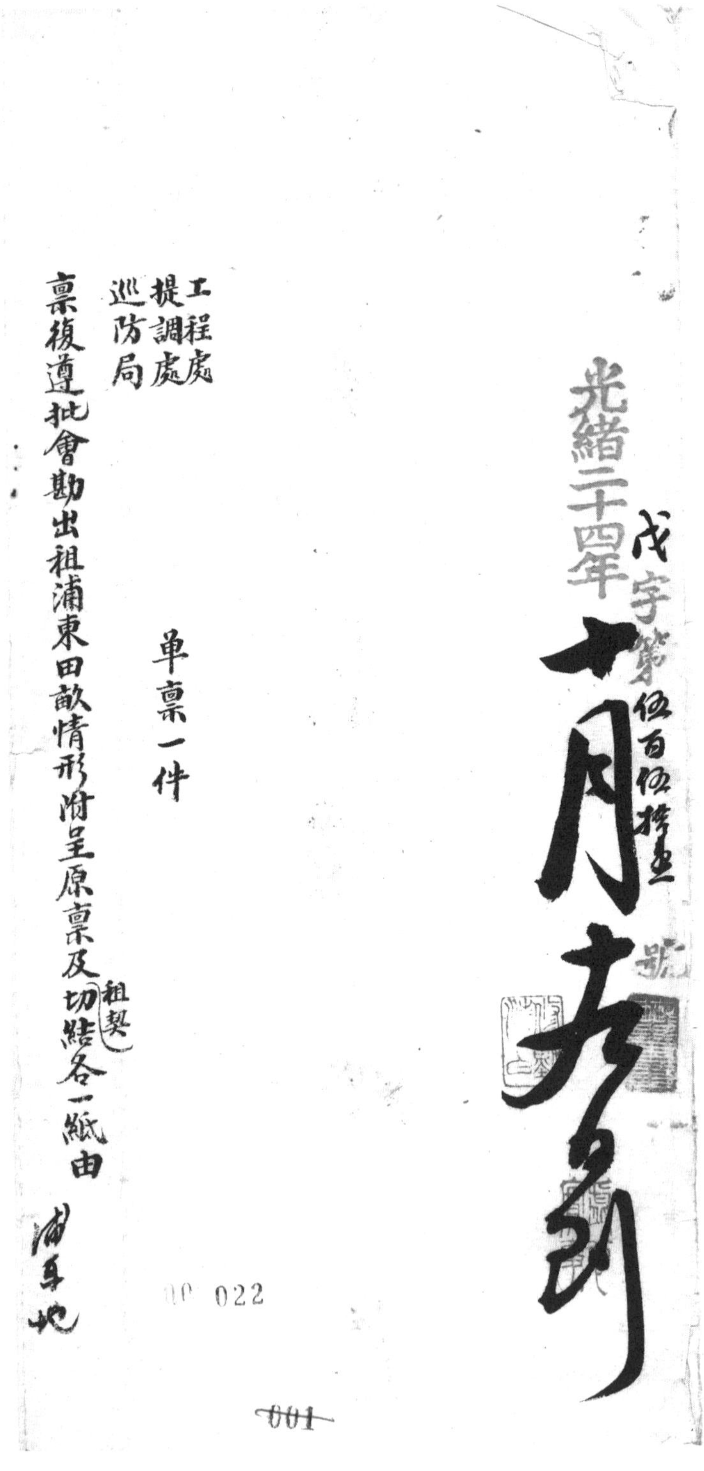
光緒二十四年戊字第伍百伍拾壹號
十月十九到
工程處
提調處
巡防局
稟復遵批會勘出租浦東田畝情形附呈原稟及租契切結各一紙由
單稟一件
浦東地
00 022
001

江南機器製造局提調處、工程處、巡防局爲稟復遵批會勘出租浦東田畝情形附呈原稟及租契切結各一紙事致該局總辦稟文（1898 年 12 月 2 日，光緒二十四年十月十九日）

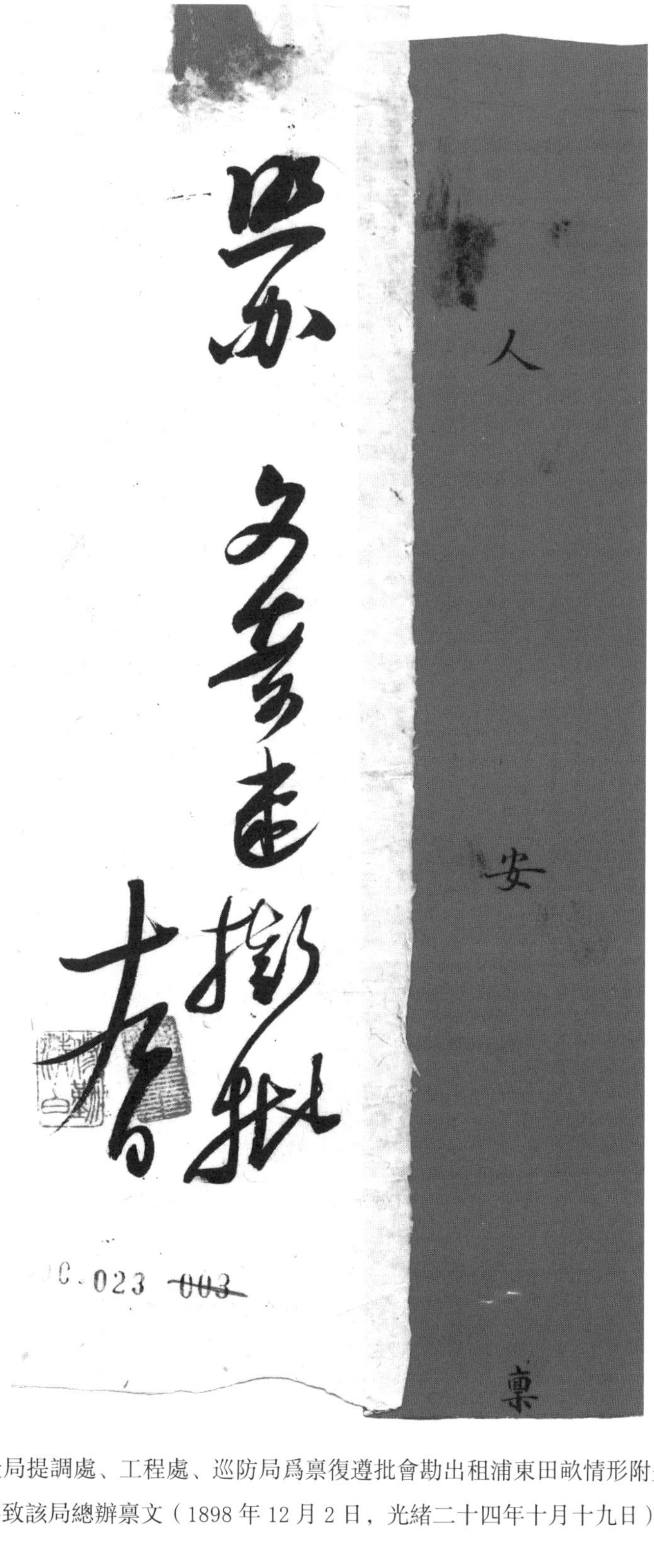

江南機器製造局提調處、工程處、巡防局爲稟復遵批會勘出租浦東田畝情形附呈原稟及租契切結各一紙事致該局總辦稟文（1898 年 12 月 2 日，光緒二十四年十月十九日）

敬稟者竊查光緒二十二年十一月　基　[illegible]　式
前局憲劉價買局西二十五保十五圖李承良等民田共十九畝
零一釐四毫其有樹之田計十畝一分二釐七毫係從前李承良
等原種有桃樹柿樹花紅樹紫楊笆等至今尚未拔去如照舊章
給費拔樹樹多費多轉不合算如積久不拔田為局田業為民收
田係零塊界址易致混淆現已傳到李承良等合具限期拔淨切
結自明年己亥起再收三年至辛丑年九月內各自將田中一切

江南機器製造局工程處、巡防局爲稟呈業户李承良等種樹限結並張懷忠等租契各一張事致該局總辦稟文（1899年1月25日，光緒二十四年十二月十四日）

花菓樹木概行拔砍乾淨所收三年無論收菓豐歉自願作為拔
砍之費限滿不得另有需索其無樹之田計八畝八分八釐七毫
無人租種竟至荒蕪現由本街魏董駿茂作保有淮安人張懷忠顏正祥
情願合租種菜每年議定租洋九元五十二月二十日兩期交納倘有
拖短保人甘願賠繳租契載明就近自租民房或自租民地搭屋
居種田內不得架造如局中應用隨要隨退不得以種苗工糞未
至收成藉口需索茲將租契壹張並李承良等限結壹張肅稟附

江南機器製造局工程處、巡防局爲稟呈業户李承良等種樹限結並張懷忠等租契各一張事致該局總辦稟文（1899 年 1 月 25 日，光緒二十四年十二月十四日）

呈是否有當叩懇

大人鑒核伏乞

訓示遵行謹肅泐稟虔請

崇安伏惟

垂鑒卑職國壽培謹稟　戊戌十二月十四日

計呈李承良等限結　張懷忠　顏正祥　租契各壹張

014

江南機器製造局工程處、巡防局爲稟呈業户李承良等種樹限結並張懷忠等租契各一張事致該局總辦稟文（1899 年 1 月 25 日，光緒二十四年十二月十四日）

工程處
巡防局
稟呈業户李承良等種樹限結並張懷忠等租契各一張由

戊字第陸百叁拾柒號

光緒二十四年十二月十四日到

024

~~002~~

江南機器製造局工程處、巡防局爲稟呈業户李承良等種樹限結並張懷忠等租契各一張事致該局總辦稟文（1899 年 1 月 25 日，光緒二十四年十二月十四日）

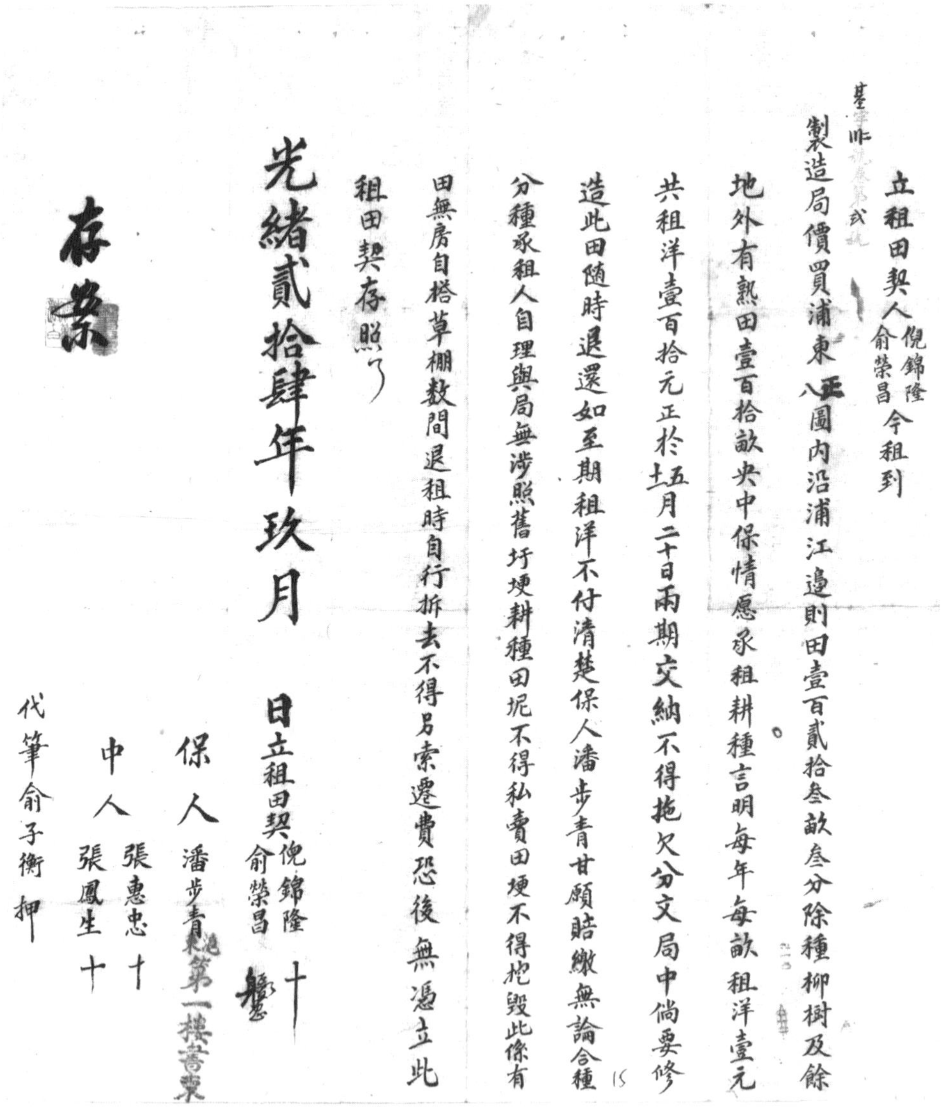

基字廿號租契第弍號

立租田契人倪錦隆
俞榮昌今租到
製造局價買浦東八巫圖內沿浦江邊則田壹百貳拾叁畝叁分除種柳樹及餘
地外有熟田壹百拾畝央中保情愿承租耕種言明每年每畝租洋壹元
共租洋壹百拾元正於五月十一月二十日兩期交納不得拖欠分文局中倘要修
造此田隨時退還如至期租洋不付清楚保人潘步青甘願賠繳無論合種
分種承租人自理與局無涉照舊圩埂耕種田泥不得私賣田埂不得挖毀此係有
田無房自搭草棚數間退租時自行拆去不得另索遷費恐後無憑立此
租田契存照

光緒貳拾肆年玖月　日立租田契倪錦隆十
俞榮昌

保人　潘步青 第一樓蓍東

中人　張惠忠十
張鳳生十

代筆俞子衡押

存案

倪錦隆、俞榮昌立租田契（1898 年 10 月或 11 月，光緒二十四年九月）

基字𠇬號卷第弍號

具切結租戶倪錦隆俞榮昌今具到

製造總局台前情因前月身等承租局中價買浦東民田曾央中保立有租契叙明有田無房自搭棚數間退租時自行折去身等現在情願就近自租民房或租民地

搭棚其田只得耕種不得蓋屋局中隨要隨退不得以種粮工糞未至收成藉口需索因與原契不符合具切結是實

所租田內計原有不知姓名大小坟十七塚浮厝柩乜具合并聲明

原保租人潘步青

光緒貳拾肆年拾月　日具切結租戶倪錦隆 俞榮昌 十十

016

倪錦隆、俞榮昌具切結（1898年11月或12月，光緒二十四年十月）

茎字卅號卷第弍號

具限期拔淨切結黃丫頭王耀宗李桂生李阿觀黃金榮李承良今具到

製造總局大人台前情因光緒二十一年十一月民等已將自種則田賣與局中管業所有田價當時領清田中所種桃樹柿樹花紅樹紫陽色等本應全拔砍不應仍舊收成現蒙

傳諭立限拔砍民等再四求恩自明年己亥起再收叁年至辛丑年九月內民等各自將田中一切花菓樹木概行拔砍乾淨所收叁年無論收菓豐歉自願作為

拔砍之費限滿不得另有需索倘限滿不拔及另有需索等情任憑送縣嚴究具限期拔淨切結是寔

附卷

計開應拔樹木

黃丫頭　桃樹大十根　小二十九根

黃金榮　桃樹大六根　柿樹大十一根

李阿觀　桃樹大三十根　小六十一根　花紅樹大四十一根　紫陽色二十六丈

李桂生　桃樹大十八根　小三十四根

王耀宗　花紅樹大三十根

李承良　桃樹大三十五根　小六十八根　花紅樹大八十五根　紫陽色十五丈

光緒貳拾肆年拾貳月　日具限期拔淨切結　黃丫頭十　黃金榮十　李桂生十　李承良十　王耀宗十　李阿觀十

地保顧隆基

李承良等具限期拔淨切結（1899年1月或2月，光緒二十四年十二月）

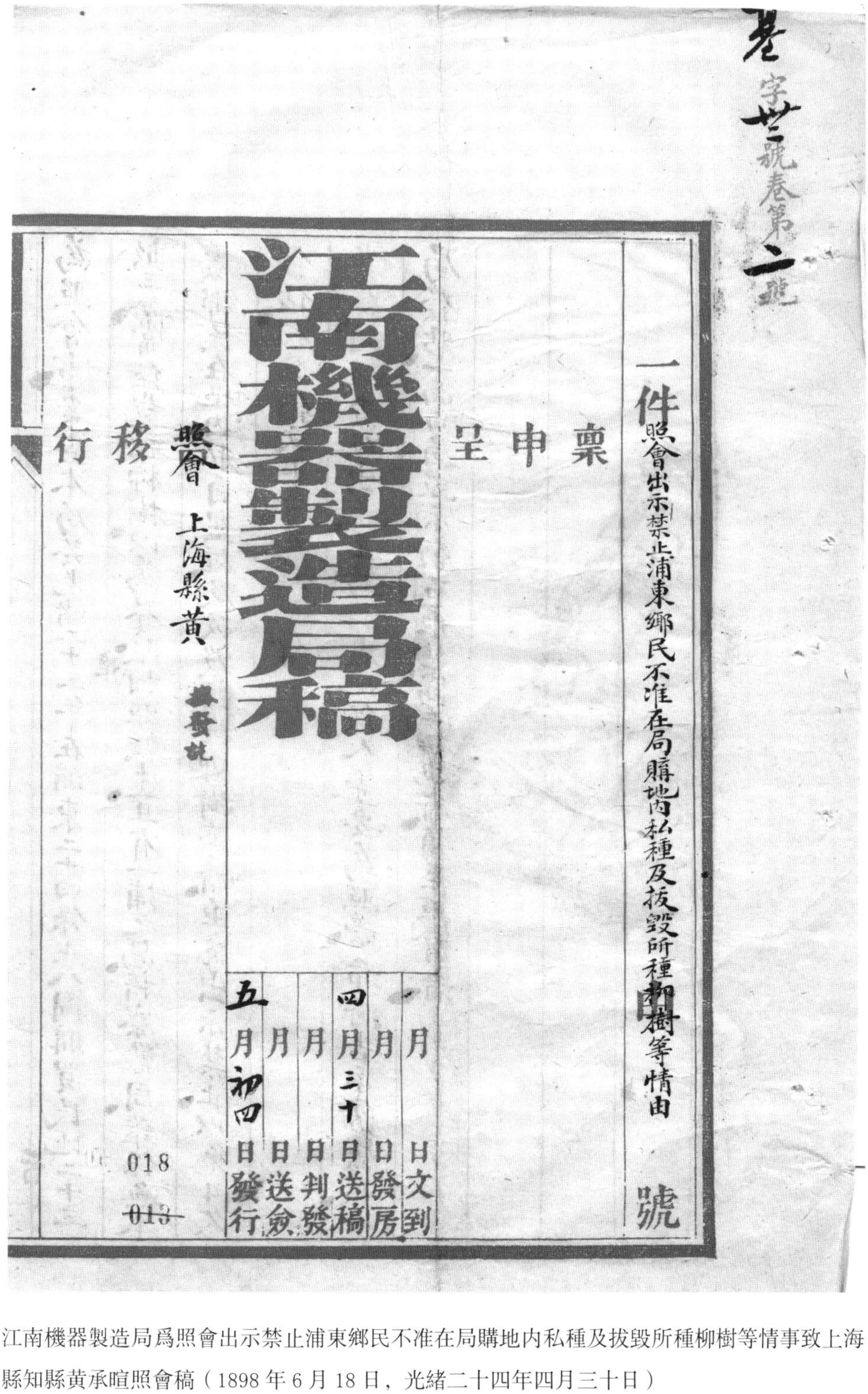
字廿二號卷第二號

一件照會出示禁止浦東鄉民不准在局購地内私種及拔毀所種柳樹等情由　號

稟
申
呈

江南機器製造局稿

照會　上海縣黃

移
行

發號

月　日文到	
月　日發房	
四月三十日送稿	
月　日判發	
月　日送僉	
五月初四日發行	

018

~~013~~

江南機器製造局爲照會出示禁止浦東鄉民不准在局購地内私種及拔毀所種柳樹等情事致上海縣知縣黄承暄照會稿（1898 年 6 月 18 日，光緒二十四年四月三十日）

為照會事案查本局於光緒二十三年在浦東二十四保正八圖購買民地二百十三畝三分當經栽種柳樹以為界限惟相距較遠且有一浦之隔稽察難周雖保無本處鄉民在地内私自墾種及拔毁所種柳樹等情亟應出示禁止以免日久侵佔相應備文照會為此照會

貴縣請煩查照出示並飭該處地保人等妥為照管希將告示分繕四張送

局發貼一面由局照示勒石永禁望切施行須至照會者

江南機器製造局爲照會出示禁止浦東鄉民不准在局購地内私種及拔毁所種柳樹等情事致上海縣知縣黄承暄照會稿（1898 年 6 月 18 日，光緒二十四年四月三十日）

光緒二十四年四月三十日

江南機器製造局爲照會出示禁止浦東鄉民不准在局購地内私種及拔毀所種柳樹等情事致上海縣知縣黄承暄照會稿（1898 年 6 月 18 日，光緒二十四年四月三十日）

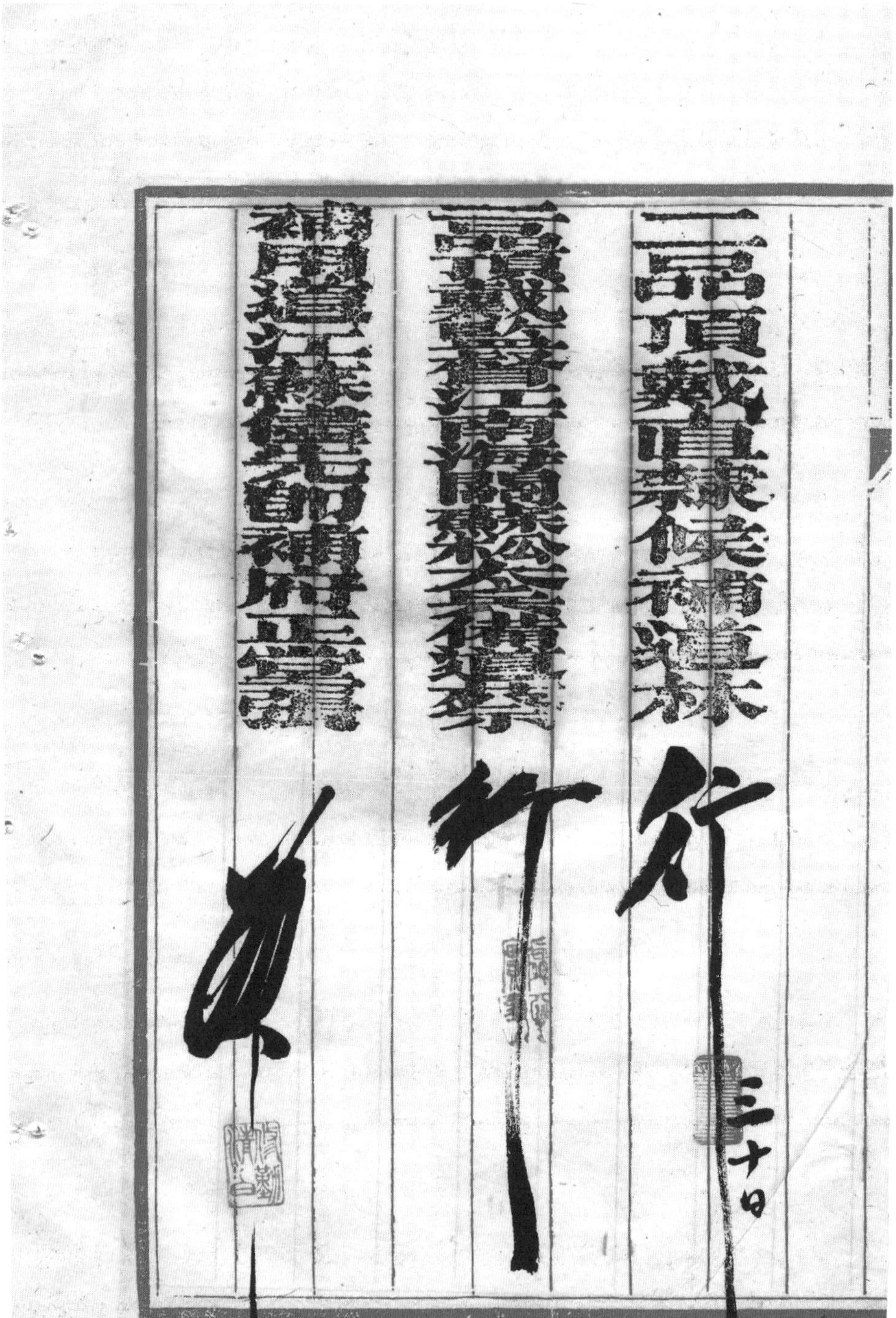

江南機器製造局爲照會出示禁止浦東鄉民不准在局購地内私種及拔毀所種柳樹等情事致上海縣知縣黄承暄照會稿（1898 年 6 月 18 日，光緒二十四年四月三十日）

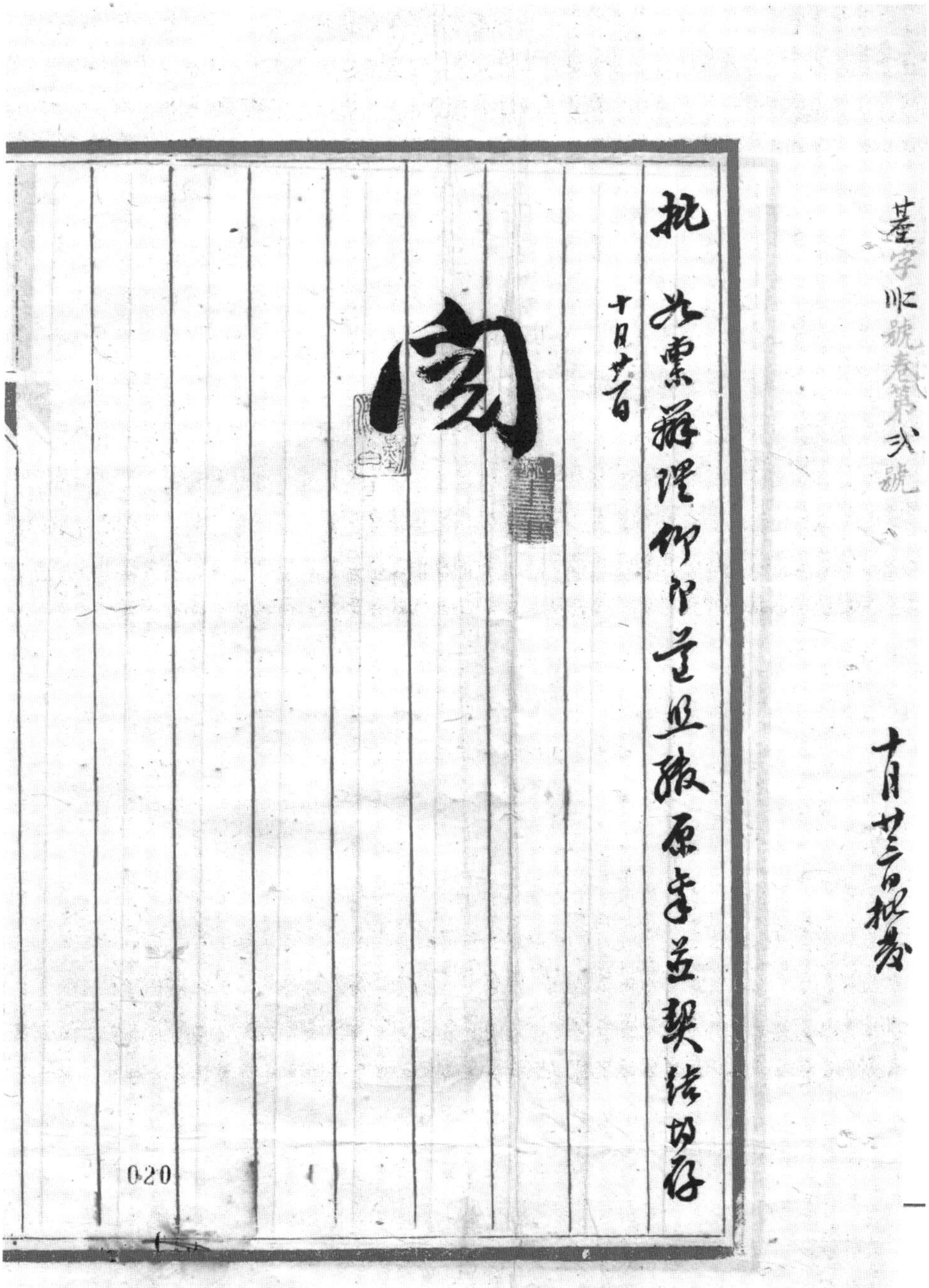

江南機器製造局關於提調處、工程處、巡防局爲稟復遵批會勘出租浦東田畝情形附呈原稟及租契切結各一紙事稟文的批文稿（1898 年 12 月 4 日，光緒二十四年十月二十一日）

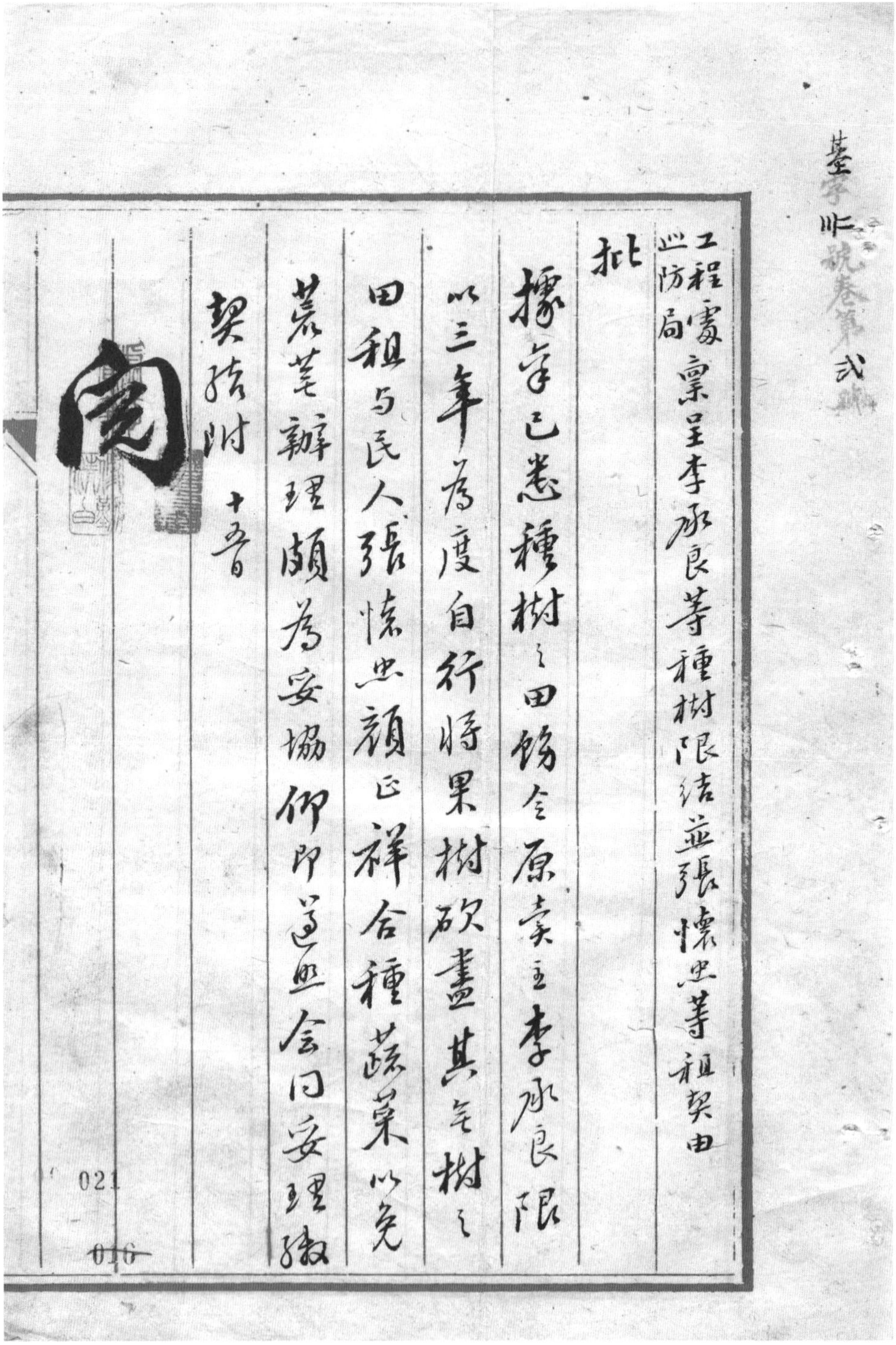
基字叶號卷第貳

工程處
巡防局 稟呈李承良等種樹限結並張懷忠等租契由

批

據稟已悉種樹之田飭令原業主李承良限
以三年為度自行將果樹砍盡其餘樹之
田租與民人張懷忠願照詳合種蔬菜以免
荒蕪辦理頗為妥協仰即逕照會同妥理繳
契結附　十四

閱

021

~~016~~

江南機器製造局關於工程處、巡防局爲稟呈李承良等種樹限結並張懷忠等租契事稟文的批文稿（1899 年 1 月 25 日，光緒二十四年十二月十四日）

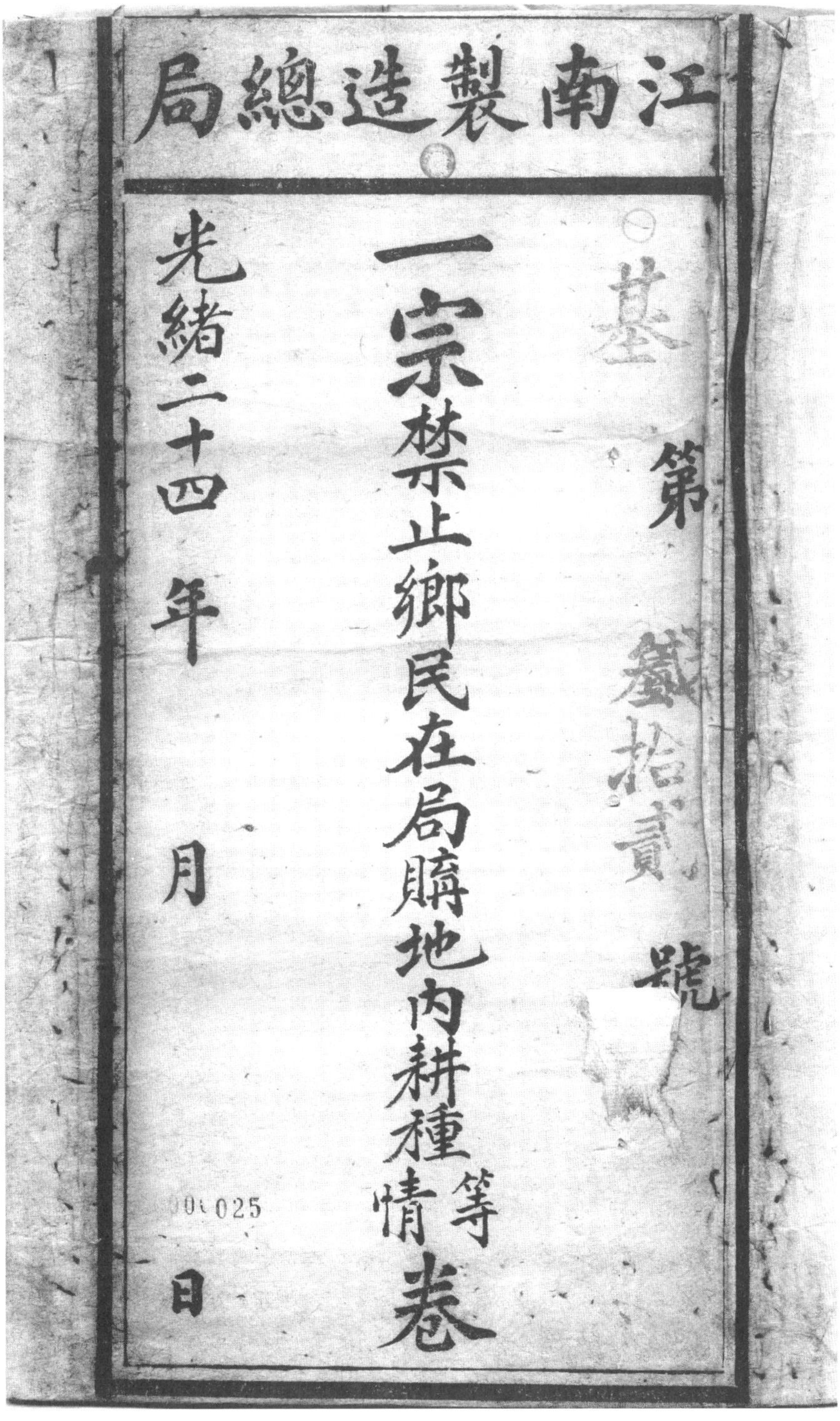

江南製造總局

基 第叁拾貳號

一宗禁止鄉民在局購地內耕種等情卷

光緒二十四年 月 日

江南製造總局基字第三十二號禁止鄉民在局購地內耕種等情卷封面（1898—1899 年，光緒二十四年）

五、江南製造局平地全圖

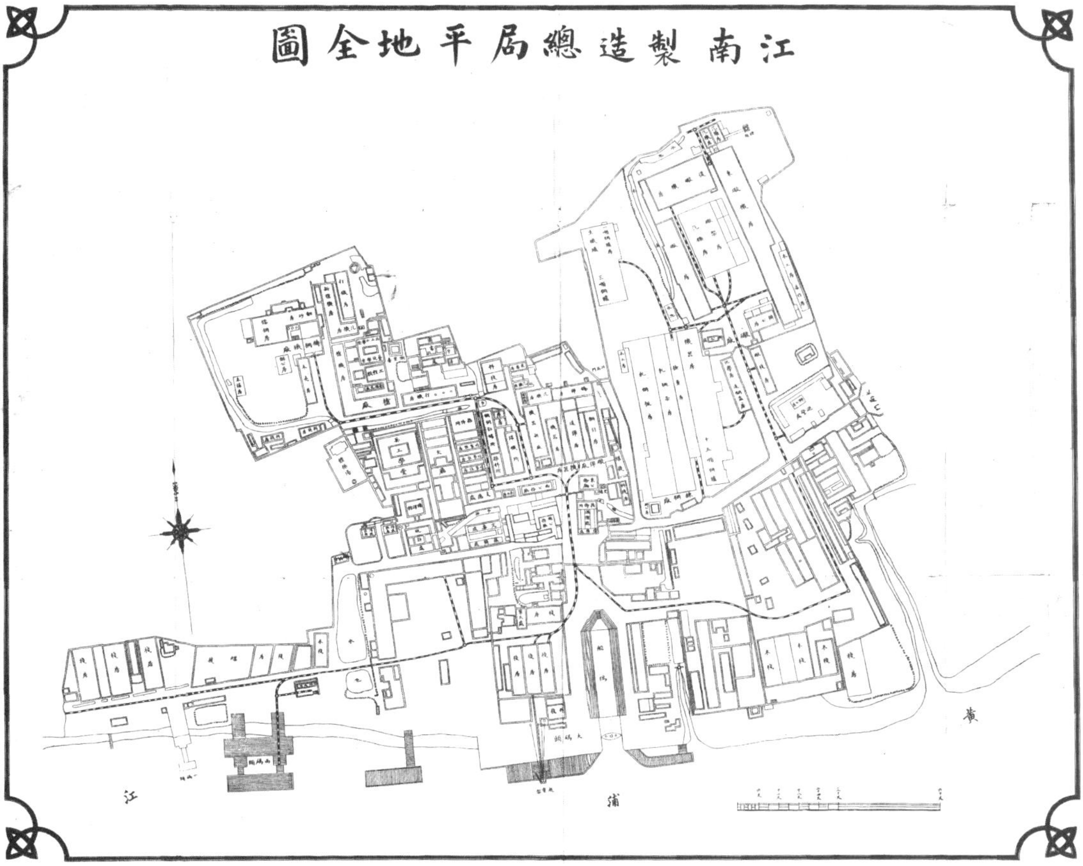

江南製造總局平地全圖（時間不詳）

江南製造總局

六、上海製造總局局外地基圖册

《陸軍部上海製造總局局外地基圖册》封面（1917年2月）

上海製造總局局外地基圖册

中華民國六年二月　日

副總統府諮議上海製造局總辦三等文虎勳章陸軍中將李鍾岳

會計處長王鴻榆
秘書處長夏膺年
工務處長鮑賢蒙

《陸軍部上海製造總局局外地基圖册》扉頁（1917 年 2 月）

製造總局局外地基

計開

第一頁	第一號	總局正門外	共計拾叁畝零零肆毫
	第二號	總局西卡	共計陸分貳厘捌毫
第二頁	第三號	總局西邊地基	共計貳拾畝零壹分柒厘
第三頁	第四號	總局後北局門外	共計貳畝叁分叁厘陸毫
	第五號	望道橋卡房	共計肆分零貳毫
	第六號	西柵門卡房	共計叁分零玖毫
第四頁	第七號	新高昌廟	共計肆畝柒分
第五頁	第八號	新高昌廟後	共計壹畝貳分零玖毫
	第九號	總局北局門外	共計壹畝零伍厘伍毫
第六頁	第十號	總局花園	共計捌畝叁分玖厘壹毫
第七頁	第十一號	礮廠圍牆外	共計貳畝肆分叁厘伍毫
第八頁	第十二號	礮隊營	共計陸拾伍畝零叁厘叁毫
	第十三號	火箭場	共計捌畝零零柒毫
第九頁	第十四號	老君廟	共計壹畝叁分柒厘

《陸軍部上海製造總局局外地基圖册》目録（1917 年 2 月）

	第十五號	總局東卡	共計貳分柒厘貳毫
	第十六號	同樂里	共計肆畝壹分叁厘貳毫
分局地基			
第十頁	第一號	日暉橋卡房	共計貳分零叁毫
第十一頁	第二號	小木橋	共計拾玖畝肆分捌厘
浦東地基	第三號	龍華	共計拾伍畝叁分壹厘
第十二頁	第一號	吳淞海軍醫院	共計陸拾伍畝玖分柒厘
第十三頁	第二號	浦東二十四保八圖	共計壹百拾叁畝伍分陸厘捌毫
	第三號	新光藥庫	共計壹百拾玖畝貳分玖厘柒毫

4

《陸軍部上海製造總局局外地基圖册》目録（1917年2月）

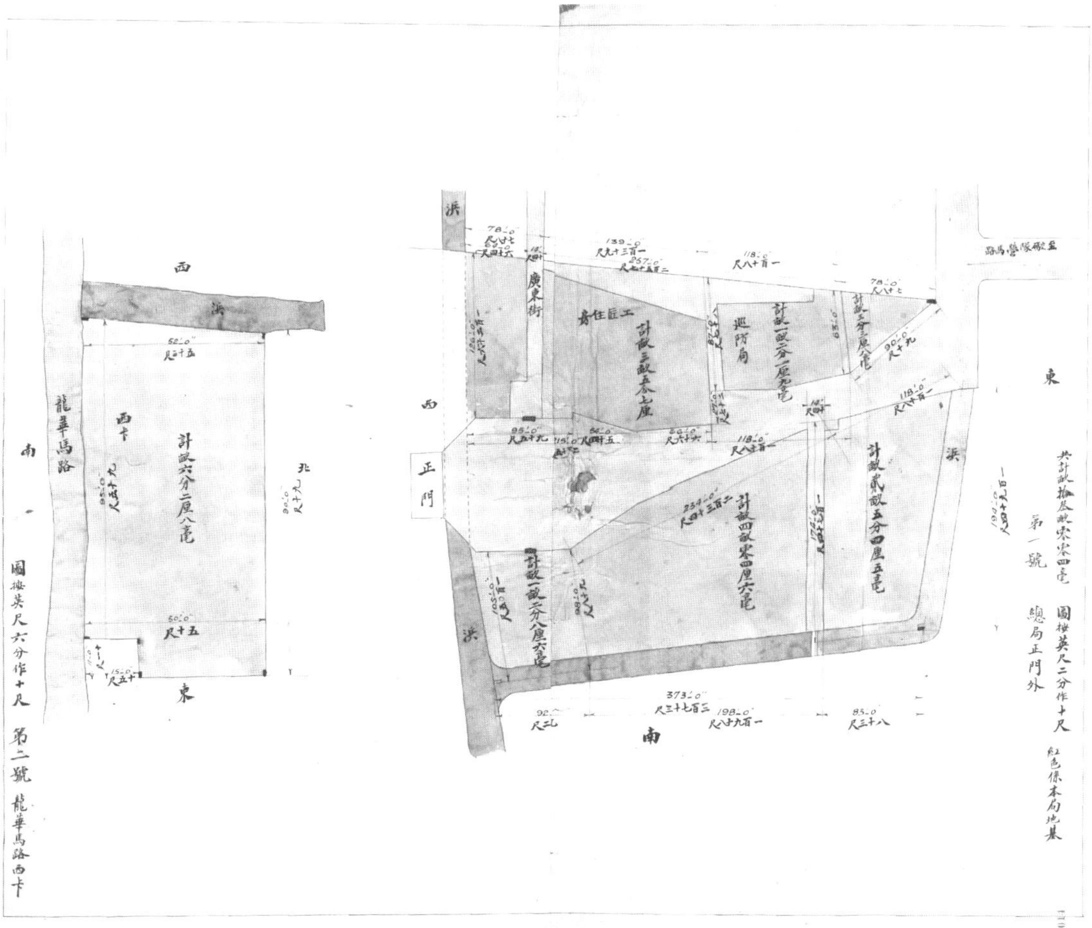

第一號總局正門外、第二號總局西卡（1917年2月）

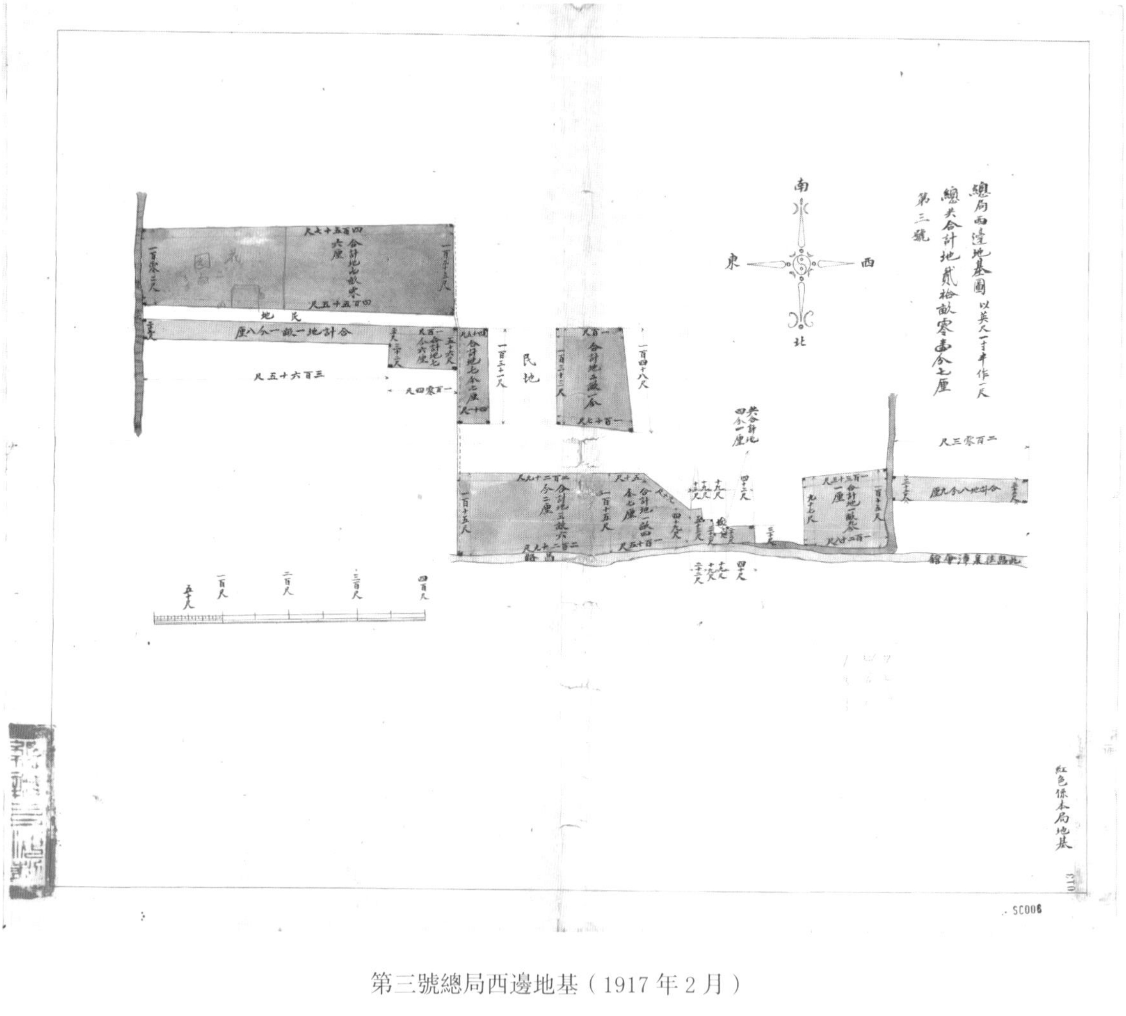

第三號總局西邊地基（1917年2月）

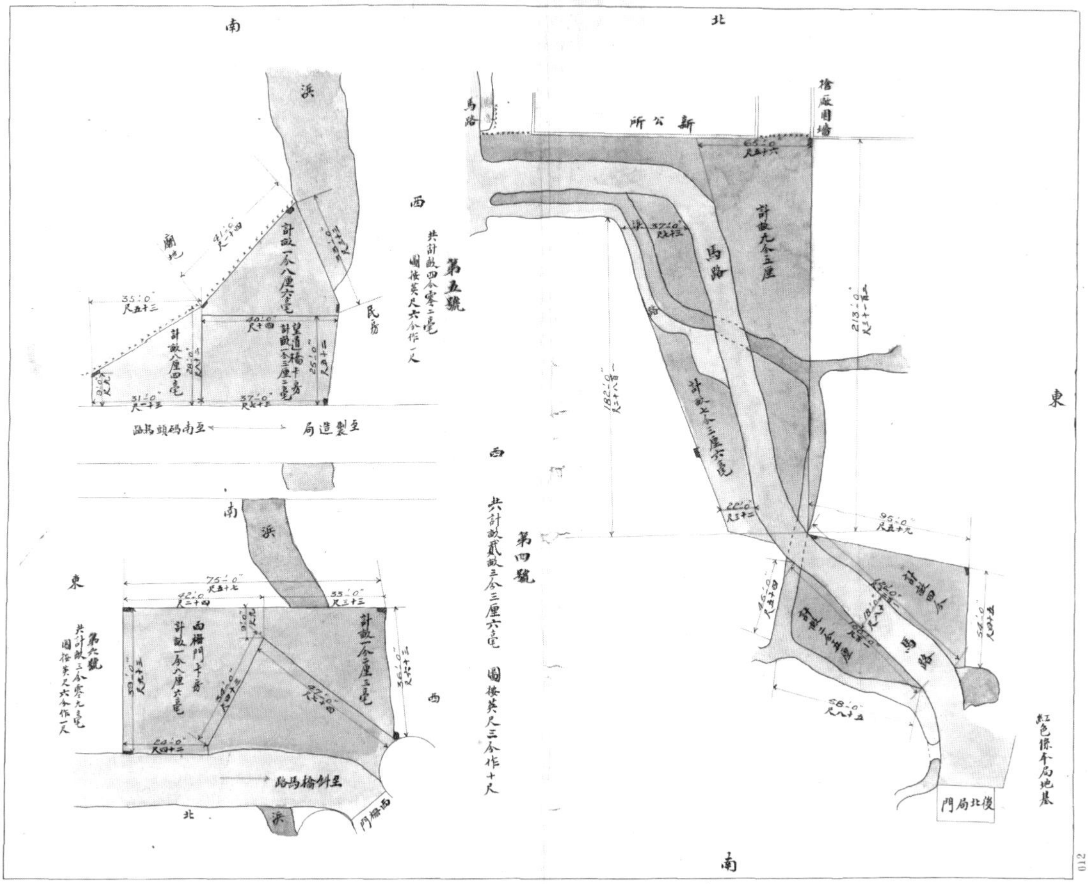

第四號總局後北局門外、第五號望道橋卡房、第六號西柵門卡房（1917 年 2 月）

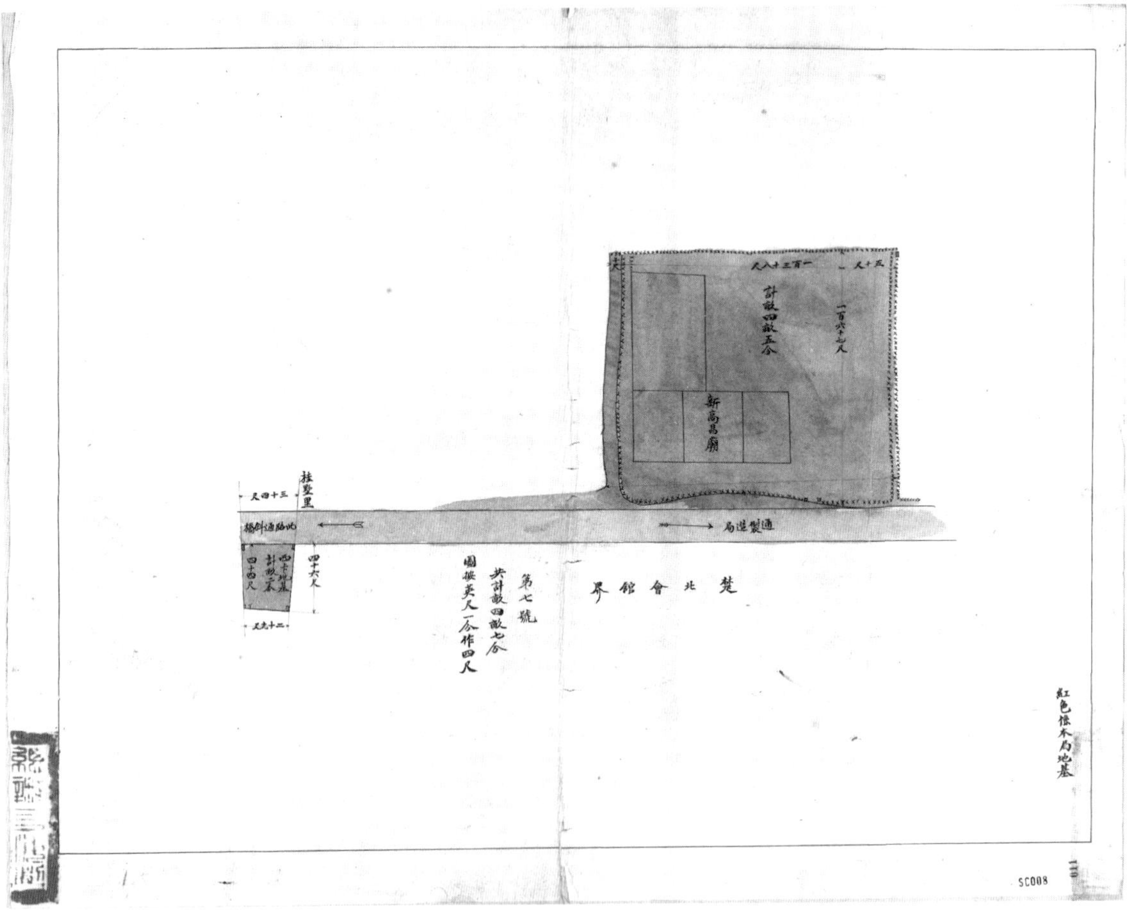

第七號新高昌廟（1917 年 2 月）

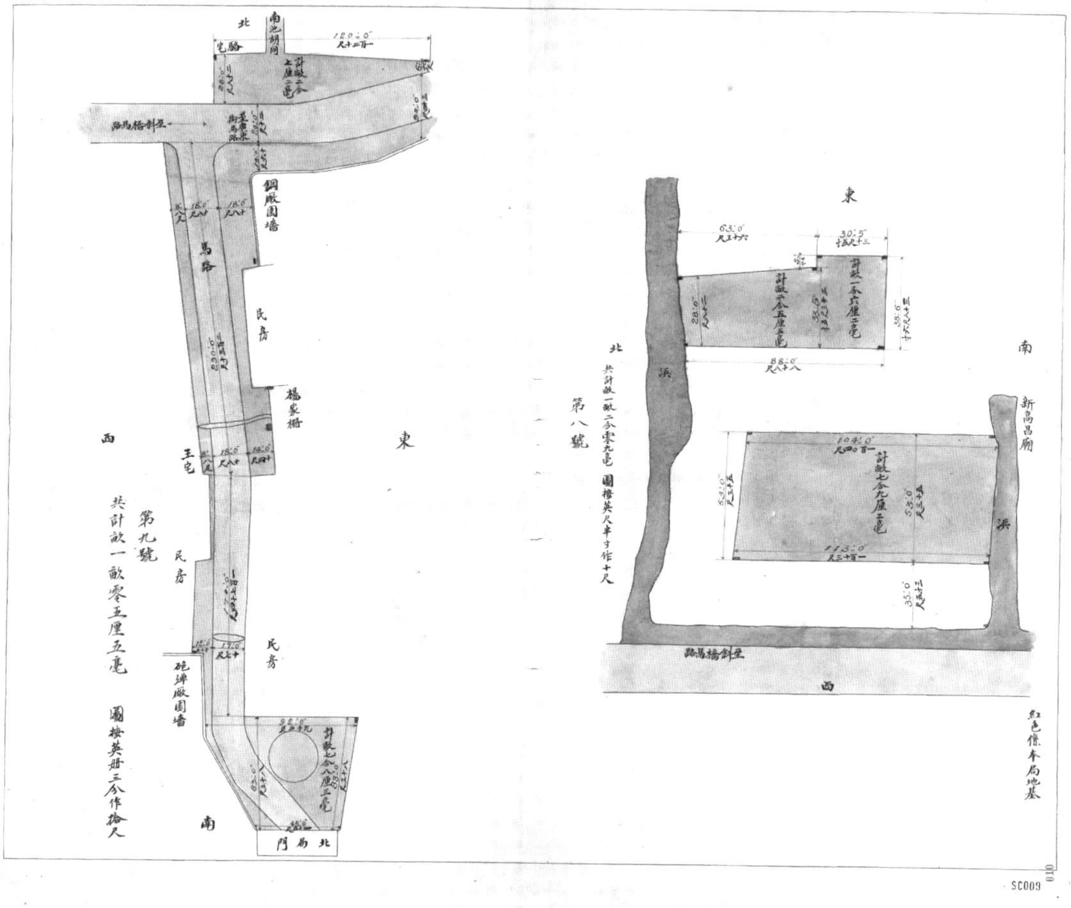

第八號新高昌廟後、第九號總局北局門外（1917 年 2 月）

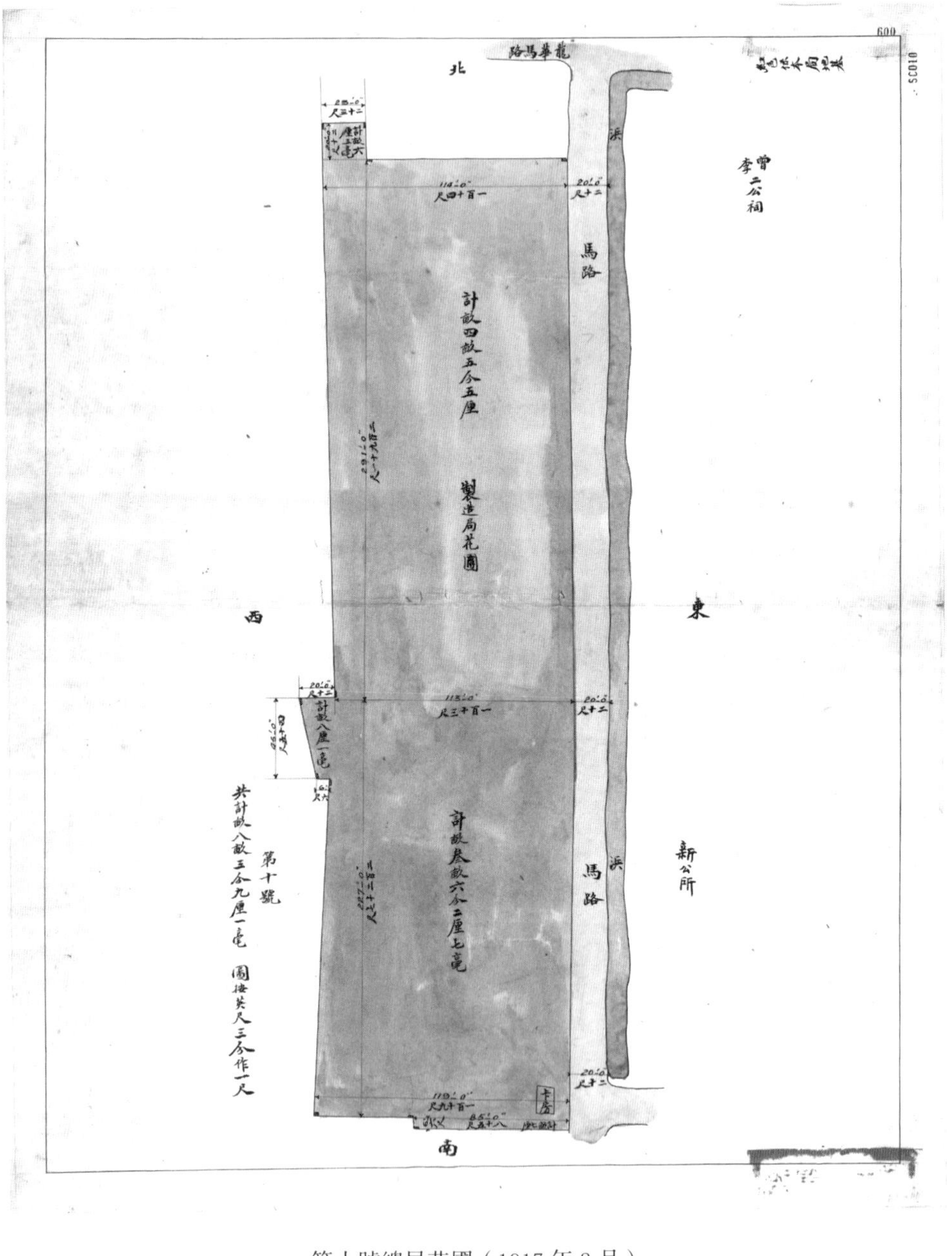

第十號總局花圃（1917 年 2 月）

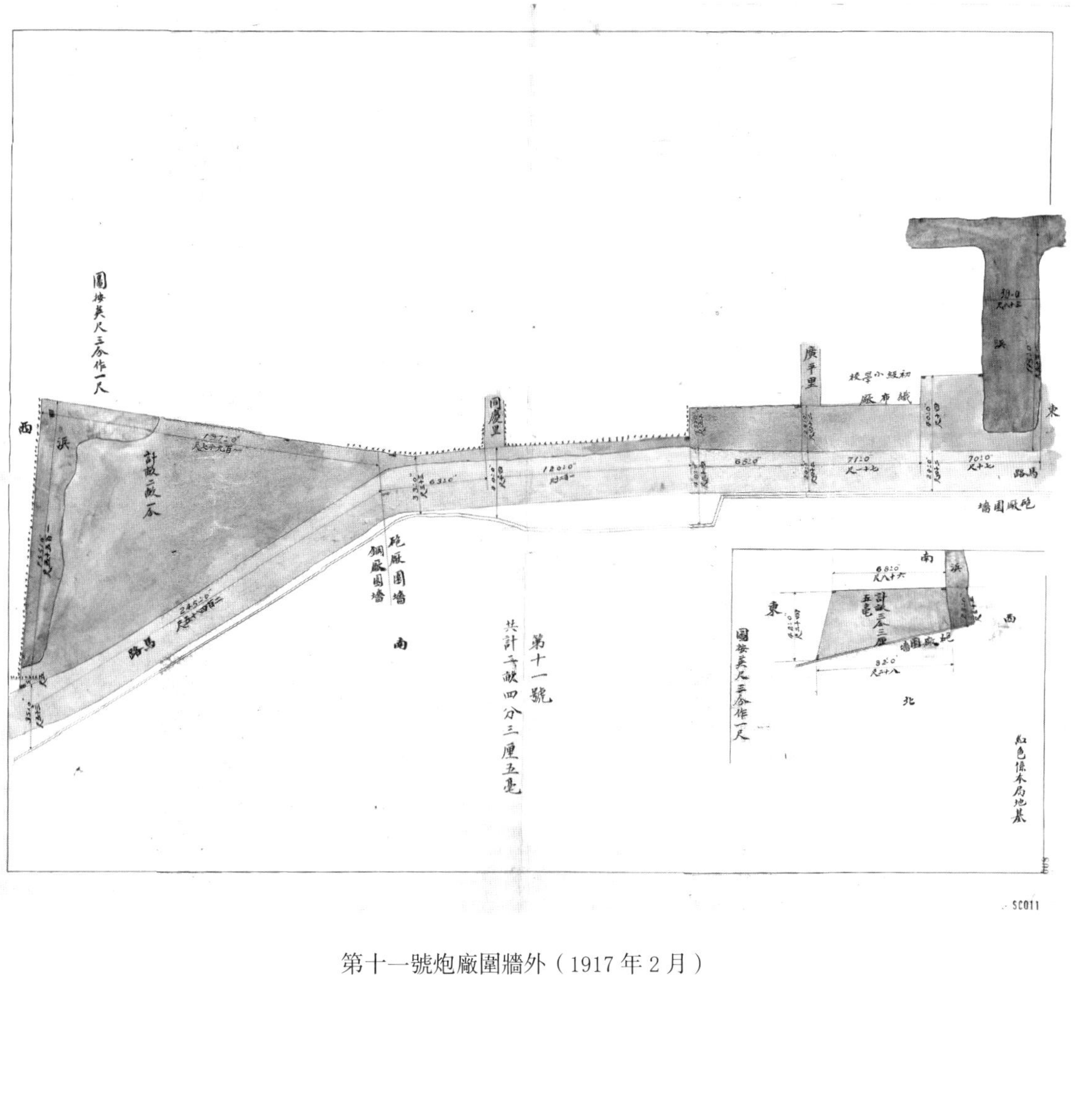

第十一號炮廠圍牆外（1917 年 2 月）

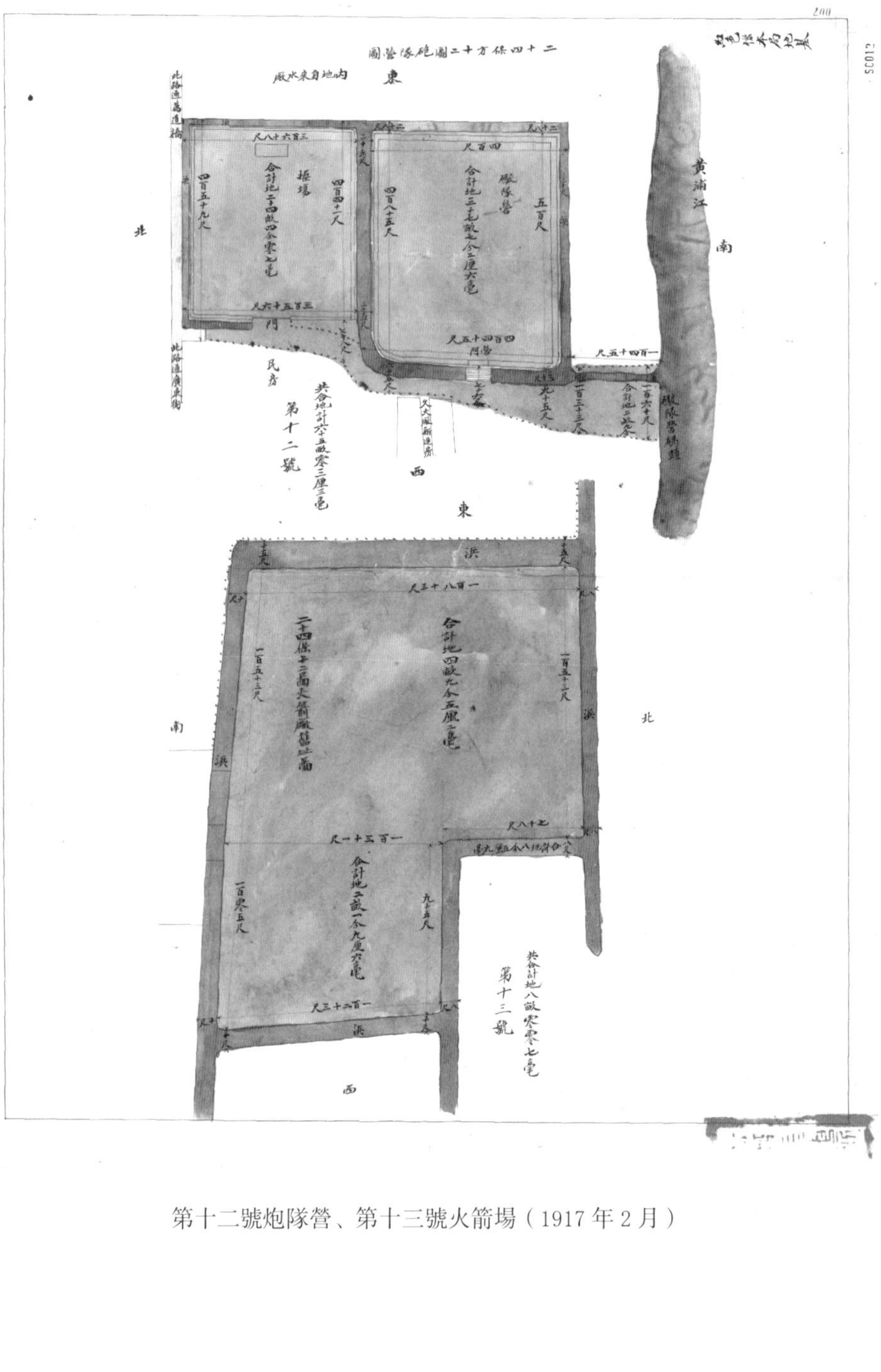

第十二號炮隊營、第十三號火箭場（1917年2月）

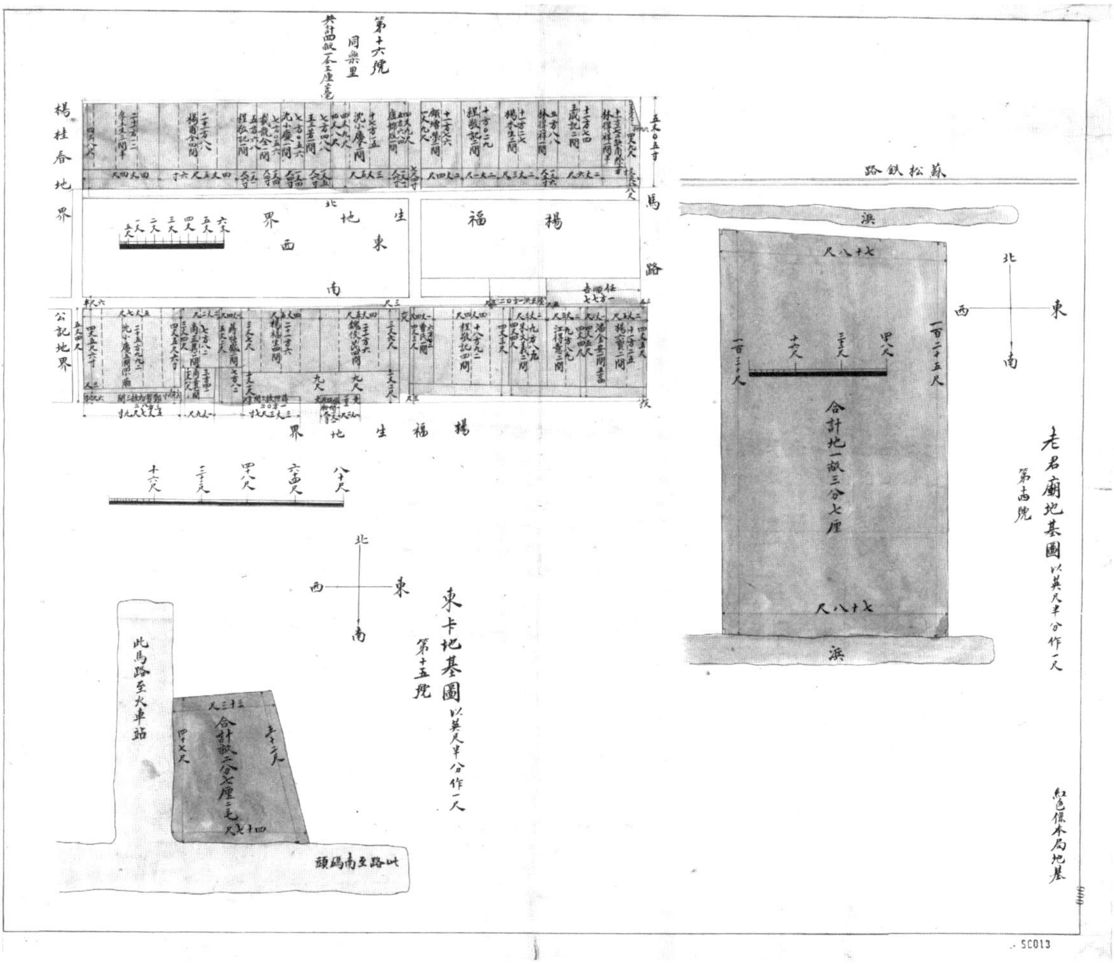

第十四號老君廟、第十五號總局東卡、第十六號同樂里（1917年2月）

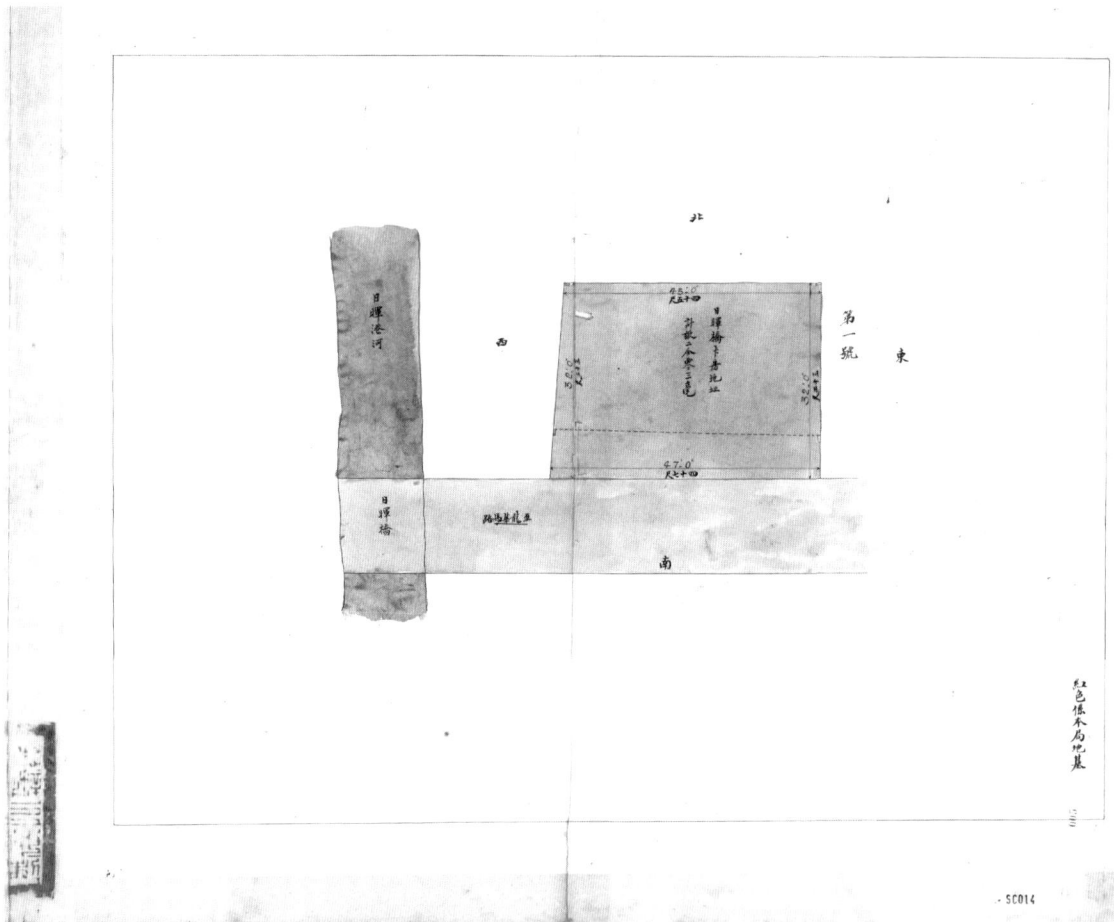

分局地基第一號日暉橋卡房（1917年2月）

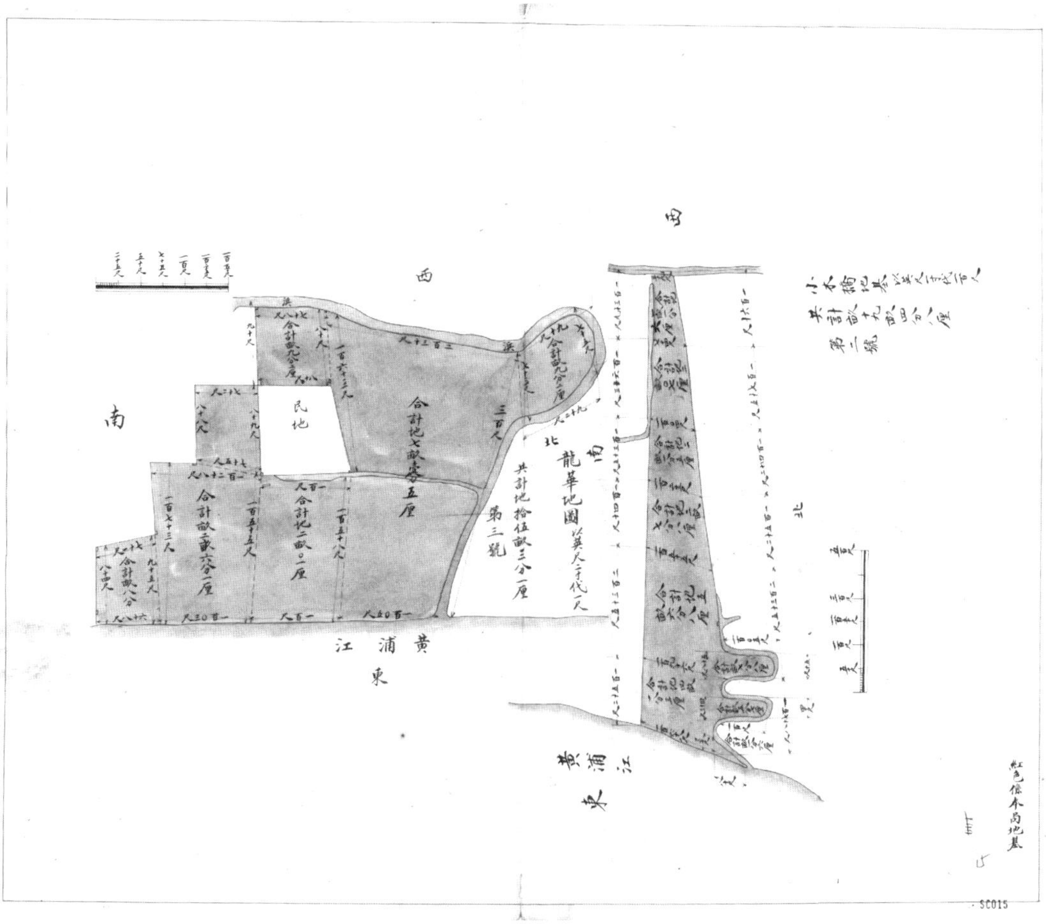

分局地基第二號小木橋、第三號龍華（1917 年 2 月）

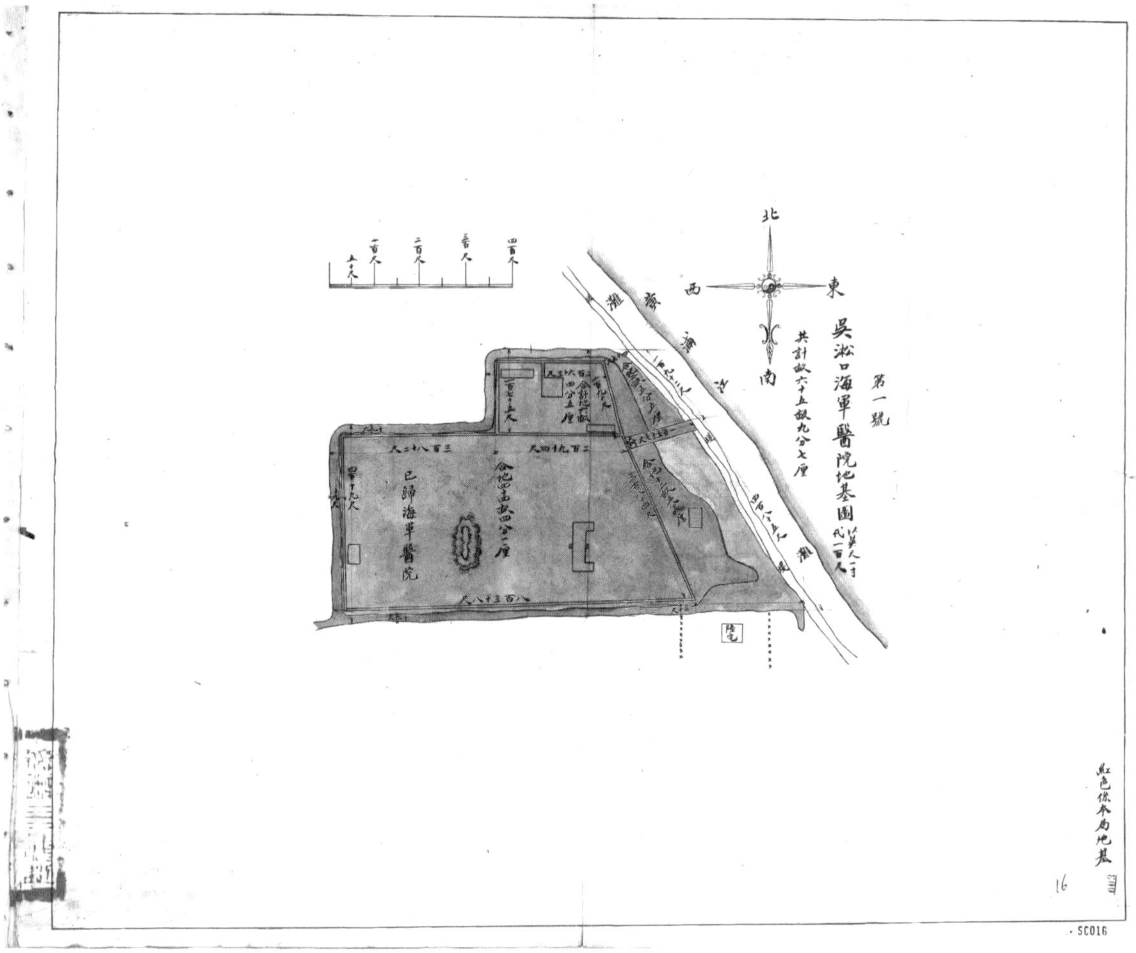

浦東地基第一號吳淞海軍醫院（1917年2月）

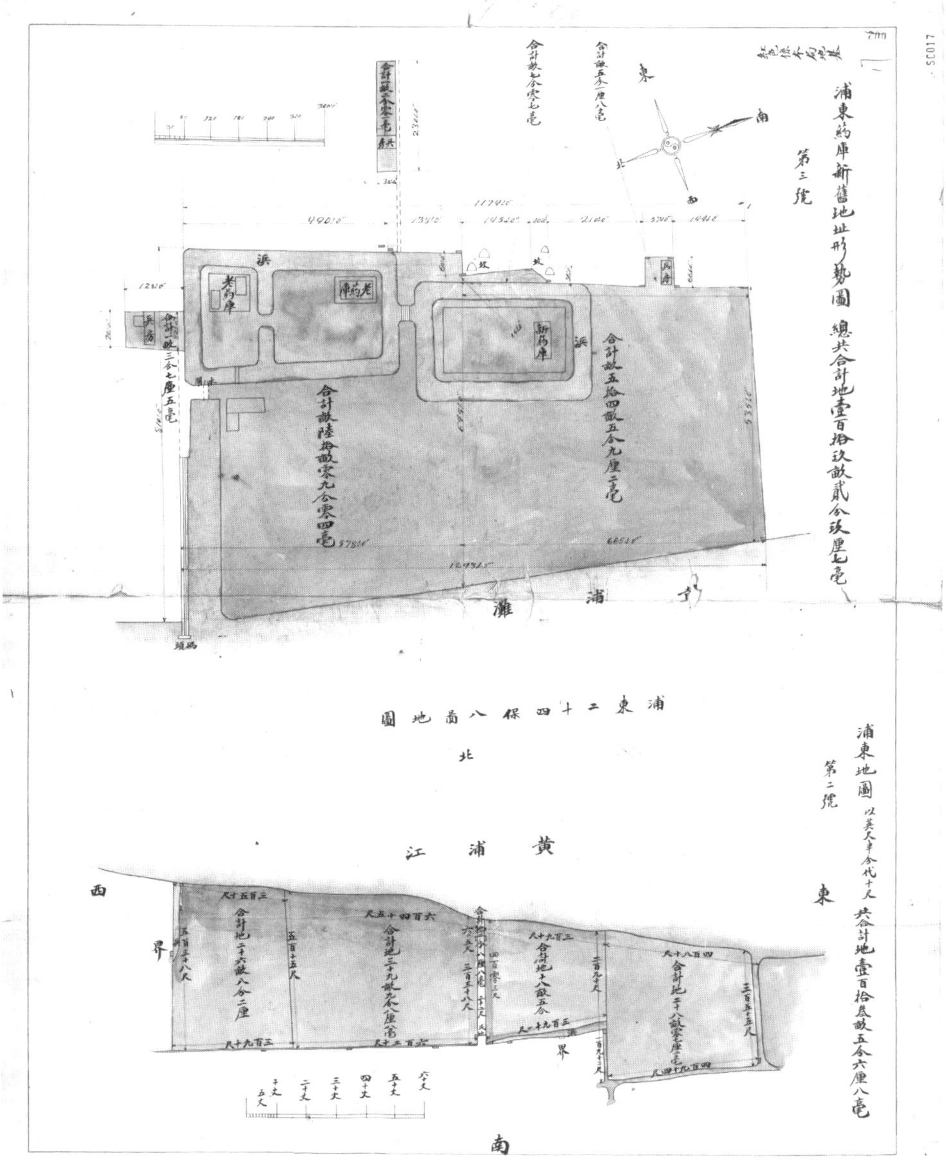

浦東地基第二號浦東（二十四保八圖）、第三號新老藥庫（1917 年 2 月）

江南製造總局

七、江南製造局添築廠房路面地基的契據、田單及有關文書

上海總商會

類第三十二號

添築廠屋購地案

一宗

照會四件　申文一件

林鶴和等十三户切結領狀廿三張　田單壹張　代單五張

共田三畝六分五厘五毫四絲

卷

年　月

00001

上海總商會第三十二號添築廠屋購地案卷封面（時間不詳）

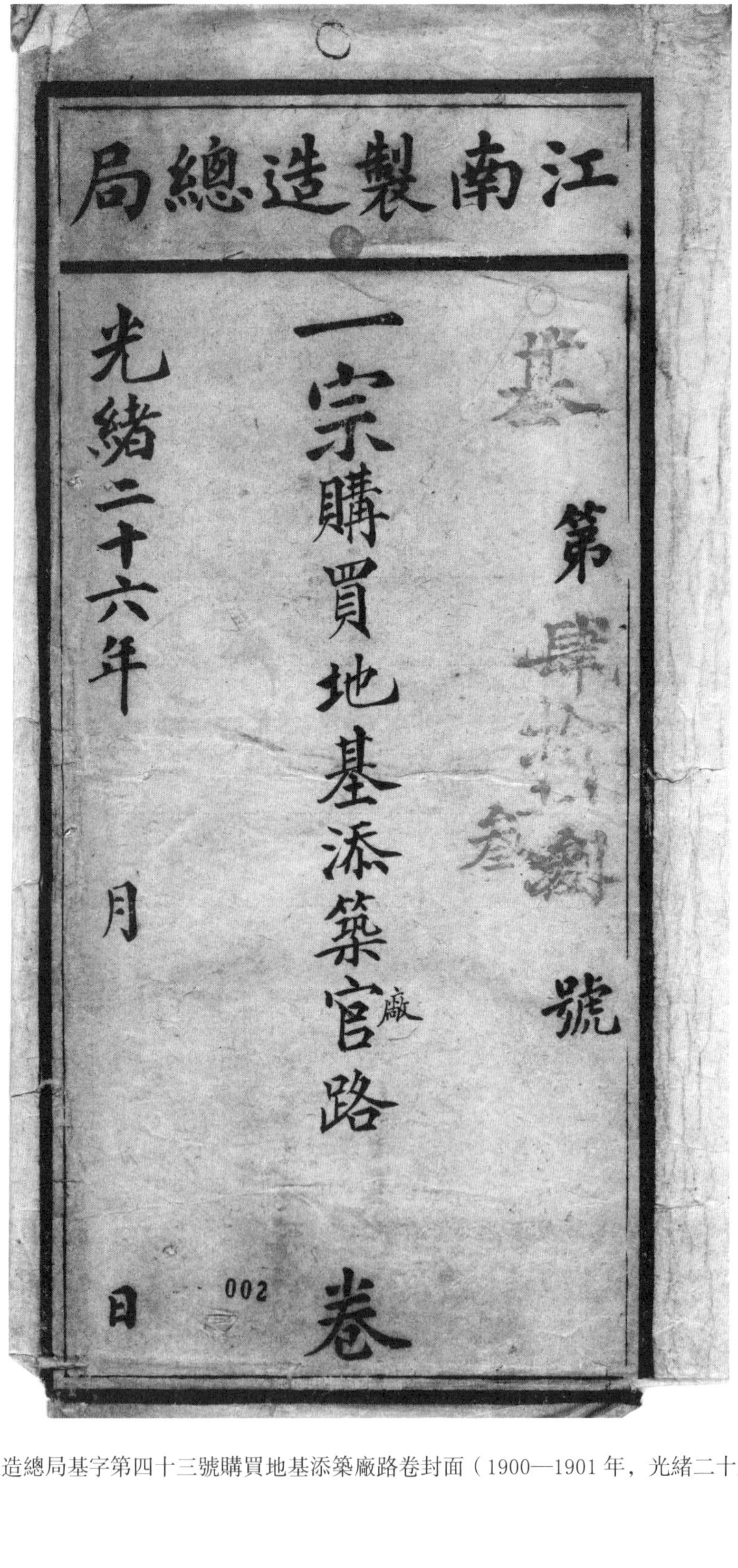

江南製造總局基字第四十三號購買地基添築廠路卷封面（1900—1901年，光緒二十六年）

基字第四十三號 購買地基添築廠路卷

照會上海縣 光緒二十六年續購林吟和地基開送切結 稿一件

摃切結一紙 領狀一紙

照會上海縣 光緒二十六年續購張信玉等三戶地基 稿一件

摃切結三紙 領狀一紙

照會上海縣 光緒二十六年續購何茂森 楊阿榮 楊金發地基 稿一件

摃切結三紙 領狀三紙

上海縣 申繳添購地基田單切結由 十月廿七到

田單一張 代單結五張

照會上海縣 光緒二十六年續購楊範吉等地基 稿一件

摃切結三紙 領狀三紙

00005
003

江南製造總局基字第四十三號購買地基添築廠路卷目録（1900—1901年，光緒二十六年）

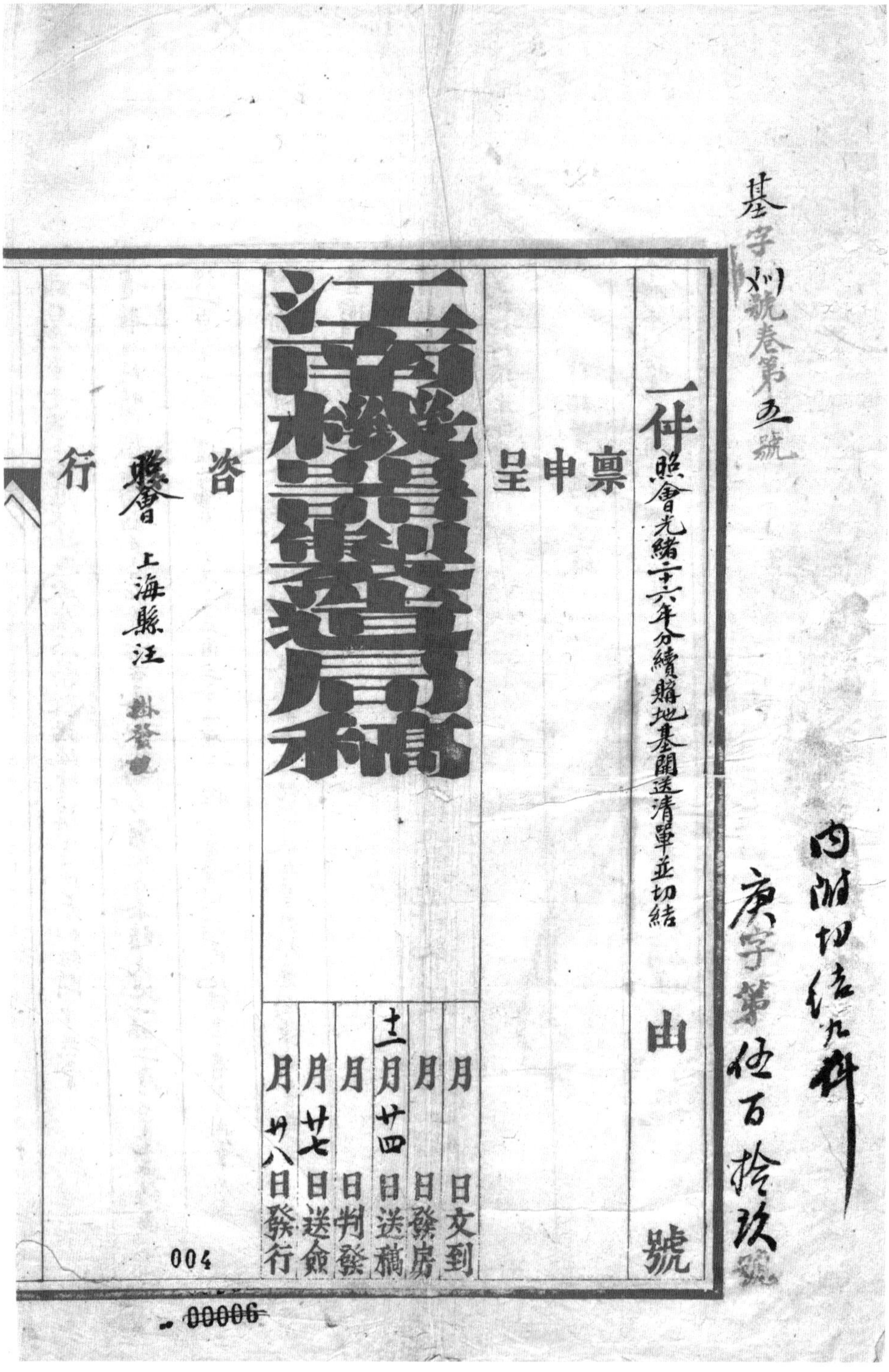
基字卅號卷第五號
一件 照會光緒二十六年分續購地基開送清單並切結 由 號
庚字第伍百拾玖號
內附切結九件
稟 申 呈 咨 照會 行
上海縣汪 掛發由
江南機器製造局稿
月 日文到
月 日發房
十二月廿四日送稿
月 日判發
月廿七日送僉
月廿八日發行
004
00006

江南機器製造局爲照會光緒二十六年份續購地基開送清單並切結事致上海縣知縣汪懋琨照會稿（1901年2月12日，光緒二十六年十二月二十四日）

為照會事案照本局歷次建造廠屋添築廠路陸續購買地基均經開單照會
貴縣查核收作機器局新户各在案茲查本局在高昌廟地方添購民地一畝二厘七毫五絲每畝價
洋一百六十五元共價洋一百六十九元五角三分七厘業經派員督同該圖地保亭耆會同業户丈量明
白除將地價洋元照數發給各該業户收領取具切結領狀存案外相應開單照會並將各業户具呈
貴衙門切結三紙一併轉送為此照會
貴縣煩為查照收作機器局新户開示科則數目移送過局以便照數完粮並希將切結留存備案
望切施行須至照會者

計粘單並切結三紙

今將本局在高昌廟地方添購地基業户花名畝數並發給地價洋元開單送請

江南機器製造局爲照會光緒二十六年份續購地基開送清單並切結事致上海縣知縣汪懋琨照會稿（1901年2月12日，光緒二十六年十二月二十四日）

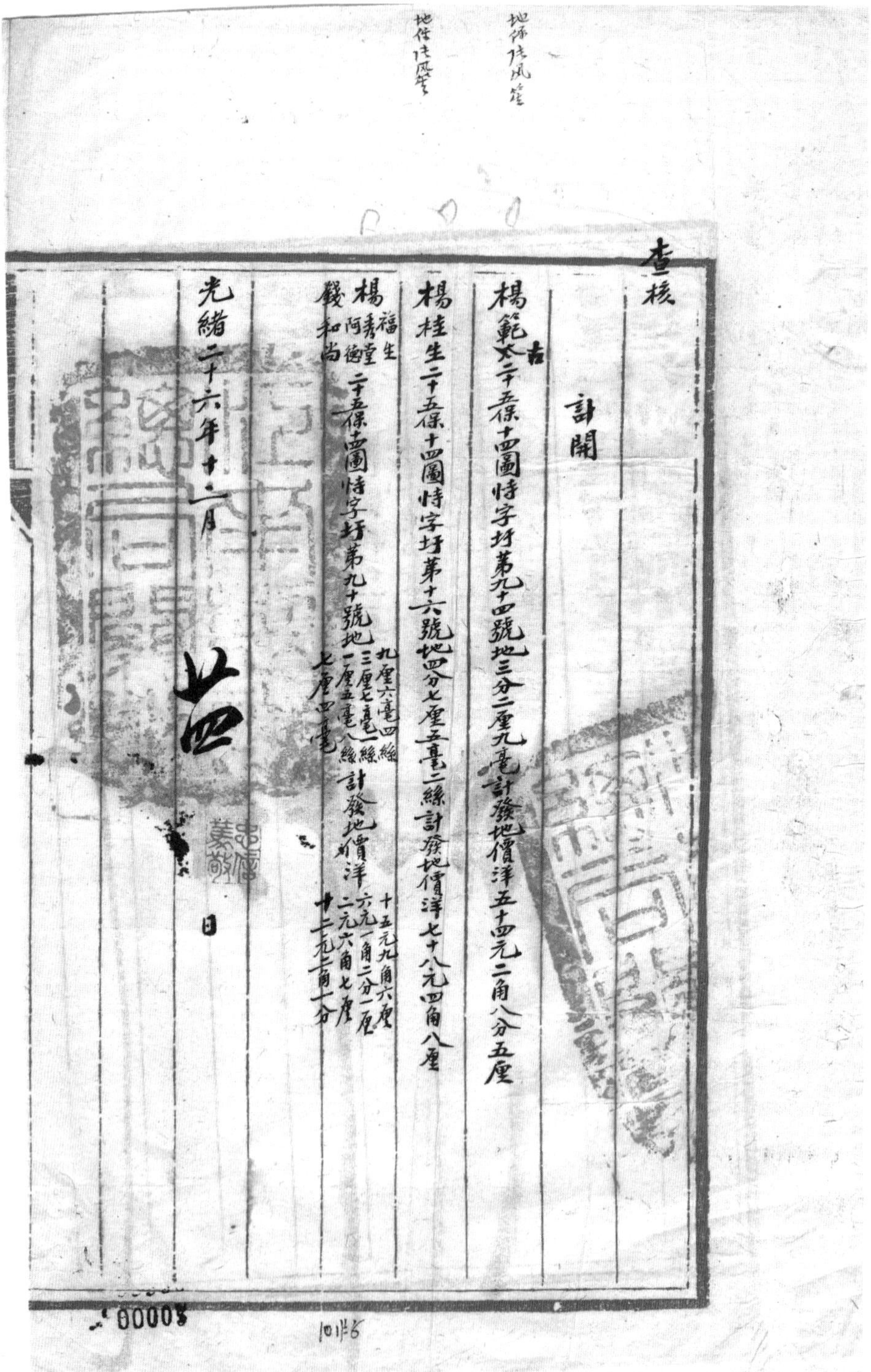

地保陸鳳笙
地保陸鳳笙

查核

計開

楊範大吉 二十五保十四圖恃字圩第九十四號地三分二厘九毫 計發地價洋五十四元二角八分五厘

楊桂生 二十五保十四圖恃字圩第十六號地四分七厘五毫二絲 計發地價洋七十八元四角八厘

楊福生 楊秀堂 楊阿德 錢和尚 二十五保十四圖恃字圩第九十號地 九厘六毫四絲 三厘七毫一絲 一厘五毫八絲 七厘四毫 計發地價洋 十五元九角六厘 六元一角二分一厘 二元六角七厘 十二元二角一分

光緒二十六年十二月廿四日

江南機器製造局爲照會光緒二十六年份續購地基開送清單並切結事致上海縣知縣汪懋琨照會稿（1901 年 2 月 12 日，光緒二十六年十二月二十四日）

江南機器製造局爲照會光緒二十六年份續購地基開送清單並切結事致上海縣知縣汪懋琨照會稿（1901 年 2 月 12 日，光緒二十六年十二月二十四日）

具領狀人楊範古今領到

製造局憲大人臺下給發身所賣二十五保十西啚恃字圩第九十四號自業地三分二厘九毫正通足價英洋五十四元二角八分五厘正

於本日均已親投

憲局如數領收清訖並無分文短少浮冒情弊除另具賣地切結呈存外合具領狀是實

支應處照給 十一月十二日

光緒貳拾陸年拾壹月　日具領狀人楊範古

本啚地保張鳳笙

楊範古具領狀（1900年12月或1901年1月，光緒二十六年十一月）

某州

具賣地切結人楊範古今具到

製造局憲大人臺下竊身有自業則田坐落二十五保十四啚恃字圩第九十四號現已量見三分二厘九毫正情願出具賣地切結責於

憲局作為公用每畝議定價銀洋壹百六十五元正合計足價英洋五十四元二角八分五厘正業經親赴

憲局如數領收清訖並無分文短少浮冒情弊除另具切結呈報

本縣衙門存案查辦外合具賣地切結是實

工程局存案十二月十一日

光緒二十六年十一月　日具賣地切結人楊範古

本啚地保　張鳳笙

SC007

楊範古具賣地切結（1900年12月或1901年1月，光緒二十六年十一月）

基圳句　具賣地切結人楊桂生今具到
製造局憲大人臺下竊身有自業則田坐落二十五保十四啚特字圩第十六號現已量見四分七厘五毫二絲正情願出具切結賣于
憲局作爲公用每畝議定價銀洋壹百六十五元正合計足價洋七十八元四角零八厘業經親赴
憲局如數領收清訖並無分文短少浮冒情弊除另具切結呈報
本縣衙門存案查辦外合具賣地切結是實

工程處存案　十二月

光緒二十六年十一月　日具賣地切結人楊桂生十

本啚地保張鳳笙

800　SC008

楊桂生具賣地切結（1900年12月或1901年1月，光緒二十六年十一月）

基圳句

具領狀人楊桂生今領到

製造局憲大人臺下給發身所賣二十五保十四啚特字圩第十六號自業地四分七厘五毫二絲正通足價銀洋七十八元四角零八厘正

於本日均已親投

憲局如數領收清訖並無分文短少浮冒情弊除另具賣地切結呈存外合具領狀是實

光緒二十六年十一月　日　具領狀人楊桂生十

本啚地保張鳳笙

江南製造總局

楊桂生具領狀（1900年12月或1901年1月，光緒二十六年十一月）

基字圩□□□號

具賣地切結人楊福生、楊秀堂、錢阿德、錢和尚，今具到

製造局憲大人臺下：竊身有自業則田在二十五保西啚特字圩第九十號，現已量見九厘六毫四絲、三厘七毫一絲、一厘五毫八絲、七厘四毫，情願出具切結賣于

憲局作為公用，每畝議定價銀洋壹百六十五元正，合計足價洋十五元九角六厘、六元一角二分一厘、二元六角七厘、十二元二角一分正，業經親赴

憲局如數領收清訖，並無分文短少、浮冒情弊，除另具切結呈報

本縣衙門存案查辦外，合具賣地切結是實。

工程處存案十一月十三日

光緒二十六年十一月　日

具賣地切結人楊福生十、楊秀堂十、錢阿德十、錢和尚十

本啚地保張鳳笙

SC010

楊福生等具賣地切結（1900年12月或1901年1月，光緒二十六年十一月）

基刈 可

具切結人楊福生、秀堂、向德、錢和尚今具到

製造局憲大人臺下竊身有二十五保十四啚特字圩第九十號自業則田貳畝八分四厘二毫該地今為

憲局購用（九厘六毫四絲、三厘七毫一絲、一厘五毫八絲、七厘四毫）地價業經領訖所執田單因劃賣分數微少應免呈繳仍歸身收執自行劃

縣申明合具切結呈案是實

工程處存案 十二月十二日

000013

光緒二十六年十二月 日具切結人 楊福生、秀堂、向德、錢和尚

地保 張鳳生

楊福生等具切結（1901年1月或2月，光緒二十六年十二月）

基字列號卷第四號

具領狀人楊福生、秀堂，錢阿德、和尚今領到

製造局憲大人臺下給發身所賣二十五保十四啚恃字圩第九十號自業地九厘六毫四絲、三厘七毫一絲、一厘五毫八絲、七厘四毫正通足價銀洋十五元九角六厘、六元一角二分乙厘、二元六角零七厘、十二元二角一分正

於本日均已親投

憲局如數領收清訖並無分文短少浮冒情弊除另具賣地切結呈存外合具領狀是實

支應處收訖十一月十二日

光緒二十六年十一月　日具領狀人楊福生、秀堂，錢阿德、和尚十十十十

本啚地保張鳳笙

0001

SC012

楊福生等具領狀（1900年12月或1901年1月，光緒二十六年十一月）

基川句

具切結人楊範古今具到

製造局憲大人 臺下 竊身有二十五保十四啚特字圩第九十四號自業則田一畝九分九厘六毫該地今為

憲局購用三分二厘九毫地價業經領訖所執田單因劃賣分數微少應免呈繳仍歸 身 收执自行到

縣申明合具切結呈案是實

准備存案 十二

光緒二十六年十二月 日具切結人楊範古 十

地保張鳳生

江南製造總局

00015

SC013

楊範古具切結（1901 年 1 月或 2 月，光緒二十六年十二月）

基刈切

具切結人楊桂生今具到

製造局憲大人臺下竊身有二十五保十四啚侍字圩第十六號自業則田二畝三分六厘該地今爲

憲局購用四分七厘五毫二絲地價業經領訖所執田单因劃賣分數微少應免呈繳仍歸身收執自行到

縣申明合具切結呈案是實

工程處存案十二月十一日

光緒二十六年十二月日具切結人楊桂生十

地保張鳳生

SC014

810

14

楊桂生具切結（1901 年 1 月或 2 月，光緒二十六年十二月）

基字圳號春第四號

存案

光緒貳拾陸年捌月　日立代單據何茂森十

本啚地保張惠忠

立遺失單據何茂森為因先祖所遺二畝保方十二啚方字圩第一百九十五號業戶何錦香則田三分五厘五毫田單一紙早被焚失情願央啚保立到局憲大人臺下立據為憑自立此代單之後倘有匿存等情作為廢紙後有糾纏惟身及地保等是問恐後無憑立此代單據存照

計開　其田坐落二畝保方十二啚方字圩一百九十五號則田三分五厘五毫

何茂森立代單據（1900年8月或9月，光緒二十六年八月）

基字卅 9

具代單切結人林吟和今具到

製造局憲大人　臺下　竊身　自業則田肆分玖厘捌毫正坐落二十五保十四啚恃字圩第元號業已賣于

憲局為公用之地田價親赴如數收訖並無情弊所有執業田單於　同治年間為造工匠房屋該地曾經劃賣于

憲局所造匠房之用其田單斯時呈繳是實理合具此切結呈請

憲鑒存案

存案

光緒貳拾陸年閏捌月　日具代單切結人林吟和　十

本啚地保　張鳳笙

SC016

00018

林吟和具代單切結（1900 年 9 月或 10 月，光緒二十六年閏八月）

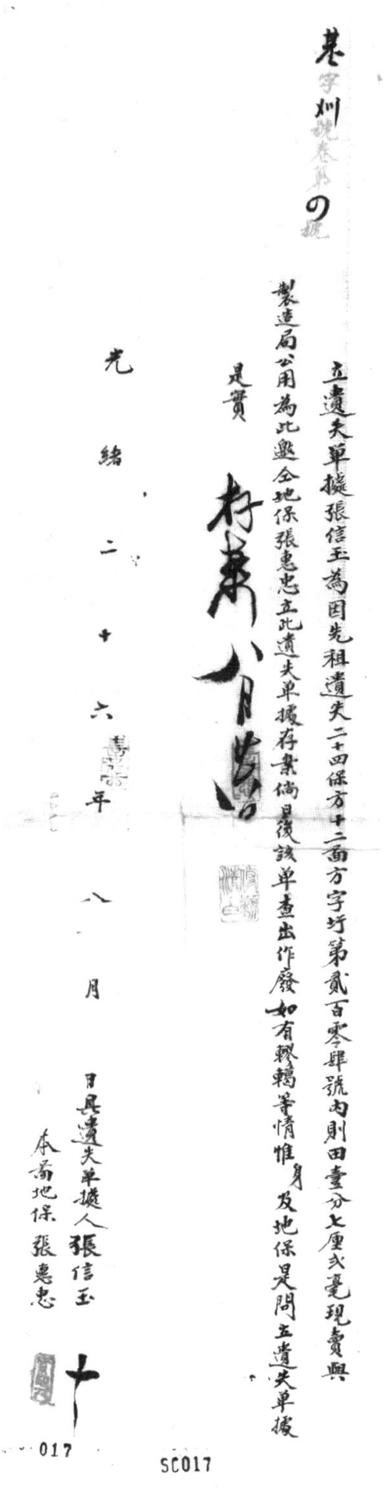

巷字圳號卷第の號

立遺失單據張信玉爲因先祖遺失二十四保方十二啚方字圩第貳百零肆號內則田壹分七厘弍毫現賣與

製造局公用爲此邀仝地保張惠忠立此遺失單據存案倘日後該單查出作廢如有轇轕等情惟身及地保是問立遺失單據

是實

存案 八月 日

光緒二十六年八月 日具遺失單據人張信玉 十

本啚地保張惠忠

017

SC017

張信玉立遺失單據（1900年8月或9月，光緒二十六年八月）

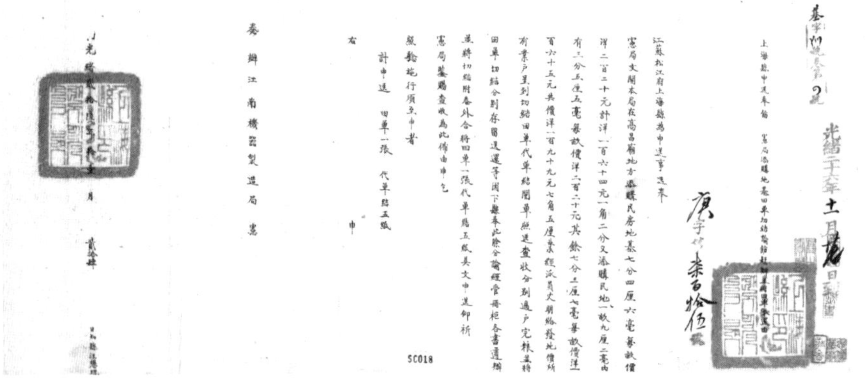

上海縣知縣汪懋琨爲申送江南機器製造局添購地基、田單切結諭飭趕辦並將田單繳還事致江南機器製造局申文（1901年1月14日，光緒二十六年十一月二十四日）

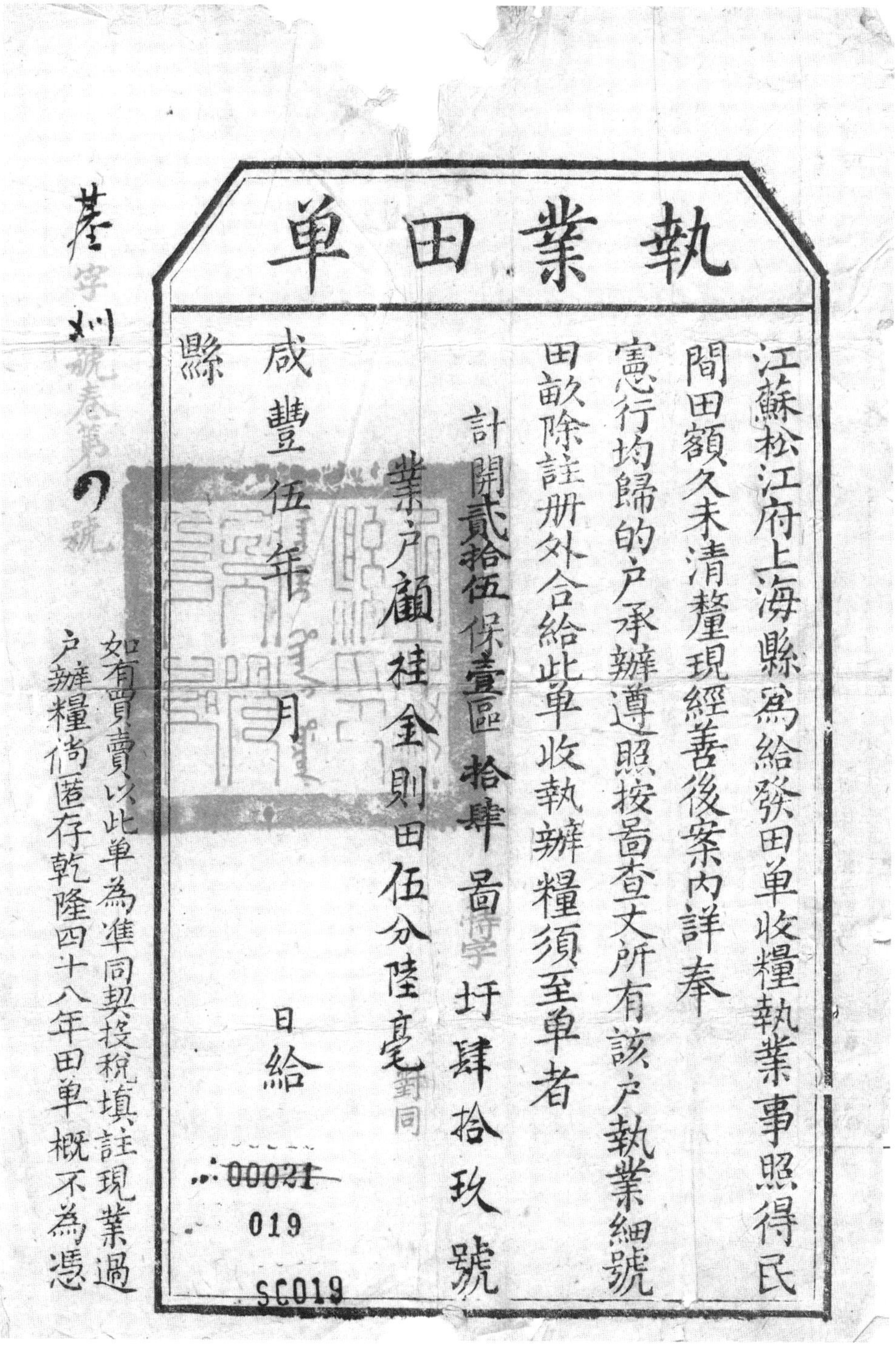
執業田單

江蘇松江府上海縣爲給發田單收糧執業事照得民
間田額久未清釐現經善後案内詳奉
憲行均歸的户承辦遵照按啚查丈所有該户執業細號
田畝除註册外合給此單收執辦糧須至單者
計開貳拾伍保壹區拾肆啚特字圩肆拾玖號
業户顧桂金則田伍分陸毫 對同
咸豐伍年 月 日給
縣

如有買賣以此单為準同契投税填註現業過户辦糧倘匿存乾隆四十八年田单概不為憑

00021
019
SC019

顧桂金執業田單（1855 年，咸豐五年）

江南製造總局

立遺失單據楊金阿發榮為因先祖遺有二十五保十西啚特字圩第肆拾玖號業户顧桂金則田貳分叁厘壹毫正田
單一紙早被焚失情愿央圖保立到
製造局憲大人臺下立據為憑自立此代單之後倘有遺存等情作為廢紙後有糾葛惟身及地保等自問恐後無憑立此
代單據存照

計開
其田坐落二十五保十西啚特字圩肆拾玖號則田貳分叁厘壹毫正

光緒貳拾陸年捌月　日立代單據楊阿榮十 金發十
本啚地保　張鳳笙

楊阿榮、楊金發立代單據（1900年8月或9月，光緒二十六年八月）

基字圳の

具遺失田単切結人楊関榮今具到

製造局憲大人臺下竊身自業則田坐落二十五保十四啚特字圩伍拾叁號已賣于 計地柒釐陸毫

憲局作為公用之地其田價早已如數收訖所有執業田単早經被竊遺失是實理合具此結切呈請

憲鑒存案

光緒貳拾陸年陸月　日具遺失田単切結人楊関榮　十

本啚地保　張鳳笙

楊關榮具遺失田單切結（1900年6月或7月，光緒二十六年六月）

基圳三

具賣地切結人楊金發今具到

製造局憲大人臺下竊身有自業則田坐落二十五保十四啚特字圩第肆拾玖號現已量見陸分叁厘正情願出具賣地切結賣于

憲局作為公用每畝議定價銀洋壹伯陸拾五元正合計足價洋壹伯零叁元玖角五分正業經親赴

憲局如數領收清訖並無分文短少浮冒情弊除另具切結呈報

本縣衙門存案查辦外合具賣地切結是實

00021

支應處核明照發 八月廿四

光緒貳拾陸年捌月　　日具賣地切結人楊金發十

本啚地保張鳳笙

SC022

楊金發具賣地切結（1900年8月或9月，光緒二十六年八月）

基字烂三號卷第三號

具領狀人楊金發今領到

製造局憲大人臺下給發身所賣二十五保西啚特字圩第肆拾玖號自業地陸分叁厘正通足價銀洋壹伯零叁元玖角五分正

於本日均已親投

憲局如數領收清訖並無分文短少浮冒情弊除另具賣地切結呈存外合具領狀是實

存案

光緒貳拾陸年捌月　日具領狀人楊金發十

本啚地保張鳳笙

楊金發具領狀（1900年8月或9月，光緒二十六年八月）

基字卅號基第三號具領狀何茂森今領到

製造局憲大人臺下給發身所賣二十四保方十二啚方字圩第一百九十四號自業地三分五厘五毫通足價銀洋

柒拾捌元壹角於本月均已親投

憲局如數領收清訖並無分文短少浮冒情弊除另具賣地切結呈存外合具領狀是寔

存案

光緒二十六年捌月　日具領狀人何茂森十

本啚地保張惠忠

何茂森具領狀（1900年8月或9月，光緒二十六年八月）

基字圳[illegible]三

具賣地切結人何茂森今具到
製造局憲大人臺下竊身有自業則田坐落二十四保方十二啚方字圩第一百九十四號現已量見三分五厘五毫情願出具賣地切結賣與
憲局作為公用每畝議定價銀洋貳佰貳拾元正合計足價洋柒拾捌元壹角業經親赴
憲局如數領收清訖並無分文短少浮冒情弊除另具切結呈報
本縣衙門存案查辦外合具賣地切結是寔

光緒貳拾陸年捌月　日　具賣地切結人　何茂森十
本啚地保　張惠忠

支應處核明發給　八月廿日

何茂森具賣地切結（1900年8月或9月，光緒二十六年八月）

具領狀人楊阿荣今領到
製造局憲大人臺下給發身所賣二十五保十四啚特字圩第肆拾玖號自業地壹分柒毫正通足價銀洋拾柒元陸角伍分伍厘正
於本日均已親授
憲局如數領收清訖並無分文短少浮冒情弊除另具賣地切結呈存外合具領狀是實

存案　八月廿

光緒貳拾陸年捌月　日具領狀人楊阿荣十

本啚地保張鳳笙

楊阿榮具領狀（1900 年 8 月或 9 月，光緒二十六年八月）

基字圳號卷第三號

具賣地切結人楊阿荣今具到

製造局憲大人臺下竊身有自業則田坐落二十五保十四圖特字圩第肆拾玖號現已量見壹分柒毫正情願出具賣地切結賣于

憲局作為公用每畝議定價銀洋壹伯陸拾五元正合計足價洋拾柒元陸角伍分伍厘正業經親赴

憲局如數領收清訖並無分文短少浮冒情弊除另具切結呈報

本縣衙門存案查辦外合具賣地切結是實

00029

支應處核明照發 八月廿

光緒貳拾陸年捌月　日具賣地切結人楊阿荣十

本圖地保　張鳳堂

SC027

楊阿榮具賣地切結（1900年8月或9月，光緒二十六年八月）

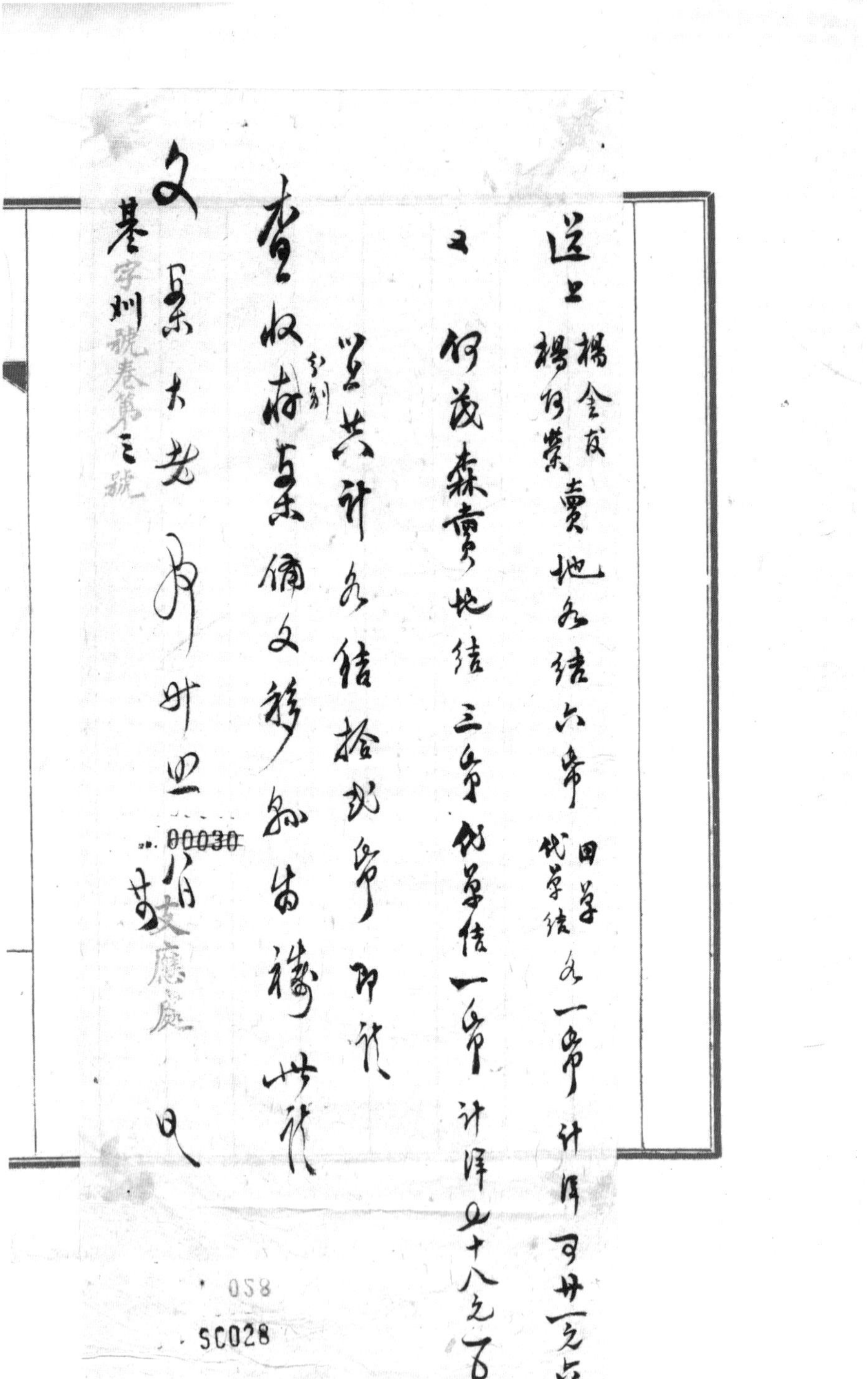

送上
楊金發
楊阿榮賣地切結六帋　田單代單結切一帋　計洋[illegible]
又　何茂森賣地結三帋　代單結一帋　計洋五十八元[illegible]
以上共計切結拾帋　印訖
查收分別存案備文移知當事
文案大老爺　台照　卅四
支應處
基字州號卷第三號
00030
058
SC028

江南機器製造局支應處爲送上楊金發、楊阿榮等人賣地切結、田單事致文案處便箋及文案處致工程處便箋（1900 年 7 月 4 日—12 月 20 日，光緒二十六年六月初八日—十月二十九日）

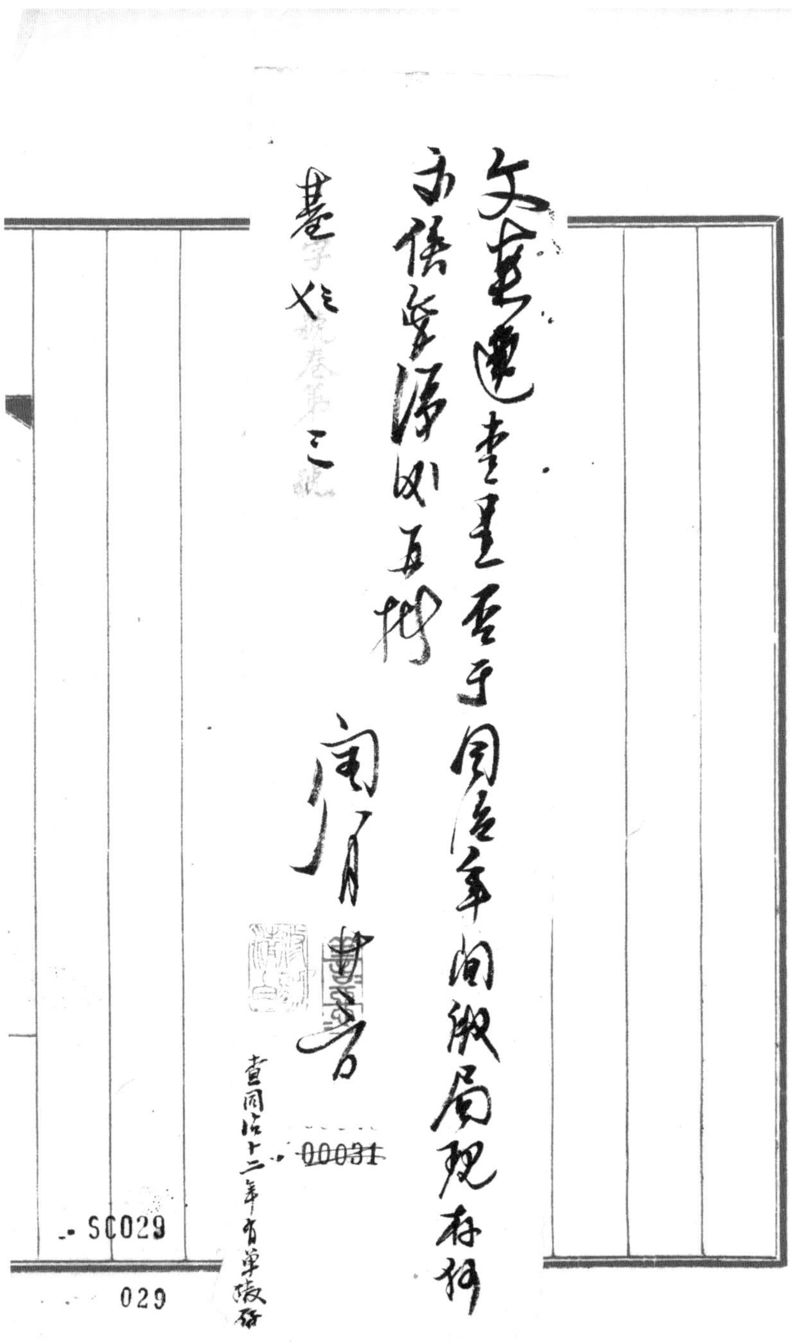

江南機器製造局支應處爲送上楊金發、楊阿榮等人賣地切結、田單事致文案處便箋及文案處致工程處便箋（1900 年 7 月 4 日—12 月 20 日，光緒二十六年六月初八日—十月二十九日）

本年六月□買楊金發楊阿榮何義森（以上菜園地）（空地）等又張仁元（屋基）周八月所買林銀和（屋基）等地契地在東局東廟挪在戲臺並差屋場豈田地挪係房基請逕

詳示立候稽史千萬勿遲此致

工程處大老爺 台照

均係屋基在本局左近

十月廿九日 文案處具

基字圳號卷第三號

SC030 00038

江南機器製造局支應處爲送上楊金發、楊阿榮等人賣地切結、田單事致文案處便箋及文案處致工程處便箋（1900年7月4日—12月20日，光緒二十六年六月初八日—十月二十九日）

送上工程處經購西栅口地基一單，計送業結四紙，祈請

存案存查

文案處

諸位大老爺台升

甚字卅號卷第一號

六月初八 支應處 条

00033

031

SC031

江南機器製造局支應處爲送上楊金發、楊阿榮等人賣地切結、田單事致文案處便箋及文案處致工程處便箋（1900 年 7 月 4 日—12 月 20 日，光緒二十六年六月初八日—十月二十九日）

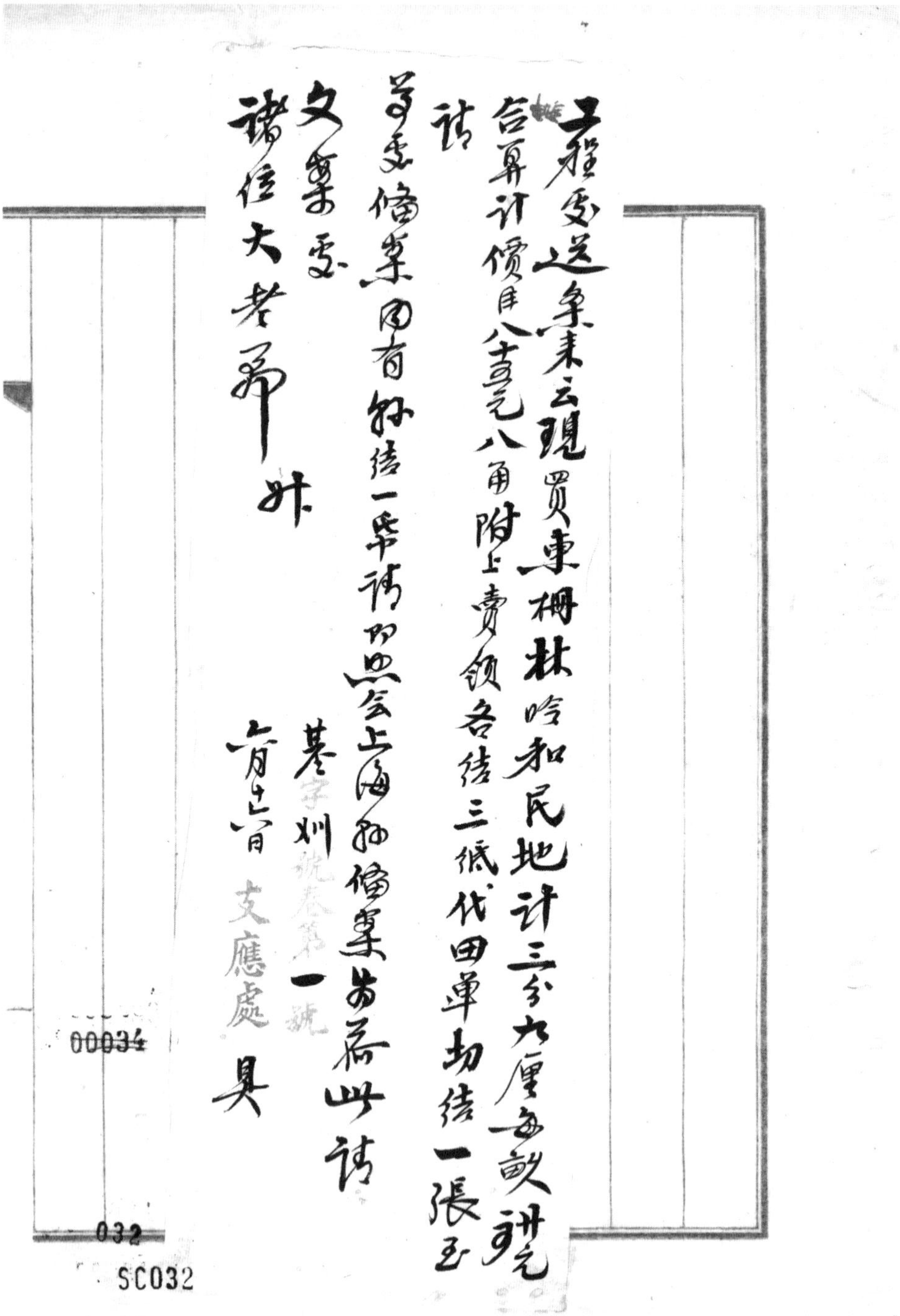

工程處送來云現買東栅林吟和民地計三分六厘每畝洋元
台算計價洋八十五元八角附上賣領各結三紙代田單切結一張至
請
貴處備案因有杜結一紙請切照會上海縣備案為荷此請
文案處
諸位大老爺升
外
基字圳號卷第一號
六月廿日 支應處具

00034

032

SC032

江南機器製造局支應處爲送上楊金發、楊阿榮等人賣地切結、田單事致文案處便箋及文案處致工程處便箋（1900 年 7 月 4 日—12 月 20 日，光緒二十六年六月初八日—十月二十九日）

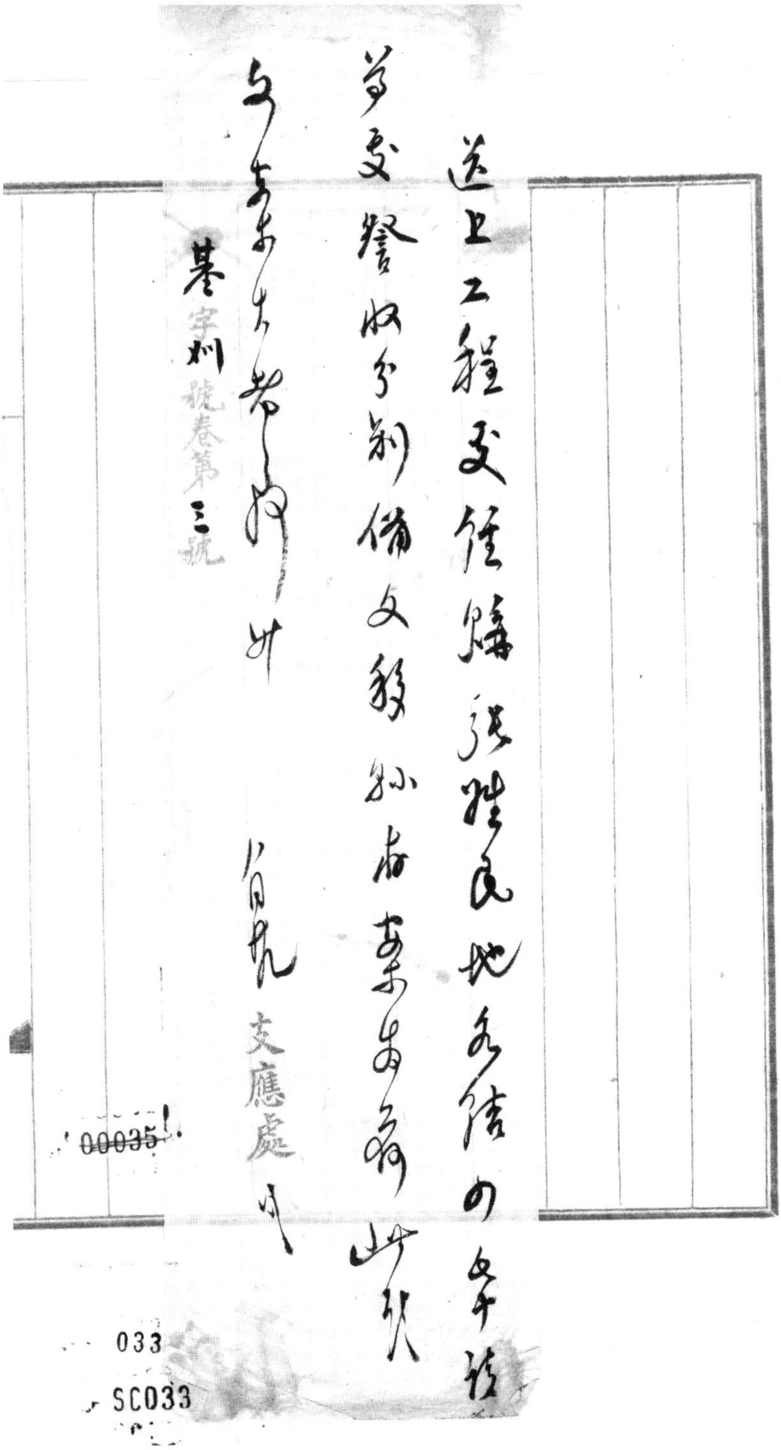

江南機器製造局支應處爲送上楊金發、楊阿榮等人賣地切結、田單事致文案處便箋及文案處致工程處便箋（1900 年 7 月 4 日—12 月 20 日，光緒二十六年六月初八日—十月二十九日）

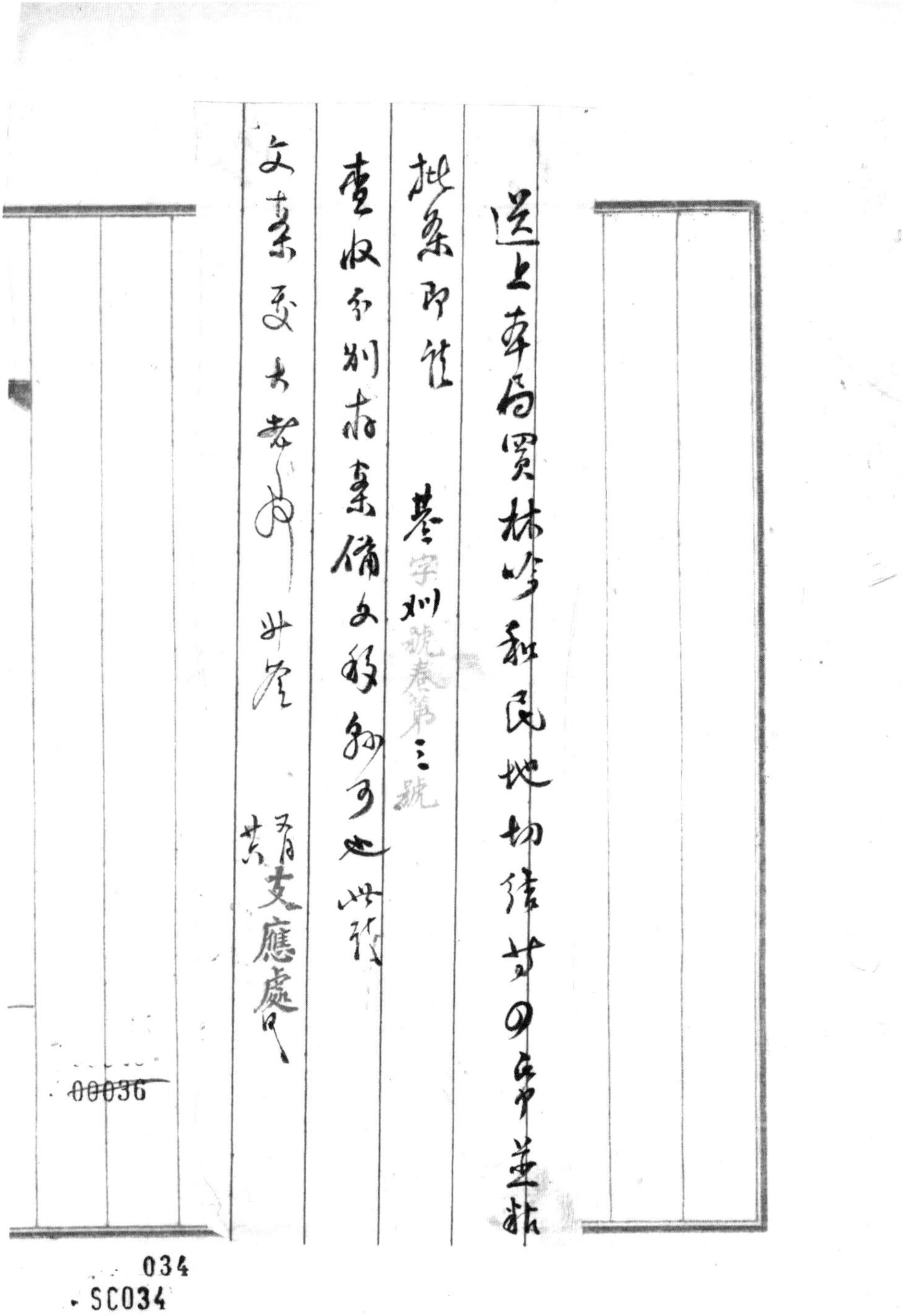
送上本局買林吟和民地切結廿四本並粘
批條即祈
基字卅號卷第三號
查收分別存案備文移知可也此致
文案處大老爺台鑒
支應處
00036
034
SC034

江南機器製造局支應處爲送上楊金發、楊阿榮等人賣地切結、田單事致文案處便箋及文案處致工程處便箋（1900 年 7 月 4 日—12 月 20 日，光緒二十六年六月初八日—十月二十九日）

基字卅號卷第叁號

庚字第肆百肆拾肆號

一件照會光緒二十六年分續購地基開送清单並田单切結由

號

江南機器製造局稿

稟

申

呈

咨

照會 上海縣汪 [illegible]

行

月日文到	月日發房	十一月初六日送稿	月日判發	月初七日送僉	月初八日發行

00037

035 SC035

江南機器製造局爲照會光緒二十六年份續購地基開送清單並田單切結事致上海縣知縣汪懋琨照會稿（1900 年 12 月 26 日，光緒二十六年十一月初五日）

為照會事案照本局歷次建造廠屋添築廠路等用購買地基均經開單照會
貴縣查核收作機器局新户各在案茲查本局在高昌廟地方添購民地一畝零九厘二
毫內有三分五厘五毫每畝價洋二百二十元其餘七分三厘七毫每畝價洋一百六十五元共價
洋一百九十九元七角五厘業經派員督同該圖地保亭耆會同業户丈量明白除將地價洋
元照數發給各該業户收領取具切結領狀存案外相應開單照會並將各業户具呈
貴衙門切結三紙田單一紙代單結二紙一併轉送為此照會
貴縣煩為查照收作機器局新户開示科則數目移送過局以便照數完糧並希將切
結留存備案其田單一紙代單結二紙仍請送還歸卷望切施行須至照會者
計粘單並切結三紙田單一紙代單結二紙

江南機器製造局爲照會光緒二十六年份續購地基開送清單並田單切結事致上海縣知縣汪懋琨照會稿（1900 年 12 月 26 日，光緒二十六年十一月初五日）

地保 陸東忠

地保 唐鳳鑾

令將本局在高昌廟地方添購築路地基業戶花名畝數並發給地價洋元開單送請

查核

計開

何茂森二十四保方十二圖方字圩第二百九十四號地三分五厘五毫計發地價洋叁拾捌元壹角

楊阿榮二十五保十四圖特字圩第四十九號地一分七毫計發地價洋拾柒元漆角五分五厘

楊金發二十五保十四圖特字圩第四十九號地六分三厘計發地價洋壹百叁元玖角伍分

以上係光緒二十六年備添廠路購買應用

江南機器製造局爲照會光緒二十六年份續購地基開送清單並田單切結事致上海縣知縣汪懋琨照會稿（1900年12月26日，光緒二十六年十一月初五日）

光緒二十六年十一月初五日

江南機器製造局爲照會光緒二十六年份續購地基開送清單並田單切結事致上海縣知縣汪懋琨照會稿（1900 年 12 月 26 日，光緒二十六年十一月初五日）

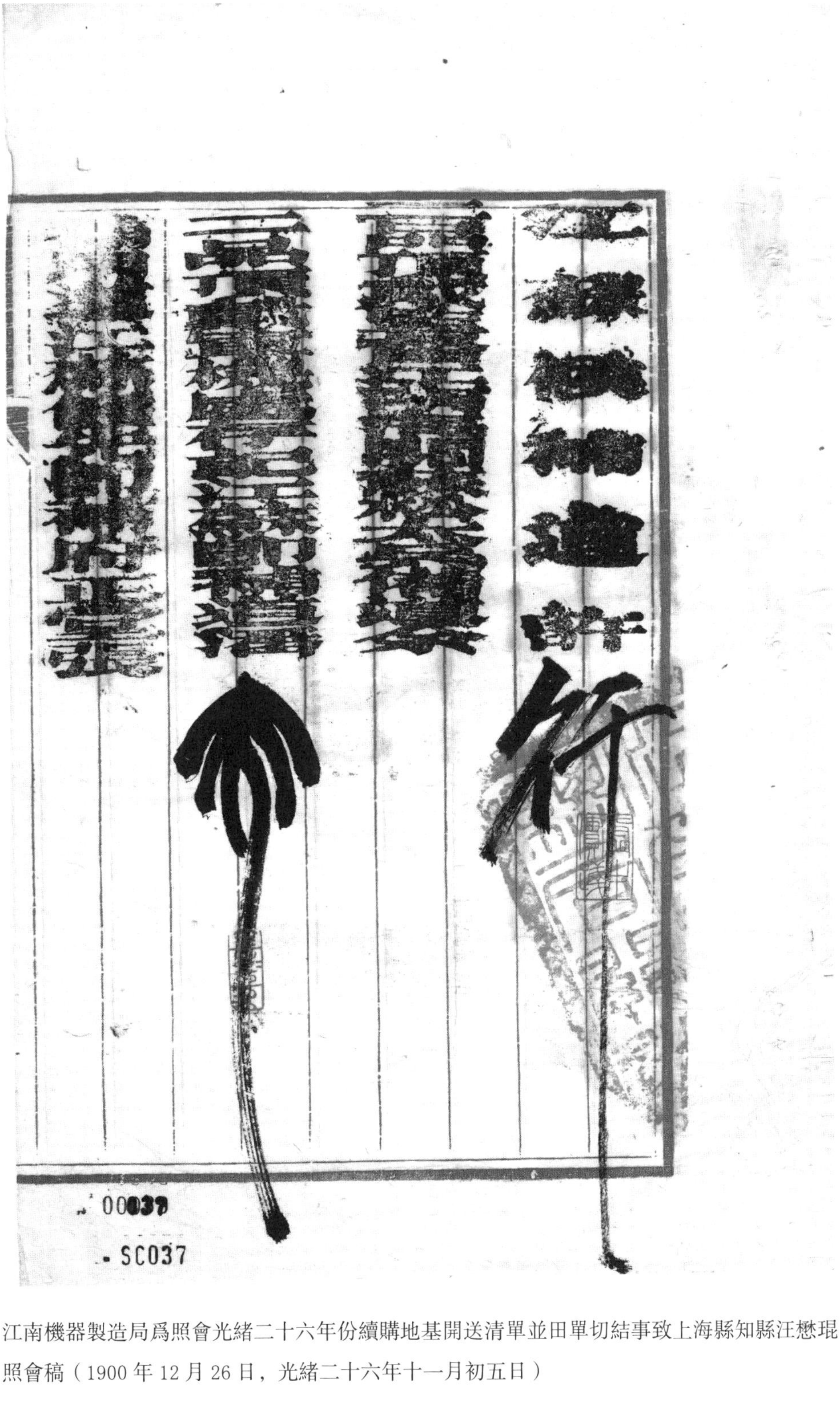

江南機器製造局爲照會光緒二十六年份續購地基開送清單並田單切結事致上海縣知縣汪懋琨照會稿（1900 年 12 月 26 日，光緒二十六年十一月初五日）

甚字圳地各第二號

具賣地切結人楊関榮今具到

製造局憲大人臺下竊身有自業則田坐落二十五保十西啚特字圩第伍拾叁號現已量見柒厘陸毫正情愿出具賣地切結賣于

憲局作為公用每畝議定價銀洋貳伯貳拾元正合計足價洋壹拾陸元柒角貳分正業經親赴

憲局如數領收清訖並無分文短少浮冒情弊除另具切結呈報

本縣衙門存案查辦外合具賣地切結是實

[illegible]

400040

光緒貳拾陸年陸月　日具賣地切結人楊関榮十

860

本啚地保　張鳳笙

SC038

楊關榮具賣地切結（1900 年 6 月或 7 月，光緒二十六年六月）

基字圳二

具領狀人張信玉今具到

製造局憲大人臺下給發身所賣二十四保方十二啚方字圩第貳百零四號自業地壹分七厘二毫正通足價銀洋叁拾柒元捌角肆

分正於本日均已親投

憲局如數領收清訖並無分文短少浮冒情弊除另具賣地切結呈存外合具領狀是實

東業竹[illegible]

光緒二十六年八月　日具領狀人張信玉　十

本啚地保張惠忠

張信玉具領狀（1900年8月或9月，光緒二十六年八月）

基字圳[illegible]二號

具賣地切結人張信玉今具到

製造局憲大人臺下竊身有自業則田坐落二十二保方十二圖方字圩第貳百零四號現已量見壹分柒厘貳毫正情願出具賣地切結賣與

憲局作為公用每畝議定價洋貳百念元正合計洋叁拾柒元捌角肆分正業經親赴

憲局如數領收清訖並無分文短少浮冒情弊除另具切結呈報

本縣衙門存案查辦外合具賣地切結是實

准領肖

光緒貳拾六年八月　日具賣地切結人張信玉　十

本圖地保張惠忠

張信玉具賣地切結（1900年8月或9月，光緒二十六年八月）

基字圳號卷第二號

具領狀人林吟和今領到

製造局憲大人臺下 給發身所賣二十五保西啚特字圩第元號自業地肆分玖厘捌毫正通足價銀洋壹佰另玖元五角六分正

於本日均已親投

憲局如数領收清訖並無分文短少浮冒情弊除另具賣地切結呈存外合具領狀是實

准領 閻□□

00043

光緒貳拾陸年閏八月　　日具領狀人林吟和 十

本啚地保　張鳳笙

120

SC041

林吟和具領狀（1900年9月或10月，光緒二十六年閏八月）

基字圳[illegible]第二號

具賣地切結人林吟和今具到

製造局憲大人臺下竊身有自業則田坐落二十五保十四啚恃字圩第元號現已量見肆分玖厘捌毫正情愿出具賣地切結賣于

憲局作為公用每畝議定價銀洋貳伯貳拾元正合計足價洋壹伯另玖元五角六分正業經親赴

憲局如數領收清訖並無分文短少浮冒情弊除另具切結呈報

本縣衙門存案查辦外合具賣地切結是實

存案[illegible]

00044

光緒貳拾陸年　月　日具賣地切結人林吟和十

本啚地保　張鳳笙

042

SC042

林吟和具賣地切結（1900年，光緒二十六年）

奉 批

具領狀人楊関榮今領到

製造局憲大人臺下 給發身所賣二十五保十西啚特字圩第伍拾叁號自業地柒厘陸毫正通足價銀洋壹拾陸元柒角貳分正

於本日均已親投

憲局如數領收清訖並無分文短少浮冒情弊除另具賣地切結呈存外合具領狀是實

00045

光緒貳拾陸年陸月 日具領狀人 楊関榮 十

本啚地保 張鳳笙

SC043

楊關榮具領狀（1900 年 6 月，光绪二十六年六月）

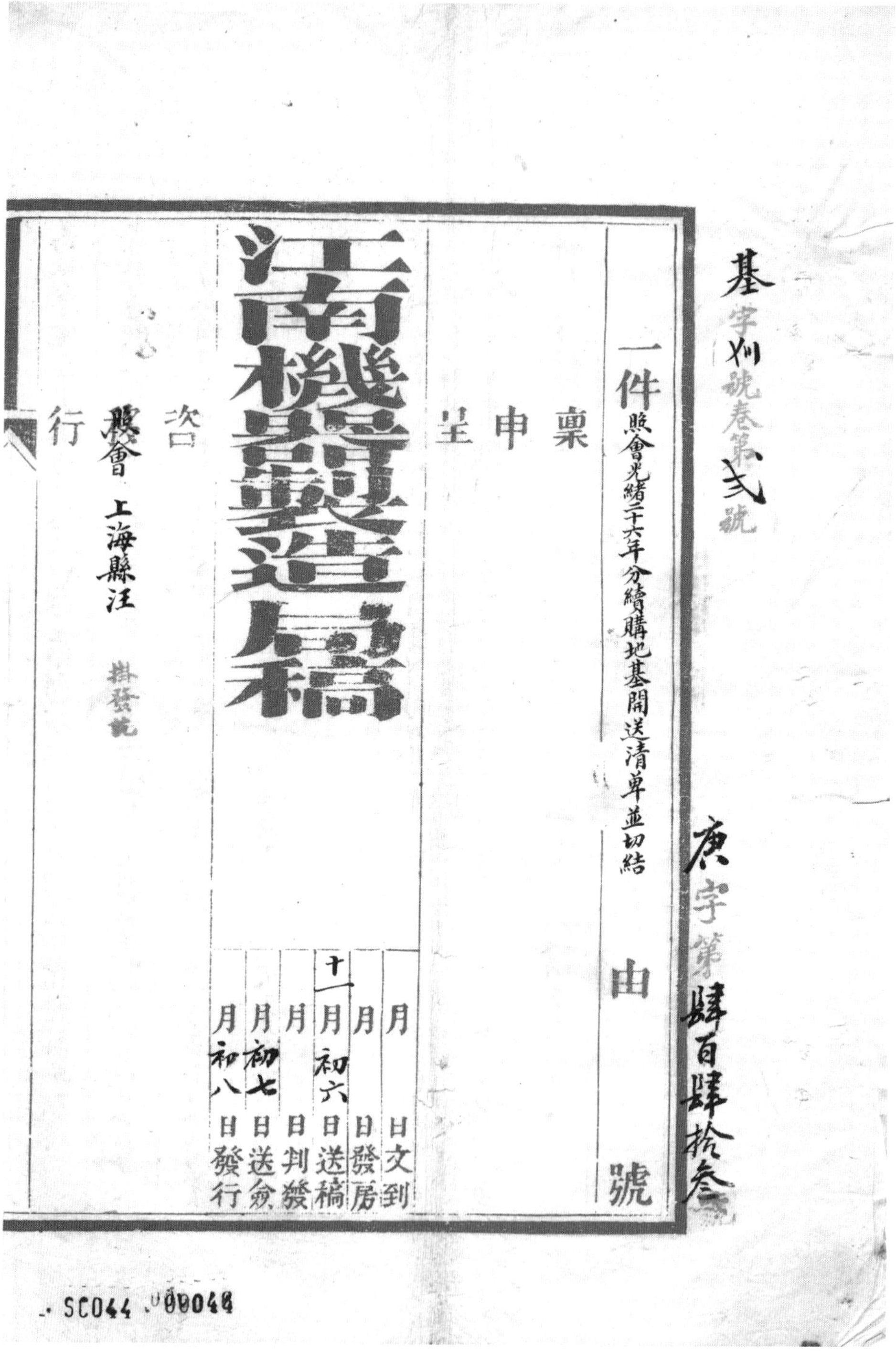
基字卅號卷第弍號

一件照會光緒二十六年分續購地基開送清單並切結 由 號

稟

申

呈

江南機器製造局稿

咨

照會 上海縣汪

掛發號

行

月 日文到

月 日發房

十一月初六日送稿

月 日判發

月初七日送僉

月初八日發行

庚字第肆百肆拾叁

SC044.00048

江南機器製造局爲照會光緒二十六年份續購地基開送清單並切結事致上海縣知縣汪懋琨照會稿（1900 年 12 月 26 日，光緒二十六年十一月初五日）

為照會事案照本局歷次建造廠屋添購築廠路等用購買地基均經開单照請

貴縣查核收作機器局新户各在案茲查本局在高昌廟地方添購民房地基七分四六毫厘每畝價洋二百二十元計洋一百六十四元一角二分業經派員督同該圖地保亭耆會同業户丈量明白除將地價照數發給各該業户收領取具切結領狀存案外相應開单照會並將該業户具呈

貴衙門切結三紙代单結三紙一併轉送為此照會

貴縣煩為查照收作機器局新户開示科則數目移送過局以便照數完糧並希將切結留存備案其代单結三紙仍請送還歸卷望切施行須至照會者

計粘单並切結三紙代单結三紙

江南製造總局

江南機器製造局爲照會光緒二十六年份續購地基開送清單並切結事致上海縣知縣汪懋琨照會稿（1900年12月26日，光緒二十六年十一月初五日）

地保陳進光

長陳鳳笙

今將本局在高昌廟地方添購築路地基業户花名畝數並發給地價洋元開單送請

查核

計開

張信玉二十四保方十二圖方字圩第二百四號地一分七厘三毫計發地價洋三十七元八角四分

林吟和二十五保十四圖恃字圩第元號地四分九厘八毫計發地價洋一百九元五角六分

楊闕榮二十五保十四圖恃字圩第五十三號地七厘六毫計發地價洋十六元七角二分

江南機器製造局爲照會光緒二十六年份續購地基開送清單並切結事致上海縣知縣汪懋琨照會稿（1900年12月26日，光緒二十六年十一月初五日）

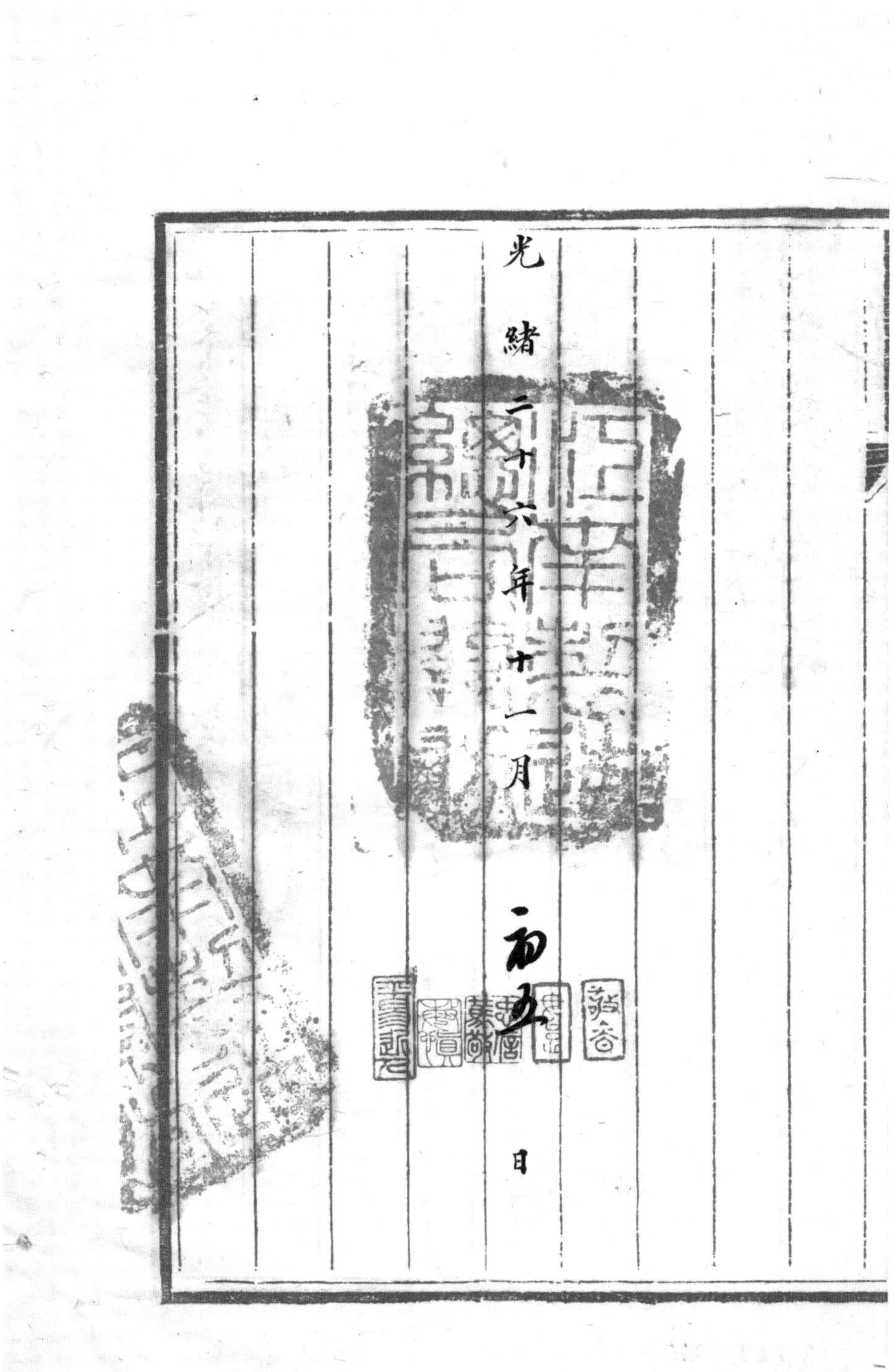
光緒二十六年十一月初五日

江南機器製造局爲照會光緒二十六年份續購地基開送清單並切結事致上海縣知縣汪懋琨照會稿（1900年12月26日，光緒二十六年十一月初五日）

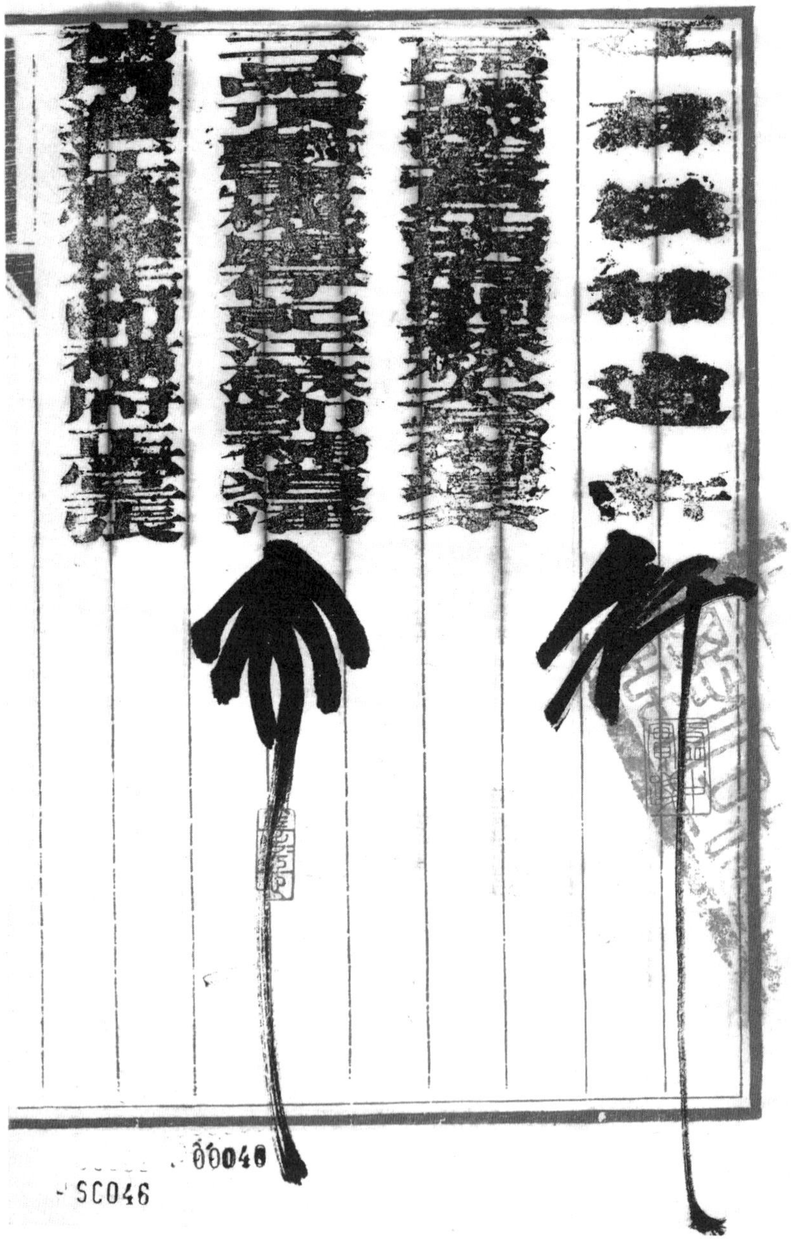

江南機器製造局爲照會光緒二十六年份續購地基開送清單並切結事致上海縣知縣汪懋琨照會稿（1900 年 12 月 26 日，光緒二十六年十一月初五日）

基字州號卷第一號

具領狀人林吟和今領到

製造局憲大人臺下給發身所賣二十五保十四啚恃字圩第壹號自業地叁分玖厘正通足價銀洋捌拾伍元捌角正

於本日均已親投

憲局如數領收清訖並無分文短少浮冒情弊除另具賣地切結呈存外合具領狀是實

[illegible]

00041

光緒貳拾陸年陸月　日具領狀人林吟和　十

本啚地保　張鳳笙

SC047

林吟和具領狀（1900 年 6 月或 7 月，光緒二十六年六月）

巷字圳號卷第一號

具賣地切結人林吟和今具到

製造局憲大人臺下竊身有自業則田坐落二十五保十四啚特字圩第壹號現已量見叁分玖厘正情愿出具賣地切結賣于

憲局作為公用每畝議定價銀洋貳伯貳拾元正合計足價洋捌拾伍元捌角正業經親赴

憲局如數領收清訖並無分文短少浮冒情弊除另具切結呈報

本縣衙門存案查辦外合具賣地切結是實

准案存

光緒貳拾陸年陸月　日具賣地切結人林吟和十

本啚地保張鳳笙

林吟和具賣地切結（1900年6月或7月，光緒二十六年六月）

基字训号卷第乙号

一件照会光绪二十六年分续賍地基並送切结由

庚字第叁佰拾贰号

江南機器製造局稿

稟

申

呈

咨

移

照會上海縣汪

掛發訖

月 日文到

月 日發房

八月二十日送稿

月 日判發

月卅四日送僉

月即日發行

049 00053
051 SC049

江南機器製造局爲照會光绪二十六年份續購地基並送切結事致上海縣知縣汪懋琨照會稿
（1900年9月13日，光緒二十六年八月二十日）

為照會事案照本局歷次建造廠屋添築廠路等用購買地基均經開单照會
貴縣查核收作機器局新戶各在案茲查本局又在高昌廟地方添購民房
地基叁分玖厘照每畝價洋二百二十元合洋八十五元八角業經派員督同該圖
地保亭耆會同業戶丈量明白當將地價洋元照數發給該業戶收領取具
切結領狀存案相應粘单備文照會並將該業戶具呈
貴衙門切結一紙另有代单結一紙一併轉送為此照會
貴縣煩為查照收作機器局新戶開示科則數目移送過局以便照數完糧
並希將切結留存備案其代单結一紙仍請送還歸卷備查望即施行須至
照會者

江南機器製造局爲照會光緒二十六年份續購地基並送切結事致上海縣知縣汪懋琨照會稿
（1900年9月13日，光緒二十六年八月二十日）

計粘單並切結一紙代單結一紙
今將本局在高昌廟地方添購築路地基畝數並業户花名地價洋元開
單送請
查核
計開
林吟和二十五保十四圖恃字圩第一號地三分九厘計發地價洋八十五元八角
以上係光緒二十六年備築廠路購買應用

050 00052

SC050

江南機器製造局爲照會光緒二十六年份續購地基並送切結事致上海縣知縣汪懋琨照會稿
（1900年9月13日，光緒二十六年八月二十日）

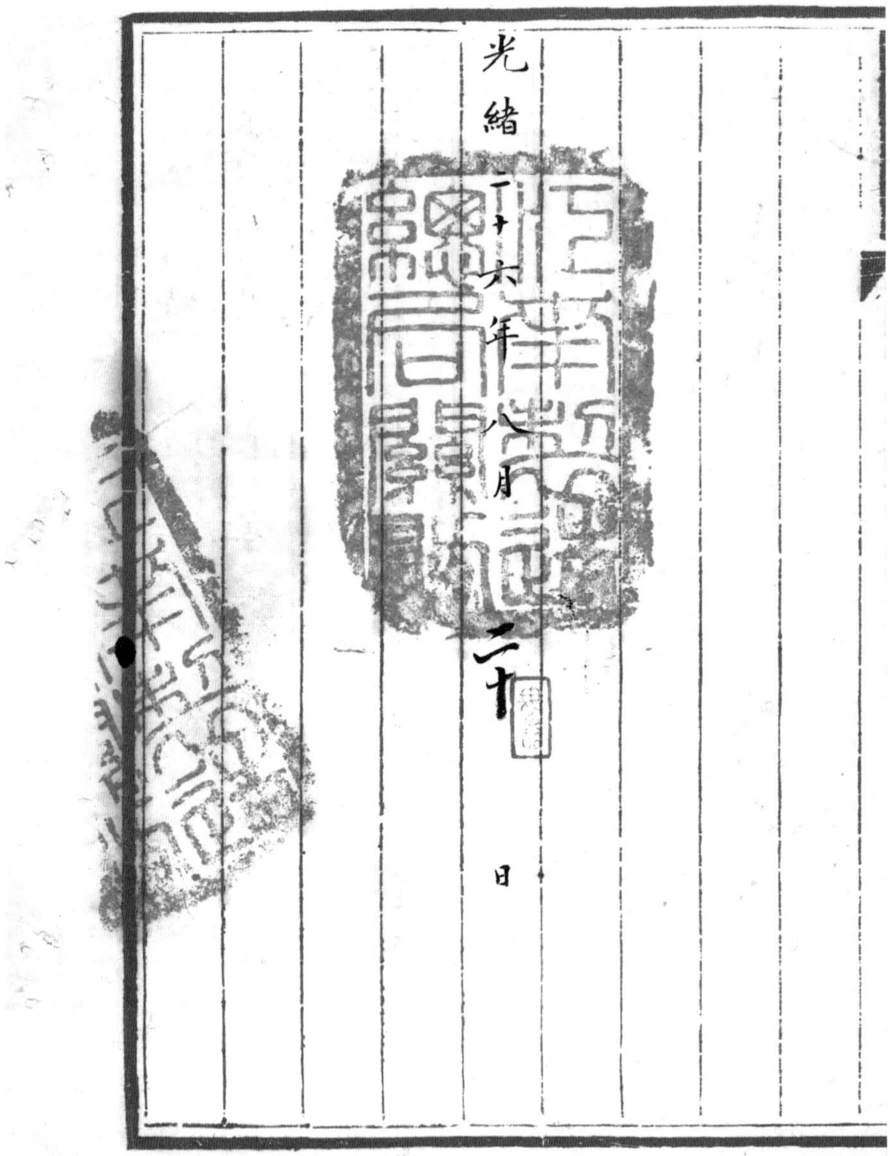
光緒二十六年八月二十日

江南機器製造局爲照會光緒二十六年份續購地基並送切結事致上海縣知縣汪懋琨照會稿
（1900年9月13日，光緒二十六年八月二十日）

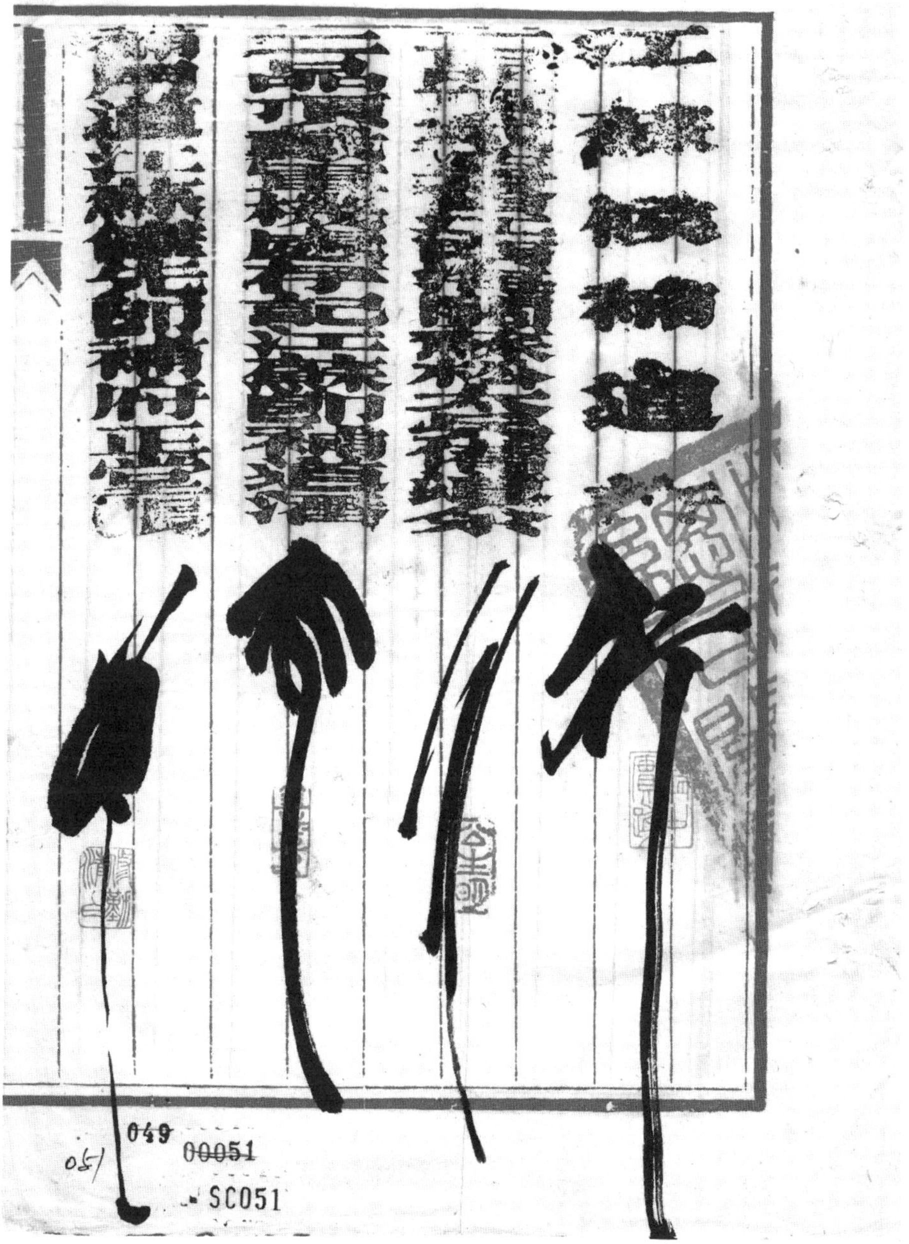

江南機器製造局爲照會光緒二十六年份續購地基並送切結事致上海縣知縣汪懋琨照會稿
（1900年9月13日，光緒二十六年八月二十日）

江南製造總局

八、江南製造局添築廠房、路面，續購地基的契據及有關文書

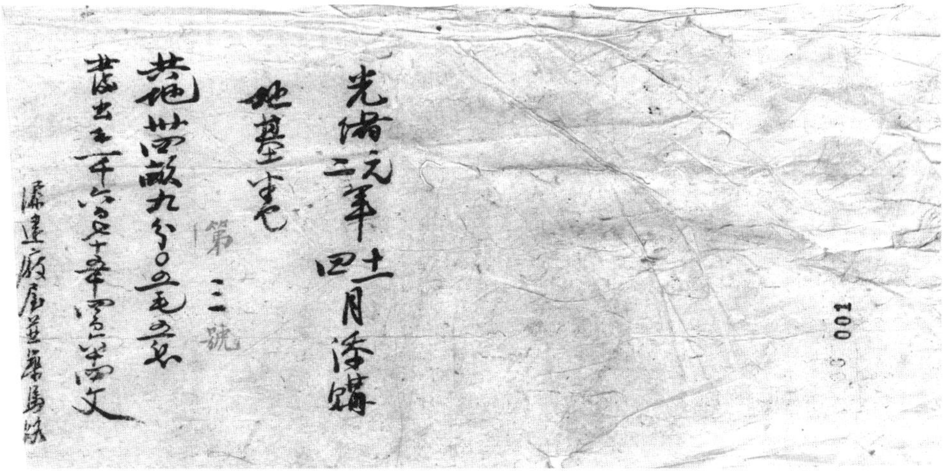

江南機器製造局添購地基卷契據清單（1875—1876 年，光緒元年—光緒二年）

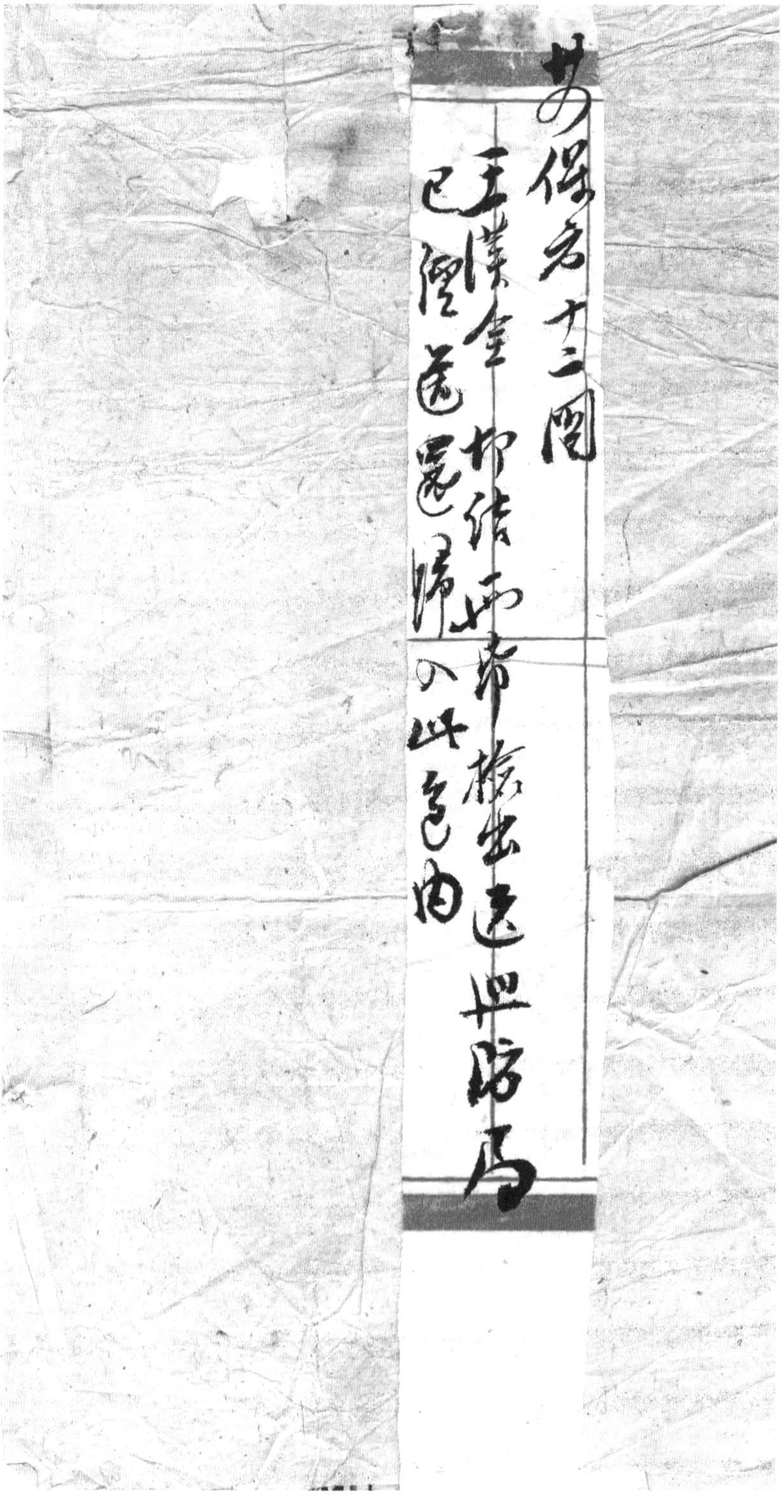

江南機器製造局添購地基卷契據清單（1875—1876年，光緒元年—光緒二年）

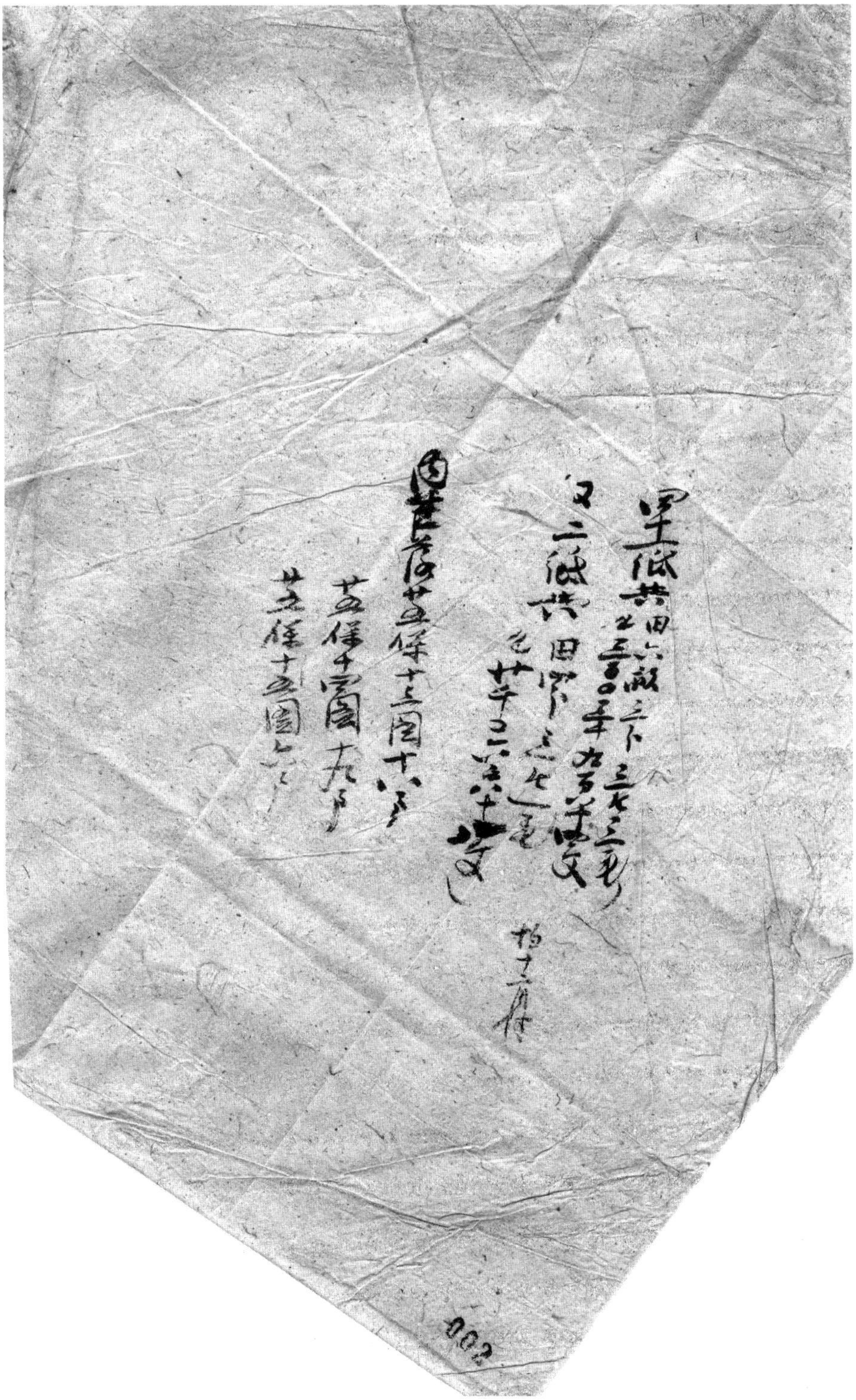

江南機器製造局添購地基卷契據清單（1875—1876 年，光緒元年—光緒二年）

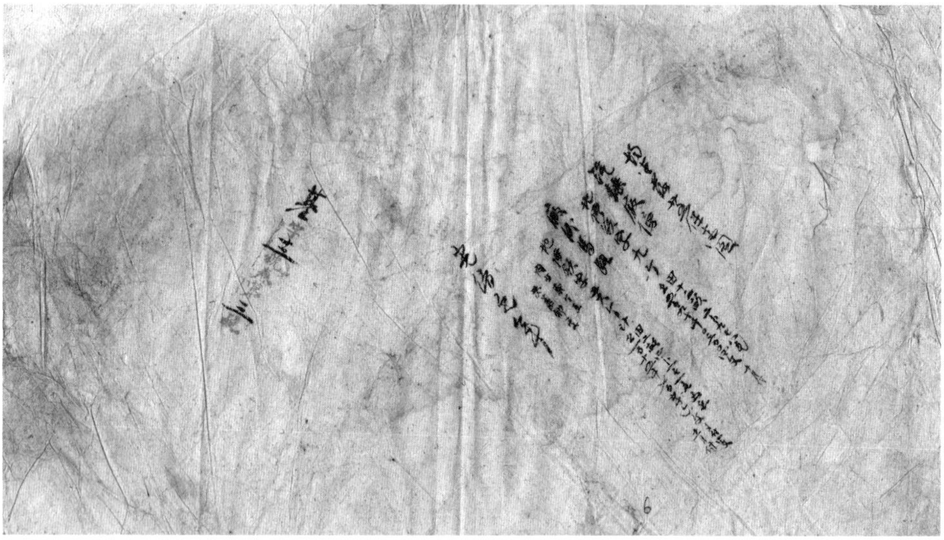

江南機器製造局添購地基卷契據清單（1875—1876 年，光緒元年—光緒二年）

樁記備

元年四月添購地基壹宅

計地八十畝九分八厘七毛

共出地價錢九百五十千八百卅文

賣主宋蘭谷等

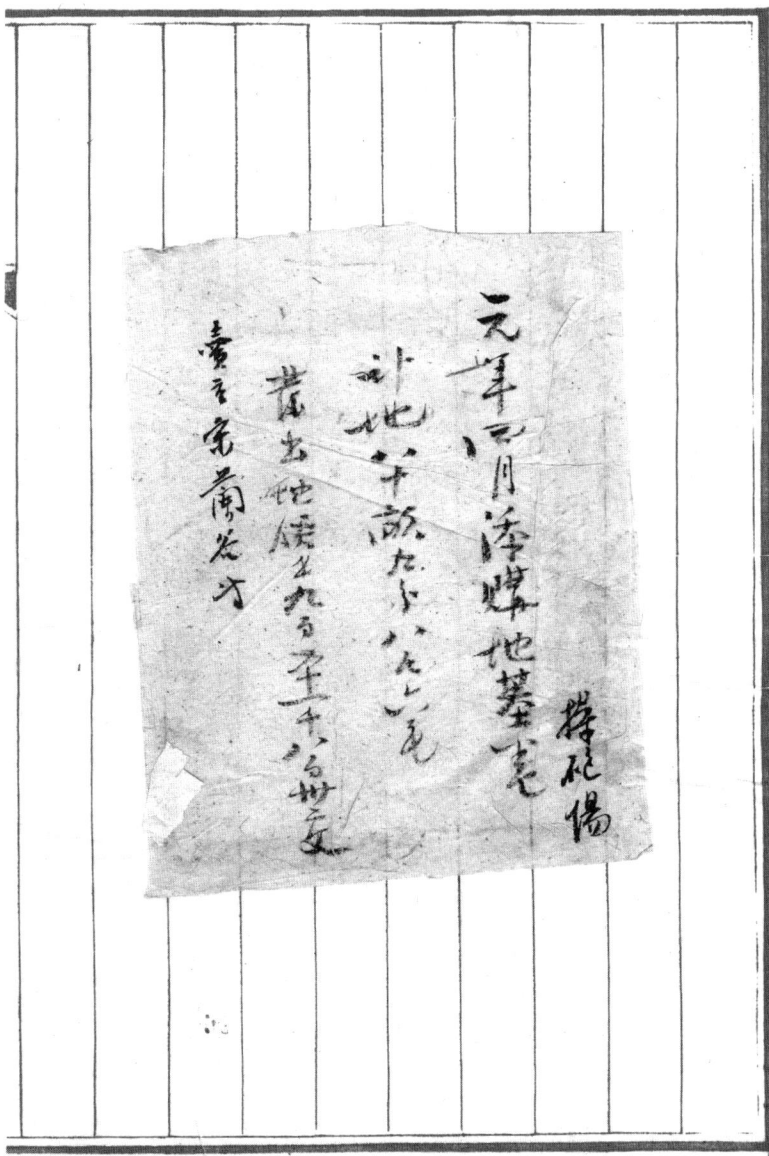

江南機器製造局添購地基卷契據清單（1875—1876 年，光緒元年—光緒二年）

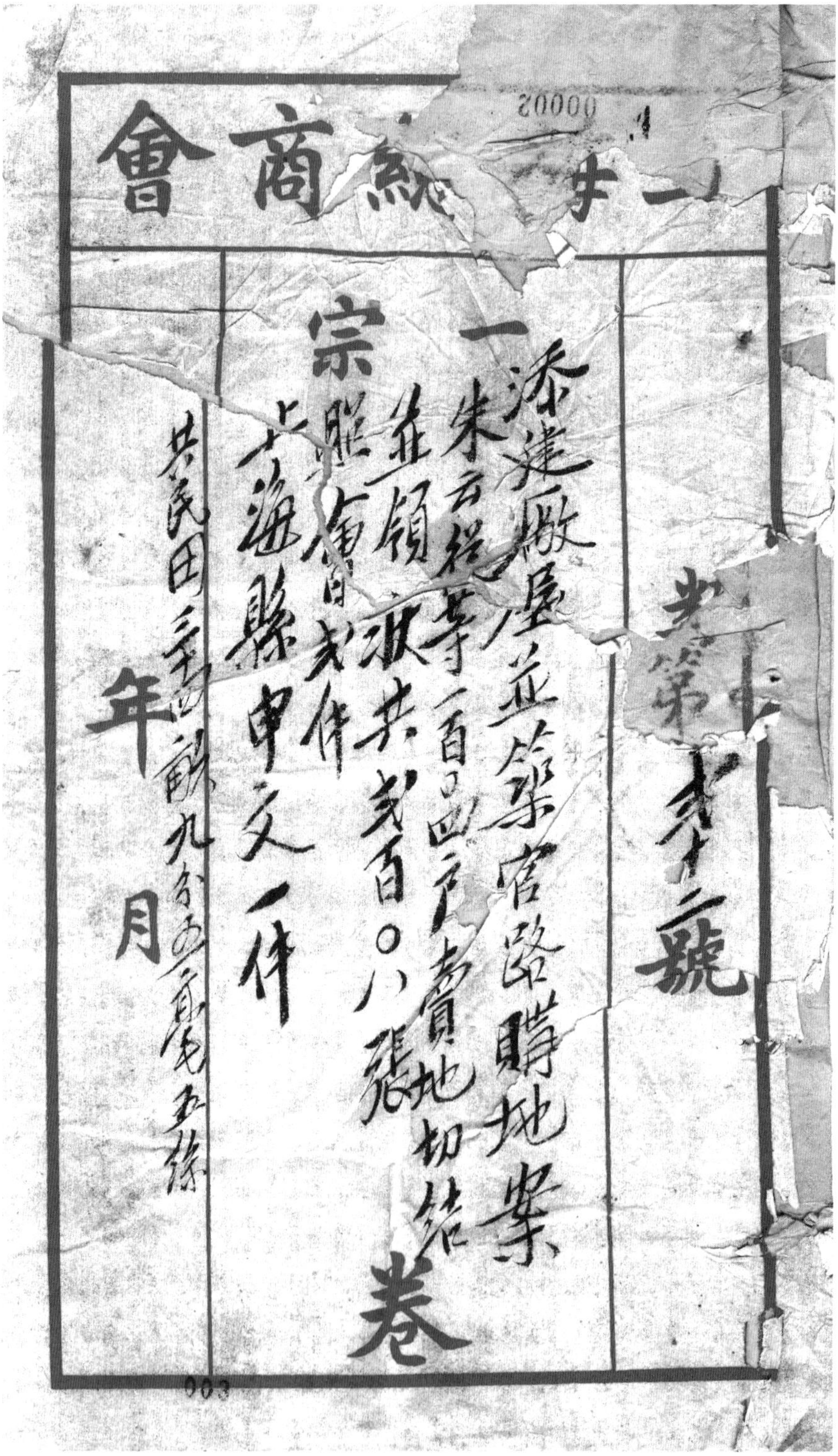

會商總

第二十二號

添建廠屋並築官路購地案

朱云經等一百四十四戶賣地切結

並領狀共二百〇八張

照會二件

上海縣申文一件

一宗

卷

共民田三十五畝九分五厘毛五絲

年　月

上海總商會第二十二號添建廠屋並築官路購地案卷封面（時間不詳）

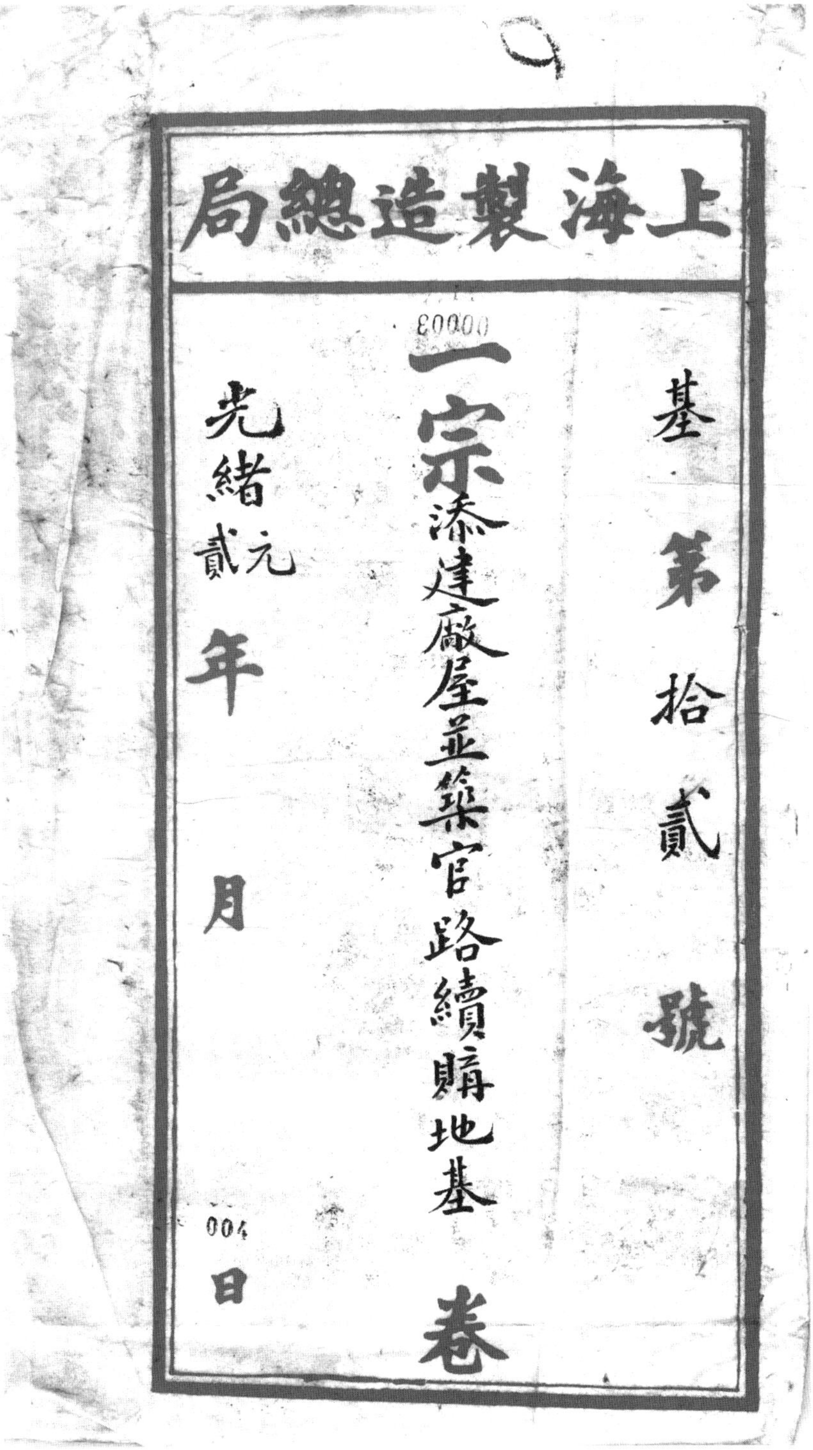

上海製造總局

基第拾貳號

一宗添建廠屋並築官路續購地基卷

光緒元/貳年　月　日

上海製造總局基字第十二號添建廠屋並築官路續購地基卷封面（1875—1876年，光緒元年—光緒二年）

一買東汽鑪廠前面地業户四名 共計九畝九分三厘九毫 每畝四十八千文

坐落廿五保十二圖

合計錢肆百七十七千〇七十二文

一買本局東北角上圍墻外水溝業户八名 共計溝壹畝壹厘 價四十八千

坐落廿五保十二圖

合計錢肆拾捌千四百八十文

一買局後挖外濠溝用并堆土埂用地業户十四名 共計貳畝四分八厘三毫 價四十八千

内有另一户計一分三厘 合錢六千弍百四十文

此二分坐落廿五保十二圖

坐落廿五保十二圖

合計壹百拾九千一百八十四文

00005

江南機器製造局購地清單（1875—1876年，光緒元年—光緒二年）

具領狀人王奉思堂今領到

甚字十七號卷第三號

製造局大人案下給發身出賣二十五保十三圖靡字圩第六十七號業田地價足制錢伍百七十六文身親赴

憲局如數領訖並無分文短少亦無浮冒情弊合具領狀是實

閱

光緒元年十一月　日具領狀人王奉思堂十

閱

十三圖地保康茂其十

王奉思堂具領狀（1875年11月或12月，光緒元年十一月）

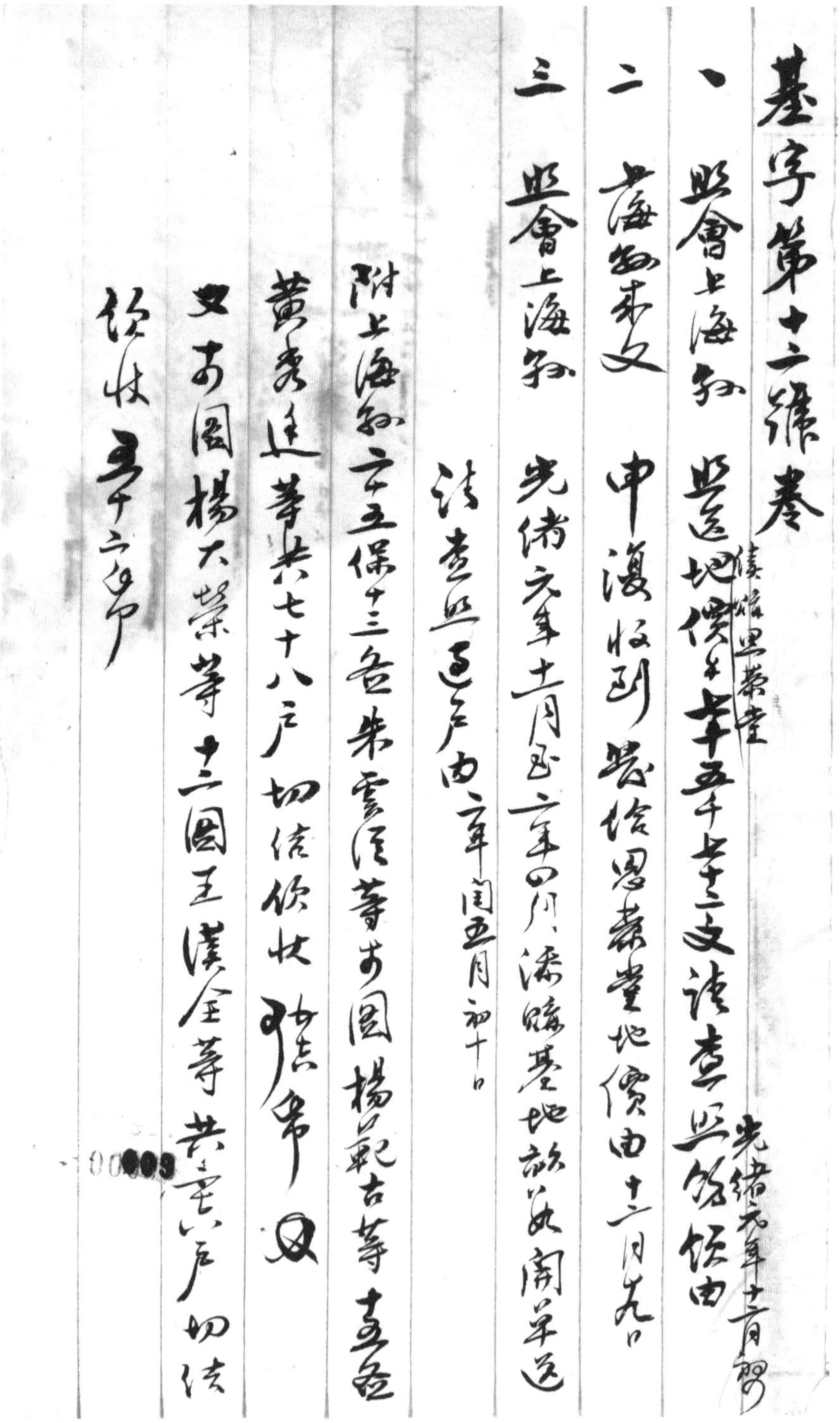
基字第十二號卷

一、照會上海縣　照送地價（續給思恭堂）七十五千七十二文請查照給領由　光緒元年十一月初五

二、上海縣來文　申復收到發給思恭堂地價由　十二月廿五日

三、照會上海縣　光緒元年十二月暨二年四月添購基地款項開單送請查照送戶由　二年閏五月初十日

附上海縣六五保十三圖朱雲佳等、廿圖楊乾吉等十三戶

黃秀廷等共七十八戶切結領狀　張希文

又廿圖楊大榮等、十二圖王漢全等共二十六戶切結

領狀　五十六紙

上海製造總局基字第十二號添建廠屋並築官路續購地基案卷目録（1875—1876年，光緒元年—光緒二年）

添建廠屋並築官路續購地基

照會 上海縣照會光緒元年十一月至二年四月添購地基畝數開送清單由 稿一件

照會 上海縣照送地價錢七十五千七十二文請轉飭收領由 稿一件

上海縣 申復收到奉發購買思恭堂地價錢文由 文一件

附 上海縣二十五保十三圖朱云從等十四圖楊範古等十五圖黃秀廷等共七十八戶賣地切結並領狀 一百五十六紙

又 十四圖楊大榮等十二圖王漢全共二十六戶賣地切結並領狀 五十二紙

000009

010

上海製造總局基字第十二號添建廠屋並築官路續購地基案卷目録（1875—1876年，光緒元年—光緒二年）

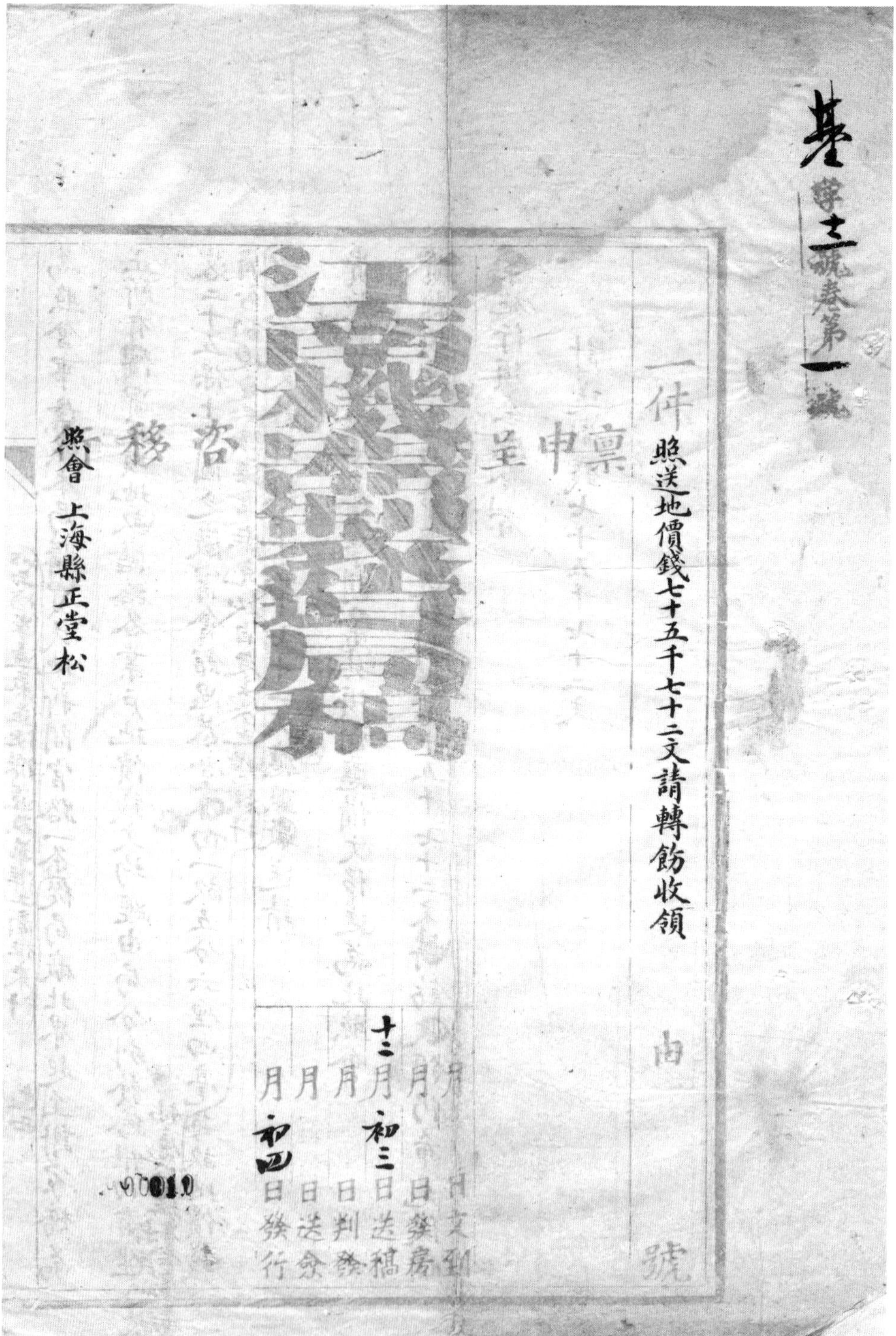

江南機器製造局爲照送地價錢七十五千七十二文請轉飭收領事致上海縣知縣松亭照會稿

（1875 年 12 月 30 日，光緒元年十二月初三日）

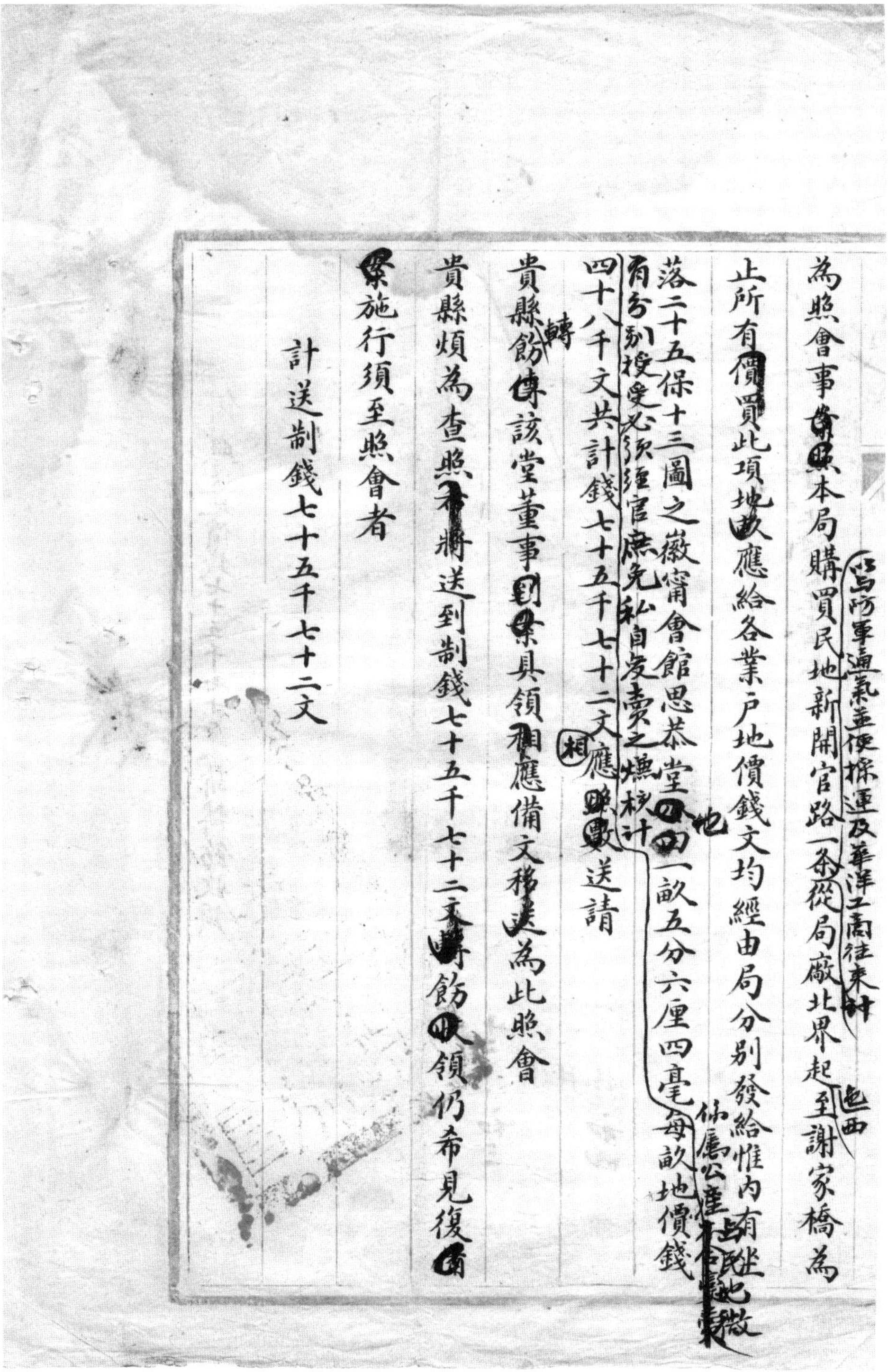

為照會事：查照本局購買民地新開官路一條，以為防範事宜兼便搬運及華洋工商往來計，從局廠北界起迤西至謝家橋為

止，所有價買此項地畝，應給各業戶地價錢文，均經由局分別發給。惟內有係屬公產，並非民地，坐

落二十五保十三圖之徽甯會館思恭堂地一畝五分六厘四毫，每畝地價錢

四十八千文，共計錢七十五千七十二文，應照數送請

貴縣飭轉該堂董事到案具領，相應備文移送。為此照會

貴縣煩為查照，希將送到制錢七十五千七十二文轉飭收領，仍希見復備

案施行。須至照會者。

計送制錢七十五千七十二文

江南機器製造局爲照送地價錢七十五千七十二文請轉飭收領事致上海縣知縣松亭照會稿
（1875年12月30日，光緒元年十二月初三日）

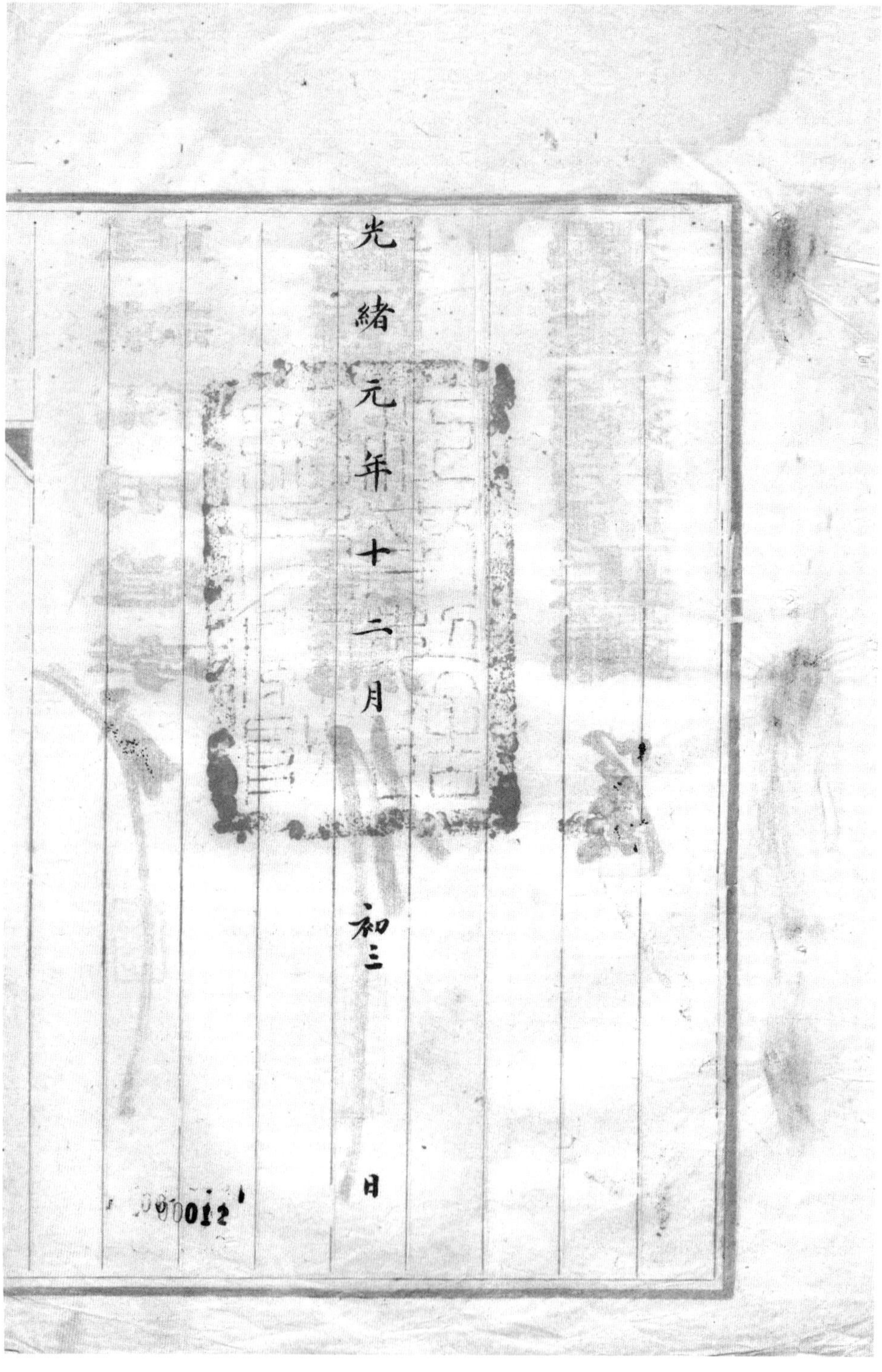

江南機器製造局爲照送地價錢七十五千七十二文請轉飭收領事致上海縣知縣松亭照會稿
（1875年12月30日，光緒元年十二月初三日）

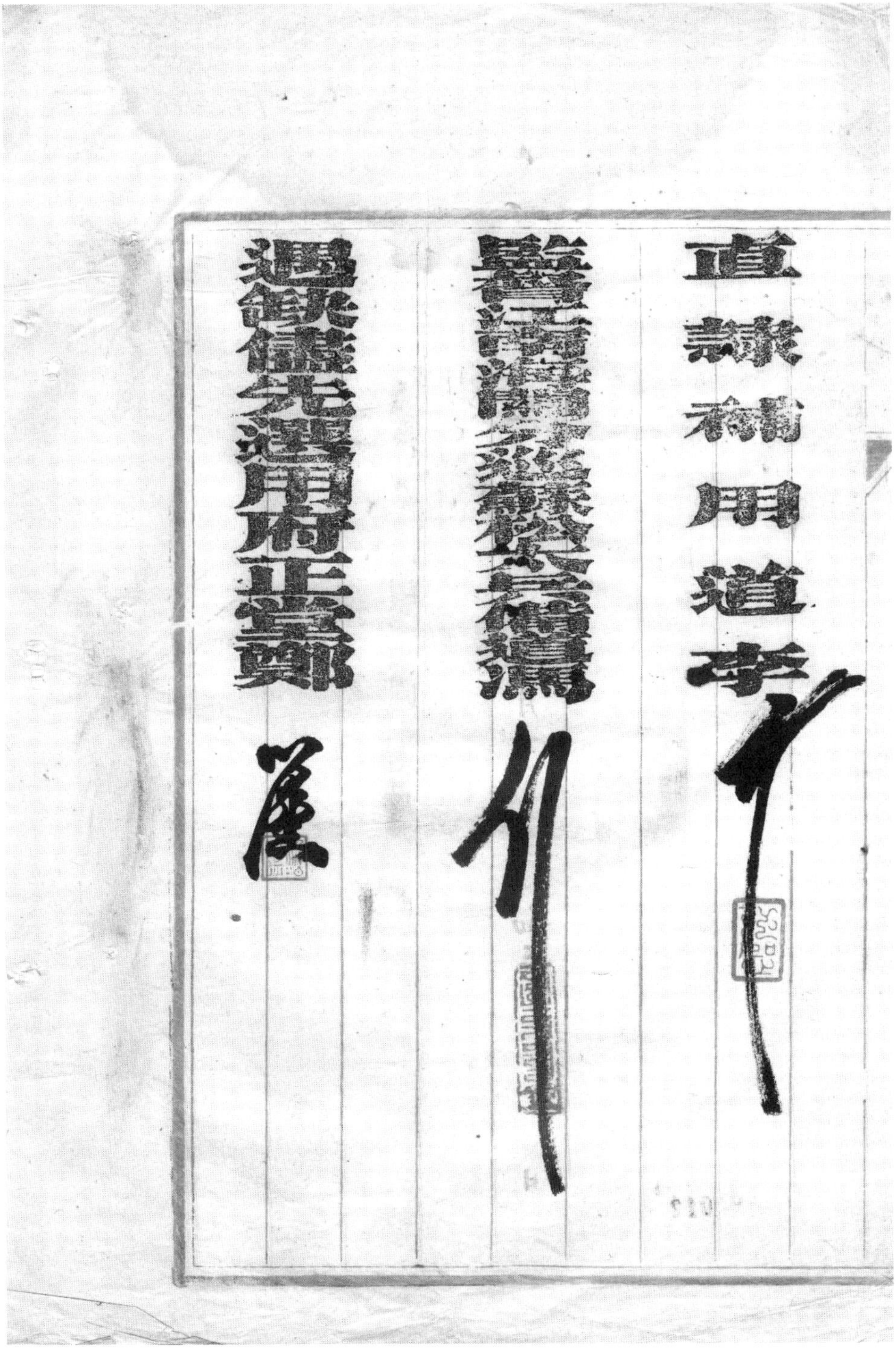
直隸補用道李

署江南海關分巡蘇松太兵備道馮

遇缺儘先選用府正堂鄭

江南機器製造局爲照送地價錢七十五千七十二文請轉飭收領事致上海縣知縣松亭照會稿
（1875年12月30日，光緒元年十二月初三日）

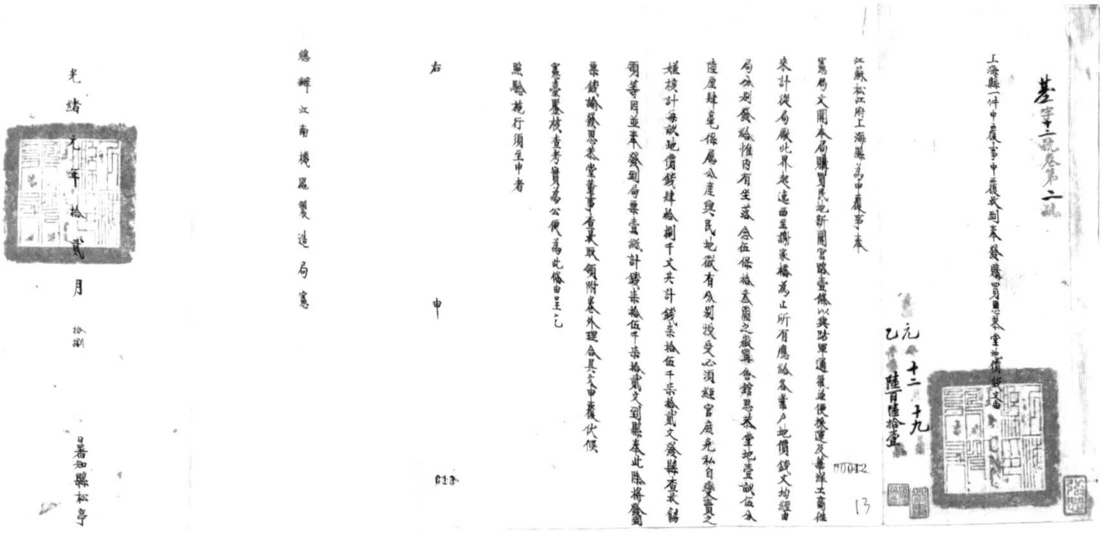

上海縣一件申覆事申覆收到奉發購買思恭堂地價錢文由

基字十二號卷第二號

江蘇松江府上海縣爲申覆事。奉

憲局文開：本局購買民地，新開官路壹條，以與陸軍通氣，並便搬運及華洋士商往來，計從局廠北界起，造西至謝家橋爲止，所有應給各業户地價錢文，均經由局分别發給。惟内有坐落念伍保拾叁圖之徽寧會館思恭堂地壹畝伍分陸厘肆毫，係屬公産，與民地微有分别，授受必須經官，庶免私自變賣之嫌。核計每畝地價錢肆拾捌千文，共計錢柒拾伍千柒拾貳文，發縣查收，飭領等因，並奉發到局票壹紙，計錢柒拾伍千柒拾貳文到縣。奉此，除將發票錢給發思恭堂董事，查取領附卷外，理合具文申覆，伏候

憲臺鑒核，查考實爲公便。爲此備由呈乞

照驗施行。須至申者。

右　申

總辦江南機器製造局憲

光緒元年拾貳月拾捌日

署知縣松亭

元　十二　十九　乙　陸百陸拾壹

上海縣知縣松亭爲申覆收到奉發購買思恭堂地價錢文事致江南機器製造局申文（1876年1月14日，光緒元年十二月十八日）

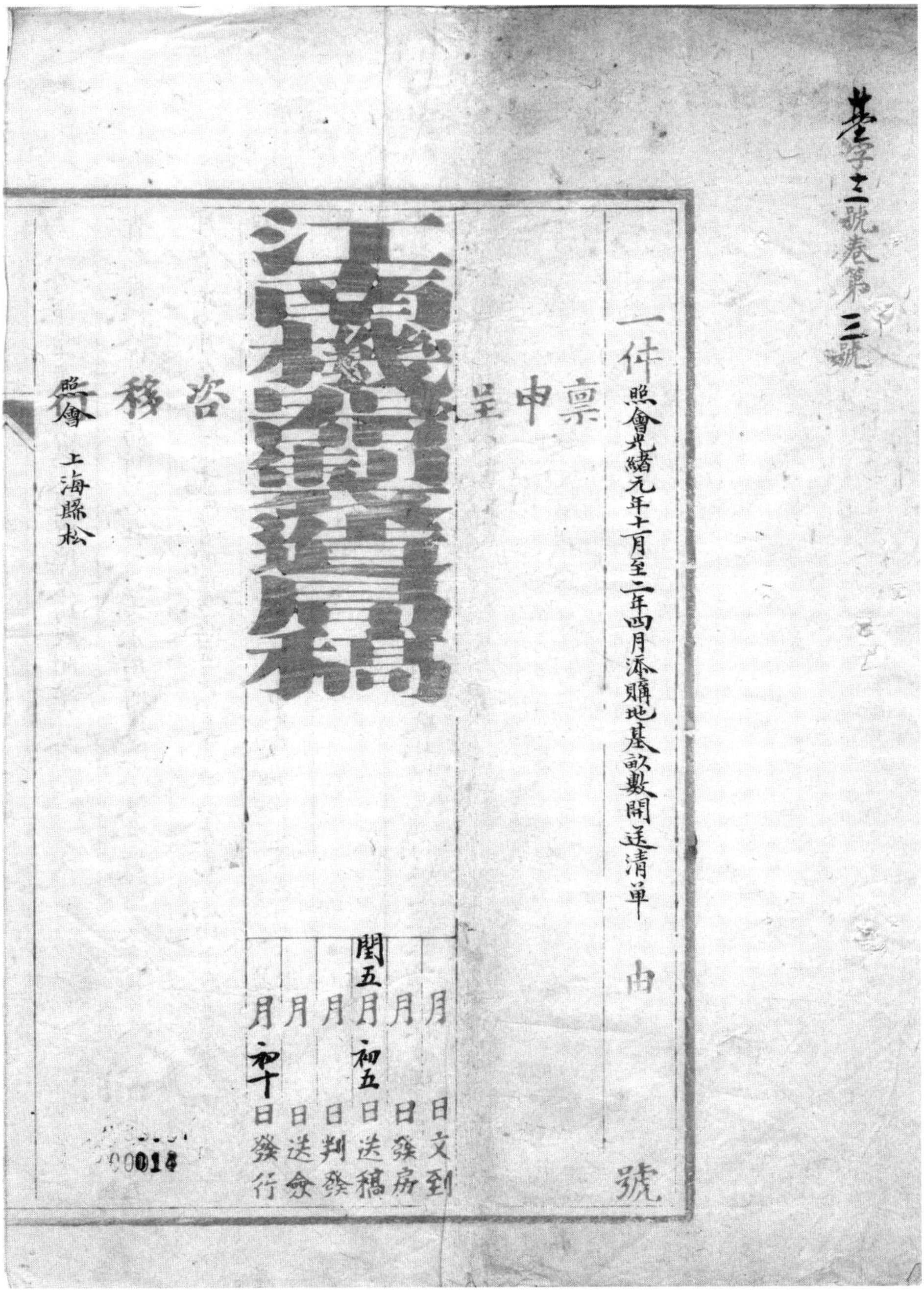

基字十二號卷第三號

一件 照會光緒元年十一月至二年四月添購地基畝數開送清單 由

號

江南機器製造局稿

稟 申 呈 咨 移 照會 行

上海縣松

月日文到	月日發房	閏五月初五日送稿	月日判發	月日送僉	月初十日發行

江南機器製造局爲照會光緒元年十一月至二年四月添購地基畝數開送清單事致上海縣知縣松亭照會稿（1876 年 6 月 26 日，光緒二年閏五月初五日）

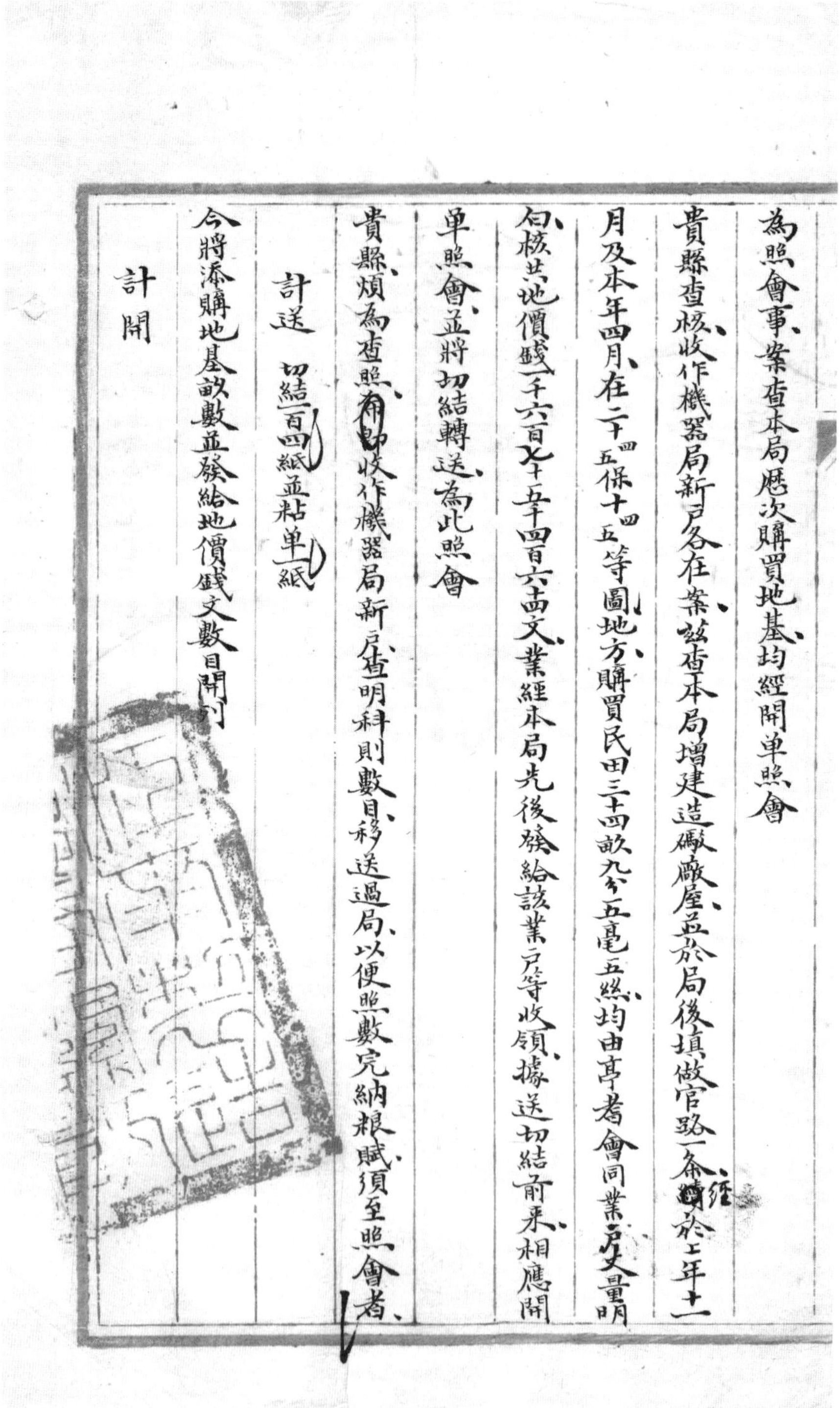
為照會事。案查本局歷次購買地基，均經開单照會
貴縣查核收作機器局新户各在案。茲查本局增建造礮廠屋，並於局後填做官路一條，經於上年十一
月及本年四月，在二十四五保十四五等圖地方購買民田三十四畝九分五毫五絲，均由亭耆會同業户丈量明
白，核共地價錢一千六百七十五千四百六十文，業經本局先後發給該業户等收領。據送切結前來，相應開
单照會，並將切結轉送。為此照會
貴縣煩為查照，希即收作機器局新户，查明科則數目，移送過局，以便照數完納粮賦。須至照會者。
計送 切結一百四紙 並粘单一紙
今將添購地基畝數並發給地價錢文數目開列
計開

江南機器製造局爲照會光緒元年十一月至二年四月添購地基畝數開送清單事致上海縣知縣松亭照會稿（1876年6月26日，光緒二年閏五月初五日）

康字 地保康茂其

二十五保十三圖内

朱云葰計田三厘三毫給地價錢一千五百八十四文

朱錫成計田二厘三毫給地價錢一千一百〇四文

趙星璿計田七厘一毫給地價錢三千四百〇八文

康慶長計田二分七厘給地價錢十二千九百六十文

蔣五觀計田七厘七毫給地價錢三千六百九十六文

唐蕊田計田五厘五毫給地價錢二千六百四十文

汪慶昌計田五厘三毫給地價錢二千五百四十四文

李童桂計田一厘二毫給地價錢五百七十六文

江南機器製造局爲照會光緒元年十一月至二年四月添購地基畝數開送清單事致上海縣知縣松亭照會稿（1876年6月26日，光緒二年閏五月初五日）

孫廷相計田一厘給地價錢四百八十文

曹顕華計田四厘二毫給地價錢二千〇十六文

程手經計田五厘九毫給地價錢二千八百三十二文

朱耀坤計田三厘二毫給地價錢一千五百三十六文

朱茂坤計田一分六厘一毫給地價錢七千七百二十八文

程正宗計田五厘四毫給地價錢二千五百九十二文

喬金氏計田一分二厘一毫給地價錢五千八百〇八文

王奉恩堂計田一厘二毫給地價錢五百七十六文

張換金計田五厘四毫給地價錢二千五百九十二文

江南機器製造局爲照會光緒元年十一月至二年四月添購地基畝數開送清單事致上海縣知縣松亭照會稿（1876年6月26日，光緒二年閏五月初五日）

地保陸克堂

高青選計田三分六厘八毫給地價錢十七千六百六十四文

二十五保十四圖内

楊範古計田六厘五毫給地價錢三千一百二十文

張惇忠計田三分六厘六毫給地價錢十七千五百六十八文

喬源明計田二厘給地價錢九百六十文

龔繩武計田一分九厘七毫給地價錢九千四百五十六文

李達達計田二分三厘七毫給地價錢十一千三百七十六文

張文保計田一分一厘五毫給地價錢五千五百二十文

錢耀宗計田一分六厘二毫給地價錢七千七百七十六文

江南機器製造局爲照會光緒元年十一月至二年四月添購地基畝數開送清單事致上海縣知縣松亭照會稿（1876 年 6 月 26 日，光緒二年閏五月初五日）

喬亦良計田三釐一毫給地價錢一千四百八十八文

喬亦良計田一分八釐七毫給地價錢八千九百七十六文

喬如翰計田四釐三毫給地價錢二千六十四文

喬福康計田六釐五毫給地價錢三千一百二十文

喬永年計田一分五釐三毫給地價錢七千三百四十四文

林工聲計田一分九釐二毫給地價錢九千二百十六文

顧元杰計田二分五釐六毫給地價錢十二千二百八十八文

黃鶴生計田一分六釐二毫給地價錢七千七百七十六文

黃鳳翔計田一分五釐七毫給地價錢七千五百三十六文

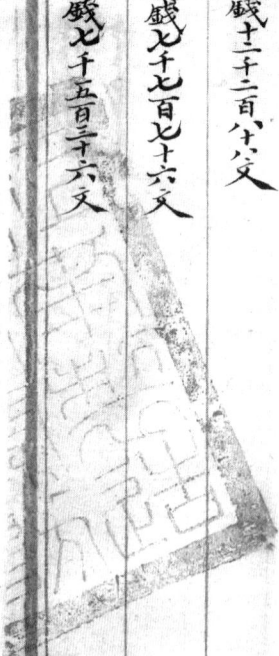

江南機器製造局爲照會光緒元年十一月至二年四月添購地基畝數開送清單事致上海縣知縣松亭照會稿（1876年6月26日，光緒二年閏五月初五日）

黄鳳翔計田一分一厘七毫給地價錢五千六百十六文
唐百全計田四分二厘五毫給地價錢二十千四百文
唐元瑞計田二分給地價錢九千六百文
楊瑞和計田一分八厘三毫給地價錢八千七百八十四文
黄秀廷計田四分八厘給地價錢二十三千〇四十文
楊金虎計田一分〇八毫給地價錢五千一百八十四文
楊桂春計田三厘九毫給地價錢一千八百七十二文
楊和尚計田三厘四毫給地價錢一千六百三十二文
楊桂春計田一厘八毫給地價錢八百六十四文

江南機器製造局爲照會光緒元年十一月至二年四月添購地基畝數開送清單事致上海縣知縣松亭照會稿（1876年6月26日，光緒二年閏五月初五日）

楊秀堂計田三厘五毫給地價錢一千六百八十文

楊金虎計田八厘五毫給地價錢四千〇八十文

楊瑞和計田一分三厘三毫給地價錢六千三百八十四文

楊金山計田六厘二毫五絲給地價錢三千文

錢克家計田一分三厘四毫給地價錢六千四百三十二文

李清源計田四厘給地價錢一千九百二十文

陸海觀計田五厘給地價錢二千四百文

張根華
黃古奎計田九厘二毫給地價錢四千四百十六文

陸木觀計田一分五厘六毫給地價錢七千四百八十八文

江南機器製造局爲照會光緒元年十一月至二年四月添購地基畝數開送清單事致上海縣知縣松亭照會稿（1876年6月26日，光緒二年閏五月初五日）

陳聖祥計田六厘七毫給地價錢三千二百十六文

陳瑞昌計田七厘三毫給地價錢三千五百[illegible]四文

錢杏春計田六厘九毫給地價錢三千三百十二文

錢耀宗計田八厘八毫給地價錢四千二百二十四文

陳裕如計田一分一厘給地價錢五千二百八十文

楊殿英計田三厘四毫給地價錢一千六百三十二文

張文保計田八厘六毫給地價錢四千一百二十八文

王學宗計田三厘三毫給地價錢一千五百八十四文

張潤書計田三厘三毫給地價錢一千五百八十四文

江南機器製造局爲照會光緒元年十一月至二年四月添購地基畝數開送清單事致上海縣知縣松亭照會稿（1876 年 6 月 26 日，光緒二年閏五月初五日）

すの十二　ヨの十二　六　三十　六　十五　廿九　廿九　廿九

張永祥計田九厘二毫給地價錢四千四百十六文

錢裕華計田七厘七毫給地價錢三千六百九十六文

楊鳳生計田一畝二分二厘五毫給地價錢五十八千八百文

楊才才計田一畝八分八厘八毫給地價錢九十千六百二十四文

楊殿英計田一畝二分一厘二毫給地價錢五十八千一百七十六文

顧輝章計田三畝一分八毫給地價錢一百四十九千一百八十四文

喬亦良計田一分三厘三毫給地價錢六千三百八十四文

李煥章計田三分六厘二毫給地價錢十七千三百七十六文

顧朝炎計田三分六厘五毫給地價錢十七千五百二十文

江南機器製造局爲照會光緒元年十一月至二年四月添購地基畝數開送清單事致上海縣知縣松亭照會稿（1876年6月26日，光緒二年閏五月初五日）

七
十八
已地保顧立華
六十
四升
卅
六十一
六十二
能

楊和華計田二畝七分七釐九毫給地價錢一百三十三千三百九十二文
楊和華計田一畝二分二釐六毫給地價錢五十八千八百四十八文
二十五保十五圖内
黄秀廷計田二分六釐八毫給地價錢十二千八百六十四文
喬應宗計田四分九釐一毫給地價錢二十三千五百六十八文
喬應宗計田五分八釐七毫給地價錢二十八千一百七十六文
喬啟鳳計田六分七釐九毫給地價錢三十二千五百九十二文
唐元照計田七釐二毫給地價錢三千四百五十六文
唐振廷計田一釐給地價錢四百八十文

江南機器製造局爲照會光緒元年十一月至二年四月添購地基畝數開送清單事致上海縣知縣松亭照會稿（1876年6月26日，光緒二年閏五月初五日）

侍 地保張克堂

以上七十八户共田二十二畝四分七厘三毫五絲 係光緒元年十一月分買

二十五保十四圖内

楊大榮計田一分六厘六毫給地價錢七千九百六十八文

楊大榮計田七厘五毫給地價錢三千六百文

王錫均計田一分六厘六毫給地價錢七千九百六十八文

陳如玉計田一分四毫給地價錢四千九百九十二文

喬燮堂計田七厘五毫給地價錢三千六百文

楊和華計田一分四毫給地價錢四千九百九十二文

楊和尚計田二分給地價錢九千六百文

江南機器製造局爲照會光緒元年十一月至二年四月添購地基畝數開送清單事致上海縣知縣松亭照會稿（1876年6月26日，光緒二年閏五月初五日）

楊範古計田一分二厘給地價錢五千七百六十文

顧舍章計田五厘給地價錢二千四百文

顧朝炎計田一分五厘二毫給地價錢七千二百九十六文

顧成華計田一分六厘給地價錢七千六百八十文

喬亦良計田一分七厘五毫給地價錢八千四百文

李興章計田一分六厘九毫給地價錢八千一百十二文

喬福康計田一分八厘四毫給地價錢八千八百三十二文

喬亦良計田一分八厘四毫給地價錢八千八百三十二文

喬炎昌計田二分給地價錢九千六百文

江南機器製造局爲照會光緒元年十一月至二年四月添購地基畝數開送清單事致上海縣知縣松亭照會稿（1876年6月26日，光緒二年閏五月初五日）

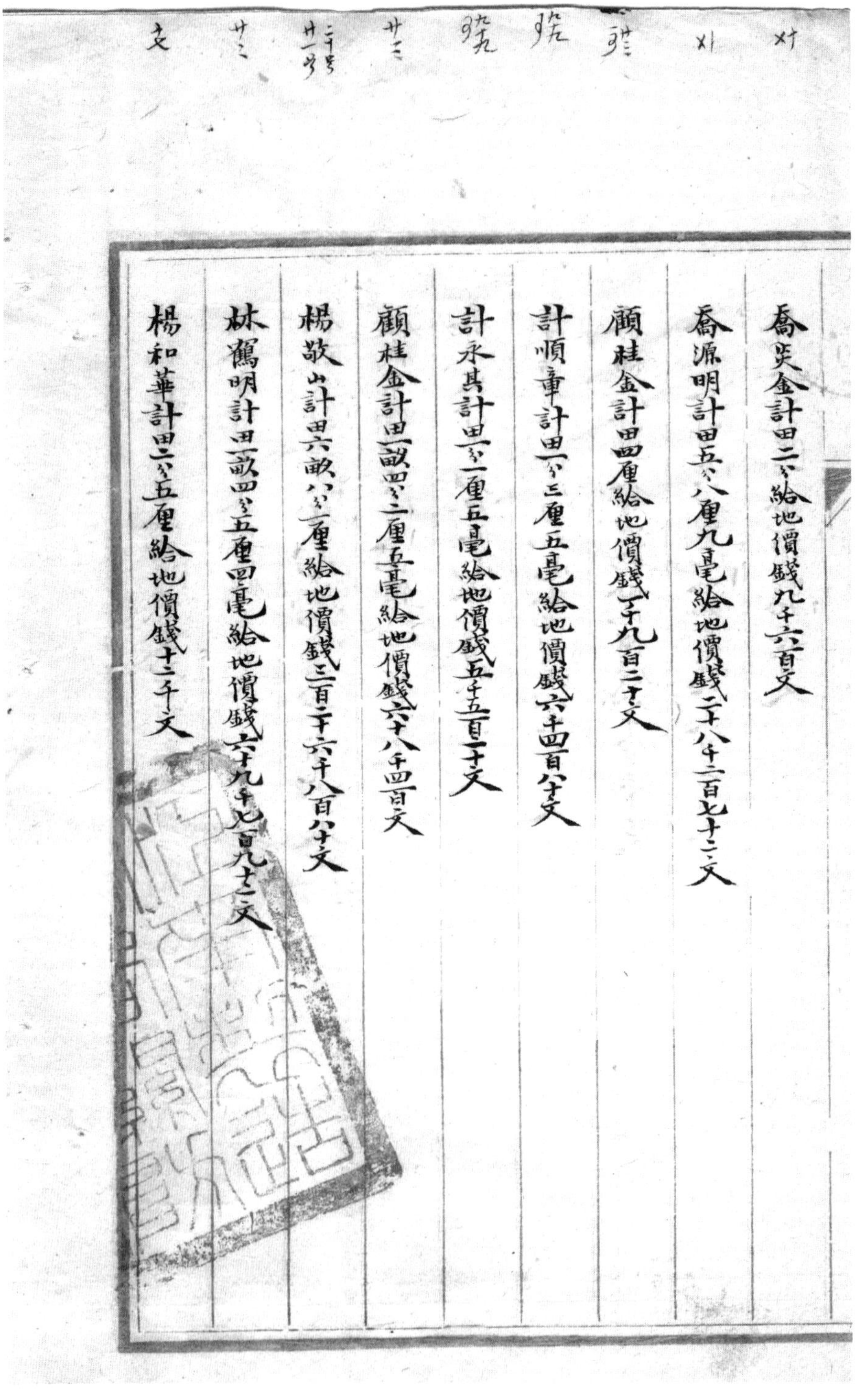

喬奚金計田二分給地價錢九千六百文

喬源明計田五分八厘九毫給地價錢二十八千二百七十二文

顧桂金計田四厘給地價錢一千九百二十文

計順章計田一分三厘五毫給地價錢六千四百八十文

計永其計田一分一厘五毫給地價錢五千五百二十文

顧桂金計田一畝四分二厘五毫給地價錢六十八千四百文

楊敬山計田六畝八分一厘給地價錢三百二十六千八百八十文

林鶴明計田一畝四分五厘四毫給地價錢六十九千七百九十二文

楊和華計田二分五厘給地價錢十二千文

江南機器製造局爲照會光緒元年十一月至二年四月添購地基畝數開送清單事致上海縣知縣松亭照會稿（1876 年 6 月 26 日，光緒二年閏五月初五日）

方　地保張瑞棠

二十四保三圖内

王漢全計田一分三厘給地價錢六千二百四十文

以上二十六戶共田十三畝四分三厘二毫　係光緒二年四月分買

以上統共添購民田三十四畝九分五毫五絲　每畝地價錢四十八千文　共發給錢一千六百七十五千四百六十四文

江南機器製造局爲照會光緒元年十一月至二年四月添購地基畝數開送清單事致上海縣知縣松亭照會稿（1876 年 6 月 26 日，光緒二年閏五月初五日）

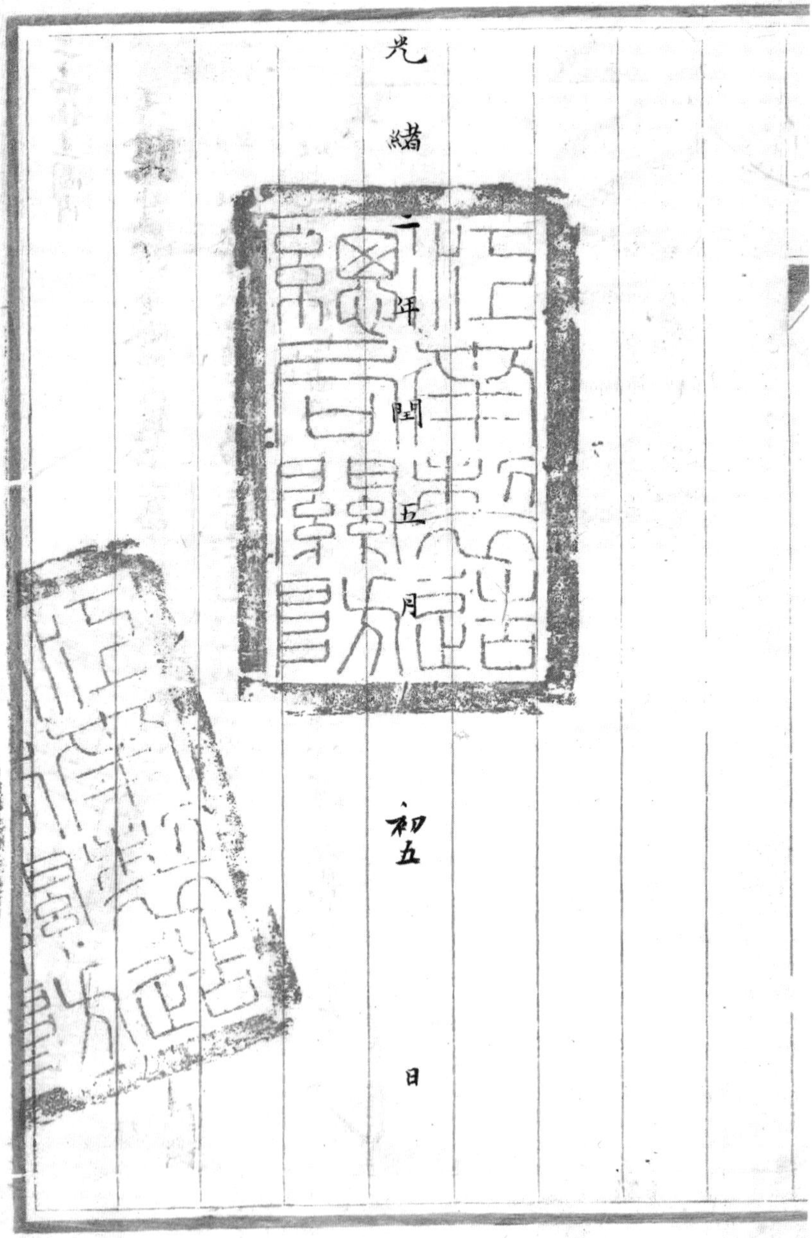
光緒二年閏五月初五日

江南機器製造局爲照會光緒元年十一月至二年四月添購地基畝數開送清單事致上海縣知縣松亭照會稿（1876年6月26日，光緒二年閏五月初五日）

直隸補用道李 行

署江南海關分巡蘇松太兵備道馮 行

遇缺儘先選用府正堂鄭

00022

江南機器製造局爲照會光緒元年十一月至二年四月添購地基畝數開送清單事致上海縣知縣松亭照會稿（1876年6月26日，光緒二年閏五月初五日）

基字第十……二二號

具賣地切結李奐章今具到

製造局憲大人案下竊身有坐落二十五保十四圖情字圩第三十九號內管業田一角現已

量見南至北計九丈寬 東至西計五丈四尺長 核計壹分六厘九毫 身情愿具結出賣於

憲局作為公用議定每畝地價足制錢肆拾捌千文今身親自赴局實領到足制錢捌仟一百拾弍文

並無分文短少中間亦無浮冒情弊合具切結是實

光緒二年四月　日具賣地切結李奐章十

圖地保張克堂十

023

00022

李奐章具賣地切結（1876年4月或5月，光緒二年四月）

基字十三號卷第三號

具領狀人李奐章今領到

製造局憲大人案下給發身出賣二十五保十四圖特字圩第三十九號内管業田一角價

足制錢捌仟一百拾弍文身親自赴

憲局如數領訖並無分文短少亦無浮冒情弊合具領狀是實

閲

光緒二年四月日具領狀人李奐章十

圖地保張克堂十

閲

00023

李奐章具領狀（1876 年 4 月或 5 月，光緒二年四月）

基

具賣地切結喬福康今具到

製造局憲大人案下竊身有坐落二十五保十四圖恃字圩第四十號內管業田一角現已

量見南至北計七弓寬 東至西計六弓二尺半長核計壹分八厘四毫 身情愿具結出賣於

憲局作為公用議定每畝地價足制錢肆拾捌千文今身親自赴局實領到足制錢捌仟八百三十弍文

並無分文短少中間亦無浮冒情弊合具切結是實

光緒二年四月 日具賣地切結喬福康十

圖地保張克堂十

喬福康具賣地切結（1876年4月或5月，光緒二年四月）

基字十一號卷第三號

具領狀人喬福康今領到

製造局憲大人案下給發身出賣二十五保十四圖恃字圩第四十號內管業田一角價

足制錢捌仟捌百三十弍文身親自赴

憲局如數領訖並無分文短少亦無浮冒情弊合具領狀是實

閱

光緒二年四月　日具領狀人　喬福康十

圖地保張克堂十

閱

喬福康具領狀（1876年4月或5月，光緒二年四月）

基字十號卷第三號

具賣地切結喬亦良 今具到
製造局憲大人案下竊身 有坐落二十五保十四圖恃字圩第四十號內管業田一角現已
量見南至北計 七弓寬 東至西計六弓一尺半長核計壹分八厘四毫 身情愿具結出賣於
憲局作為公用議定每畝地價足制錢肆拾捌千文今身親自赴局實領到足制錢捌仟八百三十弍 文
並無分文短少中間亦無浮冒情弊合具切結是實

光緒二年四月 日具賣地切結喬亦良 十
圖地保張克堂 十

00026

喬亦良具賣地切結（1876年4月或5月，光緒二年四月）

甚字十二號卷第三號

具領狀人喬亦良今領到

製造局憲大人案下給發身出賣二十五保十四圖特字圩第四十號內管業田一角價

足制錢捌仟捌百三十文文身親自赴

憲局如數領訖並無分文短少亦無浮冒情弊合具領狀是實

閱

光緒二年四月　日具領狀人　喬亦良　十

圖地保張克堂　十

閱

喬亦良具領狀（1876 年 4 月或 5 月，光緒二年四月）

基字十二號卷第二號

具賣地切結喬炎昌 今具到

製造局憲大人案下竊身有坐落二十五保十四圖恃字圩第四十號內管業田一角現已

量見南至北計七弓寬 東至西計六弓四尺長 核計貳分正 身情愿具結出賣於

憲局作為公用議定每畝地價足制錢肆拾捌千文今身親自赴局實領到足制錢 玖仟陸百 文

並無分文短少中間亦無浮冒情弊合具切結是實

光緒二年四月 日具賣地切結喬炎昌十

圖地保張克堂十

000268

喬炎昌具賣地切結（1876年4月或5月，光緒二年四月）

基字十二號卷第三號

具領狀人喬炎昌今領到

製造局憲大人案下給發身出賣二十五保十四圖特字圩第四十 號內管業田一角價

足制錢玖仟陸百 文身親自赴

憲局如数領訖並無分文短少亦無浮冒情弊合具領狀是實

光緒二年四月 日

具領狀人 喬炎昌十

圖地保張克堂十

閱

閱

喬炎昌具領狀（1876 年 4 月或 5 月，光緒二年四月）

基字七號卷第二號

具領狀人喬炎金今領到

製造局憲大人案下給發身出賣二十五保十四圖恃字圩第四十號内管業田一角價

足制錢玖仟陸百文身親自赴

憲局如數領訖並無分文短少亦無浮冒情弊合具領狀是實

閱

光緒二年四月　日具領狀人喬炎金十

圖地保張克堂十

閱

030

喬炎金具領狀（1876年4月或5月，光緒二年四月）

卷七三

具賣地切結喬炎金　今具到

製造局憲大人案下竊身有坐落二十五保十四圖恃字圩第四十號內管業田一畝　現已

量見南至北計七弓寬　東至西計六弓四尺長核計　貳分正　身情愿具結出賣於

憲局作為公用議定每畝地價足制錢肆拾捌千文今身親自赴局實領到足制錢玖仟陸百　文

並無分文短少中間亦無浮冒情弊合具切結是實

光緒二年四月　日　具賣地切結喬炎金　十

圖地保張克堂　十

喬炎金具賣地切結（1876 年 4 月或 5 月，光緒二年四月）

基字十二號卷第三號

具賣地切結喬源明今具到
製造局憲大人案下竊身有坐落二十五保十四圖情字圩第四十一號內管業田一角現已
量見南至北計七弓兇 東至西計弍拾弓二尺長核計五分八厘九毫 身情愿具結出賣於
憲局作為公用議定每畝地價足制錢肆拾捌千文今身親自赴局實領到足制錢貳拾捌仟弍百七十弍文
並無分文短少中間亦無浮冒情弊合具切結是實

光緒二年四月　日具賣地切結喬源明十
圖地保張克堂十

喬源明具賣地切結（1876年4月或5月，光緒二年四月）

基字七[illegible]第二二號

具領狀人喬源明今領到

製造局憲大人案下給發身出賣二十五保十四圖時字圩第四十一號內管業田一角價

足制錢弍拾捌仟弍百七十文文身親自赴

憲局如數領訖並無分文短少亦無浮冒情弊合具領狀是實

光緒二年四月　日　具領狀人　喬源明　十

圖地保張克堂　十

閱　閱

喬源明具領狀（1876年4月或5月，光緒二年四月）

甚　十　三

具領狀人顧桂金今領到

製造局憲大人案下給發身出賣二十五保十四圖情字圩第二百二十三號内管業田地價

足制錢壹仟九百弍拾　文身親自赴

憲局如數領訖並無分文短少亦無浮冒情弊合具領狀是實

閱

光緒二年四月　日具領狀人　顧桂金十

圖地保張克堂十

閱

顧桂金具領狀（1876 年 4 月或 5 月，光緒二年四月）

巷字十七號[illegible]三號

具賣地切結顧桂金今具到

製造局大人案下竊身有坐落二十五保十四圖字圩第二百三十三號業田一畝現已量見

四弓長 二弓二尺寬 核計四厘　身情愿出結賣於

憲局作為公用議定每畝足制錢肆拾捌仟文今身親身赴局實領到足制錢壹仟九百贰拾文

並無分文短少中間亦無浮冒情弊合具切結是實

光緒二年四月　日具賣地切結顧桂金十

圖地保張克堂十

顧桂金具賣地切結（1876年4月或5月，光緒二年四月）

基字十四號卷第三號

具賣地切結計順章今具到

製造局憲大人案下竊身有坐落二十五保十四圖情字圩第一百廿九號內管業田　現已

量見南至北計　東至西計　核計壹分三厘五毫身情愿具結出賣於

憲局作為公用議定每畝地價足制錢肆拾捌千文今身親自赴局實領到足制錢陸仟四百捌拾文

並無分文短少中間亦無浮冒情弊合具切結是實

光緒二年四月　日具賣地切結計順章十

圖地保張克堂十

037

00036

計順章具賣地切結（1876 年 4 月或 5 月，光緒二年四月）

巻第十二號卷第三號

具領狀人計順章今領到
製造局憲大人案下給發身出賣二十五保十四圖恃字圩第一百九十九號內管業田　價
足制錢陸仟肆百捌拾文身親自赴
憲局如數領訖並無分文短少亦無浮冒情弊合具領狀是實

閱

光緒二年四月　日

具領狀人　計順章十
圖地保張克堂十

閱

計順章具領狀（1876 年 4 月或 5 月，光緒二年四月）

基字十二號卷第三號

具賣地切結計永其　今具到

製造局憲大人案下竊身有坐落二十五保十四圖恃字圩第一百廿九號內管業田　現已

量見南至北計　東至西計　核計壹分一厘五毫身情愿具結出賣於

憲局作為公用議定每畝地價足制錢肆拾捌千文今身親自赴局實領到足制錢伍仟伍百弍拾文

並無分文短少中間亦無浮冒情弊合具切結是實

光緒二年四月　日具賣地切結計永其十

圖地保張克堂十

計永其具賣地切結（1876年4月或5月，光緒二年四月）

基字第三號

具領狀人計永其今領到

製造局憲大人案下給發身出賣二十五保十四圖恃字圩第一百九十九號内管業田價

足制錢伍仟伍百弍拾文身親自赴

憲局如數領訖並無分文短少亦無浮冒情弊合具領狀是實

光緒二年四月　日具領狀人計永其十

圖地保張克堂十

閱　閱

計永其具領狀（1876年4月或5月，光緒二年四月）

巷字十號卷第三號

具賣地切結顧桂金今具到

製造局大人案下竊身有坐落二十五保十四圖恃字圩第二十二號業田一坵現已量見

核計一畝四分二厘五毫身情愿出結賣於

憲局作為公用議定每畝足制錢肆拾捌仟文今身親身赴局實領到足制錢陸拾捌仟肆百文

並無分文短少中間亦無浮冒情弊合具切結是實

光緒貳年三月　日具賣地切結顧桂金十

圖地保張克堂十

00040

顧桂金具賣地切結（1876 年 3 月或 4 月，光緒二年三月）

基字十二號第三號

具領狀人顧桂金今領到

製造局大人案下給發身出賣二十五保十西圖恃字圩第二十二號業田地價足制錢

錢陸拾捌阡肆百文身親赴

憲局如數領訖並無分文短少亦無浮冒情弊合具領狀是實

閱

光緒二年三月　日具領狀人顧桂金十

圖地保張克雲十

閱

顧桂金具領狀（1876年3月或4月，光緒二年三月）

基三十二號卷第三號

具賣地切結楊敬山今具到

製造局大人案下竊身有坐落二十五保十四圖恃字圩第二十/二十一號業田二坵現已量見

核計陸畝捌分一厘　身情愿出結賣於

憲局作為公用議定每畝足制錢肆拾捌仟文　今身親身赴局實領到足制錢叁百貳拾陸仟八百八拾

並無分文[illegible]少中間亦無浮冒情弊合具切結是實

光緒二年三月　日具賣地切結楊敬山　十

圖地保張克堂　十

043

00042

楊敬山具賣地切結（1876年3月或4月，光緒二年三月）

基字十二號卷第三號

具領狀人楊敬山今領到

製造局大人案下給發身出賣二十五保十四圖特字圩第二十 二十一號業田地價足制錢

錢叁百貳拾陸仟捌百捌拾文 親赴

憲局如數領訖並無分文短少亦無浮冒情弊合具領狀是實

閱

光緒二年三月 日具領狀人楊敬山十

圖地保張克堂十

閱

楊敬山具領狀（1876年3月或4月，光緒二年三月）

巷 字十三號卷第三號

具賣地切結林鶴明今具到
製造局大人案下竊身有坐落二十五保十四圖情字圩第二十二號業田一坵現已量見
核計壹畝四分五厘四毫情愿出結賣於
憲局作為公用議定每畝足制錢肆拾捌仟文　今身親身赴局實領到足制錢陸拾玖仟七百九拾弍
並無分文短少中間亦無浮冒情弊合具切結是實

光緒二年三月　日具賣地切結林鶴明 十
圖地保張克堂 十

林鶴明具賣地切結（1876 年 3 月或 4 月，光緒二年三月）

基字十二號卷第三號

具領狀人林鶴明今領到

製造局大人案下給發身出賣二十五保十四圖恃字圩第二十二號業田地價足制錢

錢陸拾玖仟柒百九十二文身親赴

憲局如數領訖並無分文短少亦無浮冒情弊合具領狀是實

光緒二年三月　日具領狀人林鶴明　十

圖地保張克堂　十

林鶴明具領狀（1876 年 3 月或 4 月，光緒二年三月）

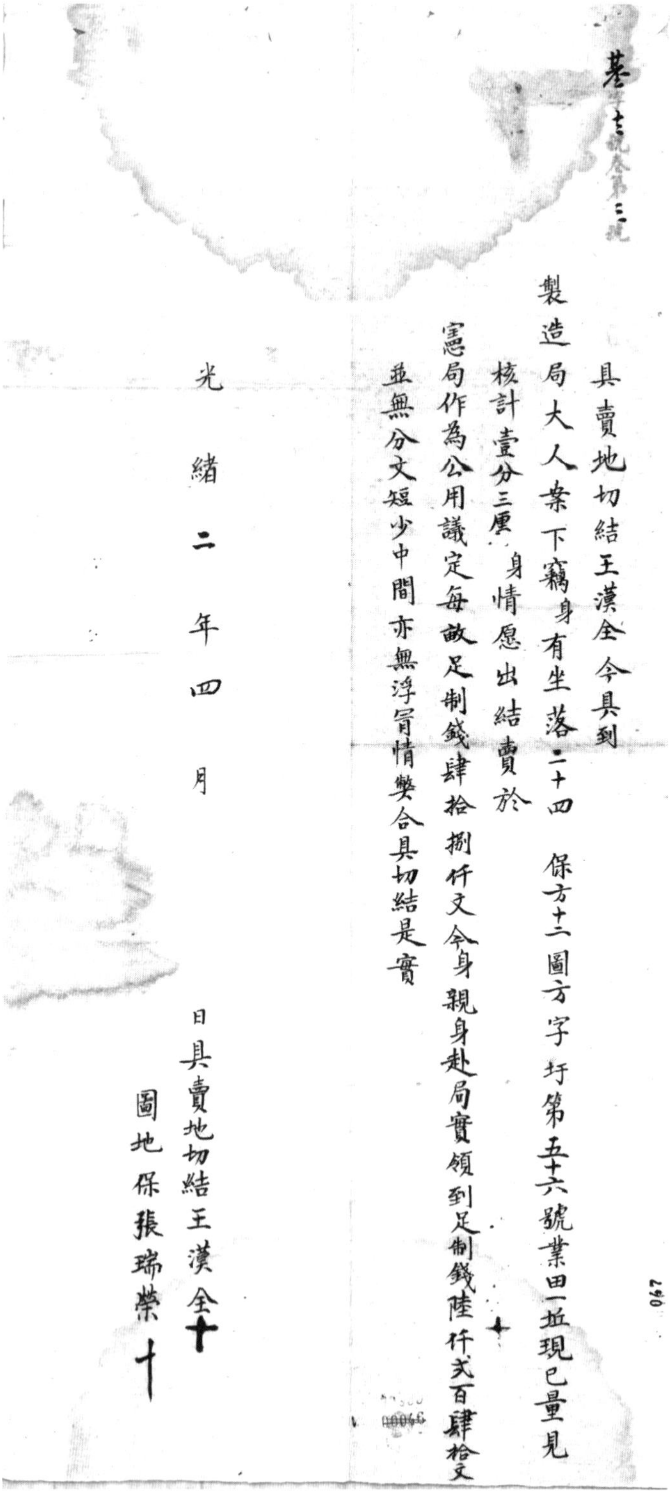
基字十二號卷第二號

具賣地切結王漢全今具到
製造局大人案下竊身有坐落二十四保方十二圖方字圩第五十六號業田一坵現已量見
核計壹分三厘〻身情愿出結賣於
憲局作為公用議定每畝足制錢肆拾捌仟文今身親身赴局實領到足制錢陸仟弍百肆拾文
並無分文短少中間亦無浮冒情弊合具切結是實

光緒二年四月　日具賣地切結王漢全 十
圖地保張瑞榮 十

王漢全具賣地切結（1876 年 4 月或 5 月，光緒二年四月）

巷字十二號第三號

具領狀人王漢全今領到

製造局大人案下給發身出賣二十四保方十二圖方字圩第五十六號業田地價足制

錢陸仟式百肆拾文身親赴

憲局如數領訖並無分文短少亦無浮冒情弊合具領狀是實

光緒二年四月　日具領狀人王漢全十

圖地保張瑞榮十

閱　閱

048

00047

王漢全具領狀（1876年4月或5月，光緒二年四月）

基字十七號卷第三號

具賣地切結楊和華今具到

製造局大人案下竊身有坐落二十五保十四圖恃字圩第十乙號業田一坵現已量見

核計弍分五厘　身情愿出結賣於

憲局作為公用議定每畝足制錢肆拾捌仟文今身親身赴局實領到足制錢拾貳仟文

並無分文短少中間亦無浮冒情弊合具切結是實

光緒貳年三月　日具賣地切結楊和華十

圖地保張克堂十

楊和華具賣地切結（1876年3月或4月，光緒二年三月）

巷字十二號卷第三號

具領狀人楊和華今領到
製造局大人案下給發身出賣二十五保十四圖恃字圩第拾柒號業田地價足制錢
錢拾貳阡文　身親赴
憲局如數領訖並無分文短少亦無浮冒情弊合具領狀是實

閱

光緒二年三月　日具領狀人楊和華十
圖地保張克堂十

閱

楊和華具領狀（1876 年 3 月或 4 月，光緒二年三月）

基字七號卷第三號

具賣地切結喬亦良　今具到

製造局憲大人案下竊身有坐落二十五保十四圖恃字圩第三十九號内管業田一角現已

量見南至北計七丈寬　東至西計六丈長　核計壹分七厘五毫　身情愿具結出賣於

憲局作為公用議定每畝地價足制錢肆拾捌千文今身親自赴局實領到足制錢　捌仟肆百　文

並無分文短少中間亦無浮冒情弊合具切結是實

光緒二年四月　　日

具賣地切結喬亦良十

圖地保張克堂十

051

00050

喬亦良具賣地切結（1876年4月或5月，光緒二年四月）

巷字十三號卷第三號

具領狀人喬亦良 今領到

製造局憲大人案下給發身出賣二十五保十四圖特字圩第三十九號内管業田一角價

足制錢捌仟肆百文身親自赴

憲局如數領訖並無分文短少亦無浮冒情弊合具領狀是實

閱

光緒二年四月 日 具領狀人 喬亦良十

圖地保張克堂十

閱

喬亦良具領狀（1876年4月或5月，光緒二年四月）

基字十二號卷第三號

具賣地切結顧成華今具到

製造局憲大人案下竊身有坐落二十五保十四圖恃字圩第三十九號內管業田一角現已量見南至北計七弓寬東至西計五弓半長核計壹分陸厘身情愿具結出賣於

憲局作為公用議定每畝地價足制錢肆拾捌千文今身親自赴局實領到足制錢柒仟陸百捌拾文並無分文短少中間亦無浮冒情弊合具切結是實

光緒二年四月日具賣地切結顧成華十

圖地保張克堂十

顧成華具賣地切結（1876年4月或5月，光緒二年四月）

基字十一號[illegible]第三號

具領狀人顧成華今領到

製造局憲大人案下給發身出賣二十五保十四圖恃字圩第三十九號內管業田一角價

足制錢柒仟陸百捌拾文身親自赴

憲局如數領訖並無分文短少亦無浮冒情弊合具領狀是實

閱

光緒二年四月　日具領狀人顧成華（十）

圖地保張克堂十

閱

顧成華具領狀（1876 年 4 月或 5 月，光緒二年四月）

叁字十七號卷第三號

具賣地切結顧朝炎 今具到

製造局憲大人案下竊身有坐落二十五保十四圖恃字圩第三十九號內管業田一角現已

量見南至北計七丈寬 東至西計五丈一尺長 核計壹分五厘弍毫 身情愿具結出賣於

憲局作為公用議定每畝地價足制錢肆拾捌千文今身親自赴局實領到足制錢柒仟弍百九拾陸文

並無分文短少中間亦無浮冒情弊合具切結是實

光緒二年四月 日具賣地切結顧朝炎 十

圖地保張克堂 十

顧朝炎具賣地切結（1876 年 4 月或 5 月，光緒二年四月）

巻 字十二號巻第三號

具領狀人顧朝炎今領到
製造局憲大人案下給發身出賣二十五保十四圖特字圩第三十九號內管業田一畝價
足制錢柒仟弍百九拾陸文身親自赴
憲局如數領訖並無分文短少亦無浮冒情弊合具領狀是實

光緒二年四月 日具領狀人 顧朝炎十

圖地保張克堂十

閱　閱

850

00055

顧朝炎具領狀（1876年4月或5月，光緒二年四月）

萃字十三號卷第二十三號

具賣地切結顧舍章今具到

製造局大人案下竊身有坐落二十五保十四圖恃字圩第二百主號業田壹坵現已量見十二弓長一弓寬核計五厘　身情愿出結賣於

憲局作為公用議定每畝足制錢肆拾捌仟文今身親身赴局實領到足制錢貳仟肆百文

並無分文短少中間亦無浮買情弊合具切結是實

光緒二年四月　日具賣地切結顧舍章　十

圖地保張克堂　十

顧舍章具賣地切結（1876 年 4 月或 5 月，光緒二年四月）

巷字十三號

具領狀人顧舍章今領到
製造局大人案下給發身出賣二十五保十四圖特字圩第二百二十三號業田地價足制
錢貳仟肆百文身親赴
憲局如數領訖並無分文短少亦無浮冒情弊合具領狀是實

光緒二年四月　日具領狀人顧舍章十
圖地保張克堂十

閱

閱

顧舍章具領狀（1876年4月或5月，光緒二年四月）

基字七號基字三號

具賣地切結楊範古今具到

製造局大人案下竊身有坐落二十五保十四圖恃字圩第九十四號業田內東址半溝一段量見二十四弓長一弓

一尺寬核計壹分弍厘　身情愿出結賣於

憲局作為公用議定每畝足制錢肆拾捌仟文身已親身赴局實領到足制錢伍仟柒百陸拾文

並無分文短少中間亦無浮冒情弊合具切結是實

光緒二年四月　日具賣地切結　楊範古 十

圖地保　張克堂 十

楊範古具賣地切結（1876年4月或5月，光緒二年四月）

基字七號卷第三號

具領狀人楊範古今領到
製造局大人案下給發身出賣二十五保十四圖恃字圩第九十四號業田內東址水溝足
制錢伍仟柒百陸拾文身親赴
憲局如數領訖並無分文短少亦無浮冒情弊合具領狀是實

閱

光緒二年四月　日具領狀人楊範古十
圖地保張克堂十

閱

060

00059

楊範古具領狀（1876 年 4 月或 5 月，光緒二年四月）

基字七二號卷第三號

具賣地切結楊和尚今具到

製造局大人案下竊身有坐落二十五保十四圖特字圩第五十五號業田内西址水溝一段量見十九弓長

弍弓半寬核計弍分正身情愿出結賣於

憲局作為公用每畝足制錢肆拾捌仟文身親身赴局實領到足制錢玖仟陸百文

並無分文短少中間亦無浮冒情弊合具切結是實

光緒二年四月　日具賣地切結　楊和尚　十

圖地保　張克堂　十

楊和尚具賣地切結（1876 年 4 月或 5 月，光緒二年四月）

基字七號卷第三號

具領狀人楊和尚今領到

製造局大人案下給發身出賣二十五保十四圖恃字圩第五十五號業田西址水溝價足

制錢玖仟陸百　文身親赴

憲局如數領訖並無分文短少亦無浮冒情弊合具領狀是實

閱

光緒二年四月　日具領狀人楊和尚十

圖地保張克堂十

閱

楊和尚具領狀（1876年4月或5月，光緒二年四月）

基字十七號卷第三號

具賣地切結楊和華今具到

製造局大人案下竊身有坐落二十五保十四圖恃字圩第五十五號業田內西址半溝一段量見拾弓

長弍弓半寬核計壹分四毫　身情愿出結賣於

憲局作為公用每畝足制錢肆拾捌仟　文身已親身赴局實領到足制錢肆仟九百九十弍文

並無分文短少中間亦無浮冒情弊合具切結是實

光緒二年四月　日具賣地切結楊和華十

圖地保張克堂十

063

00062

楊和華具賣地切結（1876年4月或5月，光緒二年四月）

基字十三號卷宗第三號

具領狀人楊和華今領到
製造局大人案下給發自出賣二十五保十四圖恃字圩第五十五號業田西址水溝足
制錢肆仟九百九十五文自身親赴
憲局如數領訖並無分文短少亦無浮冒情弊合具領狀是實

光緒二年四月　日具領狀人楊和華十
圖地保張克堂十

楊和華具領狀（1876 年 4 月或 5 月，光緒二年四月）

基字三十三號長字第三號

具領狀人喬燮棠今領到

製造局大人案下給發身出責二十五保十四圖恃字圩第五十五號業田西南兩址水溝價足

制錢叁仟陸百　文身親赴

憲局如數領訖並無分文短少亦無浮冒情弊合具領狀是實

閱

光緒二年四月　日具領狀人喬燮棠十

圖地保張克堂十

閱

喬燮棠具領狀（1876 年 4 月或 5 月，光緒二年四月）

基字七號卷第三號

具賣地切結喬燮棠今具到

製造局大人案下竊身有坐落二十五保十四圖恃字圩第五十五號業田內西南兩址水溝一灣量見拾二

弓長一弓半寬核計乙厘五毫身情愿出結賣於

憲局作為公用每畝足制錢肆拾捌仟　文身已親身赴局實領到足制錢叁仟陸百文

一並無分文短少中間亦無浮冒情弊合具切結是實

光緒二年四月　日具賣地切結喬燮棠 十

圖地保張克堂 十

喬燮棠具賣地切結（1876年4月或5月，光緒二年四月）

卷十七號表第三號

具領狀人陳如玉今領到

製造局大人案下給發身出賣二十五保十四圖特字圩第五十六號業田南址水溝足

制錢肆仟九百九十文文身親赴

憲局如數領訖並無分文短少亦無浮冒情弊合具領狀是實

光緒二年四月　　日具領狀人陳如玉十

圖地保張克堂十

閱　閱

00066

陳如玉具領狀（1876 年 4 月或 5 月，光緒二年四月）

基字十三號叁字第三號

具賣地切結陳如玉今具到
製造局大人案下竊身有坐落二十五保十四圖恃字圩第五十六號業田內南址水溝壹段量見
拾弓長貳弓半寬核計壹分四毫　身情愿出結賣於
憲局作為公用每畝足制錢肆拾捌仟　身已親身赴局實領到足制錢肆仟九百九拾弍文
並無分文短少中間亦無浮冒情弊合具切結是實

光緒二年四月　日具賣地切結陳如玉　十
十圖地保張克堂　十

690

00067

陳如玉具賣地切結（1876年4月或5月，光緒二年四月）

基字壹號卷第三號

具領狀人王錫均今領到

製造局大人案下給發身出賣二十五保十四圖恃字圩第五十一號業田内南址水溝足

制錢柒仟九百六十八文身親赴

憲局如數領訖並無分文短少亦無浮冒情弊合具領狀是實

閱

光緒二年四月　日具領狀人王錫均十

圖地保張克堂十

閱

00068

王錫均具領狀（1876 年 4 月或 5 月，光緒二年四月）

巷字十三號卷第三號

具賣地切結王錫均今具到

製造局大人案下竊身有坐落二十五保十四圖恃字圩第五十一號業田内南址水溝一段量見十六弓長弍弓半寬核計壹分六厘六毫身情愿出結賣於

憲局作為公用每畝足制錢肆拾捌仟　文身已親身赴局實領到足制錢柒仟九百陸拾捌文並無分文短少中間亦無浮冒情弊合具切結是實

光緒二年四月　日具賣地切結王錫均十

十圖地保張克堂十

王錫均具賣地切結（1876年4月或5月，光緒二年四月）

基字十二號卷第三批

具賣地切結楊大榮今具到

製造局大人案下竊身有坐落二十五保十四圖恃字圩第五十五號業田內西北水溝壹段量

見七弓一尺長弍弓半寬核計乙厘五毫身情愿出結賣於

憲局作為公用議定每畝足制錢肆拾捌仟文身親身赴局實領到足制錢叁仟陸百文

並無分文短少中間亦無浮冒情弊合具切結是實

光緒二年四月　日具賣地切結楊大榮十

圖地保張克堂十

楊大榮具賣地切結（1876年4月或5月，光緒二年四月）

基字七號叁第三批

具領狀人楊大榮今領到

製造局大人案下給發身出賣二十五保十四圖恃字圩五十五號業田西址水溝價足

制錢叁仟陸百　文身親赴

憲局如數領訖並無分文短少亦無浮冒情弊合具領狀是實

閱

光緒二年四月　日具領狀人楊大榮十

圖地保張克堂十

閱

072

00071

楊大榮具領狀（1876年4月或5月，光緒二年四月）

基字十三號卷第三號

具賣地切結楊大榮今具到

製造局大人案下竊身有坐落二十五保十四圖恃字圩第伍拾號業田内西址水溝壹段量見拾陸弓長弍弓半寬核計壹分陸厘陸毫身情愿出結賣於

憲局作為公用每畝足制錢肆拾捌仟文 身親身赴局實領到足制錢柒仟九百陸拾捌文

並無分文短少中間亦無浮冒情弊合具切結是實

光緒二年四月　日具賣地切結楊大榮十

圖地保張克堂十

楊大榮具賣地切結（1876年4月或5月，光緒二年四月）

巷十二號卷第三

具領狀人楊大榮今領到

製造局大人案下給發身出賣二十五保十四圖特字圩第五十號業田西址水溝足

制錢柒仟九百六拾捌文身親赴

憲局如數領訖並無分文短少亦無浮冒情弊合具領狀是實

閱

光緒二年四月　日具領狀　楊大榮　十

圖地保張克堂　十

閱

074

00073

楊大榮具領狀（1876年4月或5月，光緒二年四月）

甚字十一號卷第三號

具領狀人唐振廷今領到
製造局大人臺下給發　身出賣二十五保十五啚已字圩五十八號業田地價足制
錢四百八十文　身親赴
憲局如數領訖並無分文亦無浮冒情弊合具領狀是實

閱　閱

光緒元年十一月　日　具領狀人唐振廷十
十五圖地保顧立華十

唐振廷具領狀（1875年11月或12月，光緒元年十一月）

基 十七 三

具賣地切結唐振廷今具到

製造局大人案下竊身有坐落二十五保十五圖已字圩第五大號業田一坵[illegible]已量見核

計壹厘　身情愿出結賣於

憲局作為公用議定每畝足制錢肆拾捌千文今身親身赴局實領到足制錢四百八十文

並無分文短少中間亦無浮冒情弊合具切結是實

光緒元年十一月　日具賣地切結唐振廷　十

十五圖地保顧立華　十

076

00075

唐振廷具賣地切結（1875 年 11 月或 12 月，光緒元年十一月）

基字十二號卷第三號

具領狀人唐元聚今領到

製造局大人案下給發身出賣二十五保十五圖已字圩六十壹號業田地價足制

錢三仟四百五十六文身親赴

憲局如數領訖並無分文短少亦無浮冒情弊合具領狀是實

閱

光緒元年十一月　日具領狀人唐元聚　十

十五圖地保顧乘華　十

閱

640

00076

唐元聚具領狀（1875年11月或12月，光緒元年十一月）

基字七二號基字三二號

具賣地切結唐元聚今具到

製造局大人案下竊身有坐落二十五保十五圖巳字圩第六十一號業田一坵現巳量見核

計柒厘弍毫　身情愿出結賣於

憲局作為公用議定每畝足制錢肆拾捌千文今身親身赴局實領到足制錢三仟四百五十六文

並無分文短少中間亦無浮冒情弊合具切結是實

光緒元年　　月　　日具賣地切結唐元聚　十

十五圖地保顧立華　十

唐元聚具賣地切結（1875 年，光緒元年）

卷字十三號卷第三號

具領狀人黃秀廷今領到
製造局大人案下給發身出賣二十五保十五圖已字圩第六十　號業田地價足制
錢拾弍仟八百[illegible]文身親赴
憲局如數領訖並無分文短少亦無浮冒情弊合具領狀是實

閱　閱

光緒元年十一月　日具領狀人黃秀廷十
十四圖地保顧立華十

079

黃秀廷具領狀（1875年11月或12月，光緒元年十一月）

巷十三

具賣地切結黃秀廷今具到

製造局大人案下竊身有坐落二十五保十五圖巳字圩第六十號業田一坵現已量見核

計弍分陸厘捌毫身情愿出結賣於

憲局作為公用議定每畝足制錢肆拾捌千文今身親身赴局實領到足制錢拾弍仟八百六十四文

並無分文短少中間亦無浮冒情弊合具切結是實

光緒元年十一月　日具賣地切結黃秀廷　十

十五圖地保顧立華　十

黃秀廷具賣地切結（1875 年 11 月或 12 月，光緒元年十一月）

基十三 三

具賣地切結喬應宗今具到

製造局大人案下竊身有坐落二十五保十五圖己字圩第五十 號業田一坵現已量見核

計四分九厘壹毫身情愿出結賣於

憲局作為公用議定每畝足制錢肆拾捌千文今身親身赴局實領到足制錢貳拾三千五百六十八文

並無分文短少中間亦無浮冒情弊合具切結是實

光緒元年　　月　　日具賣地切結喬應宗 十

十圖地保顧立華 十

喬應宗具賣地切結（1875年，光緒元年）

叁拾三

具領狀人喬應宗今領到
製造局大人案下給發　自
出賣二十五保十五圖已字圩六十五號業田地價足制
錢弍拾捌仟壹百七十六文　自　親赴
憲局如數領訖並無分文亦無浮冒情弊合具領狀是實

光緒元年　十一月　　日具領狀人喬應宗　十
十五啚地保顧立華　十

閱　閱

喬應宗具領狀（1875 年 11 月或 12 月，光緒元年十一月）

基字十三號卷第三號

具賣地切結喬應宗今具到

製造局大人案下竊身有坐落二十五保十五圖巳字圩第六十五號業田一坵現已量見核

計五分八厘柒毫身情愿出結賣於

憲局作為公用議定每畝足制錢肆拾捌千文今身親身赴局實領到足制錢弍拾捌仟壹百七六文

並無分文短少中間亦無浮冒情弊合具切結是實

光緒元年十一月

日具賣地切結喬應宗 十

十五圖地保顧立華 十

喬應宗具賣地切結（1875 年 11 月或 12 月，光緒元年十一月）

基十二 二

具領狀人喬啟鳳今領到

製造局大人案下給發自出賣二十五保十五圖已字圩六十二號業田地價足制

錢叁拾弍仟五百九十弍文自親赴

憲局如數領訖並無分文短少亦無浮冒情弊合具領狀是實

閱

光緒元年十一月　日具領狀人喬啟鳳 十

十五啚地保顧立華 十

閱

喬啟鳳具領狀（1875年11月或12月，光緒元年十一月）

基字十三號卷第三號

具賣地切結喬啟鳳今具到

製造局大人案下竊身有坐落二十五保十五圖巳字圩第六十一號業田一坵現已量見核

計六分柒厘九毫身情願出結賣於

憲局作為公用議定每畝足制錢肆拾捌千文今身親身赴局實領到足制錢叁拾弍仟五百九十二文

並無分文短少中間亦無浮冒情弊合具切結是實

光緒元年十一月　日具賣地切結喬啟鳳　十

十五圖地保顧丑華　十

喬啟鳳具賣地切結（1875年11月或12月，光緒元年十一月）

基字十二號卷第三號

具賣地切結王奉思堂 今具到

製造局大人案下竊身有坐落二十五保十三圖靡字圩第陸拾柒號業田一坵現已量見

核計壹釐貳毫 身情愿出結賣於

憲局作為公用議定每畝足制錢肆拾捌千文 今身親身赴局實領到足制錢五百柒拾六文

並無分文短少中間亦無浮冒情弊合具切結是實

光緒元年　月　日具賣地切結王奉思堂十

十三圖地保康茂麒十

00086

王奉思堂具賣地切結（1875年，光緒元年）

基字七號卷第二號

具賣地切結高青選今具到

製造局大人案下竊身有坐落二十五保十三圖靡字圩第陸拾捌號業田一坵現已量見

核計叁分陸厘捌毫身情愿出給賣於

憲局作為公用議定每畝足制錢肆拾捌千文今身親身赴局實領到足制錢拾柒千六百六十四文

並無分文短少中間亦無浮冒情弊合具切結是實

光緒元年　　月　　日具賣地切結高青選　十

十三圖地保康茂其　十

高青選具賣地切結（1875年，光緒元年）

巷字七號卷第三號

具領狀人高青選今領到

製造局大人案下給發身出賣二十五保十三圖靡字圩第六十八號業田地價足制錢拾柒阡六百六拾四文身親赴

憲局如數領訖並無分文短少亦無浮冒情弊合具領狀是實

閱

光緒元年十一月　日具領狀人高青選　十

十三圖地保康茂其　十

閱

高青選具領狀（1875年11月或12月，光緒元年十一月）

基字七號卷第三號

具賣地切結喬金氏今具到

製造局大人案下竊身有坐落二十五保十三圖靡字圩第陸拾玖號業田一坵現已量見

核計壹分貳厘壹毫身情愿出結賣於

憲局作為公用議定每畝足制錢肆拾捌千文今身親身赴局實領到足制錢伍捌百零八文

並無分文短少中間亦無浮冒情弊合具切結是實

光緒元年　月　日具賣地切結喬金氏十

十三圖地保康茂其十

喬金氏具賣地切結（1875年，光緒元年）

基字七號卷第三號

具領狀人喬金氏今領到
製造局大人案下給發身出賣二十五保十三圖靡字圩第六十九號業田地價足制
錢伍阡捌百零捌文身親赴
憲局如數領訖並無分文短少亦無浮冒情弊合具領狀是實

閱

光緒元年十一月　日具領狀人喬金氏十
十三圖地保康茂其十

閱

喬金氏具領狀（1875年11月或12月，光緒元年十一月）

基 字十七號卷第三號

具領狀人張換金今領到

製造局大人案下給發身出賣二十五保十三圖靡字圩第二百二十乙號業田地價足制

錢六仟伍百玖拾弍文身親赴

憲局如數領訖並無分文短少亦無浮冒情弊合具領狀是實

閱

光緒元年十一月　日具領狀人張換金十

十叁圖地保康茂其十

閱

張換金具領狀（1875年11月或12月，光緒元年十一月）

基十三

具賣地切結張換金今具到

製造局大人案下竊身有坐落二十五保十三圖靡字圩第貳百六十七號業田一坵現已量見

核計伍厘肆毫身情愿出結賣於

憲局作為公用議定每畝足制錢肆拾捌千文今身親身赴局賣領到足制錢貳仟伍百玖拾貳文

並無分文短少中間亦無浮冒情弊合具切結是實

光緒元年　　月　　日具賣地切結張換金十

十三圖地保康茂其十

張換金具賣地切結（1875 年，光緒元年）

[illegible]

基字七號卷第三號

具賣地切結楊範古今具到

製造局大人案下竊身有坐落二十五保十四圖恃字圩第九十四號業田一坵現已量見

核計陸厘五毫身情愿出結賣於

憲局作為公用議定每畝足制錢肆拾捌千文今身親身赴局實領到足制錢叁阡一百弍拾文

並無分文短少中間亦無浮冒情弊合具切結是實

光緒元年十一月　日具賣地切結楊範古十

十四圖地保張克堂十

160

00093

楊範古具賣地切結（1875年11月或12月，光緒元年十一月）

基字十二號叁三號

具領狀人楊範古今領到

製造局大人案下給發身出賣二十五保十四圖恃字圩第九十四號業田地價足制錢

錢叁阡壹百六拾 文身親赴

憲局如數領訖並無分文短少亦無浮冒情弊合具領狀是實

閱

光緒元年拾一月 日具領狀人楊範古十

十四圖地保張克堂十

閱

楊範古具領狀（1875年11月或12月，光緒元年十一月）

巻字十七號卷第三號

具賣地切結張惇忠今具到

製造局大人案下竊身有坐落二十五保十四圖恃字圩第二百七十九號業田一坵現已量見核

計叁分陸厘陸毫身情願出結賣於

憲局作為公用議定每畝足制錢肆拾捌千文今身親身赴局實領到足制錢拾柒仟伍百六十八文

並無分文短少中間亦無浮冒情弊合具切結是實

光緒元年十一月　日具賣地切結張惇忠　十

十四圖地保張克堂　十

00095

張惇忠具賣地切結（1875年11月或12月，光緒元年十一月）

基[illegible]三號

具領狀人張惇忠今領到

製造局大人案下給發身出賣二十五保十四圖特字圩第二百七十九號業田地價足制

錢拾柒阡伍百陸拾捌文身親赴

憲局如數領訖並無分文短少亦無浮冒情弊合具領狀是實

閱

光緒元年十一月　日具領狀人張惇忠　十

十四圖地保張克堂　十

閱

張惇忠具領狀（1875年11月或12月，光緒元年十一月）

卷字十三號卷第二號

具賣地切結喬源明今具到
製造局大人案下窃身有坐落二十五保十四圖情字圩第一百坌號業田一坵現已量見核計
計貳厘身情愿出結賣於
憲局作為公用議定每畝足制錢肆拾捌千文今身親身赴局實領到足制
錢玖百陸拾文並無分文短少中間亦無浮冒情弊合具切結是實

光緒元年十一月日具賣地切結喬源明 十
十四圖地保張克堂 十

喬源明具賣地切結（1875年11月或12月，光緒元年十一月）

具領狀人喬源明今領到

製造局大人案下給發身出賣二十五保十四圖恃字圩第一百九十一號業田地價足制

錢玖百陸拾　文身親赴

憲局如數領訖並無分文短少亦無浮冒情弊合具領狀是實

閱

光緒元年十一月　日具領狀人喬源明　十

十四圖地保張克堂　十

閱

喬源明具領狀（1875 年 11 月或 12 月，光緒元年十一月）

基字十一號第三號

具賣地切結龔繩武今具到

製造局大人案下竊身有坐落二十五保十四圖恃字圩第一百六號業田一坵現已量見核

計壹分九厘七毫身情愿出結賣於

憲局作為公用議定每畝足制錢肆拾捌千文今身親身赴局實領到足制錢九阡四百五拾陸文

並無分文短少中間亦無浮冒情弊合具切結是實

光緒元年十一月　日具賣地切結龔繩武 十

十四圖地保張克堂 十

龔繩武具賣地切結（1875 年 11 月或 12 月，光緒元年十一月）

卷 十三 三

具領狀人龔繩武今領到

製造局大人案下給發身出賣二十五保十四圖特字圩第一百六號業田地價足制錢

錢玖仟肆百伍拾陸文身親赴

憲局如數領訖並無分文短少亦無浮冒情弊合具領狀是實

閲

光緒元年十一月　日具領狀人龔繩武 十

十四圖地保張克堂 十

閲

龔繩武具領狀（1875年11月或12月，光緒元年十一月）

具賣地切結李達達今具到

製造局大人案下竊身有坐落二十五保十四圖恃字圩第一百一號業田一坵現已量見核

計弍分三厘七毫 身情愿出結賣於

憲局作為公用議定每畝足制錢肆拾捌千文今身親身赴局實領到足制錢拾壹仟三百七十六文

並無分文短少中間亦無浮冒情弊合具切結是實

光緒元年十一月 日具賣地切結李達達 十

十四圖地保張克堂 十

102

冊101

李達達具賣地切結（1875 年 11 月或 12 月，光緒元年十一月）

卷十三　三

具領狀人李達達今領到
製造局大人案下給發身出賣二十五保十四圖恃字圩第一百一號業田地價足制錢
錢拾壹仟三百五十六文身親赴
憲局如數領訖並無分文短少亦無浮冒情弊合具領狀是實

閱　閱

光緒元年　月　日具領狀人李達達十
十四圖地保張克堂十

李達達具領狀（1875年，光緒元年）

基字七號卷第三號

具賣地切結張文保今具到

製造局大人案下竊身有坐落二十五保十四圖恃字圩第九十八號業田一坵現已量見核

計壹分壹厘伍毫身情愿出結賣於

憲局作為公用議定每畝足制錢肆拾捌千文今身親身赴局實領到足制錢伍阡伍百弍拾文

並無分文短少中間亦無浮冒情獘合具切結是實

光緒元年十一月　日具賣地切結張文保　十

十四圖地保張克堂　十

103

00103

張文保具賣地切結（1875 年 11 月或 12 月，光緒元年十一月）

巷字十七……三

具領狀人張文保 今領到

製造局大人案下給發身出賣二十五保十四圖恃字圩第九十八號業田地價足制錢

錢伍仟伍百柒拾 文身親赴

憲局如數領訖並無分文短少亦無浮冒情弊合具領狀是實

閱

光緒元年十一月 日具領狀人張文保 十

十四圖地保張克堂 十

閱

張文保具領狀（1875年11月或12月，光緒元年十一月）

基字十 第三號

具賣地切結錢耀宗今具到

製造局大人案下竊身有坐落二十五保十四圖恃字圩第九十八號業田一坵現已量見核

計壹分六厘弍毫身情愿出結賣於

憲局作為公用議定每畝足制錢肆拾捌千文今身親身赴局實領到足制錢柒仟柒百柒拾陸文

並無分文短少中間亦無浮冒情弊合具切結是實

光緒元年十一月　日具賣地切結錢耀宗十

十四圖地保張克堂十

106

00105

錢耀宗具賣地切結（1875年11月或12月，光緒元年十一月）

基十三　二

具領狀人錢耀宗今領到
製造局大人案下給發身出賣二十五保十四圖恃字圩第九十八號業田地價足制錢
錢柒阡柒百七十六文身親赴
憲局如數領訖並無分文短少亦無浮冒情弊合具領狀是實

閱

光緒元年十一月　日具領狀人錢耀宗　十
十四圖地保張克堂　十

閱

錢耀宗具領狀（1875 年 11 月或 12 月，光緒元年十一月）

基字三號卷第三號

具賣地切結喬亦良今具到

製造局大人案下竊身有坐落二十五保十四圖恃字圩第一百九號業田一坵現已量見核

計叁厘壹毫 身情愿出結賣於

憲局作為公用議定每畝足制錢肆拾捌千文今身親身赴局實領到足制錢壹仟四百八十八文

並無分文短少中間亦無浮冒情弊合具切結是實

光緒元年十一月 日具賣地切結喬亦良十

十四圖地保 張克堂十

喬亦良具賣地切結（1875年11月或12月，光緒元年十一月）

基字十三號……三號

具領狀人喬亦良今領到

製造局大人案下給發身出賣二十五保十四圖特字圩第一百七號業田地價足制錢

錢壹仟肆百捌拾陸文身親赴

憲局如數領訖並無分文短少亦無浮冒情弊合具領狀是實

閱

光緒元年十一月　日具領狀人喬亦良十

十四圖地保張克堂十

閱

喬亦良具領狀（1875 年 11 月或 12 月，光緒元年十一月）

基字十二號卷第三號

具賣地切結喬亦良今具到
製造局大人案下竊身有坐落二十五保十四圖恃字圩第一百五十一號業田一坵現已量見核計
計壹分八厘九毫身情願出結賣於
憲局作為公用議定每畝足制錢肆拾捌千文今身親身赴局實領到足制
錢捌阡九百七十六文並無分文短少中間亦無浮冒情弊合具切結是實

光緒元年十一月　日具賣地切結喬亦良十
十四圖地保張克堂十

喬亦良具賣地切結（1875 年 11 月或 12 月，光緒元年十一月）

基字十三號卷第二號

具領狀人喬亦良今領到

製造局大人案下給發身出賣二十五保十四圖恃字圩第一百九十一號業田地價足制

錢捌阡玖百柒拾陸文身親赴

憲局如數領訖並無分文短少亦無浮冒情弊合具領狀是實

光緒元年十一月　日具領狀人喬亦良 十

十四圖地保張克堂 十

閱　閱

喬亦良具領狀（1875年11月或12月，光緒元年十一月）

基十三……二

具賣地切結喬如翰今具到

製造局大人案下竊身有坐落二十五保十四圖恃字圩第一百七號業田一坵現已量見核

計肆厘叁毫　身情愿出結賣於

憲局作為公用議定每畝足制錢肆拾捌千文今身親身赴局實領到足制錢弍阡陸拾肆　文

並無分文短少中間亦無浮冒情弊合具切結是實

光緒元年十一月　日具賣地切結喬如翰十

十四圖地保張克堂十

喬如翰具賣地切結（1875年11月或12月，光緒元年十一月）

基字十三號卷第二三號

具領狀人喬如翰今領到

製造局大人案下給發身出賣二十五保十四圖恃字圩第一百七號業田地價足制錢

錢弍仟陸拾肆　文身親赴

憲局如數領訖並無分文短少亦無浮冒情弊合具領狀是實

閱

光緒元年十一月　　日具領狀人喬如翰十

閱

十四圖地保張克堂十

喬如翰具領狀（1875年11月或12月，光緒元年十一月）

基七三

具賣地切結喬福康今具到

製造局大人案下竊身有坐落二十五保十四圖情字圩第一百乙號業田一坵現已量見核

計陸厘伍毫　身情願出結賣於

憲局作為公用議定每畝足制錢肆拾捌千文今身親身赴局實領到足制錢叁阡一百弍拾文

並無分文短少中間亦無浮冒情弊合具切結是實

光緒元年十一月　日具賣地切結喬福康十

十四圖地保張充堂十

喬福康具賣地切結（1875 年 11 月或 12 月，光緒元年十一月）

巷十二　三

具領狀人喬福康今領到

製造局大人案下給發身出賣二十五保十四圖恃字圩第一百乙號業田地價足制錢

錢叁阡壹百弍拾文身親赴

憲局如數領訖並無分文短少亦無浮冒情弊合具領狀是實

光緒元年十一月　日具領狀人喬福康十

十四圖地保張克堂十

喬福康具領狀（1875年11月或12月，光緒元年十一月）

基字七號卷第三號

具賣地切結喬永年今具到
製造局大人案下竊身有坐落二十五保十四圖恃字圩第一百九十一號業田一坵現已量見核
計壹分伍厘三毫身情愿出結賣於
憲局作為公用議定每畝足制錢肆拾捌千文今身親身赴局實領到足制錢柒仟叁百四十四文
並無分文短少中間亦無浮冒情獘合具切結是實

光緒元年十一月　日具賣地切結喬永年十
十四圖地保張克壹十

116

喬永年具賣地切結（1875年11月或12月，光緒元年十一月）

基字十七號第三號

具領狀人喬永年今領到

製造局大人案下給發身出賣二十五保十四圖恃字圩第一百九十一號業田地價足制

錢柒仟叁百肆拾肆文身親赴

憲局如數領訖並無分文短少亦無浮冒情弊合具領狀是實

閱

光緒元年十一月　日具領狀人喬永年十

十四圖地保張克堂十

閱

喬永年具領狀（1875年11月或12月，光緒元年十一月）

甚字十三號業第三號

具賣地切結林上聲今具到
製造局大人案下竊身有坐落二十五保十四圖特字圩第二百五十五號業田一坵現已量見核計
計壹分九厘弍毫 身 情愿出結賣於
憲局作為公用議定每畝足制錢肆拾捌千文今 身 親身赴局實領到足制
錢玖仟弍百拾陸文並無分文短少中間亦無浮冒情弊合具切結是實

光緒元年十一月　日具賣地切結林上聲 十

十四圖地保張克堂 十

林上聲具賣地切結（1875年11月或12月，光緒元年十一月）

基字十七號卷第三號

具領狀人林上聲今領到

製造局大人案下給發身出賣二十五保十四圖時字圩第二百五十五號業田地價足制

錢玖阡弍百拾陸文身親赴

憲局如數領訖並無分文短少亦無浮冒情弊合具領狀是實

閱

光緒元年十一月

日具領狀人林上聲 十

十四圖地保張克堂 十

閱

江南製造總局

林上聲具領狀（1875年11月或12月，光緒元年十一月）

基字十三號卷第三號

具賣地切結顧元杰今具到

製造局大人案下竊身有坐落二十五保十四圖恃字圩第二百九十八號業田一坵現已量見核

計弍分五厘六毫身情愿出結賣於

憲局作為公用議定每畝足制錢肆拾捌千文今身親身赴局實領到足制錢拾弍阡弍百八十八文

並無分文短少中間亦無浮冒情弊合具切結是實

光緒元年十一月　日具賣地切結顧元杰十

十四圖地保張克堂十

129

00119

顧元杰具賣地切結（1875年11月或12月，光緒元年十一月）

基字七號卷第三號

具領狀人顧元杰今領到
製造局大人案下給發身出賣二十五保十四圖恃字圩第二百九十八號業田地價足制
錢拾弍阡弍百捌拾捌文身親赴
憲局如數領訖並無分文短少亦無浮冒情弊合具領狀是實

閱

光緒元年十一月日具領狀人顧元杰十
十四圖地保張克堂十

閱

121

~~40120~~

顧元杰具領狀（1875 年 11 月或 12 月，光緒元年十一月）

基字七號原單二號

具賣地切結黃鶴生今具到
製造局大人案下竊身有坐落二十五保十四圖恃字圩第三百九號業田一坵現已量見核計
計壹分陸厘貳毫身情愿出結賣於
憲局作為公用議定每畝足制錢肆拾捌千文今身親身赴局實領到足制
錢柒仟柒百柒拾陸文並無分文短少中間亦無浮冒情弊合具切結是實

光緒元年十一月　日具賣地切結黃鶴生　十
十四圖地保張克堂　十

122

黃鶴生具賣地切結（1875年11月或12月，光緒元年十一月）

基字十二號卷第三

具領狀人黃鶴生今領到

製

造局大人案下給發身出賣二十五保十四圖特字圩第三百九號業田地價足制

錢柒仟柒百柒拾陸文身親赴

憲局如數領訖並無分文短少亦無浮冒情弊合具領狀是實

光緒元年十一月　日具領狀人黃鶴生十

十四圖地保張克堂十

閱　閱

黃鶴生具領狀（1875 年 11 月或 12 月，光緒元年十一月）

基字七號卷第三號

具賣地切結黃鳳翔今具到

製造局大人案下竊身有坐落二十五保十四圖恃字圩第三百八號業田一坵現已量見核計

計壹分伍厘七毫身情愿出結賣於

憲局作為公用議定每畝足制錢肆拾捌千文今身親身赴局實領到足制

錢柒阡伍百三十六文並無分文短少中間亦無浮冒情弊合具切結是實

光緒元年十一月　日具賣地切結黃鳳翔　十

十四圖地保張克堂　十

黃鳳翔具賣地切結（1875年11月或12月，光緒元年十一月）

基字七號契尾第三號

具領狀人黃鳳翔今領到
製造局大人案下給發身出賣二十五保十四圖恃字圩第三百捌號業田地價足制
錢洋阡伍百叁拾陸文身親赴
憲局如數領訖並無分文短少亦無浮冒情弊合具領狀是實

閱

光緒元年十一月　日具領狀人黃鳳翔　十
十四圖地保張克堂　十

閱

1325

黃鳳翔具領狀（1875 年 11 月或 12 月，光緒元年十一月）

基　字廿二號卷第三號

具賣地切結黃鳳翔今具到
製造局大人案下窃身有坐落二十五保十四圖㥁字圩第三百十一號業田一坵現已量見核計
計壹分壹厘乙毫　身　情愿出結賣於
憲局作為公用議定每畝足制錢肆拾捌千文今　身親身赴局實領到足制
錢伍阡六百拾陸　文並無分文短少中間亦無浮冒情弊合具切結是實

光緒元年十一月　日具賣地切結黃鳳翔　十
十四圖地保張克堂　十

黃鳳翔具賣地切結（1875年11月或12月，光緒元年十一月）

基字十號卷第三號

具領狀人黃鳳翔今領到

製造局大人案下給發身出賣二十五保十四圖恃字圩第三百十一號業田地價足制

錢伍阡陸百拾陸文身親赴

憲局如數領訖並無分文短少亦無浮冒情弊合具領狀是實

閱

光緒元年十一月日具領狀人黃鳳翔十

閱

十四圖地保張克堂十

黃鳳翔具領狀（1875年11月或12月，光緒元年十一月）

基字十號卷第三拾

具賣地切結唐百全今具到

製造局大人案下竊身有坐落二十五保十四圖恃字圩第三百四號業田一坵現已量見核

計四分弍厘伍毫身情愿出結賣於

憲局作為公用議定每畝足制錢肆拾捌千文今身親身赴局實領到足制

錢貳拾阡四百文並無分文短少中間亦無浮冒情弊合具切結是實

光緒元年十一月日具賣地切結唐百全十

十四圖地保張克堂十

唐百全具賣地切結（1875年11月或12月，光緒元年十一月）

基字十七號卷第三

具領狀人唐百全今領到
製造局大人案下給發身出賣二十五保十四圖情字圩第三百四號業田地價足制
錢貳拾阡肆百文身親赴
憲局如數領訖並無分文短少亦無浮冒情獘合具領狀是實

閱

光緒元年十一月日具領狀人唐百全十
十四圖地保張克堂十

閱

唐百全具領狀（1875年11月或12月，光緒元年十一月）

基字十七號卷第二號

具賣地切結唐元瑞今具到

製造局大人案下竊身有坐落二十五保十四圖恃字圩第二百八號業田一坵現已量見核計

計貳分身情愿出結賣於

憲局作為公用議定每畝足制錢肆拾捌千文今身親身赴局實領到足制錢

錢玖仟陸百文並無分文短少中間亦無浮冒情弊合具切結是實

光緒元年十一月日具賣地切結唐元瑞十

十四圖地保張克堂十

唐元瑞具賣地切結（1875 年 11 月或 12 月，光緒元年十一月）

具領狀人唐元瑞今領到

製造局大人案下給發身出賣二十五保十四圖恃字圩第三百捌號業田地價足制

錢玖阡陸百　文身親赴

憲局如數領訖並無分文短少亦無浮冒情弊合具領狀是實

閱

光緒元年十一月　日具領狀人唐元瑞

十四圖地保張克堂　十

閱

00130

唐元瑞具領狀（1875 年 11 月或 12 月，光緒元年十一月）

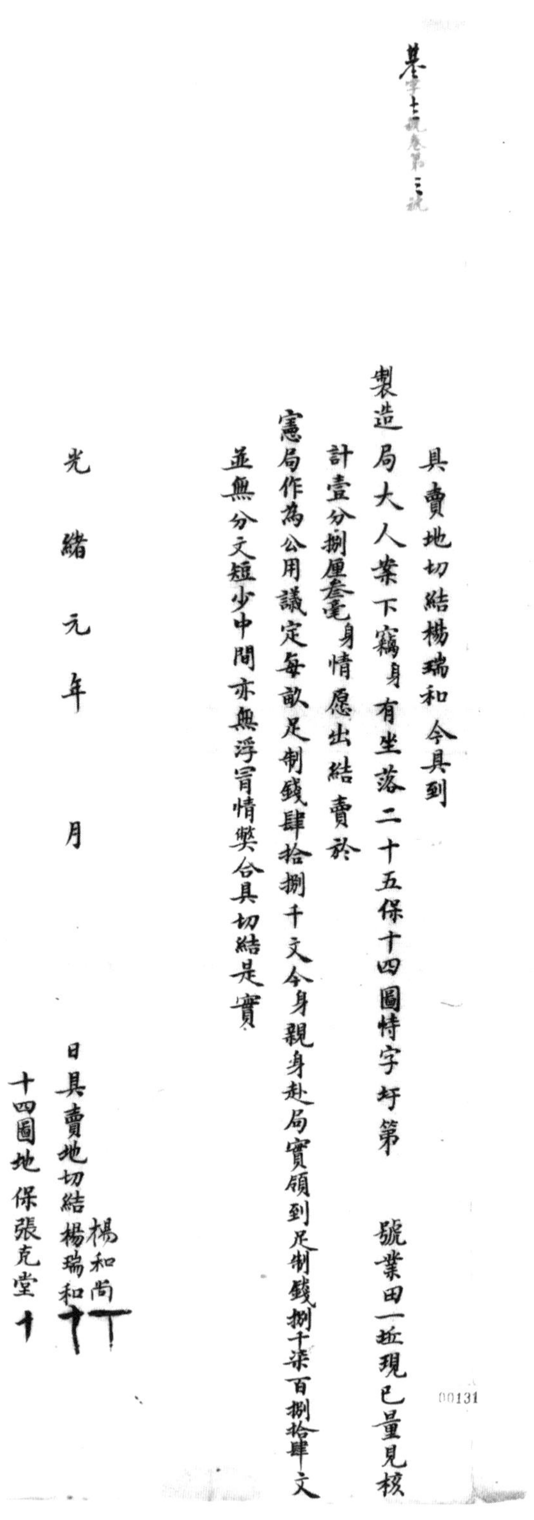
基字十號卷第三號

具賣地切結楊瑞和今具到
製造局大人案下竊身有坐落二十五保十四圖特字圩第　號業田一坵現已量見核
計壹分捌厘叁毫身情愿出結賣於
憲局作為公用議定每畝足制錢肆拾捌千文今身親身赴局實領到足制錢捌千柒百捌拾肆文
並無分文短少中間亦無浮冒情弊合具切結是實
光緒元年　月　日具賣地切結楊瑞和十 楊和尚丁
十四圖地保張克堂十

00131

楊和尚、楊瑞和具賣地切結（1875年，光緒元年）

基字七號[illegible]第三號

具領狀人楊瑞和今領到

製造局大人案下給發身出賣二十五保十四圖恃字圩第　號業田地價足制

錢捌千柒百捌拾肆文身親赴

憲局如數領訖並無分文短少亦無浮冒情弊合具領狀是實

光緒元年 閏 月 閏 日具領狀人楊瑞和十　楊和尚十

十四圖地保張克堂十

00132

楊和尚、楊瑞和具領狀（1875 年，光緒元年）

基字十二號卷第十三號

具賣地切結黃秀廷今具到
製造局大人案下竊身有坐落二十五保十四圖恃字圩第四十七號業田一坵現已量見核
計肆分捌厘身情愿出結賣於
憲局作為公用議定每畝足制錢肆拾捌千文今身親身赴局實領到足制錢貳拾叁千零肆拾文
並無分文短少中間亦無浮冒情弊合具切結是實

光緒元年　　月　　日具賣地切結黃秀廷　十
十四圖地保張克堂　十

00133

黃秀廷具賣地切結（1875 年，光緒元年）

巷字七號卷第三

具領狀人黃秀廷今領到
製造局大人案下給發身出賣二十五保十四圖恃字圩第四十七號業田地價足制
錢貳拾叁千零肆拾文身親赴
憲局如數領訖並無分文短少亦無浮冒情弊合具領狀是實
光緒元年　月　日具領狀人黃秀廷十
十四圖地保張克堂十

黃秀廷具領狀（1875年，光緒元年）

基字十四號共第三[illegible]

具賣地切結楊金虎今具到
製造局大人案下竊身有坐落二十五保十四圖恃字圩第伍拾號業田一坵現也量見核
計壹分零捌毫身情愿出結賣於
憲局作為公用議定每畝足制錢肆拾捌千文今身親身赴局實領到足制錢伍千壹百捌拾肆文
並無分文短少中間亦無浮冒情弊合具切結是實

光緒元年　月　日具賣地切結楊金虎十
十四圖地保張克堂十

00135

楊金虎具賣地切結（1875年，光緒元年）

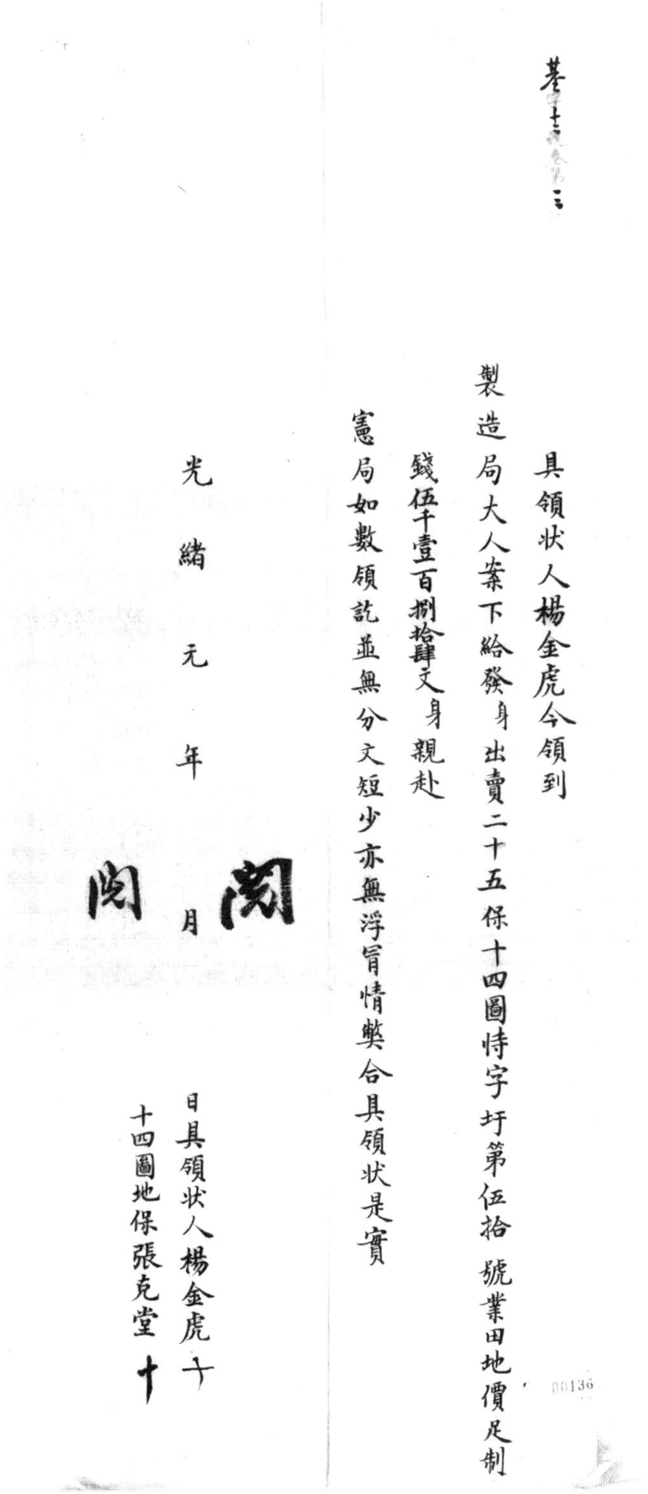
基字十二號

具領狀人楊金虎今領到
製造局大人案下給發身出賣二十五保十四圖恃字圩第伍拾號業田地價足制
錢伍千壹百捌拾肆文身親赴
憲局如數領訖並無分文短少亦無浮冒情弊合具領狀是實
光緒元年　月　日具領狀人楊金虎十
十四圖地保張克堂十
閱　閱
00136

楊金虎具領狀（1875 年，光緒元年）

巷字十二號　三號

具賣地切結楊桂春今具到

製造局大人案下竊身有坐落二十五保十四圖恃字圩第伍拾號業田一坵現已量見核計

現已丈見叁厘九毫　月　情愿出結賣於

憲局作為公用議定每畝足制錢肆拾捌千文今身親身赴局實領到足制錢壹仟捌百

柒拾弍文並無分文短少中間亦無浮冒情弊合具切結是實

137

光緒元年　月　日具賣地切結　楊桂春

十四圖地保　張克堂　十

楊桂春具賣地切結（1875年，光緒元年）

基字壹三

具領狀人楊桂春今領到

製造局大人案下給發身出賣二十五保十四圖恃字圩第伍拾 號業田地價足制錢

壹仟捌百柒拾貳 文身親赴

憲局如數領訖並無分文短少亦無浮冒情弊合具領狀是實

閱

光緒 元 年 十 月 日具領狀人楊桂春十

十四圖地保 張克堂十

閱

楊桂春具領狀（1875年10月或11月，光緒元年十月）

基字十三號卷第三號

具賣地切結楊和尚今具到

製造局大人案下竊身有坐落二十五保十四圖恃字圩第伍拾號業田一坵現已量見核計

計叁厘肆毫身情愿出結賣於

憲局作為公用議定每畝足制錢肆拾捌千文今身親身赴局實領到足制

錢壹仟陸百三拾式文並無分文短少中間亦無浮冒情弊合具切結是實

光緒元年十月　日具賣地切結楊和尚十

十四圖地保張克堂十

楊和尚具賣地切結（1875年10月或11月，光緒元年十月）

基字七號第三[illegible]

具領狀人楊和尚今領到

製造局大人案下給發身出賣二十五保十四圖恃字圩第伍拾號業田地價足制錢

壹仟陸百叁拾貳文身親赴

憲局如數領訖並無分文短少亦無浮冒情弊合具領狀是實

閱

光緒元年十月

日具領狀人楊和尚 ㄒ

十四圖地保張克堂 十

閱

楊和尚具領狀（1875年10月或11月，光緒元年十月）

基字七號春字三號

具賣地切結楊桂春今具到

製造局大人案下竊身有坐落二十五保十四圖恃字圩第伍拾號業田一坵現已量見

計壹釐捌毫身情愿出結賣於

憲局作為公用議定每畝足制錢肆拾捌千文今身親身赴局實領到足制錢捌百陸拾肆文

並無分文短少中間亦無浮冒情弊合具切結是實

光緒元年　月　日具賣地切結楊桂春丅

十四圖地保張克堂十

00141

楊桂春具賣地切結（1875年，光緒元年）

甚字七號契第三號

具領狀人楊桂春今領到

製造局大人案下給發身出賣二十五保十四圖特字圩第伍拾號業田地價足制

錢捌百陸拾肆文身親赴

憲局如數領訖並無分文短少亦無浮冒情弊合具領狀是實

光緒元年　月　日具領狀人楊桂春下

十四圖地保張克堂十

楊桂春具領狀（1875年，光緒元年）

恃字七號卷第三號

具賣地切結楊秀堂今具到

製造局大人案下竊身有坐落二十五保十四圖恃字圩第伍拾號業田一坵現已量見核

計叁釐伍毫身情愿出結賣於

憲局作為公用議定每畝足制錢肆拾捌千文今身親身赴局實領到足制錢壹千陸百捌拾文

並無分文短少中間亦無浮冒情弊合具切結是實

光緒元年　月　日具賣地切結楊秀堂〤

十四圖地保張克堂十

00143

楊秀堂具賣地切結（1875年，光緒元年）

基字十七號卷第二號

具領狀人楊秀堂今領到

製造局大人案下給發身出賣二十五保十四圖恃字圩第伍拾 號業田地價足制

錢壹千陸百捌拾文身親赴

憲局如數領訖並無分文短少亦無浮冒情弊合具領狀是實

閱

光緒元年 月 日具領狀人楊秀堂丅

閱

十四圖地保張克堂十

楊秀堂具領狀（1875年，光緒元年）

基字七號卷第三號

具賣地切結楊金虎今具到
製造局大人案下竊身有坐落二十五保十四圖恃字圩第伍拾號業田一坵現已量見核
計捌厘五毫身情願出結賣於
憲局作為公用議定每畝足制錢肆拾捌千文今身親身赴局實領到足制錢肆千零捌拾文
並無分文短少中間亦無浮冒情弊合具切結是實

光緒元年　　月　　日具賣地切結楊金虎十
十四圖地保張克堂十

145

楊金虎具賣地切結（1875年，光緒元年）

基字十三號卷第三號

具領狀人楊金虎今領到

製造局大人案下給發身出賣二十五保十四圖恃字圩第伍拾號業田地價足制

錢肆千零捌拾文身親赴

憲局如數領訖並無分文短少亦無浮冒情弊合具領狀是實

閱

光緒元年　月　日具領狀人楊金虎 十

閱

十四圖地保張克堂 十

00146

楊金虎具領狀（1875年，光緒元年）

具賣地切結楊瑞和今具到

製造局大人案下竊身有坐落二十五保十四圖恃字圩第伍拾號業田一坵現已量見核計

現已丈見壹分三厘三毫身情愿出結賣於

憲局作為公用議定每畝足制錢肆拾捌千文今身親身赴局實領到足制錢陸仟叁百捌

拾肆文並無分文短少中間亦無浮冒情弊合具切結是實

光緒元年　月　日具賣地切結　楊瑞和　十

十四圖地保張克堂　十

楊瑞和具賣地切結（1875 年，光緒元年）

基字七 [illegible] 三號

具領狀人楊瑞和今領到

製造局大人案下給發身出賣二十五保十四圖恃字圩第伍拾號業田地價足制錢

陸仟叁百捌拾肆文身親赴

憲局如數領訖並無分文短少亦無浮冒情弊合具領狀是實

光緒元年十月

日具領狀人楊瑞和十

十四圖地保張克堂十

閱閱

楊瑞和具領狀（1875 年 10 月或 11 月，光緒元年十月）

基字七號卷第三號

具賣地切結楊敬山今具到

製造局大人案下竊身有坐落二十五保十四圖特字圩第伍拾號業田一坵現已量見

核計陸厘貳毫伍絲身情愿出結賣於

憲局作為公用議定每畝足制錢肆拾捌千文今身親身赴局實領到足制錢叁千——文

並無分文短少中間亦無浮冒情弊合具切結是實

光緒元年　月　日具賣地切結楊敬山十

十四圖地保張克堂十

00149

楊敬山具賣地切結（1875 年，光緒元年）

具領狀人楊敬山今領到

製造局大人案下給發身出賣二十五保十四圖恃字圩第伍拾號業田地價足制

錢叁千文身親赴

憲局如數領訖並無分文短少亦無浮冒情弊合具領狀是實

閱　閱

光緒元年　月　日具領狀人楊敬山十

十四圖地保張克堂十

00150

楊敬山具領狀（1875 年，光緒元年）

基字七號卷第三號

具賣地切結錢克家今具到

製造局大人案下竊身有坐落二十五保十四圖恃字圩第百四十三號業田一坵現已量見

核計壹分叁釐肆毫身情愿出結賣於

憲局作為公用議定每畝足制錢肆拾捌千文今身親身赴局實領到足制錢陸千肆百叁拾貳文

並無分文短少中間亦無浮冒情獘合具切結是實

光緒元年　月　日具賣地切結錢克家十

十四圖地保張克堂十

錢克家具賣地切結（1875年，光緒元年）

基字十二號叁第十三號

具領狀人錢克家今領到

製造局大人案下給發身出賣二十五保十四圖恃字圩第一百四十三號業田地價足制

錢陸千肆百叁拾貳文身親赴

憲局如數領訖並無分文短少亦無浮冒情弊合具領狀是實

閱

光緒元年 月 日具領狀人錢克家十

閱

十四圖地保張克堂十

00152

錢克家具領狀（1875年，光緒元年）

基字十三號

具賣地切結李清源今具到
製造局大人案下竊身有坐落二十五保十四圖特字圩第一百二十號業田一坵現已量見核計
現已丈見四厘　身　情愿出結賣於
憲局作為公用議定每畝足制錢肆拾捌千文今身親身赴局實領到足制錢壹仟玖百
貳拾肆文並無分文短少中間亦無浮冒情弊合具切結是實

此户計子伍拾四文

光緒元年十月　日具賣地切結李清源　十
十四圖地保張元壹　十

李清源具賣地切結（1875 年 10 月或 11 月，光緒元年十月）

基字十二號卷第三號

具領狀人李清源 今領到

製造局大人案下給發身出賣二十五保十四圖恃字圩第一百二十號業田地價足制錢

壹仟九百六拾四文身親赴

憲局如數領訖並無分文短少亦無浮冒情弊合具領狀是實

光緒元年十月　　日具領狀人李清源十

十四圖地保張克堂十

閱　閱

李清源具領狀（1875年10月或11月，光緒元年十月）

甚字七號卷第三號

具賣地切結陸海觀今具到

製造局大人案下竊身有坐落二十五保十四圖恃字圩第百拾九號業田一坵現已量見核計

現已丈見伍厘 身 情愿出結賣於

憲局作為公用議定每畝足制錢肆拾捌千文今身親身赴局實領到足制錢貳仟肆百

文並無分文短少中間亦無浮冒情弊合具切結是實

光緒元年十月 日具賣地切結陸海觀 十

十四圖地保 張克堂 十

陸海觀具賣地切結（1875年10月或11月，光緒元年十月）

巷七二

具領狀人陸海觀今領到
製造局大人案下給發身出賣二十五保十四圖恃字圩第一百十九號業田地價足制錢
貳仟肆百文身親赴
憲局如數領訖並無分文短少亦無浮冒情弊合具領狀是實

閱

光緒元年十月　日具領狀人陸海觀十
十四圖地保張克堂十

閱

陸海觀具領狀（1875年10月或11月，光緒元年十月）

基十三三

具賣地切結張振華黃占奎今具到

製造局大人案下窃身有坐落二十五保十四圖恃字圩第一百二十三號業田一坵現已量見核計

現已丈見玖厘二毫身情愿出結賣於

憲局作為公用議定每畝足制錢肆拾 千文今身親身赴局實領到足制錢肆仟肆百

拾陸文並無分文短少中間亦無浮冒情弊合具切結是實

光緒元年十月

日具賣地切結 張振華十 黃占奎十

十四圖地保 張克堂十

張振華、黄占奎具賣地切結（1875年10月或11月，光緒元年十月）

基字十二號卷第二號

具領狀人張振華、黃占奎今領到

製造局大人案下給發身出賣二十五保十四圖恃字圩第一百二十二號業田地價足制錢肆仟肆百拾陸文身親赴

憲局如數領訖並無分文短少亦無浮冒情弊合具領狀是實

光緒元年十月　日具領狀人張振華十　黃占奎十

十四圖地保張克堂十

閱　閱

00159

張振華、黃占奎具領狀（1875年10月或11月，光緒元年十月）

巷字十一號卷第三號

具賣地切結陸木观今具到

製造局大人案下窃身有坐落二十五保十四圖恃字圩第一百十九號業田一坵現已量見核計

現已丈見壹分五厘六毫身情愿出結賣於

憲局作為公用議定每畝足制錢肆拾捌千文今身親身赴局實領到足制錢柒仟肆百

捌拾捌文並無分文短少中間亦無浮冒情弊合具切結是實

光緒元年十月　日具賣地切結陸木观十

十四圖地保張克堂十

陸木觀具賣地切結（1875年10月或11月，光緒元年十月）

巷字十一號卷第三號

具領狀人陸木觀今領到

製造局大人案下給發身出賣二十五保十四圖恃字圩第一百十九號業田地價足制錢

柒仟肆百捌拾捌文身親赴

憲局如數領訖並無分文短少亦無浮冒情弊合具領狀是實

光緒元年十月　閱　日具領狀人陸木觀十

閱　十四圖地保張克堂十

陸木觀具領狀（1875年10月或11月，光緒元年十月）

具賣地切結陳圣祥今具到

製造局大人案下窃身有坐落二十五保十四圖　字圩第一百十八號業田一坵現已量見核計

現已丈見陸厘柒毫身情愿出結賣於

憲局作為公用議定每畝足制錢肆拾捌千文今身親身赴局實領到足制錢叁仟貳百

拾陸文並無分文短少中間亦無浮冒情弊合具切結是實

光緒元年　　月　　日具賣地切結陳圣祥十

十四圖地保張克堂十

陳聖祥具賣地切結（1875年，光緒元年）

基[illegible]

具領狀人陳圣祥今領到

製造局大人案下給發身出賣二十五保十四圖恃字圩第一百十八號業田地價足制錢

叁仟貳百拾陸文身親赴

憲局如數領訖並無分文短少亦無浮冒情弊合具領狀是實

閱

光緒元年　月　日具領狀人陳圣祥十

閱

十四圖地保張克堂十

陳聖祥具領狀（1875 年，光緒元年）

基字七號卷第三號

具賣地切結陳瑞昌今具到

製造局大人案下竊身有坐落二十五保十四圖特字圩第一百十八號業田一坵現已量見核計

現已丈見柒厘三毫身情愿出結賣於

憲局作為公用議定每畝足制錢肆拾捌千文今身親身赴局實領到足制錢叁仟伍百

零肆文並無分文短少中間亦無浮冒情弊合具切結是實

光緒元年　月　日具賣地切結陳瑞昌十

十四圖地保張克堂十

陳瑞昌具賣地切結（1875年，光緒元年）

巷字十二號卷第三號

具領狀人陳瑞昌今領到

製造局大人案下給發身出賣二十五保十四圖恃字圩第一百十八號業田地價足制錢

叁仟伍百零肆文身親赴

憲局如數領訖並無分文短少亦無浮冒情弊合具領狀是實

閱

光緒元年十月　日具領狀人陳瑞昌十

閱

十四圖地保張克堂十

陳瑞昌具領狀（1875年10月或11月，光緒元年十月）

卷七三

具賣地切結錢杏春　今具到

製造局大人案下竊身有坐落二十五保十四圖恃字圩第一百十八號業田一坵現已量見核計

現已丈見陸厘九毫　身　情愿出結賣於

憲局作為公用議定每畝足制錢肆拾捌千文今身親身赴局實領到足制錢叁仟叁百

拾弍文並無分文短少中間亦無浮冒情弊合具切結是實

光緒元年十月　日具賣地切結錢杏春　十

十四圖地保張克壹　十

00165

錢杏春具賣地切結（1875年10月或11月，光緒元年十月）

巷十二

具領狀人錢杏春今領到

製造局大人案下給發身出賣二十五保十四圖恃字圩第一百十八號業田地價足制錢

叁仟叁百拾弍文身親赴

憲局如數領訖並無分文短少亦無浮冒情弊合具領狀是實

光緒元年十月

閱　閱

日具領狀人錢杏春十

十四圖地保張克堂十

166

錢杏春具領狀（1875年10月或11月，光緒元年十月）

巷字七號卷第三號

具賣地切結錢耀宗今具到

製造局大人案下竊身有坐落二十五保十四圖特字圩第一百十八號業田一坵現已量見核

計捌厘捌毫身情愿出結賣於

憲局作為公用議定每畝足制錢肆拾捌千文今身親身赴局實領到足制錢肆千貳百貳拾肆文

並無分文短少中間亦無浮冒情弊合具切結是實

光緒元年　月　日具賣地切結錢耀宗十

十四圖地保張克堂十

錢耀宗具賣地切結（1875年，光緒元年）

基字十三號卷第三號

具領狀人錢耀宗今領到

製造局大人案下給發身出賣二十五保十四圖恃字圩第百十八號業田地價足制

錢肆千貳百貳拾肆文身親赴

憲局如數領訖並無分文短少亦無浮冒情弊合具領狀是實

閱

光緒元年　月　日具領狀人錢耀宗十

閱

十四圖地保張克堂十

00168

錢耀宗具領狀（1875年，光緒元年）

基字七[illegible]三號

具賣地切結陳裕如今具到

製造局大人案下竊身有坐落二十五保十四圖恃字圩第　號業田一坵現已量見核

計壹分壹厘　身情愿出結賣於

憲局作為公用議定每畝足制錢肆拾捌千文今身親身赴局實領到足制錢伍千貳百捌拾文

並無分文短少中間亦無浮冒情弊合具切結是實

光緒元年　月　日具賣地切結陳裕如　十

十四圖地保張克堂　十

00169

陳裕如具賣地切結（1875年，光緒元年）

基七三

具領狀人陳裕如今領到

製造局大人案下給發身出賣二十五保十四圖恃字圩第　號業田地價足制

錢伍千貳百捌拾文身親赴

憲局如數領訖並無分文短少亦無浮冒情弊合具領狀是實

閱　閱

光緒元年　月　日具領狀人陳裕如十

十四圖地保張克堂十

陳裕如具領狀（1875年，光緒元年）

卷字七號卷第三號

具賣地切結楊殿英今具到

製造局大人案下竊身有坐落二十五保十四圖特字圩第伍拾　號業田一坵現已量見核計現已丈見叁厘四毫身情愿出結賣於

憲局作為公用議定每畝足制錢肆拾捌千文今身親身赴局實領到足制錢壹仟陸百叁拾文並無分文短少中間亦無浮冒情弊合具切結是實

光緒元年十月　日具賣地切結楊殿英十

十四圖地保張克堂十

楊殿英具賣地切結（1875年10月或11月，光緒元年十月）

基七三

具領狀人楊殿英今領到
製造局大人案下給發身出賣二十五保十四圖恃字圩第伍拾號業田地價足制錢
壹仟陸百叁拾弍文身親赴
憲局如數領訖並無分文短少亦無浮冒情弊合具領狀是實

閱

光緒元年十月　日具領狀人楊殿英 丅

閱

十四圖地保張克堂 十

00172

楊殿英具領狀（1875年10月或11月，光緒元年十月）

基字七號卷第三號

具賣地切結張文保今具到

製造局大人案下竊身有坐落二十五保十四圖恃字圩第　號業田一坵現已量見核

計捌厘陸毫　身情愿出結賣於

憲局作為公用議定每畝足制錢肆拾捌千文今身親身赴局實領到足制錢肆千壹百弍拾捌文

並無分文短少中間亦無浮冒情弊合具切結是實

光緒元年　月　日具賣地切結張文保十

十圖地保張克堂十

張文保具賣地切結（1875 年，光緒元年）

具領狀人張文保今領到

製造局大人案下給發身出賣二十五保十四圖恃字圩第　號業田地價足制

錢肆千壹百式拾捌文身親赴

憲局如數領訖並無分文短少亦無浮冒情弊合具領狀是實

光緒元年　月　日具領狀人張文保　十

十四圖地保張克堂　十

張文保具領狀（1875年，光緒元年）

卷壹

具賣地切結王李宗今具到

製造局大人案下竊身有坐落二十五保十四圖恃字圩第一百四十號業田一坵現已量見核計

現已丈見三厘三毫身情愿出結賣於

憲局作為公用議定每畝足制錢肆拾捌千文今身親身赴局實領到足制錢壹仟伍百

捌拾肆文並無分文短少中間亦無浮冒情弊合具切結是實

光緒元年十月　日具賣地切結王李宗十

十四圖地保張克雲十

00175

王李宗具賣地切結（1875年10月或11月，光緒元年十月）

基七 二四

具領狀人王季宗今領到

製造局大人案下給發身出賣二十五保十四圖恃字圩第一百廿四號業田地價足制錢

壹仟伍百捌十四文身親赴

憲局如數領訖並無分文短少亦無浮冒情弊合具領狀是實

光緒元年十月　閱　閱

日具領狀人王季宗　十

十四圖地保張克壹　十

王季宗具領狀（1875年10月或11月，光緒元年十月）

甚字十三號卷第三號

具賣地切結張潤書今具到

製造局大人案下竊身有坐落二十五保十四圖特字圩第一百十五號業田一坵現已量見核計現已丈見三厘三毫身情愿出結賣於

憲局作為公用議定每畝足制錢肆拾捌千文今身親身赴局實領到足制錢壹仟伍百捌拾肆文並無分文短少中間亦無浮冒情弊合具切結是實

光緒元年十月　日具賣地切結張潤書十

十四圖地保張克壹十

177

張潤書具賣地切結（1875年10月或11月，光緒元年十月）

基七二

具領狀人張潤書今領到
製造局大人案下給發身出賣二十五保十四圖恃字圩第一百四十四號業田地價足制錢
壹仟伍百捌拾肆文身親赴
憲局如數領訖並無分文短少亦無淳冒情弊合具領狀是實

閱　閱

光緒元年十月　日具領狀人張潤書十
十四圖地保張克奎十

張潤書具領狀（1875年10月或11月，光緒元年十月）

某

具賣地切結張永祥今具到
製造局大人案下竊身有坐落二十五保十四圖特字圩第一百四十三號業田一坵現已量見核計
現已丈見九厘弍毫身情愿出結賣於
憲局作為公用議定每畝足制錢肆拾捌千文今身親身赴局實領到足制錢肆仟肆百
拾陸文並無分文短少中間亦無浮冒情弊合具切結是實

光緒元年十月　日具賣地切結張永祥十
十四圖地保張克堂十

張永祥具賣地切結（1875 年 10 月或 11 月，光緒元年十月）

基四十三號卷第三號

具領狀人張永祥今領到

製造局大人案下給發身出賣二十五保十四圖恃字圩第一百四十三號業田地價足制錢

肆仟肆百拾陸文身親赴

憲局如數領訖並無分文短少亦無浮冒情弊合具領狀是實

閱

光緒元年　月　日具領狀人張永祥十

閱

十四圖地保張虎堂十

張永祥具領狀（1875年，光緒元年）

巷第七號卷第三號

具賣地切結錢裕華今具到

製造局大人案下竊身有坐落二十五保十四圖恃字圩第百四十三號業田一坵現已量見核

計一柒厘柒毫　身情愿出結賣於

憲局作為公用議定每畝足制錢肆拾捌千文今身親身赴局實領到足制錢叁千陸百玖拾陸文

並無分文短少中間亦無浮冒情弊合具切結是實

光緒元年　月　日具賣地切結錢裕華十

十四圖地保張克堂十

錢裕華具賣地切結（1875年，光緒元年）

基字十二號卷第三號

具領狀人錢裕華今領到

製造局大人案下給發身出賣二十五保十四圖恃字圩第一百四十三號業田地價足制

錢叁千陸百玖拾陸文身親赴

憲局如數領訖並無分文短少亦無浮冒情弊合具領狀是實

閱

光緒元年　月　日具領狀人錢裕華十

十四圖地保張克堂十

閱

錢裕華具領狀（1875 年，光緒元年）

卷字[illegible]第三號

工程張經手

具賣地切結楊鳳生今具到
製造局大人案下竊身有坐落二十五保十四圖特字圩第拾捌號業田一坵現已量見核計
計壹畝叁分弍厘伍毫身情愿出結賣於
憲局作為公用議定每畝足制錢肆拾捌千文今身親身赴局實領到足
制錢伍拾捌仟捌百文並無分文短少中間亦無浮冒情弊合具切結是實

光緒元年十月　日具賣地切結楊鳳生　十
十四圖地保張克堂　十

楊鳳生具賣地切結（1875 年 10 月或 11 月，光緒元年十月）

基七三

具領狀人楊鳳生今領到

製造局大人案下給發身出賣二十五保十四圖恃字圩第拾捌號業田地價足制錢

錢伍拾捌仟捌百文身親赴

憲局如數領訖並無分文短少亦無浮冒情弊合具領狀是實

照

光緒元年十月　日具領狀人楊鳳生十

十四圖地保張克堂十

閱

楊鳳生具領狀（1875年10月或11月，光緒元年十月）

工程[illegible]存

卷[illegible]第三號

具賣地切結楊才才今具到
製造局大人案下竊身有坐落二十五保十四圖特字圩第叁拾號業田一坵現已量見核計
計壹畝捌分捌厘捌毫身情愿出結賣於
憲局作為公用議定每畝足制錢肆拾捌千文今身親身赴局實領到足制
錢玖拾仟陸百式拾四文並無分文短少中間亦無浮冒情弊合具切結是實

光緒元年十月　日具賣地切結楊才才　十
十四圖地保張克堂　十

00185

楊才才具賣地切結（1875年10月或11月，光緒元年十月）

恭十三

具領狀人楊才才今領到
製造局大人案下給發身出賣二十五保十四圖恃字圩第叁拾號業田地價足制錢
錢玖拾仟陸百貳拾肆文身親赴
憲局如數領訖並無分文短少亦無浮冒情獘合具領狀是實

光緒元年十月　日具領狀人楊才才十
十四圖地保張克堂十

閱

楊才才具領狀（1875年10月或11月，光緒元年十月）

基十一三

具賣地切結楊殿英今具到
製造局大人案下竊身有坐落二十五保十四圖特字圩第拾捌號業田一坵現已量見核計
計壹畝貳分壹厘貳毫身情願出結賣於
憲局作為公用議定每畝足制錢肆拾捌千文今身親身赴局實領到足制
錢伍拾捌仟一百七十六文並無分文短少中間亦無浮冒情弊合具切結是實

工程 [illegible]

光緒元年十月　日具賣地切結楊殿英 十
十四圖地保張克奎 十

楊殿英具賣地切結（1875 年 10 月或 11 月，光緒元年十月）

具領狀人楊殿英　今領到

製造局大人案下給發身出賣二十五保十四圖恃字圩第拾捌號業田地價足制錢

錢伍拾捌仟壹百七十六文身親赴

憲局如數領訖並無分文短少亦無浮冒情弊合具領狀是實

光緒元年十月　日具領狀人楊殿英

十四圖地保張克堂　十

閱

楊殿英具領狀（1875年10月或11月，光緒元年十月）

基字十號卷第二號

工程贖懷案

具賣地切結顧輝章今具到

製造局大人案下竊身有坐落二十五保十四圖恃字圩第十五號業田一坵現已量見核計

計叁畝壹分捌毫身情愿出結賣於

憲局作為公用議定每畝足制錢肆拾捌千文今身親身赴局實領到足制

錢壹百伍拾九千一百八十四文並無分文短少中間亦無浮冒情弊合具切結是實

光緒元年十月　日具賣地切結顧輝章 十

十四圖地保張克堂 十

00189

顧輝章具賣地切結（1875年10月或11月，光緒元年十月）

基十三

具領狀人顧輝章今領到
製造局大人案下給發身出賣二十五保十四圖特字圩第拾伍號業田地價足制錢
錢壹百肆拾玖仟壹百叁文身親赴
憲局如數領訖並無分文短少亦無浮冒情弊合具領狀是實
光緒元年十月　日具領狀人顧輝章十
十四圖地保張克堂十

閲

顧輝章具領狀（1875年10月或11月，光緒元年十月）

巷字十二號叁萬二二號

工程驗提委

具賣地切結喬亦良今具到

製造局大人案下竊身有坐落二十五保十四圖特字圩第二十九號業田一坵現已量見核計

計壹分叁厘叁毫情愿出結賣於

憲局作為公用議定每畝足制錢肆拾捌千文今身親身赴局實領到足制

錢陸仟叁佰捌拾肆文並無分文短少中間亦無浮冒情弊合具切結是實

光緒元年十月　日具賣地切結喬亦良　十

十四圖地保張克堂　十

喬亦良具賣地切結（1875年10月或11月，光緒元年十月）

巷字十二號卷第三三號

具領狀人喬亦良今領到

製造局大人案下給發身出賣二十五保十四圖恃字圩第三十九號業田地價足制錢

錢陸仟叁百捌拾肆文身親赴

憲局如數領訖並無分文短少亦無浮冒情弊合具領狀是實

照

光緒元年十月　日具領狀人喬亦良十

閱

十四圖地保張克堂十

喬亦良具領狀（1875年10月或11月，光緒元年十月）

基字十二號卷第二號

具賣地切結李煥章今具到

製造局大人案下竊身有坐落二十五保十四圖特字圩第三十九號業田一坵現已量見核計

計叁分陸厘弍毫身情愿出結賣於

憲局作為公用議定每畝足制錢肆拾捌千文今身親身赴局實領到足制

錢拾柒仟玖佰七十六文並無分文短少中間亦無浮冒情弊合具切結是實

光緒元年十月　日具賣地切結李煥章十

十四圖地保張克堂十

李煥章具賣地切結（1875 年 10 月或 11 月，光緒元年十月）

巷字十二號卷第三號

具領狀人李煥章今領到

製造局大人案下給發身出賣二十五保十四圖恃字圩第三十九號業田地價足制錢

錢拾柒仟叁百七十六文身親赴

憲局如數領訖並無分文短少亦無浮冒情弊合具領狀是實

光緒元年十月

日具領狀人李煥章

十四圖地保張克堂十十

閱

李煥章具領狀（1875 年 10 月或 11 月，光緒元年十月）

基字十二號卷第二號

具賣地切結顧朝炎今具到

製造局大人案下竊身有坐落二十五保十四圖特字圩第二十九號業田一坵現已量見核計

計叁分陸厘伍毫 身 情愿出結賣於

憲局作為公用議定每畝足制錢肆拾捌千文今身親身赴局實領到足制

錢拾柒仟伍百叁拾文

光緒元年十月 日具賣地切結顧朝炎 十

十四圖地保張克奎 十

工程[illegible]提存

顧朝炎具賣地切結（1875年10月或11月，光緒元年十月）

巷字十二號叁第三號

具領狀人顧朝炎今領到

製造局大人案下給發身出賣二十五保十四圖恃字圩第三拾九號業田地價足制錢

錢拾柒仟伍百貳拾文身親赴

憲局如數領訖並無分文短少亦無浮冒情弊合具領狀是實

光緒元年十月

日具領狀人顧朝炎十

十四圖地保張克奎十

00196

顧朝炎具領狀（1875年10月或11月，光緒元年十月）

基字十三號卷第三號

工程賬房注

具賣地切結楊和華今具到

製造局大人案下竊身有坐落二十五保十四圖情字圩第拾柒號業田一坵現已量見核計

計貳畝柒分柒厘玖毫身情愿出結賣於

憲局作為公用議定每畝足制錢肆拾捌千文今身親身赴局實領到足制

錢壹百叁拾叁仟三百九拾貳文並無分文短少中間亦無浮冒情弊合具切結是實

光緒元年十月　日具賣地切結楊和華十

十四圖地保張克堂十

00197

楊和華具賣地切結（1875年10月或11月，光緒元年十月）

基字十七號叁第二號

具領狀人楊和華今領到
製造局大人案下給發身出賣二十五保十四圖特字圩第拾柒號業田地價足制錢
錢壹佰叁拾叁仟三百九十二文身親赴
憲局如數領訖並無分文短少亦無浮冒情弊合具領狀是實

光緒元年十月　　日具領狀人楊和華十
十四圖地保張克堂十

照

閱

楊和華具領狀（1875年10月或11月，光緒元年十月）

基字十二號卷第三

具賣地切結楊和華今具到
製造局大人案下竊身有坐落二十五保十四圖恃字圩第拾捌號業田一坵現已量見核計
計壹畝貳分貳厘六毫情愿出結賣於
憲局作為公用議定每畝足制錢肆拾捌千文今身親身赴 局實領到足制
錢伍拾捌仟捌百[illegible]拾[illegible]文並無分文短少中間亦無浮冒情弊合具切結是實

光緒元年十月　日具賣地切結楊和華十
十四圖地保張克堂十

00199

楊和華具賣地切結（1875年10月或11月，光緒元年十月）

基字十七號卷第二二號

具領狀人楊和華今領到

製造局大人案下給發身出賣二十五保十四圖恃字圩第拾捌號業田地價足制錢

錢伍拾捌仟捌百四拾捌文身親赴

憲局如數領訖並無分文短少亦無浮冒情弊合具領狀是實

盧

光緒元年十月　日具領狀人楊和華　十

十四圖地保張克堂　十

閱

楊和華具領狀（1875年10月或11月，光緒元年十月）

峯字十三號卷第三批

具賣地切結朱云從今具到

製造局大人案下竊身有坐落二十五保十三圖靡字圩第弍百四十八號業田一坵現已量見

核計叁厘三毫身情愿出結賣於

憲局作為公用議定每畝足制錢肆拾捌千文今身親身赴局實領到足制錢壹千五百捌拾肆文

並無分文短少中間亦無浮冒情弊合具切結是實

光緒元年　　月　　日具賣地切結朱云從十

十三圖地保康茂其十

朱云從具賣地切結（1875 年，光緒元年）

基字十號卷第二號

具領狀人朱云從　今領到

製造局大人臺下給發身出賣二十五保十三圖靡字圩第二百四十八號業田地價足制

錢壹阡伍百捌十四文身親赴

憲局如數領訖並無分文短少亦無浮冒情弊合具領狀是實

閱

光緒元年十一月　日具領狀人朱云從　十

十三圖地保康茂其　十

閱

00202

朱云從具領狀（1875年11月或12月，光緒元年十一月）

基字十七號卷第三號

具賣地切結朱錫咸今具到

製造局大人案下竊身有坐落二十五保十三圖靡字圩第弍百四十八號業田一坵現已量見

核計弍釐叁毫　身情愿出結賣於

憲局作為公用議定每畝足制錢肆拾捌千文今身親身赴局實領到足制錢壹千一百零四文

並無分文短少中間亦無浮冒情弊合具切結是實

光緒元年　月　日具賣地切結朱錫咸　十

十三圖地保康茂麒　十

朱錫咸具賣地切結（1875年，光緒元年）

基字十三號卷第二二號

具領狀人朱錫咸今領到

製造局大人案下給發身出賣二十五保十三圖靡字圩第二百四十八號業田地價足制

錢壹阡壹百零四文身親赴

憲局如數領訖並無分文短少亦無浮冒情弊合具領狀是實

光緒元年十一月　日具領狀人朱錫咸十

十三圖地保康茂其十

閱　閱

朱錫咸具領狀（1875年11月或12月，光緒元年十一月）

基字十一號卷第三號

具賣地切結趙星璿　今具到
製造局大人案下竊身有坐落二十五保十三圖靡字圩第一百四十九號業田一坵現已量見
核計柒厘壹毫　身情願出結賣於
憲局作為公用議定每畝足制錢肆拾捌千文今身親身赴局實領到足制錢叁千四百零八文
並無分文短少中間亦無浮冒情弊合具切結是實

光緒元年　　月　　日具賣地切結趙星璿十
十三圖地保康茂麒十

趙星璿具賣地切結（1875年，光緒元年）

基字十二號卷第三號

具領狀人趙星璘今領到
製造局大人案下給發身出賣二十五保十三圖靡字圩第二百十九號業田地價足制
錢叁阡四百零八文身親赴
憲局如數領訖並無分文短少亦無浮冒情弊合具領狀是實

閱

光緒元年十一月　日具領狀人趙星璘十
十三圖地保康茂其十

閱

趙星璘具領狀（1875年11月或12月，光緒元年十一月）

巷字十二號卷第二二號

具賣地切結康慶長今具到

製造局大人案下竊身有坐落二十五保十三圖靡字圩第弍百六十一號業田一坵現已量見

核計弍分柒厘身情愿出結賣於

憲局作為公用議定每畝足制錢肆拾捌千文今身親身赴局實領到足制錢拾弍阡玖百陸拾文

並無分文短少中間亦無浮冒情弊合具切結是實

光緒元年　月　日具賣地切結康慶長　十

十三圖地保康茂其　十

00207

康慶長具賣地切結（1875年，光緒元年）

基字七[illegible]二號

具領狀人康慶長今領到

製造局大人案下給發身出賣二十五保十三圖靡字圩第二百六十一號業田地價足制

錢拾弍仟玖百六十文身親赴

憲局如數領訖並無分文短少亦無浮冒情弊合具領狀是實

閱

光緒元年十一月日具領狀人康慶長十

十三圖地保康茂其十

閱

康慶長具領狀（1875年11月或12月，光緒元年十一月）

基字十一號卷第三號

具賣地切結蔣五觀今具到

製造局大人案下竊身有坐落二十五保十三圖靡字圩第式百空四號業田一坵現已量見

核計柒厘柒毫身情愿出結賣於

憲局作為公用議定每畝足制錢肆拾捌千文今身親身赴局實領到足制錢叁阡陸百玖拾陸文

並無分文短少中間亦無浮冒情弊合具切結是實

光緒元年　　月　　日具賣地切結蔣五觀十

十三圖地保康茂其十

蔣五觀具賣地切結（1875 年，光緒元年）

基字十二號卷第三號

具領狀人蔣五覌今領到

製造局大人案下給發身出賣二十五保十三圖靡字圩第二百六十四號業田地價足制

錢叁仟陸百九十六文身親赴

憲局如數領訖並無分文短少亦無浮冒情弊合具領狀是實

閲

光緒元年十一月日具領狀人蔣五覌十

十三圖地保康茂其十

閲

00210

蔣五覲具領狀（1875年11月或12月，光緒元年十一月）

基字十二號卷第三號

具賣地切結唐蕊田今具到

製造局大人案下竊身有坐落二十五保十三圖靡字圩第貳百六十三號業田一坵現已量見

核計五厘五毫身情愿出結賣於

憲局作為公用議定每畝足制錢肆拾捌千文今身親身赴局實領到足制錢貳千六百四十文

並無分文短少中間亦無浮冒情弊合具切結是實

光緒元年　　月　　日具賣地切結唐蕊田十

十三圖地保康茂其十

00211

唐蕊田具賣地切結（1875年，光緒元年）

基字十二號交[illegible]三號

具領狀人唐蕊田今領到

製造局大人案下給發身出賣二十五保十三圖庸字圩第二百六十二號業田地價足制

錢貳阡六百四拾　文身親赴

憲局如數領訖並無分文短少亦無浮冒情弊合具領狀是實

閲

光緒元年十一月　日具領狀人唐蕊田十

十三圖地保康茂其十

閲

唐蕊田具領狀（1875年11月或12月，光緒元年十一月）

基字十二號卷第三號

具賣地切結汪慶昌今具到

製造局大人案下竊身有坐落二十五保十三圖靡字圩第弍百五號業田一坵現已量見

核計五厘叁毫身情愿出結賣於

憲局作為公用議定每畝足制錢肆拾捌千文今身親身赴局實領到足制錢貳千五百四十四文

並無分文短少中間亦無浮冒情弊合具切結是實

光緒元年 月 日具賣地切結汪慶昌十

十三圖地保康茂其十

汪慶昌具賣地切結（1875年，光緒元年）

基字十三號卷第三號

具領狀人汪慶昌今領到

製造局大人案下給發身出賣二十五保十三圖靡字圩第二百六十五號業田地價足制

錢弍阡五百四十四文身親赴

憲局如數領訖並無分文短少亦無浮冒情弊合具領狀是實

閱

光緒元年十一月　日具領狀人汪慶昌十

十三圖地保康茂其十

閱

00215

汪慶昌具領狀（1875 年 11 月或 12 月，光緒元年十一月）

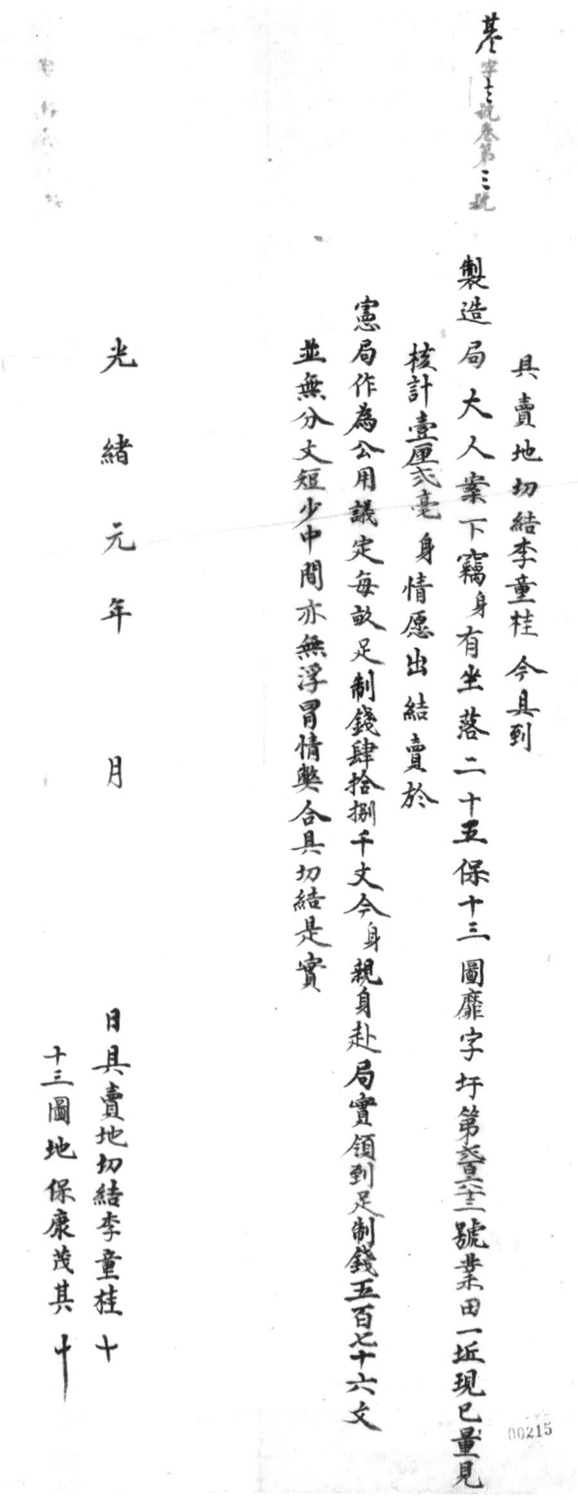
基字三號卷第三號

具賣地切結李童桂今具到
製造局大人案下竊身有坐落二十五保十三圖靡字圩第叁百卅二號業田一坵現已量見
核計壹厘弍毫身情愿出結賣於
憲局作為公用議定每畝足制錢肆拾捌千文今身親身赴局實領到足制錢五百七十六文
並無分文短少中間亦無浮冒情弊合具切結是實

光緒元年　月　日具賣地切結李童桂 十
十三圖地保康茂其 十

00215

李童桂具賣地切結（1875 年，光緒元年）

基字十七號卷第三號

具領狀人李童桂今領到

製造局大人案下給發身出賣二十五保十三圖靡字圩第二百六十三號業田地價足制

錢伍百七十六文身親赴

憲局如數領訖並無分文短少亦無浮冒情弊合具領狀是實

閱

光緒元年十一月　日具領狀人李童桂 十

十三圖地保康茂其 十

閱

00216

李童桂具領狀（1875年11月或12月，光緒元年十一月）

基字十二號卷第二號

具賣地切結孫廷相 今具到

製造局大人案下竊身有坐落二十五保十三圖靡字圩第壹百七十一號業田一坵現已量見

核計 壹厘 身情愿出結賣於

憲局作為公用議定每畝足制錢肆拾捌千文今身親身赴局實領到足制錢肆百捌拾 文

並無分文短少中間亦無浮冒情弊合具切結是實

光緒元年 月 日具賣地切結孫廷相十

十三圖地保康茂其十

00217

孫廷相具賣地切結（1875年，光緒元年）

基字十號卷第三號

具領狀人孫廷相今領到

製造局大人案下給發身出賣二十五保十三圖靡字圩第一百七十一號業田地價足制

錢肆百捌拾文身親赴

憲局如數領訖並無分文短少亦無浮冒情弊合具領狀是實

閱

光緒元年十一月日具領狀人孫廷相十

十三圖地保康茂其十

閱

00219

孫廷相具領狀（1875年11月或12月，光緒元年十一月）

基字七號卷第二三號

具賣地切結曹昱華今具到

製造局大人案下竊身有坐落二十五保十三圖靡字圩第壹十號業田一坵現已量見

稜計四厘二毫身情愿出結賣於

憲局作為公用議定每畝足制錢肆拾捌千文今身親身赴局實領到足制錢貳千零十六文

並無分文短少中間亦無浮冒情弊合具切結是實

光緒元年　月　日具賣地切結曹昱華十

十三圖地保康茂麟十

曹昱華具賣地切結（1875年，光緒元年）

基字七七號卷第三號

具領狀人曹昱華今領到

製造局大人案下給發身出賣二十五保十三圖靡字圩第一百七十號業田地價足制

錢貳阡零拾陸文身親赴

憲局如數領訖並無分文短少亦無浮冒情弊合具領狀是實

閱

光緒元年十一月　日具領狀人曹昱華十

十三圖地保康莜其十

閱

曹昱華具領狀（1875年11月或12月，光緒元年十一月）

巷字七號卷第三號

具賣地切結程手經今具到
製造局大人案下竊身有坐落二十五保十三圖靡字圩第壹百廿九號業田一坵現已量見
核計五厘玖毫身情愿出結賣於
憲局作為公用議定每畝足制錢肆拾捌千文今身親身赴局實領到足制錢貳千捌百叁拾弍文
並無分文短少中間亦無浮冒情弊合具切結是實

光緒元年　月　日具賣地切結程手經十
十三圖地保康茂其十

程手經具賣地切結（1875年，光緒元年）

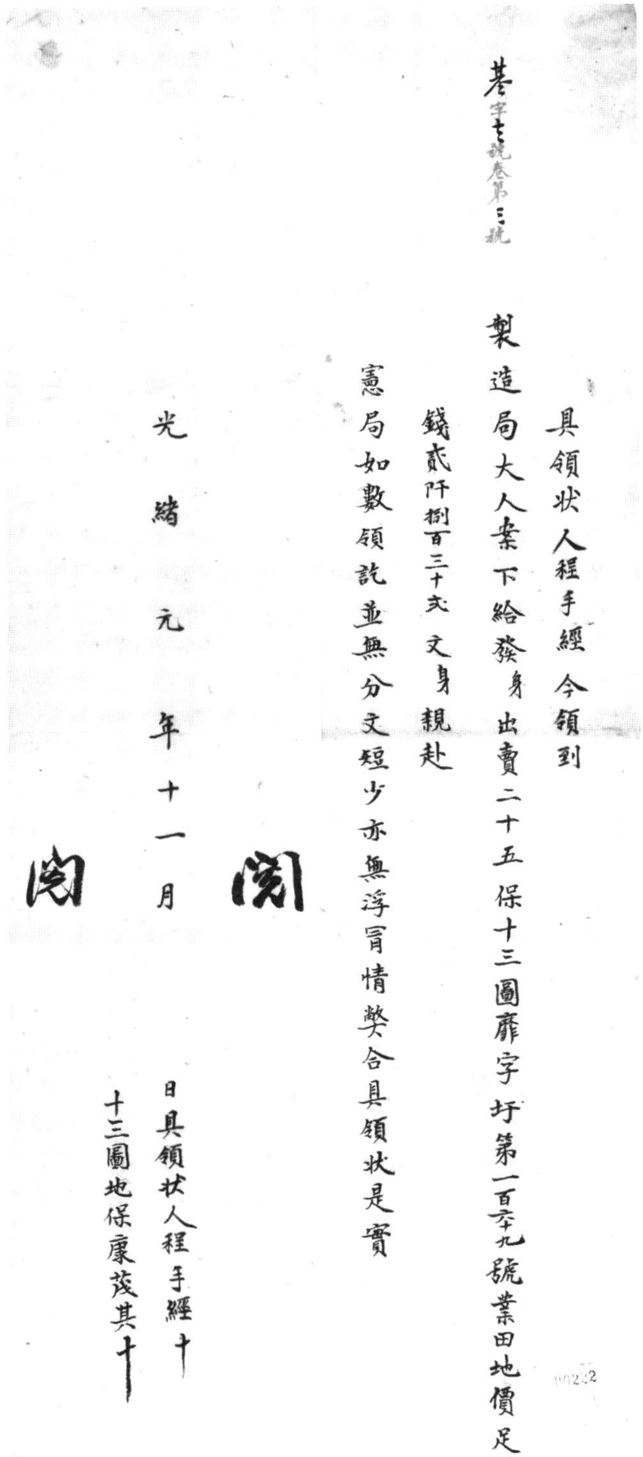

碁字十二號卷第三號

具領狀人程手經　今領到

製造局大人案下給發身出賣二十五保十三圖靡字圩第一百六十九號業田地價足制

錢貳阡捌百三十文　文身親赴

憲局如數領訖並無分文短少亦無浮冒情弊合具領狀是實

閱

光緒元年十一月　日具領狀人程手經十

十三圖地保康茂其十

閱

程手經具領狀（1875年11月或12月，光緒元年十一月）

基字七號卷第三號

具賣地切結朱耀坤今具到

製造局大人案下竊身有坐落二十五保十三圖靡字圩第壹百六十八號業田一坵現已量見

核計叁厘弍毫　身情愿出結賣於

憲局作為公用議定每畝足制錢肆拾捌千文今身親身赴局實領到足制錢壹千五百三十六文

並無分文短少中間亦無浮冒情弊合具切結是實

光緒元年　　月　　日具賣地切結朱耀坤十

十三圖地保康茂其十

朱耀坤具賣地切結（1875年，光緒元年）

基字七號卷第三號

具領狀人朱耀坤今領到

製造局大人案下給發身出賣二十五保十三圖靡字圩第一百六十八號業田地價足制

錢壹阡五百三十六文身親赴

憲局如數領訖並無分文短少亦無浮冒情弊合具領狀是實

閱

光緒元年十一月　日具領狀人朱茂坤十

十四圖地保康茂其十

閱

朱耀坤具領狀（1875 年 11 月或 12 月，光緒元年十一月）

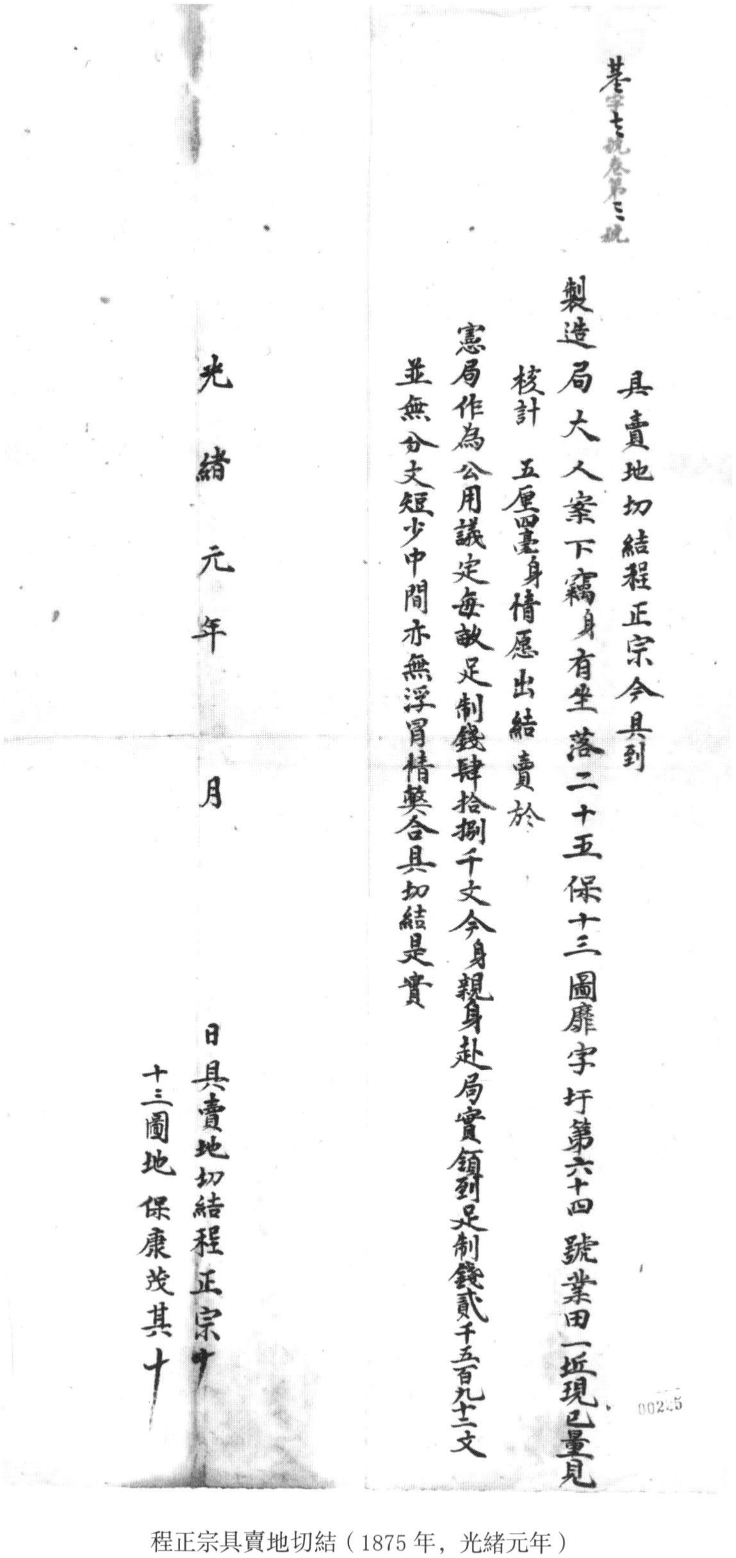
基字七二號卷第三號

具賣地切結程正宗今具到

製造局大人案下竊身有坐落二十五保十三圖靡字圩第六十四號業田一坵現已量見

核計五厘四毫身情愿出結賣於

憲局作為公用議定每畝足制錢肆拾捌千文今身親身赴局實領到足制錢貳千五百九十二文

並無分文短少中間亦無浮冒情弊合具切結是實

光緒元年　　月　　日具賣地切結程正宗十

十三圖地保康茂其十

00225

程正宗具賣地切結（1875 年，光緒元年）

巷字十七號卷第三號

具領狀人程正宗今領到

製造局大人案下給發身出賣二十五保十二圖靡字圩第六十四號業田地價足制

錢貳仟伍百九十二文身親赴

憲局如數領訖並無分文短少亦無浮冒情弊合具領狀是實

閱

光緒元年十一月　日具領狀人程正宗十

十二圖地保康茂其十

閱

程正宗具領狀（1875年11月或12月，光緒元年十一月）

基字七號卷第三號

具賣地切結朱茂坤今具到
製造局大人案下竊身有坐落二十五保十三圖靡字圩第壹百六八號業田一坵現已量見
核計壹分六厘一毫身情愿出結賣於
憲局作為公用議定每畝足制錢肆拾捌千文今身親身赴局實領到足制錢柒千柒百二十八文
並無分文短少中間亦無浮冒情弊合具切結是實
光緒元年　月　日具賣地切結朱茂坤十
十三圖地保康茂其十

朱茂坤具賣地切結（1875 年，光緒元年）

基字七[illegible]三[illegible]

具領狀人朱茂坤今領到

製造局大人案下給發身出賣二十五保十三圖靡字圩第一百六十八號業田地價足制

錢柒阡柒百二十八文身親赴

憲局如數領訖並無分文短少亦無浮冒情弊合具領狀是實

光緒元年十一月　日具領狀人朱茂坤十

十三圖地保康茂其十

朱茂坤具領狀（1875年11月或12月，光緒元年十一月）